U0581013

公共航空安全价值观理论与实践

冯绍红　杨英宝　高小泽　著

科学出版社

北　京

内 容 简 介

本书论述了价值观、职业价值观和公共航空安全价值观的理论内涵与逻辑关系，公共航空安全价值观的体系结构和构成要素，以及建设公共航空安全价值观的实践路径。本书以公共航空运输飞行员为典型从业群体，从国家、行业与公司环境，工作报酬与身心健康，生活条件与人际关系，以及职业特点和职业发展等方面研究了基于公共航空安全价值观激励约束其职业行为的基本策略。

本书可供价值观理论研究工作者、高等院校相关专业师生、公共航空运输和其他行业安全生产管理及人力资源管理者参考，适合广大航空旅客阅读。

图书在版编目（CIP）数据

公共航空安全价值观理论与实践/冯绍红，杨英宝，高小泽著. --北京：科学出版社，2019.6

ISBN 978-7-03-061024-9

Ⅰ．①公… Ⅱ．①冯… ②杨… ③高… Ⅲ．①民用航空-航空安全-价值观-研究 Ⅳ．①F560.69

中国版本图书馆 CIP 数据核字 (2019) 第 069040 号

责任编辑：余 江 张丽花 / 责任校对：樊雅琼
责任印制：张 伟 / 封面设计：迷底书装

科 学 出 版 社 出版
北京东黄城根北街 16 号
邮政编码：100717
http://www.sciencep.com

北京盛通商印快线网络科技有限公司 印刷
科学出版社发行 各地新华书店经销
*
2019 年 6 月第 一 版 开本：787×1092 1/16
2020 年 1 月第二次印刷 印张：15 3/4
字数：373 000

定价：98.00 元
（如有印装质量问题，我社负责调换）

前　言

本书以公共航空运输飞行员为典型从业群体，从理论基础、核心价值、维度结构、形成机制和激励约束等角度研究航空运输从业人员的公共航空安全价值观，研究如何运用职业价值观激励约束策略，通过人员因素这一根本途径提升公共航空安全的水平和质量。鉴于通用航空和运输航空的显著差别，本书所指飞行员仅限于公共航空运输特别是旅客运输飞行员，虽然研究结论原则上也适用于通用航空飞行员。

公共航空安全管理的迫切需要是本书研究工作的直接动力。长期以来，公共航空安全和职业价值观一直都是我们的重点研究领域，把这两个问题联系起来思考，始于我们受马来西亚航空公司 MH370 航班波音 777 客机失踪事故的直接触动。发生在 2014 年 3 月 8 日凌晨的这次事故被认为是航空史上最离奇的飞机失踪事故。虽然对这起震惊世界的重大航空事故至今未能取得令人信服的调查结论，但是一些蛛丝马迹已经足以警示我们，航班飞行员的职业道德和职业行为可能存在严重问题，业界和学界应该更加关注公共航空运输从业人员的职业价值观建设，从人的本质安全性上守牢公共航空安全底线，抵御来自公共航空运输从业人员自身的安全风险。中国民航局敏锐判断世界航空安全形势，对这一新动向迅速予以高度关注，支持我们选择飞行员作为重点从业群体开展研究。

研究工作刚刚展开不久，2015 年 3 月 24 日，德国之翼航空公司 4U9525 航班 A320 客机在法国南部坠毁。法国航空事故调查处 2016 年 3 月发布的最终调查报告确认，这起空难是由副驾驶鲁比兹蓄意操纵飞机撞山造成的。这一调查结论以确凿的证据再次警示我们，公共航空运输从业人员的职业价值观对保证公共航空安全非常重要。研究公共航空运输从业人员特别是飞行员职业价值观的结构要素、形成规律和培养机制，加强公共航空运输从业人员特别是飞行员职业价值观的塑造和修炼，对于应对这类来自从业人员的公共航空安全风险不仅十分必要，而且十分迫切。

当今世界公共航空安全呈现两大趋势。一是经过各国航空界一个多世纪以来在技术和管理上的不懈努力，公共航空事故已成为一种极小概率事件，航空运输已成为十分安全的交通运输方式，但是公众对公共航空安全的期望仍在不断提高。二是随着技术进步和设备改进，由设备和环境等因素引致的航空事故比例已大幅度降低，而由各类公共航空运输从业人员失误引致的事故比例却长期居高不下。由于公共航空运输飞行员担负着执行航班飞行任务的特殊使命，来自飞行员自身的安全风险比其他风险的危害要大得多。因此，虽然像 MH370 航班飞机失踪和德国之翼飞机撞山这样的事故在公共航空安全史上是极为罕见的特例，但是航空安全界应该举一反三，更加关注与公共航空运输从业人员有关的各种安全风险，注重从职业价值观角度探索形成风险的深层次原因和消除风险的根本出路，研究如何从人员因素方面更有效地保证公共航空安全，把安全风险降低到公众可以接受的水平。

我们在过去的研究工作中深刻体会到，在公共航空安全中，人是第一宝贵的，我国广大公共航空运输从业人员普遍持有坚定正确的职业价值观，那就是以保证安全第一为核心价值的公共航空安全职业价值观。在公共航空安全重大险情面前，最终能够挽救公众生命财产损失的是持有正确职业价值观的公共航空运输从业人员特别是飞行员。2016 年 10 月11 日，中国东方航空公司执行 MU5643 航班任务的 A320 客机在上海虹桥机场起飞滑跑途中险与在地面滑行中穿越跑道的另一架客机相撞，机长何超带杆紧急起飞，以最短垂直距离仅 19 米、翼尖距仅 13 米的高危间隔惊险飞越另一架客机，避免了一次危及 400 余生命的重大事故。事后何超受到公司 300 万元奖励，被公众誉为英雄机长。2018 年 5 月 14 日，四川航空公司刘传健、梁鹏机组执行 3U8633 航班任务，在万米高空突发驾驶舱风挡玻璃爆裂脱落、座舱释压的紧急状况，全体机组临危不乱、果断应对、正确处置，保证了机上119 名旅客生命安全。中国民航局和四川省政府授予该机组"中国民航英雄机组"称号，授予机长刘传健"中国民航英雄机长"称号。习近平主席邀请英雄机组全体成员参加庆祝中华人民共和国成立 69 周年招待会，在人民大会堂亲切会见机组成员并同他们合影留念。我国公共航空运输从业人员特别是飞行员在生死关头的英雄壮举一再证明他们是公众足以信赖的蓝天保护神，以保证安全第一为核心价值的公共航空安全职业价值观是激励他们爱国敬业最持久的深层力量。

公共航空运输是国际性行业，同样感人的英雄事迹也曾发生在美国。2009 年 1 月 15日，美国美利坚航空公司执行 1549 航班任务的 A320 客机由于鸟击造成两台发动机全部失效。危急时刻机长萨伦伯格沉着应对，将飞机成功迫降到纽约市郊的哈德逊河水面，155名旅客全部脱险。萨伦伯格机长退休后出版了凝聚他职业生涯切身体会写成的著作 *The Highest Duty*，曾经对中国航空安全管理做出卓越贡献的原中国民航总局局长杨元元机长翻译了这本书，书名十分达义地取为《最高职责》。根据萨伦伯格机长英雄事迹改编的热映电影《萨利机长》艺术再现了这一奇迹，并通过萨利机长道出了公共航空运输从业人员的心声，"我们只是做了本职工作（We just did our job）"。

德国之翼的副驾驶鲁比兹与中国的英雄机长何超、刘传健、梁鹏和美国的英雄机长萨伦伯格，做出了完全不同的选择。价值观和职业价值观是驱动他们做出不同行为选择的最根本的力量。从价值观的普遍意义上说，是他们进行价值判断的观念标准不同，是他们关于什么事物最值得珍惜和尊重的根本看法不同；从职业价值观的现实意义上说，是他们对职业价值和意义的认识不同，是他们对待职业的信念和态度不同，使他们对关乎旅客生命的公共航空安全做出了截然不同的选择。消极阴暗的职业价值观像幽灵一样驱使鲁比兹操纵飞机把 149 名旅客和其他机组成员撞向大山。以保证安全第一为核心价值和最高职责的公共航空安全职业价值观，给了中国英雄机长何超、刘传健、梁鹏巨大勇气，激励他们拯救数百名旅客和机组人员摆脱死神威胁；给了美国英雄机长萨伦伯格惊人智慧，指引他率领机组人员把旅客安全迫降在漂浮着最后希望的哈德逊河面。

公共航空安全价值观对航空运输从业人员职业道德和职业行为的影响力如此巨大，这是一股持久的鞭策力量，激励着我们以公共航空运输飞行员为典型从业群体，探索公共航空运输从业人员职业价值观的方方面面，包括在公共航空运输从业人员职业价值观念体系中，保证安全第一的核心价值地位；从业人员公共航空安全价值观与一般职业价值观和社会主义核心价值观的内在联系，融入公共航空安全实际问题弘扬和践行社会主义核心价值观的现实意义；提升和建设公共航空运输从业人员职业价值观的现实路径，从业人员公共航空安全价值观群体塑造和个体修炼的必要性与艰巨性；特别是以较大篇幅从环境条件、职业特点、工作报酬、生活条件、健康状况、人际关系及职业发展等方面研究了基于公共航空安全价值观激励约束从业人员职业行为的基本策略。

党和国家历来对航空安全高度重视。从1957年周恩来总理指示民航工作要"保证安全第一，改善服务工作，争取飞行正常"①，到近年来党中央、国务院领导对民航工作多次重要指示，强调最多的就是飞行安全。党和国家把航空安全作为国家战略和国家安全的重要组成部分来统筹考虑，这是指引我们深入研究公共航空安全价值观问题的强大精神力量。

安全是民航永恒的主题，历来是民航一切工作的重中之重。中国民用航空局局长冯正霖2016年强调指出，飞行安全关系到人民群众的生命财产安全，飞行安全底线是前提、是基础、是民航的头等大事。在2019年"两会"期间的部长通道上，冯正霖局长再次强调，守安全底线，提服务品质是民航工作的主题。中国民航局作为国家民用航空主管部门对航空安全的高度重视，对守牢安全底线的持之以恒，是激励我们认真思考公共航空安全价值观问题的前进动力。

本书成稿是研究团队集体智慧的结晶，是中国民航局航空安全办公室等单位和部门大力支持的结果。本书得到中央高校基本科研业务费专项(项目编号：NR2017059)资金资助。我们期待近四年关于公共航空安全价值观理论和实践的研究工作能够从公共航空运输从业人员特别是飞行员职业价值观激励约束方面对加强我国公共航空安全能力建设有所贡献。限于我们的认识水平和研究能力，书中难免存在疏漏和不足之处，敬请读者批评指正。

作　者

2019年3月

---

① 这是1957年10月5日周恩来总理在中国民航局关于中缅通航一周年的总结报告上的批示。

目　　录

第1章 绪 论

公共航空安全是现代社会人们关注的焦点之一。

1.1 研究对象和范围

公共航空安全是世界各国普遍重视的国家公共安全问题。本书主要研究对象是在国家公共航空安全管理中居于核心地位、负有特殊职责的公共航空运输飞行员[①]群体，旨在从理论和实践的结合上研究如何通过对公共航空安全关键岗位从业群体的职业价值观激励及约束，提高我国公共航空安全的水平和质量。

飞机的发明和广泛应用从技术上为世界公共航空活动提供了物质条件，使人类远程交通运输在经历了陆路时代、航海时代、铁路时代之后跨入了航空时代。自欧美发达国家开办公共航空运输一百多年来，公共航空运输以其快捷、舒适的优势为人类带来了极大的便利，成为各国公众出行十分重要的交通方式，在各国经济社会发展和公众国际旅行中发挥着不可替代的作用。公共航空运输过程中，飞机携带大量燃油在高空高速运行，一旦发生空难就会形成重大公共安全事件，会给公众生命财产造成重大损失，也会给人类留下许多无法磨灭的痛苦记忆。在公共航空运输进入第二个一百年的时候，人类比以往任何时候都更加关注公共航空安全管理，关注如何从根本上提高公共航空安全的水平和质量。

提高公共航空安全水平意味着降低公共航空运输事故率，提高公共航空安全质量意味着降低发生不安全事件的潜在风险。在世界各国付出数以万计宝贵生命的沉重代价之后，经过几代人的不懈努力，航空制造技术和运行管理水平已取得长足进展，公共航空运输重大事故率在全世界已达到百万飞行小时 10^{-6} 次的平均水平，而像我国这样的公共航空运输大国已达到百万飞行小时 10^{-7} 次的领先水平，公共航空运输已成为世界公认十分安全的交通运输方式。世界航空界的经验表明，在接近技术约束上限的高度若想继续提高公共航空安全水平，技术空间已十分有限，人们的主要关注点已聚焦在管理特别是以飞行员为核心的从业人员人力资源管理方面。我国公共航空安全管理的经验表明，虽然我国多年来一直引领世界公共航空安全水平，安全记录被一次又一次刷新，但是一直保持在较高水平的公共航空安全压力仍像达摩克利斯之剑一样沉重高悬，侥幸未发生空难的惊魂险情仍时有出现。在这样高于世界平均水平 10 倍以上的高度若想继续提高公共航空安全质量，单纯的技术手段已不是主要方面，关键在于激励约束从业人员特别是以飞行员为核心的从业人员，激励约束他们在履行保证公共航空安全的最高职责中充分发挥积极性和创造精神。在这方面，以保证安全第一为核心价值理念的公共航空安全价值观，是激励约束飞行员努力提高职业素质、履行安全职责的基本指导思想和强大精神力量。

---

① 公共航空运输飞行员指在运输航空公司工作的飞行员。

公共航空运输是国家经济社会发展中重要的基础设施和战略性先导行业，对安全水平和安全管理水平的要求极高。公共航空安全是国家公共安全的重要内容，公共航空安全管理是国家公共安全管理的重要内容。国内公共航空运输中发生的每一次空难，都曾经引起全国亿万公众的严重关注；国外公共航空运输每发生一次空难，我国最高领导人都会在第一时间致电慰问，足见公共航空安全的社会关注度之高。在公共航空运输中，公众的生命价值是最高的价值，公众的生命安全是最大的安全，事关公众生命安全的公共航空安全管理是最重要的管理。安全连着你我他，这句人尽皆知的安全格言道出了安全价值的普遍意义，这在以保证公众旅客生命安全为第一要务，以保证公众旅客生命安全为永恒价值追求的公共航空运输中是金科玉律。

公共航空运输是密集运用各种先进科学技术的现代服务业，需要众多专业技术和专业管理岗位的人员密切协调配合。在我国上百种专业岗位数十万公共航空运输从业人员中，飞行员以其特有的飞行技术居于核心地位。然而，作为一个在公共航空运输从业人员和公共航空安全管理中居于核心地位的特殊职业群体，公共航空运输飞行员却因其成长周期长而一直是我国公共航空运输发展中十分紧缺的人力资源。在飞行员人力资源的供给侧，经过多年努力培养，目前我国已形成生产力的公共航空运输飞行员仍只有 3 万多名。在飞行员人力资源的需求侧，我国公共航空运输经过改革开放以来多年的持续快速发展和广泛普及，已成为受公众欢迎的大众化交通运输方式，成为名副其实的公共航空。我国公共航空运输自 2005 年跃居世界第二大公共航空运输系统以来，继续以强劲增长势头快速发展。据中国民航局数据，2017 年日平均航班起降已超过 16 000 架次，年旅客运输量已达到 5.5 亿人。如此规模和快速增长中的大众化公共航空运输迫切需要数量更多、素质更高、安全价值观树立得更加牢固的公共航空运输飞行员，多年来公共航空运输飞行员持续紧缺也凸显了他们的职业价值。在公共航空运输飞行员数量无法也不能更快增长的情况下，以正确的职业价值观即公共航空安全价值观激励约束现有飞行员队伍，努力提高其职业素质，是符合公共航空安全发展规律的必然选择。透过对我国目前 3 万多名公共航空运输飞行员公共航空安全价值观的关注，本书关注的是亿万航空旅客的生命安全，是这些航空旅客在世界各地的亿万亲友对他们亲人航空旅行中生命安全的牵挂，是世界各国珍爱生命的亿万公众对公共航空安全的共同关注。

1.2　研究历史和现状

研究公共航空安全价值观是一个价值观理论探索问题，也是一个安全管理实践问题。

在价值观理论探索方面，构建既符合我国民族精神又体现当今时代特色的公共航空安全价值观体系需要坚持正确价值观理论的指导，需要广泛吸收国内外关于价值观特别是职业价值观研究的经典和最新理论成果。

价值观是一个历代哲人上下求索的历史性话题，更是一个当代学者不懈探索的时代性话题。无论是对个人进取还是对社会发展，价值观都至关重要。正确的价值观是确立人生方向、树立职业理想、明确行业规范、指导社会实践不可缺少的价值准则。不过，在千百年的历史长河里，对价值问题的探讨一直渗透在善恶、利益、幸福等伦理学问题中，直到

19 世纪中叶,"价值"才作为一个独立的哲学范畴进入以研究世界观理论为己任的哲学领域,将其作为一般的哲学问题进行讨论[1]。

马克思主义价值观是指导我国构建既符合民族精神又体现时代特色的公共航空安全价值观体系的强大思想武器。作为马克思主义科学理论体系的一个重要组成部分,马克思主义价值观产生于近代生产力新发展、阶级斗争新形势和科学技术新突破的历史背景,具有鲜明的时代精神,始终贯穿着辩证唯物主义和历史唯物主义思想,深刻揭示了具有主观能动性"积极地活动"①的人的主体地位,以及人与客观事物和社会实践的价值关系。实践是人类社会存在和发展的基础,也是价值和价值观产生的前提。正如马克思和恩格斯所指出的,"凡是有某种关系存在的地方,这种关系都是为我而存在的"②,"人在把成为满足他的需要的资料的外界物……进行估价,赋予它们价值或者使它们具有'价值'属性"③。

马克思主义价值观是一个开放的动态体系,需要继续在时代的发展和认识的深化中不断丰富。与时俱进地推进马克思主义中国化是中国共产党人一脉相承的政治品格。在中国特色社会主义进入新时代的历史背景下,以习近平同志为核心的党中央站在我们党深入推进中国特色社会主义伟大事业、实现中华民族伟大复兴的中国梦的战略高度,提出了培育和弘扬社会主义核心价值观的战略任务。在中共中央的倡导下,第十三届全国人民代表大会已将倡导社会主义核心价值观明确写入《中华人民共和国宪法》。这是我们进行公共航空安全价值观理论研究和实践探索的根本遵循。

受我国健康向上价值文化的鼓舞,目前国内对价值观和价值哲学理论问题的研究十分活跃。本书 2.1 节在为提出公共航空安全价值观概念做理论准备时将进一步讨论国内有关研究的状况。关于职业价值观理论及其激励功能的国内外研究现状,将在第 3 章从职业角度探讨公共航空安全价值观理论时做专题讨论。

在安全管理实践方面,世界百年公共航空运输发展历程为凝练和建设既有中国特色又对世界航空安全管理有引领意义的公共航空安全价值观提供了丰富的研究素材和实践经验。

百年来,随着世界公共航空运输的发展,各国关注公共航空安全管理的核心内容已发生阶段性变化。目前国际上普遍认可的做法是把世界公共航空安全发展历程分为三个时期,即机器安全时期、人素安全时期和组织安全时期。

(1)机器安全时期,也称技术改进时期。

在公共航空运输问世之初长达半个世纪的时期内,设备故障是导致航空事故的主要原因,航空事故率居高不下。那时公共航空安全的基本状况是"飞行—修理—飞行",即每次事故发生后寻找事故原因,找到原因后把飞机修理好,然后继续飞行。改进飞机制造和维修技术是当时提高航空安全水平的主要手段,这样做既是因为当时飞机结构比较简单而尚能行得通,也是受当时的技术和管理水平所限别无良策。当时航空制造业高度关注改进飞机设备,这既源于提高公共航空安全水平的社会压力,也源于公共航空安全法规体系形成

---

① 《马克思恩格斯全集》第 42 卷,人民出版社 1979 年版,第 330 页。
② 《马克思恩格斯文集》第 1 卷,人民出版社 2009 年版,第 533 页。
③ 《马克思恩格斯全集》第 19 卷,人民出版社 1963 年版,第 409 页。

的法治压力。

（2）人素安全时期，也称人本安全时期。

大量应用新技术虽使公共航空运输飞机的自动化程度和可靠性大大提高，但是直到 20 世纪 70 年代，世界公共航空运输事故率并未降低到理想水平。人们分析事故致因后发现，公共航空运输飞行事故的技术因素致因比例已降到 20% 以下，而人员因素致因比例却上升到 80% 以上。这一重要发现使人们认识到，应该更加关注人和机器的相互作用，主要从人的管理角度解决公共航空安全问题。Elwyn Edwards 提出的 SHEL(software, hardware, environment, lifeware)管理模型是这一时期公共航空安全管理领域的主要理论成果，而机组资源管理(crew resources management，CRM)、面向航线的飞行训练(line orientation flight training，LOFT)、人员因素训练大纲等则是这一时期代表性的实践措施。

（3）组织安全时期，也称系统安全时期。

随着全球公共航空运输持续增长，保持现有的事故率将导致不可接受的事故数量，因此必须进一步提高公共航空安全水平。对事故致因进行深入研究分析后发现，片面强调人员因素并不能有效阻止公共航空事故的发生，人员因素只是导致事故发生的关系链上的一环，事故链中的大部分环节是在组织控制之下的，每一次事故都是一次组织失效，要使系统更安全，必须更加强调在组织管理方面采取措施。从 20 世纪 80 年代后期开始，世界各国更加关注组织管理对公共航空安全的影响。James Reason 在 1990 年提出的"瑞士奶酪"模型是这一时期的主要理论成果，它把公共航空运输看作一个包括决策者、基层管理者、组织文化、生产活动和系统防范等因素在内的复杂系统，强调以改进组织管理为核心的系统安全管理。

我国公共航空运输快速发展主要是在改革开放以后，因此我国公共航空安全管理的发展历程有明显的追赶特点。按照我国学界的一般划分，从 1949 年新中国公共航空运输诞生到 20 世纪 90 年代初是飞行技术安全时期，这一时期公共航空运输事故发生频繁。这一时期我国主要靠加强公共航空运输从业人员特别是飞行员的技术管理，加大安全投入和规章标准建设，艰难地维持公共航空运输快速发展。从 20 世纪 90 年代初到 90 年代末是人素安全时期，当时人员差错特别是飞行员差错是公共航空运输事故的主要致因。这一时期我国公共航空安全管理的重点是人员因素管理，重点关注员工个体的出错机理，取得了较好的效果。从 20 世纪 90 年代末进入组织安全时期，我国借鉴世界公共航空安全管理经验，从组织领导、规章标准、监督检查、教育培训、系统完善等方面全面加强安全管理，公共航空安全逐步提升到世界领先水平，实现了令世界瞩目的历史性跨越。

反观世界公共航空安全管理百年历程，在惊叹人类创造的航空技术和安全奇迹的同时，不难发现一些十分值得关注的现象：对人员因素在公共航空安全管理中作用的研究虽已持续多年但仍不够全面、深入，对员工激励这一比较成熟的人力资源管理机制如何有效运用于公共航空运输从业人员特别是飞行员这一特殊从业群体尚缺乏系统的实践，对职业价值观激励即运用正确的职业价值观激励约束公共航空运输从业人员特别是飞行员的职业态度和职业行为尚缺乏基本的理论探索和实践经验。在中国特色社会主义新时代新的历史起点上，在人类进入公共航空运输第二个一百年的时候，从理论和实践的结合上构建公共航空安全价值观体系，探索公共航空安全管理中的职业价值观激励策略，是中国的职业价值观和航空安全管理研究工作者对世界公共航空安全的一项重要的历史责任。

2009 年初，时任中国民航局局长李家祥从学习和实践科学发展观的角度总结公共航空安全管理正反两方面的历史经验，把我国公共航空安全管理发展历程分为摸索管理、经验管理和规章管理三个阶段，提出下一步的努力方向是人文内涵式管理，即伴随着社会进步，通过安全理念的创新，提高人的整体素质，促进人的全面发展，建设良好的安全文化，实现由"要我安全"向"我要安全"的更高的安全管理层次转变，使安全管理成为一种人文需求与人文自觉[2]。他的这些精到见解标志着我国公共航空安全管理理念的新提升，为本书探索公共航空安全价值观的理论与实践问题提供了有益的启示。

1.3　研究内容和目标

本书的基本研究任务是以在我国公共航空运输从业人员和公共航空安全管理中居于核心地位并负有特殊责任的飞行员为典型职业群体，研究建设公共航空安全价值观的主要理论和实践问题，研究在公共航空安全管理中如何加强从业人员公共航空安全价值观的塑造和修炼，激励和约束他们牢固树立以保证航空安全第一为核心价值的公共航空安全价值观。

马克思主义价值观和社会主义核心价值观的先进理论源于实践，也必然会在指导和应用于实践的过程中彰显其强大生命力。本书研究团队着眼于公共航空运输在新时代中国特色社会主义建设和"一带一路"倡议中的重要作用，着眼于公共航空安全在国家经济社会发展和改革开放大局中的重要地位，依托所在单位的行业属性和专业优势，结合多年来培养飞行员的直接经验、研究公共航空安全的长期积累、与公共航空制造和运行单位的密切联系以及持续深入的现场调研，承担起研究公共航空安全价值观理论和实践的责任，探寻持续提升国家公共航空安全水平和质量的根本途径。

从近年来国内外发生的一系列公共航空安全重大事件及相关新闻报道来看，公共航空运输从业人员特别是公共航空运输飞行员的公共航空安全价值观以及与此有关的职业特点、职业道德、职业行为等深层次问题越来越受到公众的关注，迫切需要从理论和实践层面进行深入研究，从价值观根本上寻求夯实公共航空安全基础，持续提升公共航空安全水平和质量的创新途径。本书以在国家公共航空安全中居于特别重要地位并负有特别重要职责的公共航空运输飞行员作为典型从业群体来研究公共航空安全价值观的理论和实践问题，正是出于这种迫切需要。

研究公共航空安全价值观理论和实践问题是一项系统工程，既需要以马克思主义价值观和社会主义核心价值观为指导，又需要借鉴国内外关于价值观和职业价值观的最新理论成果，紧密结合我国公共航空安全管理的体制机制环境，厘清飞行员职业价值观的基本理论问题及其与公共航空安全管理实践的内在联系，明确二者之间的耦合与互动，实证探析飞行员职业价值观的基本结构，探寻飞行员职业价值观体系的内在矛盾和变化规律，构建有针对性的职业价值观激励约束机制。

为完成以上研究任务，本书的主要研究内容包括以下几个方面。

（1）公众关注的公共航空安全价值观基本理论问题。

包括价值观范畴的内涵及其在价值哲学中的重要地位，公共航空安全价值观范畴的基本内涵及其区别于一般价值观的特殊性，航空运输和航空安全（aviation safety）的公共价值，公共航空安全在公共航空运输中的首要和核心价值地位。这部分内容基本对应本书第2章，在其他各章联系实际问题有进一步讨论。

（2）公共航空安全价值观职业激励约束作用的基本理论问题。

公共航空安全价值观是公共航空运输从业人员特别是飞行员特殊的职业价值观。在理论探讨职业价值观的内涵、外延和属性的基础上，研究以人为本理念在公共航空运输飞行员职业价值观上的特殊体现，公共航空运输飞行员职业价值观与社会主义核心价值观在本质属性上的内在联系，国内外职业价值观激励研究成果对公共航空运输飞行员职业价值观激励约束的借鉴和启发作用。这部分内容基本对应本书第3章，是研究公共航空运输飞行员职业价值观激励约束的理论根基，为后续各章研究工作提供理论支撑。

（3）公共航空安全价值观的体系结构。

包括两项基本内容：一是提出公共航空安全中以人为本的主动安全观基本主张，确立保证安全第一在公共航空运输飞行员职业价值观中的核心价值地位，明确构建以保证安全第一为核心价值观念、其他价值观念和外部环境因素并存而相互影响、动态平衡的公共航空安全价值观体系的研究目标；二是以综合实证方式构建以保证安全第一为核心价值，包括外部环境、公司环境、职业特点、工作报酬、健康状况、生活条件、人际关系、职业发展等8个维度45个要素构成的公共航空安全价值观体系结构。这部分研究内容基本对应本书第4章，为后续各章研究公共航空安全价值观激励约束实践做实证准备。

（4）公共航空安全价值观激励约束实践问题。

围绕保证安全第一的核心价值，基于公共航空安全价值观维度结构，运用问卷调查的数据分析和焦点小组访谈的第一手资料，突出问题导向，分别从历史与现实的时间维度和国内国外的空间维度，梳理和评价公共航空安全价值观在国家公共航空运输发展中的历史变迁与现实状况，研究激励约束公共航空运输飞行员职业态度和职业行为的基本策略。这部分内容对应本书第5章至第8章，分别针对公共航空安全价值观各维度和各项构成要素进行研究。

（5）公共航空安全价值观建设问题。

立足国内外公共航空安全管理的历史经验，放眼国外公共航空安全管理发展的大趋势，研究建设公共航空安全价值观的必要性、现实性和艰巨性，公共航空安全价值观群体塑造和个体修炼的实现路径。这部分内容对应本书第9章，它是全书的结语，是对前面各章公共航空安全价值观理论和实践研究工作的简要凝练。

公共航空安全价值观是一个新的研究范畴，它既源于此前的公共航空安全管理实践，又负有引领未来公共航空安全管理实践的使命，需要研究的理论和实践问题很多，研究工作的困难很大。限于时间和能力，本书研究的基本目标是对公共航空安全价值观理论和实践问题做初步但比较系统的探索，包括澄清研究范畴，形成理论体系，厘清维度结构，明确实践任务，探寻实现路径，为后续更深入的研究奠定比较扎实的基础。

围绕上述研究目标和公共航空安全管理的现实需要，本书对若干关键性重要观点进行了比较深入的辩证思考，力求在这些重要问题的认识上有所突破。

（1）公共航空安全价值观中核心价值观念与其他价值目标的辩证思考。

多年来，关于安全和效益、发展速度的关系在我国公共航空运输业一直存在争议，在安全形势严峻的时候，人们往往倾向于把安全第一绝对化为安全唯一，在安全形势平稳的时候，人们则往往倾向于用效益和发展速度挤压安全。本书强调保证安全第一是公共航空运输飞行员的最高职责，是构建飞行员职业价值体系的基本准则，在公共航空安全价值体系诸项价值观念中居于核心地位。保证安全第一是公共航空运输从业人员特别是飞行员最核心的职业价值追求，是公共航空安全价值观中的核心内容，但不是唯一和全部内容。公共航空安全价值观是一个多层次、多维度的观念体系，它在内部由不同层次和维度的多种价值观念要素构成，在外部受经济、政治、社会、文化等多种因素的影响。在公共航空安全价值观体系中，保证安全第一这个最重要的核心价值追求离不开其他价值观念要素的配合和支持，同时受其他价值观念要素的激励和约束。因此，否认保证安全第一的核心价值地位和否认其他价值观念要素作用的观点都是不可取的。只有既牢固确立保证安全第一在公共航空安全价值观中居于核心地位，又全面兼顾公共航空安全价值观体系中的其他观念要素，才能充分发挥公共航空安全价值观对公共航空运输飞行员的激励约束作用。

（2）人员因素在公共航空安全中能动作用的辩证思考。

随着飞机制造技术的进步，在当代世界公共航空事故中，与人员有关的差错已占 80% 以上。面对这种状况，许多人对公共航空安全中人员因素和设备因素及环境因素的关系持机械唯物主义的悲观态度。在公共航空安全管理中，他们往往把人员因素混同于人为因素，把人员失误混同于人为差错，甚至有人悲观地认为人是航空事故的最大肇事者。本书对公共航空安全中人员因素与技术因素和环境因素的关系这一根本认识问题进行了比较系统的理论探讨和实证分析，明确反对将技术因素和环境因素与人员因素消极地割裂开来或对立起来，坚持站在价值观的高度，以积极的态度强调人员因素在保证公共航空安全中的决定性作用，研究如何通过价值观激励约束在公共航空运输飞行员职业价值观与公共航空安全之间保持合理的耦合张力，充分发挥飞行员在保证公共航空安全中的能动作用。

（3）价值观激励与约束的辩证思考。

约束机制是人力资源管理研究中提出的新问题，一些研究把约束机制称为负向激励，并重点研究负向激励中的惩罚问题。长期以来，我国公共航空安全文化中存在轻奖重罚的倾向。本书强调把惩罚称为负向激励不符合人们从正向理解激励的一般习惯。许多约束措施往往只是预防性的，它们只是保持一定的限制性张力，防止某些不希望的行为出现而不强调约束措施的实施效果。约束机制对激励对象施加约束力的方向需要根据实际情况改变，它们只有在某些特殊情况下才会构成负向激励。在研究中把约束机制归入激励系统是可行的，但是在实践中有没有约束机制的激励系统的功能是不完整的。约束以人的有限理性为依据，它强调人的行为理性。约束机制与激励机制之间的关系是辩证的。激励的目的是调动人们工作的积极性，提高工作效率，而约束的目的是保证员工的行为不偏离组织的目标方向，维护组织和员工的根本利益。没有激励的需要，约束机制无须独立存在；而若没有约束机制的辅助作用，激励的作用效果便无法得到保证。约束与激励的划分是相对的，在群体意义上二者之间泾渭分明，但在个体意义上二者的界限有时又会变得模糊，激励大多数持有积极价值观的个体就是约束持有消极价值观的少数员工，相反，约束个别职业价值观异常的员工就是对大多数持有正确价值观的员工的有效激励。当极个别员工出现像德国

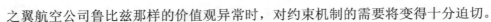

之翼航空公司鲁比兹那样的价值观异常时，对约束机制的需要将变得十分迫切。

（4）价值观群体塑造与个体修炼的辩证思考。

本书认为，公共航空安全价值观的群体塑造和个体修炼是建设公共航空安全价值观的基本路径，是一项标本兼治的复杂管理活动，关键在于统筹兼顾、精准施策。在管理实践上，需要紧密结合公共航空运输飞行员的公共航空安全价值观的维度结构和价值因素长期攻坚，增强工作的协调性和针对性；在基本途径上，需要兼顾群体塑造和个体修炼，充分发挥组织优势和个人主观能动性。公共航空安全价值观既是一种群体性社会现象，又是一种个体性心理现象，两种现象在本质上是一致的，都不能脱离保证安全第一这个核心价值。在公共航空运输飞行员队伍中树立以保证安全第一为核心价值的公共航空安全价值观，是一个在群体塑造和个体修炼两条基本路径同步进行的长期过程，它既是一个在全体飞行员中普遍进行的群体塑造过程，也是一个发生于每一位飞行员内心深处的个体修炼过程，这两条路径在本质上是统一的，统一于在公共航空安全管理中提升安全能力，以提高安全水平为永恒追求；两条路径是相辅相成、互相促进的，每一位飞行员在修炼个体职业价值观的同时，也在把自己融入群体职业价值观的塑造过程，为塑造群体的职业价值观贡献自己的一份力量。

1.4　研究方法和体会

为了克服困难实现研究目标，本书十分重视研究方法的综合运用。

1. 文献研究和调查研究相结合

关于公共航空安全价值观，目前国内外未见直接的文献报道，因此本书文献研究需要在较广的间接范围内进行。本书以脚注和尾注形式引用和参考国内外文献 200 余篇，大致包括三类内容：第一类是关于马克思主义价值观和社会主义核心价值观的文献，包括经典原著以及党和国家重要文献；第二类是国内外关于价值观、价值哲学和职业价值观问题的相关文献；第三类是国内外关于公共航空安全的研究文献和相关报道。前两类文献主要用于理论研究，第一类文献为本书研究公共航空安全价值观提供了方向指引，第二类文献为开展研究工作提供了丰富的思想源泉；第三类文献提供了问题点和研究素材，主要用于实践研究。

"一切结论产生于调查情况的末尾，而不是在它的先头。"[①]研究内容决定了调查研究是本书研究工作中一个十分重要的环节。历时一年多的调查研究运用了问卷调查和焦点小组访谈两种方法，用来采集公共航空运输飞行员职业价值观基础数据信息。①问卷调查方面，分别针对在职飞行员和飞行学生设计和发放调查问卷 1400 份和 860 份，其人数分别占 2015 年我国在职公共航空运输飞行员和飞行学生总数的 4.70% 和 18.32%，分别回收有效问卷 974 份和 706 份，总有效回收率为 74.34%；飞行员来自 9 家单位，涵盖中央企业、地方和民营三类航空公司；飞行学生来自两家飞行学院。②焦点小组访谈方面，分别针对公共航空运

---

① 《毛泽东选集》第一卷，人民出版社 1991 年版，第 110 页。

输飞行员、飞行学生和空中交通管制员编制访谈提纲，分别访谈 9 家航空公司的飞行员 135 人、两家空中交通管制单位的管制员 27 人以及两家飞行学院的飞行学生 43 人。如此广泛深入的调查研究为本书研究工作的开展奠定了坚实的实证基础。

2. 理论研究和实践研究相结合

马克思主义世界观既包括科学的真理观，回答"世界的本来面目是什么"的问题，也包括科学的价值观，回答"世界对于人类有什么意义"的问题。如果把价值观与真理观割裂开来，就不是科学完整的马克思主义世界观。马克思主义哲学是实践的唯物主义，它将实践作为首要的和最基本的观点，认为"关于离开实践的思维的现实性或非现实性的争论，是一个纯粹经院哲学的问题"①。本书首尾几章侧重对公共航空安全价值观的理论探索，中间几章侧重研究公共航空安全价值观的管理实践，这既是研究内容的需要，也是在研究方法上实践马克思主义世界观的一次尝试。

在理论研究方面，本书思考中国和世界公共航空安全的历史与现状，公共航空安全对公众生命的至上价值，制约公共航空安全水平和质量提升的主要问题与根本出路，公共航空安全价值观的理论渊源、范畴属性和体系结构，职业价值观对公共航空运输飞行员的激励约束作用，以及公共航空安全价值观建设中的群体塑造和个体修炼等问题。在管理实践方面，本书针对公共航空安全价值观每一项结构要素研究其在价值观体系中的权重，依其重要性和符合性分析各要素在公共航空运输飞行员职业价值观即其公共航空安全价值观激励约束中的重要程度和具体策略。理论研究和实践研究合为一体，构成本书九章内容。

3. 规范分析和实证分析相结合

实证分析是社会科学研究的基本方法之一，它撇开对事物的价值判断来关注事物"是什么"，本着大胆假设、小心求证、在求证中检验假设的原则，以对当前社会现实的观察或经验为依据，通过数据、事例和经验等进行理论推理说明。本书在研究公共航空安全价值观体系结构和激励约束策略时较多运用了实证方法，以充分反映本书研究内容与公共航空安全管理现实的密切联系。

然而，价值观是主体对客体有无价值和价值大小的基本观点及看法，是人们关于价值的性质、构成、标准以及价值关系、价值评价等问题的理论观点和观念形态，是人们对世界、社会、他人以及与自己的关系的系统性、综合性和稳定性的观点[1]。由此可见，撇开价值判断研究公共航空安全价值观是虚无和不可能的，必须同时进行规范分析，以正确的价值判断为基础和标准明确回答"应该是什么"的问题。这个正确的价值判断标准就是马克思主义的价值观，在当代中国，这个正确的价值判断标准就是社会主义核心价值观。本书第 2 章对马克思主义价值观和价值哲学进行集中讨论，后续各章节联系公共航空安全价值观结构要素进行具体讨论，都是为了体现规范分析的要求，并始终坚持马克思主义价值观和社会主义核心价值观对公共航空安全价值观研究的指导地位。

---

① 《马克思恩格斯文集》第 1 卷，人民出版社 2009 年版，第 503 页。

4. 量化研究和质性研究相结合

本书在公共航空安全价值观实证研究中综合运用了量化研究中的问卷调查方法和质性研究中的焦点小组访谈方法。

问卷调查方法是在实证主义方法论指导下发展起来的一套比较完整、具体、可操作的量化研究方法，它为社会科学研究工作从定性走向定量，从思辨走向实证提供了一条可行的途径，是探索未知领域的一种有效手段。焦点小组访谈方法的理论基础是西方哲学中的解释学思想，它认为人们对事物的理解依靠之前对其进行的假设，在质性研究方法库中占有重要地位，近年来在社会科学研究中受到高度关注。虽然二者有不同的哲学根基，体现不同的哲学精神，虽然许多人往往将科学研究混同于量化研究，进而过分主张量化研究而贬低质性研究，但是究其本质，二者都属于实证研究。本书在研究公共航空安全价值观体系结构和激励约束策略时，综合运用了问卷调查和焦点小组访谈两种方法，目的就是将两种实证方法结合，提高实证研究的整体效果。

此外，鉴于大数据技术在社会科学研究领域广阔的应用前景，本书运用大数据技术中的语言识别技术和中文分词技术对焦点小组访谈录音资料进行了探索性分析，并和问卷调查数据分析结果进行了综合比对，进一步支持了问卷调查和焦点小组访谈的研究结论。

第 2 章　公共航空安全价值观的公众视角

以人为本是研究公共航空安全价值观理论与实践问题的基本出发点。

以人为本在公共航空运输中有两层基本含义，一层指向公共航空运输的提供者，另一层指向公共航空运输的消费者。公共航空运输是由各专业技术和管理岗位从业人员协同进行，为中外旅客安全出行提供航空交通服务的现代服务业。这种行业性质决定了以人为本研究公共航空安全价值观问题的两个基本视角，即公众视角和职业视角。

本章着重从公众视角探讨公共航空安全价值观的若干理论问题，第 3 章将从职业视角对相关理论问题做进一步探讨。

2.1　价　值　观

关于价值观，学界有许多不同的表述。一般认为，价值观是人们个性心理结构的核心因素之一，是人们对客观事物及其对自己的意义、作用、效果和重要性的总体评价，是指引人们做出决定和确定并实现行动目标的原则与标准，是人们用来区别好坏、分辨是非及判断客观事物重要性的心理倾向体系。价值观是公共航空安全价值观的上位观念，是研究公共航空安全价值观问题的基本语境。在公共航空安全管理中，价值观对从业人员向公众提供更高安全水平和质量的公共航空运输服务具有基础性的指引作用。

2.1.1　价值观的基本范畴

价值观是一个历史性话题。在中国，古人远在商代就已用"贵""尚"等表达他们在价值观上的态度，西汉时期的董仲舒综合西周以降先秦儒、法、阴阳等各家思想系统提出了以"三纲五常"为核心的价值观体系，以后历朝历代的政治家和思想家都特别强调价值观的教化之功。在西方，从古希腊时期普罗泰戈拉的"人是万物的尺度"、苏格拉底的"美德即知识"命题、柏拉图的"善的理念"、亚里士多德的"中道"原则、中世纪的基督教神学价值观、文艺复兴时期以"人"的价值为中心的人道主义价值观、近代人道主义性质的感性主义与理性主义和情感主义价值观，到 20 世纪 30 年代以来先后出现的科学主义和人本主义思潮，新托马斯主义和人格主义价值观，以及各种各样的"西方马克思主义"，无不反映出西方思想家对价值观问题的不懈思考[1]。

对价值范畴的认识是价值观形成的基础。在"价值"一词被引入西方哲学和其他人文社会科学学科之前，它通常作为经济学概念用来描述物品的效用或者交换中的比价关系。"价值一词最初的意义是某物的价值，主要指经济上的交换价值，18 世纪政治经济学家亚当·斯密的著作中即有如此提法。19 世纪时，在若干思想家和各种学派的影响下，价值的意义被延伸至哲学方面更为广泛的领域。"①

　　马克思曾经从词源学的角度认真考证过价值的一般含义,认为价值表示物的一种属性,表示物对于人的使用价值,表示物对人有用或使人愉快等的属性②。其他学者也曾经过考证得出了相同的结论,认为价值一词肇始于古代梵文中"围墙、护栏"及拉丁文中"护堤"等词语,取其"掩盖、保护、加固"等含义,后来在漫长的语义学演变过程中逐步成为关于某类事物和现象是否"可珍惜、可尊重、可重视"等判断标准的固定表述[3]。由此看来,虽然如今人类的物质生活水平比古代社会提高了无数倍,精神生活亦丰富多彩,但人们对外界事物感受的基本方面仍不外乎其在物质层面和精神层面上是否"可珍惜、可尊重、可重视"的价值判断意义。正是围绕人们在如何判断客观事物对人类物质生活和精神生活的意义上采用的不同标准,产生了在东西方文化中得到普遍接受的抽象哲学范畴的价值观。

　　价值观更是一个时代性范畴。当今世界,价值观是一个在各国出现频率很高的词语。在我国,对民众价值观的培养和塑造历来是思想政治工作的重要内容,特别是党的十八大报告强调指出"倡导富强、民主、文明、和谐,倡导自由、平等、公正、法治,倡导爱国、敬业、诚信、友善,积极培育和践行社会主义核心价值观"以来,民众的价值观问题受到高度关注,社会主义核心价值观在各行各业大力弘扬和践行,正成为亿万人民家喻户晓、耳熟能详、身体力行的核心价值观,成为激励中华民族实现伟大复兴的中国梦的巨大精神力量,也为提升我国公共航空安全的水平和质量提供了坚实的基础性指引和巨大的精神动力。

　　价值观是人们在特定历史条件下,在创造和享用价值的活动过程中形成并确立的相对稳定的观念模式,是人们以价值关系为反映对象,对人们的价值活动起导向和规范作用的社会意识。价值观是价值观念的集合和升华,是比价值观念更系统、更抽象的关于价值关系的认识。价值观念只是对某一类比较具体的价值关系的一般理性认识,往往比较零散而不系统,价值观则是人们关于各种价值关系的根本认识,人们对所有具体价值关系的总的概括和总的理性认识,是系统化、理论化了的价值观念,属于与自然观、历史观同等深刻的哲学层次的理性认识。价值观受人们世界观的支配,其本身就是人们世界观的一部分。

　　马克思主义认为,人们的观念不是从天上掉下来的,也不是人们头脑中固有的,观念产生于客观现实,是人们对客观现实世界的反映。观念随着人们生活的经济条件以及人们的社会关系和政治关系的改变而变化。价值观的生成和演进归根到底是由社会经济关系的演进与变化决定的。对于特定时代和特定民族,人们总是从自己所处的经济关系中吸取自己的价值观念,并凝结成一定的价值观,社会经济关系的更替与演进最终决定社会价值观体系的更替与演进。价值观是在实践中不断构建的,它不是某种先验存在,而是基于历史运动、历史规律以及人们价值实践的自觉建构。

　　价值观是一定时代的产物,是一定时代人们社会生活实践的产物和表现,它必然会随着时代和社会生活实践的变革而变革,并接受社会生活实践的检验、修正和完善。在全球化、信息化浪潮的冲击下,世界正处在价值观深刻变革的时代。随着时代的发展和社会生活的深刻变化,世界各文化、文明体系正在面临转型,东西方之间、传统与现代之间、发

---

① 不列颠百科全书公司:《简明不列颠百科全书》第 4 卷,中国大百科全书出版社 1986 年版,第 306 页。
② 《马克思恩格斯全集》第 26 卷(Ⅲ),人民出版社 1974 年版,第 326 页。

达国家与发展中国家之间、社会主义与资本主义之间，不同文化和价值观的冲突与较量表现得越来越明显。面对发展和许多深层次的全球性问题，价值观的激烈冲突和深刻变革是一种时代性、世界性的思想文化现象，中国和世界都处在深刻的价值观转型过程中。我国正处在中华民族历史上变化最快、发展也最快的时期，这些情况都在价值观的多元化及其冲突中体现出来了。无论是东方的还是西方的价值观，无论是农业社会、工业社会还是信息社会的价值观，在国家社会主义现代化进程中都必须回应现实的挑战。随着我国改革开放不断深入，面对社会主义市场经济体制、经济全球化、世界历史进程带来的价值观冲击，以及当代世界的现代性困境与价值危机，深入研究价值观理论和实践问题，联系现代化建设实际大力培育和弘扬社会主义核心价值观，是当代社会主义实践提出的核心性时代课题。

在世界各大文明体系中，唯有中华文明得到了最完整、最系统的传承，这是人类文明史上的一个奇迹。今天，作为一种文化现象，浸透着中华民族文化基因的中华文明正越来越得到世界各国的普遍认同，中华文明特有的价值观念正越来越显示出其强大的生命力。比如，中国人历来重视的事业有成、生财有道、修身养性、广结善缘等传统理念就从不同的维度展示了我们这个民族质朴务实的价值追求。然而从价值观概念形成的理论渊源来看，它却更像是全球化文化交流背景下从西方文化传播过来的舶来品。在西方学者那里，价值最初是一个经济学范畴，是指在商品中凝结的一般的、无差别的人类劳动，是商品的基本属性之一。后来，这一范畴被引入人文社会科学各学科中。在马克思看来，价值的本质是从人们对待满足其需要的外界物的关系中产生的。在马克思主义哲学中，价值是一个关系范畴，是主体和客体之间的一种基本社会关系，指客体对主体具有积极意义，能够满足人、阶级及社会的某种需要，成为他们的兴趣、意向和目的。客体具有能满足人们某种需要的属性，客体对主体的作用是价值关系的客观基础，价值离不开作为主体的人，离不开人对客体的需要；价值也离不开作为价值承担者的客体。

从最一般的意义上说，价值观就是关于人类价值判断标准的观念，就是这种关于客观事物是否值得珍惜、尊重和重视的根本看法和理解。关于价值观含义的研究已受到国内外哲学、伦理学、人类学、社会学、政治学、心理学、教育学、管理学等许多学科的长期关注，人们分别从不同视角对价值观的含义提出了适合本学科研究需要的看法。在关于价值观含义的各种争论中，美国社会心理学家罗科奇（Rokeach）提出的看法得到了学界的广泛认可。罗科奇认为，价值观是个体或社会的一种持久的信念，是一种相比之下更为可取的行为方式或终极存在状态；价值观是一种抽象概念，它脱离了具体的事物或情境，代表个体的行为方式及其对终极理想目标的信念[4]。

从结构上看，价值观具有体系性和层次性。价值观是一种观念体系，由此决定，个体受价值观支配的各种行为偏好符合序数原理，因而个体价值观对外部环境表现出可观察的体系性，在体系内部具有相对的维度结构和层次性。在这个体系的中央，是由若干价值观念构成的核心价值观，围绕核心价值观共存于对立统一发展过程的是这个体系中的其他价值观念。通常被人们看做一个整体的个体价值观实际上是一个包含不同层次复杂内容的价值体系，个体之间的价值观差异实际上是其价值体系的差异。在存在差异的价值体系之间，既有不同的价值因素，也有相同或相近的价值因素。依价值观的体系性而形成的价值体系是个体行为的基础，个体对其偏好的行为方式或生活目的具有依其主观重要性排列的层次结构。价值观的体系性与层次性是统一的，这使个体在行为过程中能有所依循而保持稳定，不至于经常出现不同价值元素之间彼此强烈冲突而陷入人格分裂的困境。在全球化背景下，由于受到来自国内外更多渠道、更多因素的影响，人们价值观的体系性和层次性变得更加丰富多彩，人们的价值观体系变得更加复杂而多变。

作为一种决定人们行为方式的观念体系，价值观与人生观、世界观有不可分割的密切联系，三者构成一个密切相关的观念体系，成为哲学思想的基础构件。也有学者认为，三者之间是包容关系，即世界观包括人生观，人生观包括价值观[5]。一般认为，人生观是由世界观决定的，是人们对人类生存的价值和意义的看法①，这一表述显然与关于人类价值判断标准的价值观十分相似。价值观讲人类的价值判断标准，人生观讲人类生存的价值和意义，二者都是专门用于人类的概念，而且都与人类的价值判断有关，因此人们的人生观对其价值观的形成无疑具有决定意义。当然，二者的准确含义和具体的适用范围是有区别的，人生观强调人类生存本身的价值和意义，价值观则较多地关注人类生存的社会生活环境，从生活角度审视人类对外界事物的价值判断标准。世界观也称宇宙观，是人们对世界的总的根本的看法②，当然也包括和决定人们对人类生存和价值判断的看法。在三者构成的观念体系中，世界观居于统领地位，价值观和人生观都受世界观统领，由世界观所决定。从总体上看，三者之间存在依次决定的相互关系，世界观决定人生观，人生观进一步决定价值观。因此，在研究价值观问题时，应该重视与其密切相关的人生观和世界观问题。

价值观问题之所以受到普遍重视，是因为价值观作为一种持久的信念，会对人们的行为方式产生持久而深刻的重要影响。价值观的影响是引导性的，因为价值观是人们观念或信仰的一种形式，对个体的行为目标和行为方式具有很大的导向作用，这使价值观成为影响个体行为的重要内在动力。价值观对个体的引导作用是持久性的，因为价值观是人们观念和信念的重要组成部分，是一种稳定的心理现象。价值观内化于个体的行为和意识中，在短时间内一般不会发生本质的变化。由于价值观对个体行为产生的持续性影响，个体所持的价值观对其长期行为具有根本性的影响力。

价值观的影响既是个体性的又是群体性的。作为不同个体独特的心理现象，价值观是具有鲜明个体性的价值判断标准，这使个体成为持有独特价值观的与众不同的个体。另外，价值观经历了长期的社会化过程，是个体在社会环境中长期积累社会经验而逐渐形成的，因而在不同层次的群体之间具有不同程度的群体普遍性，这使个体成为融于群体中的个体，理性地服从群体的行为规则和行为方式，从而使群体或由群体构成的组织得以对个体的行为方式施加有效影响。在全球化背景下，价值观影响已成为一种跨越国界的全球激荡，成为一种更加不以个人意志为转移的复杂的社会现象。

价值观问题之所以受到普遍重视，是因为价值观具有可塑性，而且正是其可塑性使价值观的影响得以实现。无论是对个体还是群体而言，价值观都不是一成不变的，而是可以塑造和培育的。价值观是人类思想意识的基本组成部分，是人的头脑从价值角度对客观物质世界的反映，是人们关于价值的感觉、思维等各种心理过程的总和。这种关于价值的意

---

① 中国社会科学院语言研究所词典编辑室：《现代汉语词典》，商务印书馆 1984 年版，第 962 页（人生观词条）。

② 中国社会科学院语言研究所词典编辑室：《现代汉语词典》，商务印书馆 1984 年版，第 1050 页（世界观词条）。

识符合意识现象的一般规律，既由客观存在决定，又反作用于客观存在。作为人类思想意识的基本组成部分，价值观的可塑性源自其社会性、文化性和心理性等本质特征。

社会性是人类的第一个本质特征，也是人类价值观的第一个本质特征。现实中的每一个人都属于因某种共同的物质条件和社会条件而互相联系起来的人群，完全脱离社会环境的个人是不存在的，纯粹属于个人而同他人毫不相干的价值也是不存在的。由于这种普遍的社会联系，每个人的价值观都必然会受到群体中和社会上其他人的影响而受到塑造，而个体的价值观因受塑造带上群体和社会环境的复杂色彩，也使社会的价值观既是一个由形形色色的价值观组成的共时性的复合体，又是一个随着历史发展而不断变迁的历时性的生命体。

文化性是价值观的第二个本质特征。价值观与文化有千丝万缕的联系。价值观本身就是人类在社会历史发展过程中创造的精神财富的一部分，它属于人类文化，是一种文化现象，是文化的重要内容。例如，亨廷顿等认为，从纯主观的角度界定文化的含义，指一个社会中的价值观、态度、信念、取向以及人们普遍持有的见解[6]。在价值观研究中，多少人曾致力于厘清价值观与文化的内在联系和本质区别，但是结论至今仍见仁见智，可见二者之间的内在联系之深。价值观受周围群体、组织和社会环境影响而受到塑造是一个人文教化过程，个体的价值观因这种塑造而受到教化和改造，群体的价值观也因这种塑造而得到培育和整合。

心理性是价值观的第三个本质特征。价值观的形成、培育和整合是一个不断反复延续的心理过程。在个体的一生中，价值观从青少年时代的培养期，到从事职业工作时的成熟和发展期，从个体早期较多地接受群体和社会的影响而受到塑造，到后期较多地对外界和群体施加影响，都在不断地进行着关于价值观形成和改造的心理活动，反复经历着关于价值观的认知、情感、意志和行为的心理过程。由于价值观具有心理性，对个体和群体价值观进行塑造的任何努力只有深入作用于当事人的内心世界才能取得预期效果。

在价值观概念不断演变的历史长河中，作为其基础和来源的外界客观事物的物质性、具体性使用价值的含义越来越淡化，而作为其本质规定性表征的外界客观事物的精神性、抽象性价值的含义则越来越强化。这种演变结果使人们在认识和运用价值观概念时往往容易忽视其本原含义，较多强调价值观的主观性、精神性而较少关注其客观性和物质性，这是今天许多致力于价值观塑造的努力收效甚微的一个重要原因。针对这种倾向应该强调，在关注主观性、精神性、抽象性的价值观问题的同时，应该重视对相关外界事物客观性、物质性、具体性价值的研究，重视对价值观形成和塑造过程起决定作用的各种因素的研究，既重视价值观体系在构成上的多元性，重视价值观内容的多样性，也重视价值观决定因素的多样性。

2.1.2　价值观的哲学地位

在表述世界观理论的哲学意义上，公共航空安全价值观是一个价值问题，也是一个真理问题。

价值哲学也称价值论或价值学，是关于价值的性质、构成、标准和评价的哲学理论。价值哲学主要从主体的需要和客体能否满足主体需要以及如何满足主体需要的角度，考察和评价各种物质的、精神的现象及主体的行为对个人、阶级和社会的意义。人们称某种事物或现象具有价值，就是指该事物和现象成为人们的需要和兴趣所追求的对象。但是人的需要、兴趣、目的是随着社会环境而改变的，价值是通过人的实践而实现的。价值表现在经济现象、政治观象、伦理现象、文学现象以及其他类型的人的认识对象中。早期哲学家探讨价值理论时往往只是从不同角度、对不同对象分别进行，进入 20 世纪以后，一些哲学家试图综合分析政治的、伦理的、美学的、逻辑的甚至有机体的价值[7]。

古代哲学主要研究本体论即世界的本原问题，研究世界是客观实证还是主观感知。近代哲学主要研究认识论，经历了由本体论到认识论再到历史观的转变。但是，从古代哲学到近代哲学，学者们只研究事实而不研究价值，只研究事实世界而不研究价值世界，研究重点先后出现过本体论、发展观、实践观、真理观、历史观而一直没有价值观，不研究价值问题，这是由当时较低的生产力发展水平决定的。任何客观事物都有两个维度：客观存在是它的事实维度，对人的效应或意义是它的价值维度。从古代哲学到近代哲学只片面探讨第一个维度即事实问题，而未研究第二个维度即价值问题，这当然是不全面的。

现代哲学是在近代科学技术和生产力发展的基础上成长起来，它从客观存在中区分出事实与价值，把价值论作为重要研究内容而发展为价值哲学，这是哲学发展内在规律的必然结果。价值观是现代价值哲学的重要研究内容。价值哲学的诞生标志着哲学发展到了一个更全面的新阶段，它使哲学的研究内容发展到包括价值论和价值观，从而更全面、更深刻、更丰富；它拓宽了哲学的视野，在关注事实分析的同时也关注价值分析、价值评价、价值标准、价值选择、价值取向和价值导向等问题，关注价值、价值观、价值创造和价值实现等问题，从而增强了哲学指导实践、改变世界的功能。因此，20 世纪以来，各国哲学界围绕价值问题先后出现过不同形式的价值热[8]。

马克思主义价值观和价值哲学是指导我们今天研究公共航空安全价值观的理论基础。人民的根本利益是马克思主义价值观的基本出发点，这一关键点使它与以往的"民本"或"人本"等思想严格区别开来。历史上各种剥削阶级所谓的"民本"或"人本"思想，其最终目的都是为占人口少数的统治阶级的利益服务，因而都是虚伪的、抽象的和唯心主义的。只有以科学的世界观即辩证唯物主义和历史唯物主义为基础的马克思主义价值观，其出发点才是人民的利益，与实际行动之间才能做到实事求是和言行一致，这使马克思主义价值观成为迄今为止唯一科学而真实的价值观[9]。

中国共产党人坚持马克思主义价值观的基本立场，在长期革命实践和社会主义建设过程中始终以中国最广大人民的根本利益为出发点。正如毛泽东同志明确提出的，"我们共产党人区别于其他任何政党的又一个显著的标志，就是和最广大的人民群众取得最密切的联系。全心全意地为人民服务，一刻也不脱离群众；一切从人民的利益出发，而不是从个人或小集团的利益出发；向人民负责和向党的领导机关负责的一致性；这些就是我们的出发点"①。历史已经充分证明，中国共产党人始终站在马克思主义的立场上，坚守了广大人民的根本利益这一马克思主义价值观的基本出发点。在公共航空安全管理中，公众的生命安全就是人民的根本利益，就是公共航空安全价值观的基本出发点。

---

① 《毛泽东选集》第三卷，人民出版社 1991 年版，第 1094 页。

在马克思、恩格斯生活的年代，价值范畴还主要是经济学范畴而不是哲学范畴，价值论或价值哲学还未成为独立的哲学学科。我国从 20 世纪 70 年代末开始掀起马克思主义价值哲学研究热潮，研究内容包括价值论基本原理、价值评价论和价值观等领域，自 20 世纪 90 年代中期开始，研究重心逐渐聚焦在价值观上[8]，这是马克思主义价值哲学和中国社会主义建设实践相结合的必然结果。

　　在我国，周国平较早指出在对哲学学科性质的理解上存在着两种相反的片面倾向：一种人把哲学看作完全排除价值成分的纯粹科学体系，认为哲学的使命是对世界做纯客观的描述；另一种人把哲学看作完全排除科学成分的纯粹价值体系，看作人对世界的纯主观的感受形式，认为排除价值成分的前一种倾向更值得警惕[9]。李德顺较早提出同历史上和西方的各种价值论学说相比，马克思主义价值论具有显著的科学性和革命性特征，表现为在理论上以彻底的唯物主义世界观和方法论为基础，在实践上坚持以无产阶级和人民大众为主体的共产主义价值观念，包括实践唯物主义的价值理论、能动反映论的评价学说，以及人民主体论的共产主义价值观念[10]。在晚近的论文中，他把马克思主义价值论的形成和发展概括为几个阶段，包括马克思和恩格斯的理论奠基、西方马克思主义的价值探索、社会主义价值实践与理论总结，以及中国特色社会主义价值观奠基和当代确立。当今中国思想理论界以实践唯物主义为理论基础，以社会主义核心价值体系为核心内容进行着积极的探索[11]。

　　国内关于马克思主义价值哲学的其他较早研究如李永华以马克思、恩格斯在创立科学世界观过程中选取的历史起点为轴心，考察马克思、恩格斯以人的需要为出发点，以实践为基本范畴的思维轨迹，论证了马克思主义哲学与价值观的内在统一，表明价值论的产生和发展为马克思主义哲学的发展注入了新的动力[12]。李世仿认为，我国社会生活已发生了广泛而深刻的变化，使人们的价值观呈现出新的特点，应全面认识马克思主义哲学的本质，用"以创造和发展为本位"的价值观替代"个人本位"和"社会本位"的价值观，实现个人和社会的和谐发展[13]。白萍认为，马克思主义哲学中国化是一个主体自觉选择的文化互动过程，中国传统价值观念中不同层面的价值诉求与马克思主义哲学的人类性关怀、异化观和实践观之间构成三个相关的共同问题意识，由此马克思主义哲学中国化获得了落实的价值根基，中国传统价值观念取得了文化整合的思想资源与方法启迪[14]。王廷龙认为，价值观的激烈冲突和深刻变革是一种时代性、世界性的思想文化现象，应该从价值观重构的哲学依据、哲学取向、哲学判断等方面探索当代价值观重构的哲学支撑，从平等、公正、实事求是、解放思想、以人为本等方面整理和挖掘马克思主义的价值观，从对资本主义价值观、中国传统价值观和市场经济价值观的批判与超越中论述当代价值观重构的多重维度，从马克思主义哲学意蕴出发建构中国特色社会主义人的自由全面发展的价值观、集体主义的价值观和平等公正的价值观[15]。

　　学者们在价值观和价值哲学研究中都十分关注和谐社会建设进程。杨根龙回顾了马克思主义哲学价值论在当代中国的演进，分析了社会主义和谐社会与马克思主义哲学价值观的关系，指出马克思主义哲学价值观的核心在于"人"，认为价值是人创造的，价值衡量的标准是人化的，而人是历史的，因而"以创造和发展为本位"的马克思主义哲学价值精神既可以实现人的全面自由和解放，又可以将个人置于层层社会关系中实现个人发展与社会发展的统一[16]。王程在马克思主义哲学价值论视域下分析了和谐价值观的主要内容，探索了倡导和谐价值观的有效途径[17]。石文超认为，哲学本身的高度抽象性、概括性、辩证性在内容和表述形式上都同大众的思维能力和认知能力之间存在一定的差距，其自身的价值属性不易得到认可，经济全球化和社会深度转型期的大背景、人民大众多元化的价值取向和价值观念使社会现实地存在着多重价值冲突，因此需要从理论和实践方面实现马克思主义哲学的大众化，实现一切人的自由而全面发展[18]。

党的十八大明确提出倡导社会主义核心价值观以来，我国学界研究价值哲学的重点进一步集中在弘扬和践行社会主义核心价值观上。方舟论证了社会主义核心价值观坚持人民群众的主体地位，维护人民群众的根本利益，其关注点是现实关系中的实实在在的人，其培育和践行的终极目标是促进人的全面发展，体现了马克思主义哲学的人本指向和历史唯物主义观点，认为社会主义核心价值观是源于实践又高于实践的哲学提升，应该围绕价值中心培育和践行，围绕价值目标开展理想信念教育，围绕价值取向促进社会公平正义，围绕价值准则推进公民道德建设[19]。孙舒景和吴倬认为马克思主义意识形态观的变革实质要求置身于现实物质生产水平和广大劳动人民的现实际遇进行社会主义核心价值观的建设[20]。张伟在马克思主义哲学的理论视域下研究社会主义核心价值观与中国梦的内在逻辑关系，认为二者在实践性、民族性、整体性和时代性四个哲学维度中自成一体、相互推进[21]。何萍从马克思主义哲学观点出发，论述了社会主义核心价值观研究中两个最基本的哲学问题：一是社会主义核心价值观与市场经济的关系，强调社会主义核心价值观是中国当下市场经济的伦理原则；二是社会主义核心价值观与中国传统文化的关系，强调社会主义核心价值观的文化本质是中国共产党人把科学社会主义理论运用于中国实践，改造中国传统文化而创造出来的社会主义新文化[22]。卢瑶论述了马克思主义哲学中现实的个人、人类社会发展价值理想理论、实践观是社会主义核心价值观的哲学根据，应该以此为理论依据和思想指南来深刻理解社会主义核心价值观的内涵，使社会主义核心价值观在全社会形成价值共识，实现由内化于心向外化于行的飞跃[23]。

沈丹萍分析了社会主义核心价值观的理论内涵与实践意义，探讨了社会主义核心价值观与社会主义市场经济和中华民族传统文化的关系，从哲学、历史和现实的视角提出了社会主义核心价值观的哲学见解[24]。邱仁富认为，应该从四方面夯实社会主义核心价值观的根基：夯实理论根基，推动马克思主义价值理论的时代化，增强阐释力；夯实实践根基，系统总结当代中国实践的历史经验，提升理论概括的能力；夯实文化根基，推动传统文化的现代性改造，推动优秀传统文化在当代社会的创造性转化和创新性发展；夯实世界优秀文明根基，把握世界发展的趋势和大局，不断赢得在当今世界的主动权和话语权[25]。杨明认为，马克思主义为社会主义核心价值体系提供了根本立场、观点和方法，是社会主义核心价值体系的理论基础和精神支柱，决定社会主义核心价值体系的根本性质和发展方向。巩固马克思主义在意识形态领域的指导地位，必须牢牢把握和大力弘扬社会主义核心价值观这个主旋律[26]。

我国学者对马克思主义价值观和价值哲学的研究越来越深入和广泛。陶富源认为，价值论是处于哲学高端层次的分支学科，作为价值论逻辑起点的价值范畴的形成经历了一个提升的过程，我国马克思主义价值论的研究在价值本质、价值评价、价值选择和价值创新等基本理论，以及如何看待普世价值等问题上还需要进行进一步的研究和讨论[27]。张军强调，马克思主义价值哲学有三大整体论原则：辩证整体论原则、社会整体论原则和生成整体论原则，认为三大整体论原则把价值存在视为一种整体性的客观存在，一种社会关系系统存在，一种在人的实践活动基础上的永恒发展的过程存在，它不仅从价值哲学的最深层提供了认识价值存在的根本方法，还为人的价值实践活动提供了科学的思维方式[28]。王玉樑认为，当今世界存在着两种价值哲学：理论价值哲学与实践价值哲学。西方价值哲学是单纯从理论出发理解价值的理论价值哲学。中国兴起的从实践和实践结果出发理解价值的哲学思想是实践价值哲学，是价值哲学发展的新阶段，为价值哲学理论科学化奠定了坚实基础，是中国对世界价值哲学的重大贡献[29]。近年来，国内学术机构多次专门研讨价值哲学问题，研究气氛活跃、内容广泛，显示了中国学者对马克思主义价值观和价值哲学研究的理论担当。

学界对价值观一般问题的理论研究为本书立足公共航空运输实践，研究公共航空安全价值观理论与实践特殊问题提供了丰富的思想源泉。

2.2 公共航空安全价值

认识航空运输和航空安全的公共价值是从公众视角研究公共航空安全价值观的逻辑起点。本节明确了公共航空安全涉及的一些基本价值概念，为界定公共航空安全价值观基本范畴做必要铺垫。

2.2.1 航空运输的公共价值

在公共航空安全的价值关系中，公共航空运输活动是创造和实现公共运输服务价值的客体，也是创造和实现公共航空安全价值的客体。

航空①活动包括军用航空和民用航空，军用航空用于军事目的，包括国防、警察和海关；民用航空简称民航，是指使用各类航空器②从事非军事性质的所有航空活动。这里"使用"航空器明确了民用航空和航空制造业的界限，"非军事性质"明确了民用航空和军用航空的不同。

民用航空具有重要的经济社会价值，在国家经济发展和改革开放中发挥着不可替代的作用。民用航空活动分为航空运输(air transportation)和通用航空(general aviation)两大类型，民用航空作为一个行业包括运输航空和通用航空两部分。在不严格的使用场合，人们对航空运输关注较多，以至于往往把航空运输等同于民用航空。民用航空运输也称商业航空(commercial aviation)，是使用航空器进行经营性客货运输的航空活动。"经营性"表明它是一种以营利为目的的商业活动，"客货运输"表明这种航空活动是交通运输的一个组成

---

① 航空(aviation)，狭义上是指载人或非载人的飞行器在大气层中的航行活动，如飞行；广义上是指进行航空活动必需的科学，以及研究、开发、设计、制造航空器涉及的各种技术。

② 航空器(aircraft)，是指可在大气层中飞行的飞行器，包括飞机、直升机、滑翔机、无人机、飞艇、气球以及其他任何可以借空气的反作用力飞行于大气层中的器物。飞机是公众最熟悉的航空器，aircraft通常指的就是飞机。飞行器(flight vehicle)，由人类制造，能飞离地面，可由人控制在大气层内或大气层外空间(即太空)飞行的器械飞行物。在大气层内飞行的飞行器称为航空器，在太空飞行的飞行器称为航天器。

部分。

　　航空运输与铁路、公路、水路和管道运输共同组成国家的交通运输系统。严格地说，航空运输包括民用航空运输和军用航空运输，但是在和平年代通常专指民用航空运输。二者的区分也不是绝对的，民用航空运输在战争年代优先服从战争需要，在抢险救灾中优先服从国家征用，不过在和平年代和正常情况下，公众关注较多的是民用航空运输。因此如无特别说明，本书所述航空运输专指民用航空运输。民用航空运输包括旅客运输和货物运输，但是在一般情况下公众关注较多的是航空旅客运输。不过也有例外，当人们谈论空中运输(air transportation)简称空运时，航空运输往往特指航空货物运输(air freight)。

　　近四五十年来，各国民用航空运输发展和普及十分迅速，我国民用航空运输自改革开放以来持续快速发展，从 2005 年起规模一直居世界第二位。民用航空运输已经成为大众化的现代公共交通运输方式，而且在国际上被赋予一个更能体现其内在价值意义的名称——公共航空运输(public air transportation)。"公共"二字凸显了民用航空运输的公共价值意义，凸显了民用航空运输作为主要公共航空活动的特殊地位，将其与往往具有较多私人价值意义的通用航空更明显地区别开来，也与和平年代较少使用的军用航空运输更明显地区别开来。

　　在国际上，使用民用航空器运送公众旅客、行李或货物的企业被称为公共航空运输企业，承担公共航空运输服务的航空公司在法律意义上被称为公共航空运输承运人(public air carrier)[1]。随着航空运输全球化联盟的发展，世界公共航空运输进入了新的发展时期。

　　作为基本的公共航空活动和航空运输活动，公共航空运输具有顾名思义的公共价值意义。不过，由于公共航空运输又称为商业航空，人们往往会受这一称谓表象的影响偏重公共航空运输的商业价值而忽视其内在的公共价值意义，这是公共航空运输价值意义上一个不容忽视的认知偏差。诚然，在通常情况下，旅客乘坐飞机需要购票，旅客在已购票航程中对其特定舱级的特定座位具有独立的乘坐权，但是该旅客无权以任何排他性方式限制其他旅客购买同一架飞机上其他任何舱级、任何座位的机票，无权以任何排他性方式限制其他旅客选乘同一架飞机上的其他任何座位，包括其同一舱级的其他任何座位，甚至其邻座的任何座位。消费者的排他性和竞争性受到限制，这从需求侧方面说明公共航空运输作为一种服务产品内在的公共物品性质，体现了公共航空运输内在的公共价值意义。

　　在目前我国航空制造业尚不能满足公共航空运输市场需要的情况下，国家历来结合外交和外贸策略需要统筹安排国际市场上的飞机采购，并长期给予特殊的融资支持；在目前国内各地大力发展公共航空运输的背景下，各地政府纷纷以多种方式补贴培育公共航空运输市场，不少航线的票价经常明显低于平行市场上的高铁票价。这些政府调控行为从供给侧方面反映出航空运输的公共价值意义。

　　公共航空运输在战争时期优先服从兵员和军需后勤交通运输要求自不待言，即使在和平时期，公共航空运输也是国家国防交通运输体系的组成部分，这些都体现了航空运输的公共价值意义。航空运输在和平时期的公共价值意义特别体现在国家在应对各种突发公共事件[2]的特殊作用上。在汶川地震、玉树地震等自然灾害面前，在利比亚撤侨等国际安全事

---

　　[1] 航空公司包括两类，一类是为公众提供公共航空运输服务的运输航空公司(trans portation airlines)，另一类是为公众和社会提供通用航空服务的通用航空公司(general aviation company)。本书集中研究在运输航空公司工作的公共航空运输飞行员。

　　[2] 突发公共事件是指突然发生，造成或者可能造成严重社会危害，需要采取应急处置措施予以应对的自然灾害、事故灾难、公共卫生事件和社会安全事件。

件面前，在其他许多特别重大的公共事件面前，国家都批量紧急征用民用飞机执行应急抢险航空运输任务，公共航空运输在国家大局下行动，以快速、机动的突出优势显示了其特殊的公共价值意义，显示了其在特殊情况下作为特殊公共物品的价值属性。

2.2.2　航空安全的公共价值

安全是决定公共航空运输能否实现其服务价值的关键属性。自古以来，安全一直是人类一种最基本的生活需要，是人类生活中一种最基本的价值形式。在公共航空运输中，安全是公众选择还是放弃使用航空运输方式出行，选择还是放弃某特定航空公司出行的最基本的价值判断标准。

安全泛指人类生活中物质的能量释放对人、机器及环境的影响和破坏不超过允许范围的状态。安全状态被破坏就变为不安全或有风险，这时便会发生后果严重程度不同的各种不安全事件，其中后果严重的不安全事件称为事故。

人类对安全需要的普遍性决定了安全价值的公共性，决定了安全的公共价值意义，决定了安全是一项对社会各阶层具有普遍价值意义的公共事务。

航空安全特指航空活动中不发生与航空器运行有关的人员伤亡和航空器损坏等事故的安全状态。

从 20 世纪初人类发明重于空气的航空器以来，公共航空运输已发展成为各国公众日常生活的一项重要内容。伴随着公共航空运输在世界范围内迅速发展和普及，公共航空运输安全已具有普遍性的公共价值意义，成为对现代社会具有重大价值意义的公共事务。

在公共航空运输中，飞行安全的价值意义十分重大，这从侧面体现出公共航空运输飞行事故的后果十分严重。公共航空运输飞行安全作为现代社会一项重要的公共事务而受到各国公众的高度关注，源自公共航空运输飞行事故的严重后果，源自公共航空运输飞行事故导致的生命和财产重大损失，给逝者亲属带来的巨大悲痛，以及在社会公众中引起巨大震动。

国际航空界一般认为航空安全主要包括三项内容，即飞行安全、航空地面安全和空防安全。飞行安全是指在航空器运行期间不发生飞行或其他原因造成的人员伤亡、航空器损坏等事故；航空地面安全是指围绕航空器运行而在停机坪和飞行区范围内开展活动的安全；空防安全是指不发生影响航空器正常运行和直接危及飞行安全的非法干扰活动等情况。

公共航空地面安全和空防安全都是公共价值很大的航空安全事务。世界各国发生过多起公共航空地面事故和空防事故，有些航空地面事故和空防事故伴随飞行事故发生，有时航空地面事故和空防事故是飞行事故的直接致因，因此它们都受到了公众的高度关注。不过，在航空安全中，在一般情况下公众关注的主要是公共航空运输飞行安全，对公众影响更大、价值损失后果更严重的主要是公共航空运输飞行事故，尤其是造成生命和财产重大损失的公共航空运输飞行事故——空难。由于公共航空运输飞行安全的价值意义巨大，而且同航空地面安全和空防安全密不可分，因此公共航空运输飞行安全在很多场合往往用来涵盖和指代公共航空安全的全部内容。

航空安全包括民用航空安全和军用航空安全，民用航空安全包括航空运输安全和通用航空安全。在航空安全中，由于民用航空安全特别是公共航空运输飞行安全和公众日常生活的关系更加密切，公众在一般情况下关注的主要是民用航空安全特别是公共航空运输飞行安全，以公共航空运输安全特别是公共航空运输飞行安全为主要内容的公共航空安全在公众的安全价值体验中表现得更加突出。

2.3　公共航空安全价值观

本节以马克思主义价值观和价值哲学为指导，集中从公众视角探讨公共航空安全价值观的基本范畴和主要特点，为后续章节深入探讨公共航空安全价值观的理论和实践问题奠定理论基础。

2.3.1　基本范畴

简单地说，公共航空安全价值观是人们关于公共航空安全的价值观，是人们认识和评价公共航空安全的价值意义的观念体系。

进一步说，公共航空安全价值观是人们关于公共航空安全的价值性质、价值构成、价值标准、价值关系、价值评价等问题的理论观点和观念形态，是人们对公共航空安全实践活动中诸项事物、诸类人员、诸种关系对自己的价值意义的系统认识、稳定理解和综合判断。

作为学者研究中的学术理论观点和人们头脑里的思想观念形态，公共航空安全价值观不是一时一事的具体的航空安全价值评价。例如，一次航空事故调查过程圆满结束，做出经得起历史检验的调查报告，这对改进后续航空安全管理有十分重要的价值，但是这样的具体评价还不是价值观层次上的评价。公共航空安全价值观也不是一般意义上的航空安全评价标准。一次航班在战胜危险天气、设备故障甚至非法干扰的重重困难后安全着陆，客舱内响起的热烈掌声是全体旅客对机组成员高超技术和非凡胆略的高度评价，但是这样的日常评价标准还不是价值观意义上的评价尺度。

在对公共航空安全价值观基本范畴的认识上，应该强调其性质特点。

(1)公共航空安全价值观是人们对公共航空安全价值意义的系统认识。

在公共航空安全价值观中，人们对公共航空安全价值的性质、构成、标准、关系、评价等诸问题的认识必须是全面的，唯有全面才能系统完整，才能形成完整的理论观点和观念形态。仅仅是对公共航空安全价值某些问题的片面认识，即使形成某种理论观点或观念形态，也难以做到完整自洽。

(2)公共航空安全价值观是人们对公共航空安全价值意义的稳定理解。

在公共航空安全价值观中，人们对公共航空安全实践中各种事物、人员、关系的价值意义的理解是相对稳定的，既不因时间、地点、情况变化而反复无常，也不因具体事、具体人或具体关系而随心所欲。当然，这种理解的稳定性是相对的，一是从相对不稳定到相对稳定需要经历长期的积累和沉淀，二是已经形成的相对稳定理解会随着公共航空安全状况改善的大趋势而进一步提升。

(3)公共航空安全价值观是人们对公共航空安全价值意义的综合判断。

在公共航空安全价值观中，人们对公共航空安全价值的性质、构成、标准、关系、评价等诸问题的认识既然要求是全面的，就必须力戒片面性的一知半解；人们对公共航空安全实践中各种事物、人员、关系的价值意义的理解既然要求是稳定的，就必须经历过探索和检验其符合事实的真理性判断，能完成这种真理性判断的认识过程必然是内容越来越丰富、结论越来越清晰的综合认识过程，是多种认识方法综合运用的认识过程。

2.3.2　普遍性

从公众视角看，公共航空安全价值观是一种具有普遍性的价值观念形态，这首先表现在公共航空安全的价值主体上，表现在持有公共航空安全价值观的主体人群十分普遍。

公共航空运输过程是形成公共航空安全价值和公共航空安全价值观的实践环境。在这个过程中，公共航空安全价值作为一种价值现象，是公共航空安全价值的主体和客体在公共航空运输实践基础上形成的价值层面的关系。在这里，公共航空安全是主体和客体之间价值关系的意义属性，参与公共航空运输过程的人是需要公共航空安全价值的主体，满足他们航空安全价值需要的公共航空运输活动是承载公共航空安全价值关系的客体。从公众视角来看，参与公共航空运输过程并需要公共航空安全价值的直接主体是全体旅客，间接主体是同他们有各种利益关系和社会关系的社会公众。

公共航空安全价值观的普遍性首先源自公共航空安全价值主体的普遍性，也源自公共航空安全是每一位安全价值主体的基本价值需要。不过在这里，公共航空安全的价值意义一方面在于每一位个别主体自身的安全价值需要，不仅是个人的安全需要本性在公共航空运输中的对象化，还必须在公共航空运输过程中经历按照公共航空安全价值标准进行的价值评价。把公共航空安全价值等同于个别主体自身在公共航空运输中的安全价值需要，把个别主体自身的安全需要作为公共航空安全价值和价值关系的决定因素和衡量标准，就会失去评价公共安全价值的客观标准。这种用个别主体自身的安全价值需要来代替公共航空安全的全部价值意义的倾向是一种个人主义和主观主义的倾向。诚然，在正常的公共航空运输过程中，个别主体的安全价值需要和公共航空安全的价值标准一般是一致的，但是在某些情况下，个别主体的安全价值需要也会和公共航空安全的价值标准发生明显或潜在的矛盾；在危急情况下，二者的矛盾可能会变得十分突出，需要有权威力量的干预并且必须无条件地服从公共航空安全的价值标准，这种状况在航班遇到险情时并不罕见。这里应该特别强调公共航空安全价值主体的公共性，每一位个别主体满足其安全价值需要都必须以符合公共航空安全价值标准为前提，他无权寻求也无法得到公共安全价值标准之外的个体价值满足。

另一方面，不应把公共航空安全的价值主体简单地等同于公共航空安全价值的直接主体，在一般情况下前者的范围比后者要大得多。公共航空安全的价值意义不仅仅限于直接价值主体的安全价值需要，把人们参与公共航空运输实践简单地理解为公共航空安全价值主体直接乘坐飞机出行，从而把公共航空安全价值观的主体范围局限于公共航空安全的直接价值主体自身，把公共航空安全价值观主体的关注范围局限于公共航空安全直接价值主体自身安全价值需要的倾向是一种狭隘经验主义的倾向。人们参与公共航空运输的方式是多种多样的，有人直接参与，有人间接参与；有时直接参与，有时间接参与。例如，一个人乘坐飞机去国外旅游，其未同行的家人和国内亲友并未直接参与其公共航空运输实践，但是他们一定会牵挂旅行中亲友的航空安全，一定会用通行的公共航空安全价值标准对亲友的航空安全做价值评价。当直接参与公共航空运输实践的主体是公众人物甚至是国家代表团时，当这样的公共航空运输过程中发生不安全事件甚至空难时，未直接参与公共航空运输实践而仍会按照通行公共航空安全价值标准进行价值评价的人群规模会迅速扩大。在"9·11"事件、马航MH370事件、德国之翼事件等极端情况下，评价公共航空安全价值的主体人群甚至会遍及整个世界。由公共航空安全价值的普遍意义决定，公共航空安全价值观关注的是亿万航空旅客的安全价值，是这些航空旅客在世界各地的亿万亲友对他们航空安全的牵挂，是世界各国亿万公众对公共航空安全价值的普遍关注。

其次，公共航空安全价值观的普遍性源自其价值客体的普遍性，源自作为公共航空安全价值客体的公共航空运输活动中存在风险的普遍性。如果公共航空运输是绝对安全、不存在风险的，那么讨论公共航空安全就没有任何价值意义了。问题恰恰在于，影响公共航空安全的风险不仅存在，而且无时无处不在，是无法彻底消除的普遍存在。

关于航空安全，国际民航组织的权威界定是：安全是一种状态，在这种状态下，产生伤害或损害的风险被限制在可接受的水平[30]。在公共航空运输中，风险是系统内部矛盾运动以及系统与外部环境相互作用的非定常性的一种基本性质和状态表征。在公共航空运输系统中，风险与系统共存，只要系统存在，在其内部就必然存在矛盾运动，与其外部就必然存在相互作用，因而也就必然存在风险。安全和风险是从正反两个方面描述公共航空运输系统运动状态定常性水平的一对孪生概念，是一个硬币的两面，安全就是无风险，有风险就是不安全；安全水平高就意味着风险度低，风险大就意味着安全状况差。人们平时述及安全多于述及风险，这反映出人们心理上趋利避害的安全价值取向，往往用对安全的追求来掩盖潜意识中对风险的忧虑。虽然公共航空运输已成为十分安全的现代交通运输方式，但是公众对公共航空安全的关注程度却越来越高，说明公众对公共航空安全问题有高度敏感性，也说明公众对公共航空安全有极高的价值期求。风险作为表征公共航空运输中不安全性的基本形态，是一种普遍的客观存在，它从客体角度决定公共航空安全价值的普遍性，决定公共航空安全价值观的普遍性。

2.3.3　特殊性

关于公共航空安全价值观在公众视角的特殊性，可以从公共航空安全价值对主体和客体双方的重要性方面来考察。

在作为公共航空安全价值客体的公共航空运输活动中，安全是最重要的服务质量，是最受公众关注的价值所在。作为公共航空安全价值所由产生的实践环境，公共航空运输的基本功能是为航空旅客提供满足其出行时间、空间和质量等价值需要的航空旅行服务。质量价值是公共航空运输优于其他交通运输方式的典型价值，人们选择航空出行，主要的价值评价标准就是其表征为快捷、舒适、安全的质量价值标准。公共航空运输企业强调质量第一，强调以质量求生存，强调的主要就是这些特别体现公共航空运输价值的质量价值标准。在这些质量价值标准中，安全价值是特别重要的第一价值标准，没有符合旅客安全价值需要的安全水平和质量，舒适、快捷就无从谈起，优质服务就无从谈起，公共航空运输的时间价值和空间价值更无从谈起。

在许多具体情况下，公共航空安全价值并不是独立存在的，而是和舒适、快捷等质量价值，和时间、空间等其他价值紧密结合为一体，共同组成公共航空运输复合的服务价值。复合价值普遍存在于各种货物和服务商品的价值现象中，安全价值的非独立性在其他交通运输方式中也普遍存在，但是这些价值现象在公共航空运输和公共航空安全中表现得尤为特殊和突出。持有公共航空安全价值观的公众主体可以是个体，也可以是群体；可以是某个旅行团，也可以是某个航空公司乃至全行业的国内外旅客群体。在公众主体人群规模从个体、团体到旅客整体的量变过程中，公共航空安全价值的独立性会发生质的变化。对个体或团体公众主体而言，公共航空安全价值不必要也无法独立存在。直接参与公共航空运输实践对于个体和团体旅客是时有时无的离散事件，一位潜在的航空旅客或一群正在组团中的航空旅客，如果他们暂时还不需要购票出行，这时航空安全对他们而言还只有间接的和潜在的价值意义，他们不需要也无法得到以独立形式存在的公共航空安全价值。只有当他们实际购票出行，实实在在以价值主体的身份直接参与公共航空运输实践时，公共航空安全对他们才有了直接的但仍是非独立的价值意义。但是，对公共航空运输企业、行业和整个旅客群体来说，情况就完全不同了。公共航空运输实践在这些情况下是连续的航班流，公共航空安全的价值在这些情况下就具有了面向全体旅客而独立存在的形式和意义，成为可以时时处处向全体旅客提供的连续价值流。因而对于公共航空运输企业、行业和整个旅客群体来说，公共航空安全具有特别重要的永恒的价值意义。

另外，公共航空安全价值观的特殊性表现在公共航空安全价值主体参与公共航空运输实践的合作态度和行为方式的特别重要性上。在参与公共航空运输实践过程中，作为安全价值主体的航空旅客不是单纯地享用公共航空安全价值，而是在同公共航空运输企业、同其他旅客共同地合作创造公共航空安全价值。从进入出发机场航站楼起，到离开目的地机场航站楼止，每一位航空旅客在整个航空旅行过程中都无时无刻不处于这种特殊的合作状态。公共航空安全无小事，从安全检查、候机秩序、登机秩序，到行李放置、按号入座、遵守安全指南，到紧急情况下听从指挥、顺序疏散等，一些平时看似琐碎的小事在公共航空运输中都可能成为危及航空安全的大事，都需要全体旅客的积极配合。航班过程中一次次广播的"谢谢您的合作"都不仅仅是礼貌，而是实实在在地在向每一位旅客提醒合作的安全价值。在航班遇险需要紧急撤离的危急时刻，全体旅客在机长和机组的指挥下积极合作可以化险为夷，个别旅客不听指挥不予合作可以酿成空难大祸，这种用生命凝成的经验教训在公共航空安全史上确有其例。

由于公共航空运输具有特别重要的公共安全价值，按照我国法律，个别旅客在机场或航空器内实施的不当行为会被公安机关处以行政处罚或被追究刑事责任，如编造、故意传播涉及公共航空运输空防安全虚假恐怖信息的；堵塞、强占、冲击值机柜台、安检通道、登机口（通道）的；强行登占、拦截航空器，强行闯入或冲击航空器驾驶舱、跑道和机坪的；妨碍或煽动他人妨碍机组、安检、值机等民航工作人员履行职责，实施或威胁实施人身攻击的；强占座位、行李架，打架斗殴、寻衅滋事，故意损坏、盗窃、擅自开启航空器或航空设施设备等扰乱客舱秩序的；在航空器内使用明火、吸烟、违规使用电子设备，不听劝阻的。2018 年 3 月，国家发展和改革委员会、中国民用航空局（简称民航局）、中央文明办、最高人民法院等八部门联合发布通知，对受到以上行政或刑事处罚的人员限制乘坐飞机出行[31]，彰显了我国政府保障公共航空安全的国家意志。

2.4 公共航空运输安全第一

安全是公众对公共航空运输最根本、最起码的要求，是第一位的要求。关于公共航空安全，目前世界公认的大趋势是，经过上百年的努力，公共航空安全已经达到了很高的水平，但是公众对公共航空安全的期望仍在不断提高。

全世界的公共航空运输安全水平在不断提高。2016 年，全世界死于空难的旅客数量为 268 人，远低于 2011～2015 年的年均 371 人；2016 年发生了 4 起客机重大事故，此前 5 年平均每年发生 8.4 起；2016 年全球公共航空运输总事故率为每百万架次航班 1.61，与 2015 年的 1.79 相比有所改善；2016 年飞机全毁的重大航空事故率为每百万架次 0.39，相当于每 256 万次航班发生 1 起重大事故[32]。这样的安全水平已使公共航空运输成为当今世界十分安全的交通运输方式。

特别是在我国，党和政府历来高度重视公共航空安全，积极从技术、设备和制度等方面构建和完善国家航空安全体系。我国公共航空运输长期处于可持续安全的管控中，安全记录不断刷新。据国家"十二五"统计数据，其间中国公共航空运输亿客公里死亡人数 10 年滚动值从"十一五"末的 0.009 降至"十二五"末的 0.001，降幅达 89 %；运输航空百万架次重大事故率 10 年滚动值从"十一五"末的 0.19 降至"十二五"末的 0.04，降幅达 79%[33]。一年以后即至 2016 年底，中国公共航空运输累计连续安全飞行 76 个月，4623 万小时[①]；航空运输飞行百万架次重大事故率 10 年滚动值降至 0.036，约是同期世界水平(0.43)的 1/12[34]。这表明，在改革开放中崛起成为世界第二大公共航空运输系统的我国公共航空运输业，公共航空安全水平也已跃居世界前列。

但是，一次公共航空事故使众多鲜活的生命和巨大的财富瞬间化为乌有，其代价之大令公众无法接受。公共航空事故之惨烈在公众心理上留下的巨大阴影使不少人至今仍对乘坐飞机出行心存疑虑，这是一种难以弥补的巨大的社会代价，它从反面证明了避免公共航空事故发生是公共航空安全的价值所在。

保证安全第一是中国公共航空运输业永恒的价值追求。自 1957 年周恩来同志为中国民航批示"保证安全第一，改善服务工作，争取飞行正常"以来，经过几代中国民航人的践行，保证安全第一的思想已成为中国民航行业工作总方针的核心内容，成为中国民航行业文化的核心内容，是中国公共航空运输从业人员第一位的价值追求。

在公共航空运输中，保证安全第一就是保证公共航空安全第一，就是把公共航空安全放在第一位，把保证公众生命财产安全放在第一位。保证安全第一的价值追求是公共航空运输可持续发展的内在要求。在公共航空运输发展所依托的诸多事物中，安全永远处于首要地位。公共航空运输是一个高技术、高投入、高风险的行业，有了安全才谈得上持续、快速、健康发展。公共航空安全是关乎公众生命财产安全的头等大事，不仅决定了公共航空运输自身的发展质量，而且关系到国家的国际形象，关系到国家改革开放和经济社会发展的大局。我国公共航空运输 70 年的发展实践反复证明，安全形势稳定，公共航空运输就可以得到较快发展；安全形势严峻，公共航空运输发展速度就得被迫减缓下来；在公共航空运输中，保证安全永远是第一位的大事。

---

① 数据源于《2016 年民航行业发展统计公报》。

第3章　公共航空安全价值观的职业视角

职业视角是以人为本研究公共航空安全价值观问题的另一个基本视角。

公众视角主要研究航空安全对公众生命财产安全的价值属性，而职业视角主要研究公共航空运输从业人员在航空安全方面的职业责任。诚如2.3.3节所述，作为公共航空安全价值主体的社会公众特别是航空旅客在参与公共航空运输实践过程中不是单纯地享用公共航空安全价值，而且也在同公共航空运输企业和其他旅客一道合作创造公共航空安全价值。从职业视角看，公共航空运输从业人员的职责就是为航空旅客和社会公众提供符合通行安全价值标准的公共航空运输服务，他们是公共航空安全价值的职业创造者，理应在公共航空安全上承担起无可替代的职业责任，保证安全第一即把公共航空安全放在第一位理应是他们职业价值观的核心内容。从职业视角看，满足公众的公共航空安全需要是公共航空运输从业人员的职业价值所在，以保证安全第一为核心价值的公共航空安全价值观是这一群体特殊的职业价值观。公共航空运输从业人员始终以保证安全第一为核心价值的公共航空安全价值观是社会公众的重要关注，是以人为本提升公共航空安全水平和质量的根本保证。

3.1　职业价值观

职业价值观是整个价值观体系的一部分，它具有一般价值观的基本属性，并与一般价值观相互影响。由于人们在一生中体力智力最旺盛的几十年里都在从事各种职业，在这期间从事职业活动就是人生的主要内容；由于在大多数人看来从事职业活动既是为自己和家庭谋生的主要手段又是为他人和社会服务的主要方式，因此人们对职业价值观的讨论离不开对从业者一般价值观和人生观的考虑。在许多谈论从业人员职业行为的场合，人们往往直接用职业价值观指代整个价值观体系。

公共航空运输是国民经济和国家综合交通运输体系的重要部门，是国家重要的基础性、前导性战略产业，是现代服务业的重要组成部分。公共航空运输系统的安全正常运行有赖于各专业岗位从业者的尽职尽责。公共航空运输各类从业人员特别是飞行员的职业价值观是激励约束从业人员培育公共航空安全观念的基础。关于公共航空运输从业人员职业价值观理论和实践的研究，国内外学界对职业价值观一般问题的研究成果是研究公共航空安全职业价值观特殊问题的重要基础。

3.1.1　内涵

就像价值观概念源自西方文化传播过程一样，职业价值观也是一个带有浓厚西方文化色彩的概念。"职业价值观"一词从英文work value翻译而来，因此中文文献经常直接将其表述为工作价值观①。一般认为，职业价值观是从业者价值观体系的重要组成部分，是从业者个体关于其职业行为方式及其从职业环境中获得的结果的价值判断，是一种直接影响个体职业行为方式的内在思想体系，包括个体职业需求和选择职业的倾向性等一系列思想观念。关于职业价值观的内涵，目前国外学者比较有代表性的观点包括：Super 认为工作价值观是个体所追求的与工作有关的目标的表达，表达从业者个体的内在需要及其从事职业活动时所追求的工作特质[35]；Elizur 认为工作价值观是个体关于工作行为以及他们从工作环境中获得的结果的价值判断，是一种直接影响从业者行为的内在思想体系[36]；Robbins 将工作价值观视为从业者个体看待工作的标准、偏好和认知[37]；Caprara 等认为工作价值观是人们通过工作寻求的目标和报酬，是个体的一般价值观在职业工作中的表现[38]。

国内学者的观点大体上可分为两类：一类观点强调职业价值观的来源是人的内部需要和个性心理倾向，认为职业价值观属于一般价值观和人生观的一部分或一个方面，是人生目标和人生态度在职业选择方面的具体表现，也就是一个人对职业的认识和态度以及他对职业目标的追求和向往；另一类观点强调职业价值观的社会性和从业者的择业态度，这类观点的职业价值观大致相当于择业观。例如，我国较早开展价值观研究工作的学者宁维卫认为，工作价值观是人们衡量社会上各种职业的优势、意义、重要性的内心尺度[39]；凌文辁和方俐洛认为，工作价值观是价值观在职业选择上的体现，是人们对待工作选择的信念和态度，是人们在职业选择中表现出来的价值取向[40]。金盛华认为，工作价值观是个体评价和选择职业的标准[41]。也有的学者兼收两类观点，如黄希庭和郑涌把工作价值观看作人生观在职业问题上的反映，认为工作价值观是人们对社会职业需求所表现出来的评价[42]。

归纳国内外学者关于职业价值观内涵的表述可见，职业价值观是从业者对其职业的价值和意义的认识，是人们希望从职业工作中获得的心理效用，反映人们在职业工作中的需要和满足之间的相互关系；反映人们关于职业的偏好选择，反映人们愿意从事某一职业行为而不是其他职业行为的倾向性；它不具道德意义上的自觉性或法律意义上的强制性，但影响个体的职业伦理道德意识和职业法律意识；它是一种内在的工作动力，驱使个体朝着既定的职业目标前进，引导个体职业行为的方向和动机；它是世界观和人生观在职业问题上的反映，是人们衡量社会上各种职业的优缺点、意义和重要性的内心尺度，是人们对社会职业需求表现出来的价值判断，是人们对待职业的信念和态度。

目前学术界对职业价值观内涵的不同表述反映出两种基本倾向：一种倾向于从满足从业者需求的角度来界定职业价值观；另一种则倾向于从信念、态度、偏好等心理特征的角度来描述，关注职业价值观的心理学意义，将职业价值观视为引导从业者工作行为的标准。前一种表述简单明了，但相比之下，后一种比较完整地描述了职业价值观的内涵。考虑到学术界对一般意义上的价值观概念已达成原则性共识，而职业的含义对每一个从业者来说都不言自明，可以比照上文关于一般价值观的表述，把职业价值观的核心内涵直接表述为"关于职业的价值观"或"关于职业价值的观念"。这样既不影响对职业价值观概念的深入讨论，也不影响这一概念的实际运用。

---

① 在很多情况下 work value 译作工作价值观比较合适。本书作者在其他文稿中多使用工作价值观的提法，在本书中考虑所论对象和问题，我们采用已在国内得到广泛使用的职业价值观的提法，但在参考国内外文献时不加区别地保留原作者的用法。

在理解和运用职业价值观概念时应该全面考虑从业者的个体性与群体性。虽然职业价值观的最终持有者是从业者个体，但个体存在于群体，存在于社会。在实际的从业活动中，个体不能脱离群体和社会而独立存在，从业者个体工作需求的产生、工作内容的确定、工作方式的选择、工作报酬的取得、工作价值的实现等，都必然与其周围的从业者群体及其他社会群体存在着千丝万缕的联系。在一般情况下，群体中的不同个体虽然持有不同的职业价值观，但这并不排斥职业价值观的群体性，因为群体中不同个体所持的职业价值观在存在个体差异的同时更兼有许多共性的内容。和一般价值观的情形一样，作为一种思想体系的职业价值观即使在单一个体身上也不是单调而唯一的，它一般总是由形形色色不同观念组成的混合体。个体职业价值观的复合性和群体职业价值观的多样性是组织整合和塑造群体职业价值观的内在依据。

3.1.2　外延

　　相对于职业价值观内涵研究，国内外学界关于职业价值观外延及其体系结构的研究更加活跃。职业价值观的外延是其内涵的外在表现形式，是职业价值观这一概念所确指对象的范围。职业价值观是一个含义广泛的多维概念，因而其外延必然是一个多维度的体系结构。和一般价值观的情形一样，在职业价值观体系诸项价值观念中也有核心价值观念和外围价值观念之分，并由此形成核心职业价值观与整体职业价值观的差别。由于现实中工作内容、工作方式、工作环境、工作体验等方面的多样性，人们对职业价值的理解必然是千差万别的，在研究其外延时应该既把握其基本方面又重视其实际应用场合的具体特点。

　　国外学者在对职业价值观外延及其结构的研究中，最有代表性的研究成果是 Super 在这方面进行的开创性研究工作，他第一次全面地阐述了工作价值观的结构理论，将工作价值观结构化为 3 个群组、15 个项目，第一个群组称为内在报酬价值，包括利他主义、创造性、激发智性、独立性、美的追求、成就感和管理权力 7 个项目；第二个群组称为外部报酬价值，包括生活方式、安全感、声望和经济报酬 4 个项目；第三个群组称为外部附带价值，包括环境、同事、与上司关系和变异性 4 个项目；并根据以上结构理论编制了包括 15 个因子的工作价值观量表(work values inventory, WVI)[35]。Miller 在 Super 的研究基础上将其 15 个价值观项目重新划分成内隐性和外显性两类，内隐性项目包括利他主义、创造性、激发智性、美的追求、成就感和管理权力 6 个，外显性项目则包括独立性、生活方式、安全感、声望、经济报酬、环境、同事、与上司关系和变异性 9 个[43]。Elizur 在分析工作价值观结构时把二级分类合并为一级，筛选出不分维度的 21 个项目，即责任、工作安全感、福利和社会条件、受到赞赏、尊严、在组织中的影响力、工作成就、同事关系、升迁、对工作的影响力、工作有意义、与上司关系、工作职位、公司形象、工作发挥所长、工作有兴趣、独立性、薪资、工作时间灵活、工作环境以及对社会的贡献[44]。Surkiss 认为，工作价值观包括内在价值、外在价值、社会价值和威望价值 4 个维度。Ros 从一般价值观和工作价值观整合的角度研究工作价值观，证实了 Surkiss 提出的 4 个维度和上文中 Schwartz 提出的一般价值观的 4 个维度相对应，并认为 Elizur 选出的 21 个项目也可以归纳为这 4 个维度。三位学者合著的文献[45]反映了他们的这一认识过程。国外其他学者的研究成果，如 Wollack 和 Goodale 等开发的工作价值调查表(survey of work values，SWV) 包括 3 个维度，即内在价值观（包括荣誉感、工作投入和活动偏好）、外在价值观（包括社会地位和对报酬的态度）和综合性价值观（向上努力），其中内在价值观更注重自我实现和自我表现的需要，外在价值观更强调物质和安全需要[46]。Rokeach 提出工作价值观有工具性价值观（instrument values）和终极性价值观（terminal values）之分，两者相互体现和依存[4]。

国内学者在这一领域的研究活动分为两个阶段，初期一般依赖于国外的理论基础和维度划分，一些学者直接引入国外职业价值观量表。例如，夏林青和陈英豪等翻译 Super 的工作价值观量表并进行了修订，夏林青等将 Super 的 15 个项目分为自我表达取向、外在报酬取向、人群取向、社会认可取向、利他取向和变异取向 6 类因素，陈英豪等则将这 15 个项目分为自我表达、可得报酬和任务环境 3 个类别[47]，余朝权采用经国内修订的 Wollack 等的工作价值调查问卷作为研究工具[48]，曹国雄则采用 Elizur 确定的工作价值观项目进行研究[49]。而后，国内一些学者进行了全新的探索，如吴铁雄等独立编制了适用于大学青年学生的工作价值观量表，包括自我成长、自我实现、尊严取向、社会互动、组织安全与经济安定、安定与免于焦虑、休闲健康与交通 7 个因素。该量表参考和整合了许多国外研究，比较了中外价值观理论的架构，经过了开放式问卷预测、正式施测等步骤后进行开发，但是和国外研究相比，其分类结构并无太大实质性差别，本土性特征也不十分明显，在较大程度上反映了西方个人主义精神[49]。宁维卫对 Super 的工作价值观量表进行修订，通过对不同人群的分析，形成了颇具特色的工作价值观结构，包括进取心、生活方式、工作安全、声望和经济价值 5 类因子[39]。宁维卫的修订被广泛认为对 Super 的工作价值观量表进行了本土化设计，较充分地考虑了本土特征，已成为国内使用频率较高的研究工具。马剑宏等对中国员工样本进行因素分析，提出工作价值观由 3 个基本因子构成，即工作行为评价因素、组织集体观念因素和个人要求因素[50]。凌文辁采用自行编制的职业兴趣量表对 408 名大学生的工作价值观施测后进行因素分析，得出 3 个因子，即声望地位因素、保健因素和发展因素[52]。此外有研究报道，王垒整理了影响员工工作动机的诸多因素，将其归结为 10 个因素，即工作条件和环境、工作特性、组织特性、员工价值实现和发展、物质条件、领导特性、团队特性、员工生活、规章制度和员工心理感受，并在此基础上制作了员工激励因素调查问卷；金盛华和李雪等借鉴了 Rokeach 的划分方法，把大学生的工作价值观划分为目的性和工具性两类因素[41]。

同国外研究相比，目前国内对职业价值观外延及其结构的研究尚缺少统一扎实的理论基础，研究方法差异较大，研究结果也不够一致，相互之间难以验证。这一方面反映出我国学术界在职业价值观外延问题的研究上与国外存在的差距，另一方面也在很大程度上反映出文化差异对职业价值观及其研究的深刻影响。

纵观国内外对职业价值观外延及其结构的研究可以看出，在职业价值观的维度划分和项目确定这两个层次上，存在诸多分歧的同时更有许多相通之处。在维度划分上，Super 把工作价值观划分为内部报酬价值、外部报酬价值和外部附带价值的三维度论，Miller 在此基础上提出内隐性和外显性价值的二分类法，Surkiss 在 Schwartz 一般价值观 4 分类基础上把工作价值观分为内在价值、外在价值、社会价值和威望价值 4 个维度，Wollack 和 Goodale 等把工作价值观划分为内在价值观、外在价值观和综合性价值观 3 个维度，Rokeach 提出价值观有工具性价值观和终极性价值观之分，夏林青和陈英豪等分别把 Super 提出的

15 个项目分为自我表达、外在报酬、人群关系、社会认可、利他和变异 6 类价值取向因素和自我表达、可得报酬与任务环境等 3 个类别，吴铁雄等针对大学生选定自我成长、自我实现、尊严取向、社会互动、组织安全与经济安定、安定与免于焦虑、休闲健康与交通 7 个因素，宁维卫修订 Super 工作价值观量表形成进取心、生活方式、工作安全、声望和经济价值 5 个因子，马剑宏提出工作行为评价、组织集体观念和个人要求 3 个基本因子，凌文轻提出声望地位、保健和发展 3 个基本因子，金盛华和李雪等借鉴 Rokeach 的划分方法把工作价值观划分为目的性和工具性两类。在纷纭复杂的分歧表象的背后，实际上存在很多内在相通之处。例如，Super 的内部报酬价值与 Miller 的内隐性价值、Surkiss 等的内在价值、Rokeach 的终极性价值之间在其基本内容上大致相通，他们分别提出的外部报酬价值、外显性价值、外在价值、工具性价值之间也不乏相通之处。在维度划分之下的项目确定上，这种内在相通表现得更加明显。

对职业价值观外延及其结构的有些分类和维度划分实际上存在重叠与交叉，有些项目既可以看作是内在的也可以看作是外在的，有些项目在一些应用场合划入这一类比较合适，在另一些场合划入另一类也未尝不可，这是由分类角度差异和应用场合差异决定的必然结果。由于这种差异性，职业价值观的一些项目可以同时表现于不同的维度，在不同维度可以有不完全相同的内容；一些看似不直接相关的项目之间实际上存在内在联系，其中一些项目的强化可以有效地弥补另外一些项目的不足。一些学者，如 Elizur 和王垒等在研究工作价值观结构时只着眼于项目层次而不做维度划分，说明他们已经认识到了维度划分在工作价值观外延结构研究中的局限性。总的来看，把职业价值观的外延划分为若干维度可以在一定程度上有助于厘清研究思路，突出研究重点，但过分强调维度划分的绝对意义则犹如削足适履。

由于职业价值观概念抽象且含义丰富，而它对从业者产生全过程和全方位的深刻影响，职业价值观的内涵和外延很容易被混淆。总的来说，职业价值观的基本内涵是关于工作价值的抽象观念，是这一概念所反映的事物本质属性的总和，而与职业价值观内涵一道受到学术界广泛研究的相关内容，如工作需要、工作态度、工作追求、报酬期望、择业偏好等，则是这一概念在不同侧面不同环节的具体表现，它们同由职业价值观决定，同属于职业价值观这一概念所确指的对象范围即其外延。职业价值观外延的具体性使其随着历史发展而不断变化其外在表现形式，使人们的职业价值观带有鲜明的时代特征。

3.1.3 属性

文化性是职业价值观最重要的本质属性，由文化的多样性、差异性决定，职业价值观必然是一种多样性的心理现象。由于千百年来国家和民族不断兴衰更替，各国的历史传承迥异，各国的国民对职业价值的理解有很大差别，在此基础上形成了不同国家和民族之间自然存在巨大差异，且带有鲜明民族特色的职业价值观。英国人的矜持、法国人的浪漫、美国人的务实、日本人的过劳等，其民族特色都在国民的职业价值观上留下了厚重的印记。我国在几千年悠久历史中占支配地位的主流文化是汉民族的家文化，占支配地位的价值观以个人和家族的名利为核心价值，其内向、封闭和超稳定的突出特点使之历经改朝换代而始终保持着强大的文化张力，对今天国民的职业价值观依然具有普遍的深刻影响。然而，中华人民共和国的成立是开天辟地的重大事件，改革开放是顺应民意的历史潮流，它们展现的崭新气象使国民原有的职业价值观在东西方文化的激荡中发生了巨变，使"80后""90后"新生代国民在其职业价值观形成之初就深受广泛而深刻的西方文化影响。在这样既有千年厚重积淀又有强力外来渗透，既错综复杂又变动不定的全球化文化背景下，需要在国内外现有已经相当全面、相当严谨的理论框架下开展更多深入的实证研究和应用研究，把国内外已经在多方面取得的研究成果应用于相关的管理实践。

除了文化差异以外，职业价值观也和一般价值观一样受到社会与心理因素的决定性影响而表现出相应的属性。人的社会性使人们的职业价值观受到群体内外、组织内外、区域内外甚至国家内外的广泛影响，使个体的职业价值观表现为不同价值内容的复合体，使社会上流行的职业价值观成为无数这种复合体相互叠加、相互摩擦、相互影响的复杂系统。价值观的心理性使人们自觉或不自觉、主动或被动地适应全球化的文化和社会环境而不断改造自己的职业价值观，使个体的职业价值观在其职业生涯中不断转变，甚至有时出于明哲保身的目的而把自己内心真实的职业价值观加以种种掩饰，以免在激烈的职业竞争中陷入被动。职业价值观的这种复杂性、变动性和内隐性使人们对其结构的认识不可能一劳永逸，而只能是一个与时俱进、不断深化的认识过程，一个联系实际工作环境开展多侧面具体研究的过程。

3.2　公共航空安全以人为本

作为现代服务业的重要组成部分，以人为本是公共航空运输业发展的根本要旨。在为公众服务方面，以人为本是公共航空运输的服务宗旨。在保证航空安全方面，以人为本是公共航空运输发展的基本保证。

3.2.1　安全第一的核心价值

保证安全第一是全体公共航空运输从业人员的最高职责，是其职业价值观念体系中的核心价值观念。公共航空运输从业人员必须把公共航空安全置于其职业价值观的首要和核心地位，其他价值观念必须服从和服务于公共航空安全第一的核心价值观念。从相对于公众视角的职业视角看，公共航空运输从业人员追求的职业价值是公众的公共航空安全价值，他们所持的职业价值观是满足公众航空安全价值需要的公共航空安全价值观。

保证安全第一的职业价值追求是检验公共航空运输从业人员职业道德和职业素质水平的基本标准，是规范公共航空运输从业人员职业行为的基本原则。有了保证安全第一的职业价值追求，公共航空运输从业人员才能自觉地提高职业道德和职业素质水平，自觉地规范自己的职业行为，就会在日常从业活动中兢兢业业，时刻把旅客放在心上，从人的本质上提高公共航空安全的水平和质量，在面临事故风险的危急关头挺身而出，承担起保护公众生命财产安全的最高职责。缺失保证安全第一的职业价值追求，公共航空从业人员就会在日常从业活动中计较得失，慵懒懈怠，给安全留下风险隐患，就会在危急关头忽视公众安全，甚至背弃公共航空运输从业人员的最高职责。

公共航空运输从业人员以保证安全第一为核心价值的公共航空安全价值观即他们的职

业价值观是一个由多种价值观念要素构成的动态变化的系统。作为一种观念体系，价值观中的价值观念有核心与非核心之分。核心价值观念是在价值的性质、构成、标准和评价中最重要，赖以支持其存在的那一部分观念内容。保证安全第一是公共航空运输从业人员最核心的职业价值追求，是公共航空运输从业人员公共航空安全价值观的核心内容，但不是全部内容。按照价值观理论看问题，公共航空运输从业人员的公共航空安全价值观是一个多层次、多维度的观念体系，它内部由不同层次和维度的多种价值观念要素构成，在外部受经济的、政治的、社会的、文化的等多因素影响，其结构示意如图 3-1 所示。在系统内部，各个价值观念要素是动态变化的，在动态变化中相互激荡。在系统外部，诸多影响因素是动态变化的，在动态变化中对公共航空运输从业人员的公共航空安全价值观体系形成或激励或约束的复杂影响。

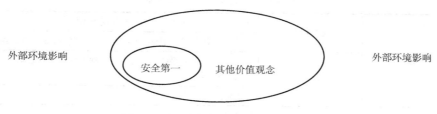

图 3-1　公共航空安全价值观结构示意

在公共航空运输从业人员的公共航空安全价值观体系中，保证安全第一这个最重要的核心价值追求离不开其他价值观念要素的配合和支持，受其他价值观念要素的激励和约束。因此，否认保证安全第一的核心价值地位和否认其他价值观念要素都是不可取的。只有既牢固确立保证安全第一在职业价值观中的核心地位，又全面兼顾职业价值观体系中的其他观念要素，才能充分发挥公共航空运输从业人员职业价值观在保证公共航空安全中的引领和驱动作用。

在公共航空运输从业人员职业价值观体系的动态变化过程中，不成熟的价值观念要素可以逐渐趋于成熟，不正确的价值观念要素可以不断得到纠正，已经树立的价值观念要素可以不断得到优化和提高，这个动态变化过程就是公共航空运输从业人员职业价值观的建设过程。只要公共航空运输活动还在进行，公共航空运输从业人员的公共航空安全价值观建设就应该不断进行下去，永远不应该停留在一个水平上。

3.2.2　人员因素的能动作用

当代公共航空安全中一个公认的趋势是，人员失误在飞行事故致因中所占的比例越来越大。在百年航空发展史上，人类对公共航空安全及其影响因素的认识是一个不断从必然王国走向自由王国的过程。在公共航空运输业问世后长达半个世纪的时期内，提高公共航空安全水平的主要手段是改进飞机制造和维修技术。由设备故障和自然环境等技术因素引起的许多事故推动航空工业在民航飞机上大量应用新技术，使飞机的自动化程度和可靠性大大提高。但是直到 20 世纪 70 年代，在先后认识天气原因等自然因素和设备故障等技术因素影响公共航空安全的基本规律并逐步掌握应对这些影响因素的主动权之后，世界公共航空事故率并未降到理想水平。人们分析事故致因后惊奇地发现，新技术的应用促使公共航空事故的比例已降到20%以下，而人员失误致因比例却上升到80%以上[55]。这一重要发现使人们越来越清楚地认识到，在涉及公共航空安全的诸多因素中，今后应该更加重视人员因素的地位和作用，应该主要从人员因素方面解决公共航空安全问题。

在涉及公共航空安全的诸多种类技术和管理专业人员中，航空公司飞行员居于核心地位。从人的角度提升公共航空安全水平，首要的是航空公司飞行员要让公众放心，保证每一个航班安全。但是在公共航空运输发展进程中，人员失误带来的安全风险一直如影随形而挥之不去。我们在研究过程中收集到的不安全事件资料表明，航空公司飞行员在航班飞行中出现的种种失误构成一个结构相当复杂的风险源谱，概略如表3-1所示。

表 3-1　飞行员失误风险源谱

飞行员失误风险源	生理状况	疲劳程度	飞行任务重(如排班不合理、机长配置不够、航线发展迅猛)
			生活习惯差(如缺乏锻炼、睡眠不足、酒烟不节制、饮食结构不合理)
		病理	职业病理(如神经系统、循环系统、呼吸系统、消化系统、血液系统、泌尿生殖系统)
			普通病情
	知识技能	基本知识	学习阶段不扎实
			工作阶段不提高
		操作技能	违规操作
			过度依赖自动化
	个性心理	价值观念	价值取向(如理性、审美、政治、社会、经济、宗教)
			职业道德
		心理特质	抗压能力
			应变能力
		个性	个人气质
			个人性格
			个人社交媒体(如微博、QQ、微信、朋友圈)使用情况
		思想状态	情境意识
			重视程度
			飞行状态
	协调决断能力	团队合作	团队氛围
			人际关系
			相互配合
		全面沟通	
		判断能力	
	航行前准备	个人用品	
		飞行用品	

或许是出于对公共航空运输飞行事故巨大代价的深深忧虑，在如何看待公共航空安全

中人员因素这一重要问题上，片面强调航空公司飞行员等人员失误的悲观倾向在许多人的心理上自觉不自觉地占了上风。

这种看法有许多用鲜血和生命写成的实例证据，正如世界公共航空安全趋势所显示的，航空公司飞行员的各种失误的确是许多公共航空事故的主要致因，是人员失误酿成了那些无可挽回的巨大损失。例如，1977 年 3 月 27 日发生在西班牙洛司罗迪欧机场的空难中，荷兰航空公司一架波音 747 飞机在起飞滑跑时与美国泛美航空公司另一架波音 747 飞机相撞，导致 583 名旅客和机组成员死亡，成为迄今为止世界民航史上最大的一起航空安全事故[53]。虽然像许多空难一样，酿成这次空难的原因是多方面的，但是美国泛美航空公司临时备降到该机场的那架飞机没有按塔台指挥尽快脱离跑道，荷兰航空公司飞行员和塔台管制员之间存在通话障碍，这些人员失误无疑是这次事故发生的首要致因。再如，在我国发生的 1994 年 "6·6" 空难中，原中国西北航空公司的一架图-154 飞机在执行西安—广州航班任务时失事坠落，机上 146 名旅客和 14 名机组人员全部遇难。事故调查的基本结论有 3 个：一是地面维修人员将控制操纵面的两个关键插头相互插错，二是飞行员未经历过应对这种特殊情况的针对性训练，三是飞机在插孔设计上存在漏洞[54]，三项事故致因无一例外地全部指向人员失误。1949~2009 年中国民航发生的二等和重大以上事故的致因统计分析显示，人员失误致因高达 80% 以上，其中 65% 的直接责任者是航空公司飞行员或其他机组成员。另据统计，20 世纪 50~90 年代，世界公共航空事故中人员失误由早期占 40% 增加到 80% 以上，在其中有人员死亡的航空安全事故的致因中，航空公司飞行员失误占 65%[55]。

或许是忧虑这些已经发生的公共航空事故代价巨大的残酷现实，或许是忧虑这些代价巨大的公共航空事故再次发生的潜在风险，在我国公共航空安全研究者和管理者中有不少人把人员因素混同于人为因素这一带有明显悲观色彩的下位概念，似乎人员因素就是只有消极后果的人为因素，就是只会导致各种不安全事件发生的人为差错，应该努力加以限制和防范。为了正确认识公共航空安全中人员因素的作用，有必要对这种混同做比较深入的思辨和澄清。

人员因素经常被称为人为因素。在公共航空安全管理中把人员因素混同于人为因素，一个语言学上的原因可能在于我国安全管理界当初从国外文献引进 "human error" 这一具有特定含义的英文词组时，倾向性地把 "人员失误" 表述成了 "人为差错"。久而久之，"人为差错" 的表述在很多场合使用时形成了习惯，固化成一种带有消极色彩的安全文化倾向。乍一看，"差错" 和 "失误" 的语义似乎大致相当，都表明事物背离常态的事实，但仔细分析，"差错" 更偏重于描述事物偏离正常状态的现象，而 "失误" 更偏重于描述使事物偏离常态的行为及其结果。进一步看，"人为差错" 更偏重于描述人员的行为失误而引致的状态失常，而 "人员失误" 更偏重于描述人的行为失误本身。在这里，表现为事物差错状态的结果是处于更深层次的原因即人员失误引致的。公共航空安全管理当然要防范航空活动中必然会出现的差错，但是更重要、更深刻、更根本的是防范引致差错发生的人员失误。可见，从人在安全中的实际作用看，将 human error 表述为 "人员失误" 比 "人为差错" 更为妥帖。再进一步看，从 "人员失误" 到 "人为差错"，除了依然存在 "失误" 和 "差错" 的差别以外，更在于这个 "为" 字带有的人为的语义差异。"人为" 一词的英文表述不应是human 而应是 human made 或 artificial，人们在理解 "人为" 一词时，除了理解其非出自天然、自然所为而是人力所为的意思之外，在语感上往往还含有主观故意的意味。显然，对于客观中性的"人员差错"或"人员失误"需要认真防范，而对有主观故意之嫌的"人为差错"或"人为失误"，不仅要切实防范，还必须严肃惩治，这就更加体现了不同的安全文化倾向。

由从"人员失误"到"人为差错"的误读，我国安全管理界在对人员因素的认识上也存在着类似的模糊和偏差。本来，20 世纪 60 年代当"人的因素第一"这一提法在我国广泛应用于思想政治工作场合时，人们赋予人员因素的含义完全是积极的。但是，后来我国安全管理界在从国外引进 human factor 这一概念时，人为地将其译成了"人为因素"，使其由于人们的理解习惯而增加了原文中没有的"为"的含义，这就人为地给 human 一词增加了"为"的含义而使 human factor 变成了 human made factor，使客观中性的"人员因素"变成了带有浓厚悲观色彩的"人为因素"，具有了明显消极的特定含义。由于对人员因素这一重要概念的指称在我国至今没能得到统一，对正确认识和深入研究公共航空安全中人员因素问题十分不利。

实际上，由于人类珍爱生命的共同感情和认识规律的共同特性，在对人员因素的认识上有这种消极倾向的不仅仅是中国人，在众多讲英语的国家里，将 human factor 理解为 human made factor 的也大有人在。例如，国外有人认为实现零事故是可能的，但是在通往零事故的道路上存在着一些障碍，其中人为因素最具挑战性[56]。在他们看来，由于人为差错导致的事故占绝大部分，人似乎已经成了事故的主要肇事者。在这方面，曾经在安全领域产生了很大影响的英文专著 *Human Made Disasters*（《人为灾难》）从书名上就明确表达了作者在对人员因素认识上的悲观倾向。该书认为大规模技术系统中的灾难是由一系列非故意的人为因素或组织因素不断累积而酿成的结果，其过程通常会长达很多年，这些人为因素与组织因素主要包括过失与错误、不正确的管理决策、通过组织而得以扩大的差错以及对安全和风险的不恰当假设[57]。虽然作者在这里及时指出了所论人为因素的非故意性，比起许多人的不分青红皂白，这当然是合理的，但是其悲观的安全文化倾向依然显而易见。

在公共航空安全管理中把人员因素混同于人为因素不仅是片面的，而且是十分有害的，因为它会日积月累地渗透到公共航空安全文化，从根本上影响人们对从业人员职业价值的解释和判断。在思维方式上，将人员因素理解为人为因素必然会限制人们的辩证思维，使人们观察公共航空安全问题的视野和角度受到限制，从而偏重于注意人员因素中人为的消极方面而对其客观存在的积极方面重视不够。这种思维方式上的偏差必然会引导管理者较多地关注如何遏制人员因素的消极方面而较少地激发其积极方面，基于这种思维方式形成的安全文化不利于充分发挥飞行员等各类从业人员在公共航空安全管理中的积极作用。在公共航空安全管理实践中，将人员因素理解为人为因素的直接后果是偏重于追究事故责任而对从不安全事件中汲取教训重视不够，偏重于事故发生后的严厉处罚而对不发生事故时常态下的航空安全管理时紧时松，这不利于人们在认真总结以往经验教训的基础上充分调动人的积极性，也不利于发挥从业人员在公共航空安全中管理的能动作用。

应该承认，过去人们以人为因素的含义理解人员因素，强调在公共航空安全管理中如何遏制人员因素中的消极方面，减少人为因素的消极后果，这符合存在决定意识的人类认识规律，是人类全面认识航空安全规律进程中一个必经的认识阶段。在 20 世纪后期航空制造技术出现飞跃，飞机可靠性得到很大提高的背景下，人们及时发现了人员失误造成的航空事故占比很高这一事实，这是人类对公共航空安全规律认识上的一个飞跃。它表明，面对梦魇般痛苦的事故实例和居高不下的事故率，人们终于认识到，当今公共航空飞行中大多数事故不是飞机设备失效造成的，不是恶劣天气等自然条件造成的，而是人员的种种失误造成的。人们由此将对公共航空安全中人员因素的认识聚焦在偏于消极的人为因素，聚焦在如何克服这些人为因素及其引起的人为失误，这在感情上是顺理成章的，而且至今仍有防患于未然的积极意义。但是当今天人们对这些消极的人为因素已经有了比较充分的认识，对人的种种失误已经有了比较深刻的理解的时候，如果仍满足于重复昨天的故事就显得局限而过时了，需要更全面、更自觉地认识人员因素在公共航空安全中的重要地位和能动作用，才能适应世界公共航空安全发展的大趋势，正确认识公共航空运输从业人员的职业价值。

针对人们在认识人员因素问题上事实存在的消极倾向，在认识公共航空运输从业人员职业价值时，应该特别强调人是公共航空安全中第一位的积极因素，强调激励从业人员充分发挥人员因素在公共航空安全中的能动作用，不断提升从业人员的职业价值。人是生产力诸要素中最活跃的积极因素，这是一条马克思主义的普遍真理。在公共航空运输这一特殊形式的现代社会生产劳动中，以飞行员为代表的人员因素依然是最活跃的积极因素，因而具有提升安全水平、降低事故风险的无上价值。在公共航空安全理论研究和管理实践中，应该克服对人员因素和从业人员职业价值认识上的消极倾向，澄清模糊认识，纠正认识偏差，深刻理解人员因素的积极内涵，充分和正确认识从业人员的职业价值，只有这样才能激励从业人员在公共航空安全中发挥更大的能动作用。

在公共航空安全中重视人员因素的能动作用体现在公共航空安全以人为本的本质特征上。以人为本是中华文化的历史传统，是社会主义核心价值观的本质规定，这是一份宝贵的文化财富，是我国民航在航空安全管理中重视人员因素，发挥人的能动作用的优秀文化基因。以人为本在公共航空安全中有两层基本含义：第一层是说公共航空活动面向人，为人服务；第二层是说公共航空安全依靠人，离不开人。公共航空安全离不开飞行员及各类专业人员同飞机等生产资料的结合。没有人同生产资料的密切结合，没有人对各种环境条件的积极适应，公共航空活动就无法正常进行。

在公共航空安全中重视人员因素的能动作用体现在公共航空安全水平的不断提升上。世界公共航空安全水平不断提高，使公共航空运输成为十分安全的现代交通运输方式。我国在公共航空安全上已经取得了世界领先的骄人成绩，安全水平稳步提高，安全记录不断刷新，引领着世界公共航空安全发展的大趋势。在这当中起决定作用的都是以飞行员为代表的从业人员的积极因素。公共航空运输能战胜飞机故障、恶劣天气等各种不利条件而成为公众认可的安全交通运输方式，离不开从设计制造到生产运行中各环节的人员因素，离不开飞行员对飞行安全的最终实现。

在公共航空安全中重视人员因素的能动作用体现在应对航空安全风险特别是事故风险的危急关头上。在世界各国公共航空飞行活动中，飞行员和地面保障人员共同配合化解空中和地面险情的事例每天都在发生。公共航空运输之所以安全，不是因为没有风险，而是以飞行员为代表的从业人员战胜风险，一个一个航班飞出来的。即使在成为空难史之最的西班牙大空难中，在两架波音 747 飞机即将以 60 米/秒的速度相撞的危急关头，泛美航空公司的机长维克多还是在绝望中做了最后努力，把飞机奋力扭动了一个角度，使它偏离了跑道中心线。他在危急关头的这一应激动作竟然奇迹般地挽救了泛美航空公司飞机上的 61 条生命[53]。

　　总之，在公共航空活动中，虽然在一些情况下人员的确会出现失误而造成差错，但是克服人员失误和设备、环境等不利条件而避免发生更多差错仍然主要靠发挥从业人员的主观能动性；虽然在一些情况下从业人员的确会因疲劳、压力等客观因素而出现能力下降，但是他们会顽强地战胜自身困难而做出许多令人惊奇的安全行为；甚至虽然在一些特殊情况下个别从业人员的确会因未尽职尽责而酿成不安全事件，但是他们整个群体会及时吸取教训，更自觉地履行职责而避免同类事件再次发生。无数事例说明，公共航空运输从业人员是用现代知识技能和强大意志力武装起来的知识员工，是公共航空安全中居于第一位的积极因素，在重大安全风险面前，他们不是一些人眼里的首要肇事者，而是保护公众生命财产安全的天使。在世界公共航空安全发展的两大趋势中，在人类提升公共航空安全水平的不懈努力中，公共航空运输从业人员降低安全风险、保证航空安全的职业价值是第一位的。公共航空安全发展的历史事实再次证明了毛泽东的著名论断，"世间一切事物中，人是第一个可宝贵的"[①]。

3.3　价值观的激励功能

　　在公共航空安全领域，研究公共航空运输从业人员特别是航空公司飞行员的公共航空安全价值观是为提升公共航空安全水平和质量探索职业价值观基础。这一目的的实现基于价值观包括职业价值观对公共航空运输从业人员特别是飞行员的激励和约束功能。

3.3.1　持久的深层力量

　　在全体人民中弘扬和践行社会主义核心价值观，是今日中国的时代强音。习近平总书记 2014 年 5 月 4 日在北京大学师生座谈会上的讲话中指出，"人类社会发展的历史表明，对一个民族、一个国家来说，最持久、最深层的力量是全社会共同认可的核心价值观。核心价值观，承载着一个民族、一个国家的精神追求，体现着一个社会评判是非曲直的价值标准"[②]。

　　培养和践行社会主义核心价值观，需要联系各行各业的实际，联系每个人的实际，把社会主义核心价值观融入社会发展的各个方面，融入各行各业的发展进程和每个人的职业生涯。打球的打好球，开飞机的开好飞机，只有这样才能激发出核心价值观"最持久、最深层的力量"。

　　2016 年 8 月 21 日，中国女排在巴西里约热内卢举行的第 31 届夏季奥运会决赛中，以

---

① 引自《唯心历史观的破产》，人民出版社《毛泽东选集》第四卷 1991 年 6 月第 2 版第 1512 页。
② 习近平：青年要自觉践行社会主义核心价值观——在北京大学师生座谈会上的讲话.人民出版社 2014 年 5 月第 1 版第 3~4 页。

3∶1 的优异成绩战胜塞尔维亚队再次夺得奥运会冠军，这场意义远超过体育竞赛的巅峰对
决雄辩地证明了意志力量的至高价值。中国女排在 30 多年不懈拼搏的征程中为我国民族复
兴之路上的亿万奋斗者提供了强大的精神动力，无私奉献、团结协作、艰苦创业、自强不
息的女排精神成为我国一个时代的集体记忆和价值标签，令世人心服口服地看到了中华文
化核心价值观和中国运动员体育职业价值观的洪荒之力。同样是在这 30 多年，中国航空运
输业以同样坚韧的拼搏精神推动我国公共航空运输阔步迈上运输业务量世界第二位，取得
了公共航空运输重大事故率仅为世界平均水平 1/12 的骄人成绩。也许在一些人看来中国航
空运输的安全发展成绩并不像世界冠军那样耀眼夺目，但是 1/12 事故率的无冕冠军背后是
公众生命财产免遭巨大损失，这同样雄辩地证明了中国公共航空运输从业人员特别是飞行
员职业拼搏精神的至高价值，证明了中国公共航空运输从业人员特别是飞行员群体以安全
第一为核心的职业价值观持久的深层力量。

　　公共航空运输从业人员职业价值观的重要意义，不仅体现为我国公共航空运输取得骄
人业绩的辉煌时刻，也体现在行业和航空公司克服严峻困难的危急关头。中国国际航空公
司(简称国航)是在国际上代表中国民航的挂旗航空公司(flag carrier)，曾经是我国拥有资产
最多、业务量最大的公共航空运输企业，长期担负专机任务，是关乎中国国际形象的一面
旗帜。国航拥有技术先进、机龄较短的机群和一支素质良好的职工队伍，具备较强的运营
实力，曾经创造了新中国公共航空运输业的诸多辉煌，包括创造了连续安全飞行 45 年的纪
录，是全世界保持飞行安全 45 年以上的三家航空公司之一。但是面对市场经济大潮的冲击，
国航却曾经因一些员工出现职业价值观危机而一度举步维艰。当时国航有的人过分看重钱
物，找关系、托门路驻外拿补助，忽略了自己的本职工作；有的人组织纪律性和法制观念
淡薄，在飞行员劫机外逃这样的大是大非面前是非颠倒、荣辱不分。一名财务人员贪污 2600
万元外逃，创下当时国内企业个人贪污数字之最。公司连续 3 年亏损，年亏损额超过 6 亿
元，资产负债率一度超过 95%，致使这个当时占中国公共航空运输市场 21%份额的老牌国
字号企业，在经营成果和业务发展上远远落在后面。这种状况发展到 1998~2000 年，国航
竟连续发生数起恶性违法案件，涉案违法、违纪金额达 4000 多万元。公司内忧外患，人心
浮动，形势十分严峻[58]。在这危急关头，党中央果断调整国航领导班子，新班子从选人、
用人、留人、培养人等关键环节抓起，从思想教育、制度建设、管理措施、思维方式等多
方面发力，迅速扭转公司道德价值观念和经营管理理念上的滑坡势头，使国航机身上的五
星红旗继续在五洲四海高高飘扬。国航战胜危机而实现的大转折，同样雄辩地证明了公司
员工队伍特别是飞行员队伍职业价值观建设中持久的深层力量。

3.3.2　激励理论的渊源

　　激励可以对人的行为产生极大影响，这一点已经成为学术界的普遍共识。例如，美国
哈佛大学管理学教授詹姆斯认为，如果没有激励，一个人的能力发挥不过 20%~30%；而
如果施以有效的激励，其能力则可以发挥到 80%~90%[59]。在组织中建构完善的激励系统，
就是为了更有效地提高员工的努力程度，发挥员工的能力，减少人力资本的浪费。

　　员工激励问题是当代多门学科共同关注的一个热点问题。

　　激励是组织行为学中的基本概念。在组织行为学中，传统的激励理论一般从满足人的

需要角度来研究管理对人的行为的影响，认为人只有有了需要才会有动机，才会导致一定行为的产生。因此，把握员工的需要是在管理中实施激励的基点。传统的激励理论都是从人的需要着手，从个体需要的内在因素和外在因素来研究人的激励问题。这些研究成果为研究人的激励问题提供了重要的理论基础，但是这种针对需要的研究显然是一种针对个体的研究，它过分强调人的行为完全取决于个体的需要，强调组织要通过满足个体的需要来影响人的工作态度和工作行为。近年来，关于职业价值观理论以及工作动机和工作态度之间关系的研究在组织行为学领域十分活跃，这为人们探讨激励问题提供了新的理论工具。职业价值观理论研究表明，人的行为除了追求个体需要的满足之外，还在很大程度上受到在一定的社会背景中形成的思想观念的影响。目前在职业价值观研究中较为普遍的认识是，职业价值观是个体关于工作行为及其在工作环境中获得的某种结果的价值判断，是一种直接影响个体工作行为的内在的思想体系。它不仅包括个体对工作角色持有的需求和意愿，还包括对工作的态度和驱动力，是需求、意愿、态度、驱动力的综合表现。也就是说，这些价值观念不仅是个体表现出来的外部需要，也是帮助人们判断在工作中什么是应该做的、什么是有价值的内在取向。因此，从职业价值观角度思考员工的激励问题，能更深刻地认识影响员工需要的内在思想体系，更全面地把握组织活动中员工群体需要的共性，更有效地引导员工实现自身职业价值观和组织价值观的统一。职业价值观与工作态度和工作绩效都具有很高的相关性，这一点已经得到了国内外研究者的广泛支持。员工群体的共同价值观是群体成员共同的行动指南，群体成员的思维方式、努力方向和行动准则都由这一共同的价值观念来决定。也就是说，群体成员的共同价值观既是群体成功的必要条件，也是衡量群体成员成功与否的必要标准。由此，在研究员工职业价值观的过程中，对员工群体的职业价值观，对员工个体与群体在职业价值观上的一致性，应该给予更多的关注。

激励在历史上最初是作为一个管理学概念提出来的，因此在研究传统上，学术界长期认为激励问题是一个典型的管理学问题。在管理学关于激励问题的研究进程中，在员工个体行为、群体行为和组织行为三个层次上都有所研究，马斯洛、赫茨伯格、麦克利兰等学者先后提出了需求层次理论、双因素理论、期望模式理论等理论模型，用来解释现实组织中的各种激励问题，并提出组织设计理论、组织行为理论、组织文化理论等激励实践模型，以解决组织中现实的激励问题。

激励问题之所以在管理学研究中受到广泛关注，是因为它切中了管理活动的本质，即如何提高组织的效率。实际上，20世纪管理理论的迅速发展和管理实践的不断丰富都记载了人们对效率的不懈追求。从泰勒时代科学管理学派强调员工职业价值观的物质性工作报酬倾向而提出"经济人"假设，到而后行为科学学派先后强调人际关系影响而提出"社会人"假设，侧重员工价值实现而提出"自我实现人"假设以及综合前人研究成果而提出"复杂人"假设，乃至"管理理论的丛林"现象的出现，以人为中心的"文化人""有限理性人"概念的提出，这些都说明如何提高效率是一切管理活动的永恒主题。

知识文明时代的到来，引发了社会经济组织内部一系列的变革，如技术变革、组织变革、管理变革、制度变革及需求变革等，这些变革强烈地呼唤着创新。在这种情况下，任何一个组织都必须通过提升自己的管理水平去赢得生存与发展的机遇。现代管理是以人为中心的管理活动，如何创造出使员工感到满意的工作环境，如何提高员工素质，如何提高组织吸引和培养人才的能力，如何实现组织目标和个人目标的统一等，这些问题都需要现代组织通过建立有效的激励系统才能解决。在这种情况下，对员工进行全面而有效的激励已成为现代组织管理的核心职能，如何根据知识文明时代的新特点与新要求建立符合组织需要的激励系统，已成为迫切需要管理学及相关学科进行深入研究的新课题。

在激励问题的研究历史上，科学管理理论的创立者泰勒曾经指出，要"精确地研究影响人们的动机"，主张采用奖金和惩罚的方法来提高组织效率，这在当时生产力较低的水平下是很有效的激励措施。此后，随着社会学、心理学、管理学、经济学等相关学科的不断发展，产生了行为科学的系统理论，管理学家对管理活动中的激励问题进行了多方位、多层次的全面探讨。众多学者对行为科学的发展做出了重要贡献，他们提出的各种激励理论为我们深入研究激励问题打下了坚实的理论基础。另外，近年来关于职业价值观理论的研究与关于工作动机和工作态度之间关系的研究十分活跃，为我们更深入、更全面地探讨激励问题提供了新的理论工具。行为科学重视对管理实践经验的总结，注重应用社会调查、观察测验、典型试验、案例研究等社会科学方法研究激励问题，但现有研究对激励的机制设计问题涉及较少，对管理中出现的许多新问题、新现象也缺乏相应的理论进行解释。

经济活动是人类的基本活动，是人类一切社会、政治、科技等各项活动的中心，经济活动效率决定组织生存发展的能力和活力。在很多情况下，经济活动和管理活动密不可分，经济活动需要靠管理来提高效率，而管理活动直接为提高经济效益服务。在当今市场经济时代，激励问题理所当然地受到以研究经济活动效率为己任的经济学的高度重视。

激励问题得到经济学家的关注，是在科斯提出交易成本理论以后。信息经济学以及博弈论、契约理论等新兴学科的出现，为研究激励问题提供了十分重要的数学模型分析手段。激励研究中的组织效率在很多情况下是组织中经济活动效率的同义语，这使得激励问题成为现代经济学和管理学共同的研究重点和核心内容，使两门学科共同研究激励理论所形成的成果对提高组织的经济效益和社会效益共同发挥促进作用。以专门研究资源配置效率问题见长的经济学在长期的研究过程中建构了一套精巧的数学工具，经济学的加入使激励问题研究在管理学的基础上趋于更加精准，而这一问题由管理学向经济学的延伸也使后者对经济效率问题的研究扩展到组织层次。

经济学家对激励问题的研究一般是从"经济人"的假设出发的，他们的研究大多集中在对经济组织中经营管理活动的研究上，而对组织内部员工的激励问题涉及很少。在激励手段上则主要强调运用经济手段，忽视了对人们内在思想体系的关注，忽视了其他管理手段的运用。经济学界研究激励问题的另一个明显不足是缺乏对约束机制和博弈机制等有关实际问题的应用研究。

近年来，国内学者也对激励问题进行了深入研究，形成了一批很有价值的学术成果。张维迎从委托—代理理论角度对管理中的激励问题进行了研究[60]，张军对合作团队的激励问题进行了理论研究[61]，刘正周侧重于激励原理在管理中的应用研究[62]，李红霞则对基于知识的激励理论进行了研究[63]。侯光明和李存金对激励理论进行了比较深入的研究，对激励与约束机制设计问题进行了有益的探索，提出了约束是管理的重要职能的新观点，将约束要素从激励要素中分离出来，在激励与约束多因素、多目标、多阶段合作博弈，以及对隐蔽违规行为[①]的约束机制设计等方面形成了很有特色的成果，并应用博弈论和委托—代理理论等方法，建立了一套称为管理博弈机制式模型的数学分析模型，提出了一套称为管理博弈论的较为完整的激励与约束机制设计理论及方法体系[64]。

当今迅速到来的知识文明时代，人力资源开发与管理的对象已经发生了深刻变化，管理活动更多的是面对知识员工[②]，其工作更具创造性，他们对新知识的探索、对新事物的创造过程主要是在独立自主的环境下进行的，传统组织层级中的职位权威对他们不再具有绝对的控制力和约束力，沟通、重视、信任、创新、学习、合作成为针对知识员工的新的管理准则，组织的管理活动在组织结构、知识资本、信息沟通、教育培训等方面呈现明显的变化趋势。在这方面，目前学术界主要从人力资源开发与管理的角度进行了一些理论和实证研究，研究内容涉及知识员工的特征、动机、职业、个体关系，知识员工的工作环境与工作流程设计，知识员工的社会角色，知识员工的战略资源地位与人才市场，知识员工团队设计，以及在管理实践中知识员工的报酬等问题[65,66]。

对知识员工激励问题的系统研究，目前国际上主要以管理学家玛汉·坦姆仆和安盛咨询公司提出的"知识员工激励因素"模型为代表。玛汉·坦姆仆经过大量研究后提出，激励知识员工的前四个主要因素分别是个体成长、工作自主、业务成就和金钱财富[67]。这一重要的研究成果表明，对知识员工的激励，不能以金钱刺激为主，而应以其发展、成就和成长为主，因为激励他们的动力更多地来自工作的精神性内在报酬。

国内学者张望军和彭剑锋针对我国现阶段实际情况进行了类似的研究，总结出我国知识员工的需求特征依次为[68]：工资报酬与奖励，获得一份与自己贡献相称的报酬，使自己能够分享自己所创造的财富；个人的成长与发展，存在使个人能够认识自己潜能的机会，能实现对知识和事业成长的不断追求；公司的前途，认为公司的发展与员工个人成长休戚相关；工作的挑战性，是对他们个人能力的一种检验，是显示他们突出于常人的佐证；其他激励因素包括晋升机会、有水平的领导、工作保障与稳定性等。

学者们认为知识员工对于组织与个体双方之间隐含的非正式的相互责任和义务的心理契约具有与一般员工不同的特征，他们对良好的工作环境与同事关系、挑战性的工作、实现自我价值等方面的期望高于对金钱财富的期望，从而形成了基于心理契约的知识员工行为模型。学术界在此基础上提出了工作激励、成就激励、文化激励、情感激励等一系列相应的激励措施，提出了面向知识资本产权的激励措施[69,70]。但是很明显，并非对所有人都可以实行知识产权激励，只有在组织中拥有知识产权的员工才能成为知识产权激励的对象。由于知识员工拥有知识资本，导致他们在组织中的实际地位不同于传统意义上的普通员工，他们和管理者之间的关系并非简单的管理—服从关系，而是一种更加平等互惠的合作关系。

---

① 委托—代理理论认为，信息不对称经常会导致委托人和代理人的关系出现三个问题：道德风险、逆向选择和隐蔽违规行为。道德风险是指在合约签订之后，拥有私有信息的一方会在最大限度增大自己效用的同时做出对另一方不利的行为。逆向选择是指由于双方信息不对称，订立合约的选择过程中某一方的选择会使另一方做出不利的选择。隐蔽违规行为是指代理人为了追求个人效用而偏离组织的目标方向进行投机活动，从而给组织造成损失的行为。

② 知识员工，美国管理学者彼得·德鲁克在20世纪60年代提出时称为knowledge worker，后在研究中也有人写为knowledge staff，国内文献中常译作"知识型员工"。在近几十年来，知识员工的含义发生了很大变化，其作为企业雇员的含义已明显减弱，并逐渐成为对知识文明时代中这个特殊的新兴社会阶层的称谓。

这样对知识员工的激励就必须建立在平等、合作、互惠互利的基础上，才能取得预期效果。

公共航空运输从业人员掌握着运用现代运输飞机的专门知识和操作技能，是特殊类型的知识员工。在这个特殊的知识员工群体中实施激励，固然需要运用已有的经典理论，更需要在公共航空运输安全管理实践中做出符合时代要求的创新。

3.3.3　职业价值观激励

人力资源管理是职业价值观研究成果的主要应用领域。在这方面，国外应用研究曾经长期全面领先于国内研究。近十多年来，国内研究取得了长足进展，特别是在对年轻人职业价值观的应用研究上，国内研究成果十分丰硕。

1. 国外研究现状

在西方国家，对职业价值观的应用研究较多关注与从业者相关的社会结构、生产方式、工作本质的改变及由此带动的从业者职业价值观的变化，较早取得了一些重要的研究成果。学者们发现，从业者的职业价值观与社会价值系统、社会环境、工作本质及职业结构之间存在紧密联系[71]，个体职业价值观会随着社会观念、社会价值与意识形态而变化，不同年龄、教育程度、性别、地域和文化背景的从业者会有不同的职业价值观[72]。

关于职业价值观对从业者的职业行为与工作绩效的影响，Super 等学者发现工作价值观与工作满足具有相关性[73]。Shapira 与 Griffith 发现专业人员工作价值观与绩效评价结果有中高程度的相关性[74]。Cheung 和 Scherling 发现工作价值观取向与工作成果之间，如工作满意度和组织承诺等呈正相关[75]。其他研究成果包括职业价值观与管理者的人际关系、解决问题的自觉性、参与度及决策行为等呈高相关性，与员工的工作态度、工作动机及工作行为间有高相关性。因此，学界认为，职业价值观影响工作行为与绩效的路径可能是职业价值观—工作动机或态度—绩效表现。此外，Gagne 和 Deci 研究了工作价值观与工作目标之间的关系，认为工作目标实际上是更高层次的工作价值观[76]。

关于从业者个体职业价值观与工作态度或职业选择的关系，Jai、Jim 和 Gangaram 的研究表明，由于工作价值观的作用，组织内的员工更有积极性参加组织的管理，提升管理效率[77]。Sun 调查研究了中国外资企业员工工作价值观的影响因素，研究结果对于引导员工的工作价值观符合组织的核心价值观，提升跨国企业的竞争力具有重要意义[78]。Kuchinke、Kang 和 Oh 利用从韩国中等规模企业员工采集的调查数据分析了工作价值观与工作满意度和组织承诺之间的关系[79]。Duysal 等分析了土耳其员工的工作价值观，通过统计分析发现经理人的工作价值观与企业规模密切相关，在规模越小的企业，员工工作价值观越容易控制和管理，而经理人的受教育程度对工作价值观的形成没有明显影响[80]。Ryan 采用统计分析方法，研究了工作价值观与组织公民行为之间的关系[81]。Frieze、Olson 和 Murrlell 等分析了工商管理硕士毕业生的工作价值观对从业者工作行为的影响，还分析了工作价值观与从业者工作努力程度、工资水平和工作时间的关系，认为工作价值观与离职倾向和工作提拔密切相关，男性从业者与女性从业者的工作价值观没有明显区别[82]。Loughlin 和 Barling 研究了与青年员工工作价值观密切相关的两个要素同工作态度和工作行为之间的关系，表明工作绩效与工作价值观、工作态度和工作行为之间密切相关[83]。Raile 研究了工作价值观与组织沟通满意度之间的关系，设计了验证试验来检验以往的工作价值观研究成果[84]。

近年来国外关于职业价值观的研究进一步系统和深入。Maarten、Bart 和 Christopher 等运用自我决定理论进行的研究表明，持外在工作价值观的人工作满意度较低，献身精神较差，活力较差，容易心灰意冷，成功实现目标后的满意期存续较短，易于反复，还表现为整体心理健康状况较差，而且仅靠增加收入并不能减轻这种影响。持外在工作价值取向对工作产出不利，是因为这种取向影响了人们对工作中自主、胜任和与自己有关等基本心理需求的满意度[85]。Adrian 用五大人格①量表、职业生涯趋势量表和核心职业价值量表对企业管理者进行的比较研究显示，多数人格特质同价值观之间存在中度可预测关系，可解释美学、利他、安全和权力等价值观念差异；与人际关系风格瑕疵相关的价值观念依次为认知、从属感、权力和安全；职业生涯趋势量表在预测核心职业价值观方面的解释力优于大五人格量表[86]。

关于职业价值观研究在行业层次的具体应用，Kirsti 和 Siw 研究了就业需求与就业资源对高等教育界不同年龄组员工工作意义认知和组织承诺的预测价值，发现老员工对工作意义认知和组织承诺报出的分数较高，因此认为应该对不同年龄组采取不同的干预手段[87]。Dickin、Dollahite 和 Habicht 对社区营养辅导员的研究表明，虽然他们的酬劳满意度较低，但是由于工作满意度较高而离职意向较低；受教育程度较高的人的工作满意度与他们对项目的价值感、工作关系以及在决策过程中的发言权呈正相关，离职倾向与他们对项目的价值感、被监督感和酬劳满意度呈负相关；内在工作激励对他们的道德培育和岗位留守十分重要[88]。

团队工作方式是当今最热门的管理学概念之一，自然也是职业价值观研究的重要内容。Loes 和 Hans 在研究团队工作状态时在通常的能力因素上增加了社会身份认同因素，在控制团队成员能力和状态参数的情况下研究了成员的团队身份认同感对他们在团队内绩效及状态的影响，认为成员的团队身份认同感影响他们代表团队取得的绩效，而团队绩效又反过来影响其他成员对成员状态的评判[89]。David 研究了团队失效问题，认为虽然在许多重大组织活动中团队工作方式的确比单打独斗的绩效高，需要组织跨部门的工作团队来完成有挑战性的项目，然而团队方式不是万能的，许多高管并不理解究竟什么是团队，不理解团队要成功到底需要什么，他们往往在其他方式更有效时错误地使用了团队方式[90]。

面对西方经济和劳动力市场的不景气，Roderick 和 Christopher 认为关注员工的士气与福利对依赖人力资本形成竞争优势的高绩效工作体系特别重要，可以通过多关注员工士气和福利来减少裁员带来的生产率损失[91]。Anja、Maarten 和 Willy 认为失业者工作价值观取向的内容关乎他们对就业灵活性的理解，一般概念上的就业价值观与各种可测度的灵活性呈正相关，包括培训灵活性、报酬灵活性、接受无需求职业的灵活性，以及接受超资质职业的灵活性，这符合期望价值理论。对内在工作价值观取向的秉持与培训灵活性和报酬灵活性呈正相关，而外在价值观取向与这两种灵活性呈负相关，这符合自主决定理论[92]。

职业价值观是一种心理活动的产物。国外学者对职业价值观从心理学理论和实践方面

---

① Big Five personalities，国外学者在词汇学研究基础上归纳出的五种基本人格，即外倾性(extraversion)、尽责性(conscientiousness)、开放性(openness to experience)、宜人性(agreeableness，又译作随和性)和神经质(neuroticism，又译作情绪不稳定性)，按中文表述习惯似可译作五大人格。

给予了较多关注。Erlandsson、Eklund 和 Persson 研究了职业价值和意义(value and meaning in occupations，ValMO)模型中关于工作价值、感知意义及主观健康的理论假设，认为职业价值和感知意义显著相关，感知意义与主观健康呈正相关；全时工作是解释主观健康最重要的因素，确认在门诊实践中应集中关注工作价值[93]。Eakman 和 Eklund 评估了 OVal-pd(occupational value with predefined items scale，有预定项目范围的职业价值)模型英美版的心理测试特性，得出了很高的内部一致可靠性系数，找到了支持 ValMO 模型，明显反映自偿价值和具体价值的单维度价值结构评估尺度[94]。Elisa 强调情感的核心直觉性质，认为应该解释工作情感的各种独特表现，因为情感的独特功能使人们既投身于客观价值也投身于个人价值，工作情感的"任性"使其在人们的生活中发挥了作用[95]。Craig、Menon 和 Klein 发现欣赏大自然与个体感情调节和心理功能调节有广谱性好处，可以使积极情感增加，压力感减轻，还可运用于改善员工健康状况[96]。Bradley、Drapeau 和 Destefano 认为执业心理医师的能力感与职业阅读、参加课程或研讨班、持照年数以及参加学术会议有关，职业价值感与年龄及参加心理学网络群有关，职业支持感与参加案例讨论组、督导组及心理学网络群有关[97]。Mona、Elisabeth 和 Carina 用自我报告问卷调查了日间护理中心患者对职业价值，包括具体价值、象征价值和自偿价值的认知，表明抑郁症和自制力不足可解释具体价值变化的 22%，自尊不足可解释象征价值变化的 13%，自制力不足可解释自偿价值变化的 10%，因此，个性化地增强患者的自制和自尊，提高对抑郁症状的关注对提高其职业价值十分重要[98]。

行业文化和组织文化是职业价值观的文化环境，与员工职业价值观的形成有千丝万缕的联系。Tim 和 Prashant 通过访谈从业者确定了 IT 行业文化环境下的六个价值维度，即权力结构、控制、开放式沟通、风险、尊重知识以及快乐(structure of power, control, open communication, risk, reverence for knowledge and enjoyment，SCORRE)，以实验数据表明 SCORRE 模型具有构建 IT 行业文化基础的核心价值[99]。

2. 国内研究现状

国内包括台湾地区的职业价值观研究，初期侧重在引入西方研究成果的基础上进行拓展，近年来研究工作越来越深入。除了在职业价值观量表方面从直接引进到越来越多的根据实际需要独立编制以外，研究活动集中在两个方向：一是研究职业价值观与其前因变量和结果变量的关联性，其中研究较多的前因变量为年龄、教育程度、性别、地域等个人背景以及内控和外控性格、工作特性、工作单位特性及组织特性，在与工作态度有关的组织承诺、工作投入、工作满意度、职业生涯策略、离职行为等方面的成果比较丰富。二是从儒家学说与传统价值的影响出发，探究随着社会、经济和科技的发展，传统文化和传统价值观影响组织与员工行为的变化趋势。在国家经济社会发展需要的呼唤下，我国职业价值观领域的研究活动如百家争鸣，研究成果如百花齐放，一批博士、硕士研究生勇于挑战前沿问题，一些有作为的研究团队陆续涌现，呈现出长盛不衰的勃勃生机。

1) 视野开阔

我国学者对职业价值观的研究呈广谱态势，涉及职业价值观问题的方方面面。关于职业价值观形成过程中的影响因素，陈坚和连榕编制了适用于中国普通员工的工作价值观量表，以多项指标检测了量表的信效度，认为中国员工工作价值观可分为六个维度，即休闲自由、地位威望、人际关系、利他价值、外在酬劳和内在价值[100]。胡诗琪认为职业价值观体现在成就感、利他性、自主性、晋升、薪酬、领导、健康七个方面，受内在、亲友、学校、社会四个方面影响而逐步澄清和形成，并在个体生涯发展尤其是职业选择上逐渐发挥出其作用[101]。常伟、王美萃和刘娜运用曼哈顿调查问卷①进行分析研究，发现在职员工工作价值观的各个维度在性别、年龄、职位、企业性质等人口学变量上均存在差异[102]。胡坚和王剑俊以实证分析结果说明员工的分配公平感知对组织安全与经济、尊严等工作价值观维度均呈显著正相关且有影响力，对组织结构稳定有预测力[103]。

　　研究员工职业价值观的直接目的是实施有效的激励和约束，从根本上改善人力资源管理的效果，提高员工和组织的工作绩效。关于职业价值观的激励作用，张宏如认为职业价值观通过人际环境、能力发挥和薪酬福利三条主要路径对工作绩效产生显著增益，具有隐性激励作用[104]。王斌认为积极的工作价值观会形成一体化的综效性内外动机，对高绩效行为的发生和持续具有积极作用；重视自我成长及自我实现者内在动机较强，对工作任务态度比较积极，喜欢接受挑战，不断汲取新知；重视社会认可和组织信任者外在动机较强，前者希望获得社会公众较高的满意度，后者更珍惜组织给予的权力，看重上级及同事的肯定；应将自我价值实现体现在考核指标中，选取适当的外在动机刺激手段，保持新鲜的内在动机，激发员工不断产生高绩效行为，引导、修正、约束其工作动机[105]。孙玲辉认为工作价值观对工作投入具有显著影响，其中地位与独立性价值观对工作投入的影响作用较大，舒适感和安全感、权限与成长性价值观对工作投入的影响作用较小；家庭—工作冲突对工作投入的影响不显著[106]。

　　阮才忠分析了工作价值观不同的员工之间的差异，从员工招聘、企业文化建设和员工激励方面提出了提高员工忠诚度的管理措施[107]。任华亮、杨东涛和李群认为舒适与安全型工作价值观对工作投入具有显著的负向影响，能力与成长型工作价值观和地位与独立型工作价值观对工作投入具有显著的正向影响；工作监督可负向调节舒适与安全型工作价值观、地位与独立型工作价值观和工作投入之间的关系，正向调节能力与成长型工作价值观和工作投入之间的关系[108]。黄秋风和唐宁玉认为内在工作价值观对员工工作投入和职责内绩效影响更强，它通过工作投入的中介作用影响员工职责内绩效；外在价值观正向影响员工工作投入，但工作投入不能中介外在价值观与员工职责内绩效的关系[109]。王凡认为知识型员工职业价值观与其幸福感的关系几乎不受性别、年龄等人口学变量的影响，但是工作时间短于一年的员工对价值满意维度追求较高；价值满意维度与幸福感及其各维度呈显著正相关，企业地位和社会地位维度与幸福感及其心理幸福感维度呈显著正相关；幸福感主要受价值满意度和工作待遇的影响，二者能联合解释主观幸福感、社会幸福感及心理幸福感差异的绝大部分[110]。

　　关于职业价值观激励员工的作用机理，张晓路和高金金认为，成就动机在职业价值观对组织公民行为和工作倦怠的影响中起中介作用。成就动机中的追求成功维度完全中介职

　　　① Manhardt 于 1972 年编制的工作价值观调查表，他用 21 个题目测量工作价值观的 3 个维度：舒适和安全、能力和成长、地位和独立。

业价值观对有利于组织的影响，部分中介职业价值观对低成就感的影响和内在职业价值观对有利于同事的影响；成就动机中的规避失败维度完全中介外在职业价值观和外在报酬对玩世不恭的影响[111]。聂婷、张伶和连智华对我国内地及澳门地区的员工进行调查发现，工作预期越高，工作适配度越会加强员工的职业价值观，员工越容易展现出组织公民行为，工作预期在工作适配度、职业价值观与组织公民行为之间有部分中介调节效应[112]。秦晓蕾和杨东涛认为国有企业员工为了在薪酬、晋升等方面的利益不受损失会运用正当或灰色的手段进行政治行为，其他员工对这种政治行为的政治知觉是一种无法规避的环境知觉，对职业价值观与工作绩效关系起部分中介作用[113]。单彬认为企业员工的工作价值观对其心理契约有显著影响，工作价值观会透过心理契约对组织公民行为产生影响[114]。

　　职业价值观在许多管理活动中发挥间接的调节作用。彭征安、杨东涛和刘鑫认为德行领导对员工离职倾向有显著的负向影响，工作价值观对德行领导与离职倾向关系有显著的调节效应；当舒适与安全型工作价值观处于高位时，德行领导对离职倾向的影响显著减弱；当地位与独立型工作价值观处于高位时，德行领导对离职倾向的影响显著加强；能力与成长型工作价值观对德行领导和离职倾向无显著调节作用[115]。邓渝和范莉莉认为个体感知工作价值观差异与员工职业认同水平呈显著负相关，积极正向的多元化氛围会显著提升员工职业认同水平，多元化氛围在感知工作价值观差异与员工职业认同的关系中起负向调节作用[116]。冉霞、徐济超和杨倩认为工作价值观在付出—回报失衡对反生产行为与离职倾向的影响中有显著的正向调节效应[117]。奚玉芹、戴昌钧和杨慧辉认为个人—组织价值观匹配、要求—能力匹配和离职倾向呈显著负相关；工作满意度对价值观匹配和离职倾向间的关系起完全中介作用；要求—能力匹配对价值观匹配和离职倾向之间的关系不起调节作用[118]。卫云和许芳认为宗族型文化、创新型文化、市场型文化与员工目的性工作价值观、工具性工作价值观和员工创新行为呈显著正相关，层级型文化与员工目的性工作价值观、工具性工作价值观和员工创新行为呈显著负相关，员工工作价值观在组织文化对员工创新行为的影响中起部分中介作用[119]。陈礼林和杨东涛认为员工的社会型职业价值观能调节组织政治认知与工作疏离感之间的正向关系，社会型职业价值观水平越高，组织政治认知与工作疏离感之间的关系就越弱，因此应弘扬社会型职业价值观以减少员工的工作疏离感[120]。刘晖、卢帅和李鹏飞等认为性别、年龄教育背景等人口统计学变量对交易型领导感知、价值观和离职倾向的影响有差异，交易型领导与离职倾向呈负相关，工作价值观在交易型领导与离职倾向之间起调节作用[121]。

　　其他比较系统的研究包括，邵春云认为职业价值观与职业承诺显著相关，其中自我实现因素和声望地位因素与情感承诺呈显著正相关，自我实现因素与继续承诺呈显著负相关，保健因素与继续承诺呈显著正相关，声望地位因素与规范承诺呈显著正相关；组织支持感对职业承诺的三个维度均有显著的提升作用，其中对情感承诺的影响程度最高，其后依次是规范承诺和继续承诺；职业承诺的情感承诺和规范承诺对职业成功有显著的正向影响，其中情感承诺的影响作用强于规范承诺；职业承诺是职业价值观和职业成功的完全中介变量，是组织支持感和职业成功间的半中介变量[122]。李怡然认为工作价值观包括集体主义和个人主义两种取向，心理契约破坏涉及自主控制、组织奖赏、组织津贴及成长与发展四个维度，职场行为偏差涉及人际关系和组织层面两个维度；集体主义取向与心理契约破坏和职场行为偏差的各个维度呈显著负相关，心理契约破坏的各维度与职场行为偏差的两个维度均呈显著正相关；员工心理契约的破坏会导致其产生职场行为偏差，工作价值观在心理契约破坏和职场行为偏差关系中有中介效应[123]。汪方涵和黄同圳认为内在价值观和外在价值观较高的员工在个人—工作适配、个人—团队适配、个人—主管适配三个方面都与环境有较好的适配，因而组织文化契合程度和工作满意度较高而离职倾向较低[124]。刘艳艳和申去非认为重视员工的职业价值观，强调员工的专注、激情和积极情感，可以降低员工的离职意愿，还有助于企业可持续发展[125]。

2) 国际交流

国内同国外的学术交流趋于活跃，国内一些关于职业价值观的研究成果被介绍到了国外。例如，Chiu 和 Chen 分析了我国台湾地区的科技企业工作绩效的目标设定、工作激励、团队建设和组织承诺之间的关系[126]；Wang 和 Huang 分析了中国公务员个体价值观影响工作绩效的主要因素，在实证研究的基础上提出了在公务员管理部门运用工作价值观改进个体工作绩效的方法和建议，特别是选拔、激励、培训和发展方面的管理建议[127]。

从本质上说，职业价值观是一种文化现象，关于职业价值观研究的国际交流是国际文化交流的重要内容，而文化是存在明显国别差异的社会现象。由于文化上的国别差异，特别是语言文字上的国别差异，这里应该做两点正本清源的语义讨论。首先，目前国内许多学者在研究活动中往往在相同的意义上不加区别地使用工作价值观和职业价值观概念，有的学者还将其并列写作职业/工作价值观；在为了国际交流而进行的翻译处理上，一些学者把职业价值观译作 professional value、occupational value、career value、vocational value 等。实际上，虽然在英文中这些词组都有"职业+价值观"的含义，但我们在检索国外文献时并未见 career value 和 vocational value 的固定用法；国外学者讨论 professional value 或 occupational value 时虽然离不开职业和价值，但往往有别于 work value，强调的一是群体所属的行业、专业而不是个体所从事的职业，二是创造价值的活动而不是对待工作价值的观念。例如，Marina、Hans 和 Leentje 研究了科层型公司在价值创造和价值获取过程中的折中与平衡问题，揭示了专业价值对科层型公司的重要性，提出科层型公司往往有必要以牺牲利润为代价，有时甚至以牺牲客户感知的使用价值为代价来管控价值获取过程以获取更多专业价值的折中策略[128]。Schertzer、Susan 和 Clinton 等研究了依赖公司间合作来创造价值的企业对企业(Business-to-Business，B2B)专业服务公司，基于满意度、价值、忠诚度、服务质量及公司形象等评价数据，从事务关系、应急关系和成熟关系三个方面考察了专业服务公司的不同业绩属性在其关系期内如何变化，发现在成熟关系中专业服务质量显著提高，专业服务提供商可以用满意度调查来增强与现有客户的关系，以便通过提高服务质量以及客户对公司专业服务质量的高评价，如专业知识、客户关注和主动性等评价，来与客户共创额外价值；由于客户关系不可移动、不可仿效，同事务关系和应急关系相比，成熟关系是专业服务公司一种潜在的可持续性竞争优势，值得花时间和精力去培育和发展[129]。可见，他们在研究中着重关注的都是公司的专业价值而不是员工的职业价值观。其次，已如本节前文所述，我国一些学者往往在较狭窄的就业含义上使用职业价值观概念，甚至明确指出职业价值观就是择业观，这是不全面的，因为国外文献在特指就业问题上的价值观念时有一个更专业的词组——job value。例如，在本节前面引用的文献[87]中，作者 Kirsti

和 Siw 就是这样描述就业价值观的。

3）关注年轻一代

我国自改革开放以来，经济社会发展由此发生大转折，进入一个新的历史时期。那以后的时期往往被我国一些学者特指为当代，虽然一般当代所指要长得多。在那以后出生的年轻人依次被称为"80 后""90 后""00 后"，"80 后""90 后"年轻人的职业价值观在我国备受学界关注。李路路和范文从职业世俗性、工作进取心、职业冒险性三个维度进行分析，认为当代中国人职业价值观基本模式具有保守的后世俗主义的基本特征；这一基本模式在当代中国社会中得到了较为广泛的认同，并且在近 20 多年来的转型过程中得以延续，但是伴随中国社会的转型过程，当代中国人职业价值观的区域间差异和世代间更替已开始逐渐显现[130]。秦晓蕾和杨东涛对不同类型工作价值观对人际促进、自愿离职影响进行比较研究，认为"80 后"员工工作价值观对人际促进具有显著正向影响，对自愿离职具有显著负向影响；其中，持社会型工作价值观的员工对人际促进正向影响较为显著，持内隐型工作价值观的员工对自愿离职负向影响较为显著[131]。张玥和张光旭认为"90 后"知识型员工工作价值观中的自身发展、人际关系、工作回报三个维度对离职倾向有显著负向影响；心理承受力中的社会支持维度与情感维度对离职倾向有显著负向影响，自我认知维度对离职倾向有显著正向影响；心理承受力在自身发展—离职倾向、人际关系—离职倾向、工作回报—离职倾向的关系中能起到调节作用[132]。杨晶认为"80 后"员工的工作满意度与工作价值观中自我成长、自我实现、尊严、互动、免于焦虑五个取向呈正相关，与休闲、组织安全与经济等两个取向呈负相关；离职倾向与前五个取向呈负相关，与后两个取向呈正相关；他们最看重和同事之间的人际关系、配合协作、薪酬与福利、他人的认可和尊重、接受培训以更好地发展与自我实现等，其次对公司前途、工作弹性等也相当重视；工作满意度作为工作价值观和离职倾向之间的中介变量，对离职倾向有显著的负向影响[133]。马志强、刘敏和朱永跃认为"80 后"员工的职业价值观与组织支持感对其忠诚度有显著影响，其影响程度与方向在各个维度上存在差异，组织支持感在职业价值观和忠诚度之间有显著的调节作用[134]。贡柏芳主张从组织集体观念因素、工作行为评价因素和个人要求因素三个方面评价我国企业"80 后"员工的工作价值观，从内在满意度、外在满意度和整体满意度三个方面评价其工作满意度；"80 后"员工与其他员工在工作价值观和工作满意度的若干维度上存在差异，"80 后"员工本身随着受教育程度和所处企业性质不同，其工作价值观和工作满意度的若干维度上也存在差异[135]。

王玲玲发现工作价值观中自身发展、尊重声望及工作回报三个维度对中国企业"90 后"员工离职倾向有显著负向影响；工作价值观与组织认同呈显著正相关，组织认同中的积极评价和情感归属两个维度对离职倾向有显著负向影响；组织认同在工作价值观与离职倾向的关系中能起到中介作用；工作年限对工作价值观、组织认同和离职倾向有显著影响[136]。路冬英认为"90 后"员工总体上最看重工作的社会价值和内在价值，其次是外在价值，较不看重声誉价值；在具体价值观项目上，"90 后"员工较重视能在工作中不断学到新的知识技能、个体成长机会、获得认可、人际关系、成就感、工作安全、晋升、工作与生活平衡等内容，其次是薪酬、福利、稳定等内容，较不看重企业在大城市、工作社会地位、企业社会声望和工作内容多样化等内容；在性别差异上，"90 后"男员工比女员工更看重薪水、社会地位和与组织内外不同的人打交道等内容，而在其他内容上，女员工的重视程度高于男员工[137]。

同其前辈相比，"80后"年轻人职业价值观发生的变化十分巨大，这促使众多学者从多个角度研究职业价值观的代际差异，成为我国职业价值观研究领域的一朵奇葩。陈坚和连榕发现我国解放初期、"文化大革命"期间以改革开放期间出生的三代员工部分工作价值观维度均与幸福感、心理健康水平呈显著相关，但三代人群存在差异；幸福感在工作价值观对心理健康水平影响中起完全中介作用；三代员工的利他价值观都可正向预测心理健康水平；第三代员工的外在酬劳可负向预测心理健康水平[138]。陈坚还编制了包括内在价值、外在酬劳、人际关系、休闲自由、地位威望及利他价值六个维度的中国职工工作价值观量表，系统考察了三代职工工作价值观的发展趋势及其对工作效能和心理健康状况的影响机制，发现随着代群的发展，内在价值和外在酬劳总体趋于上升，利他价值呈下降趋势；利他工作价值观差异及单一价值观思维是代际冲突的主要原因[139]。张建人认为工作价值观结构呈现出一定代际稳定性和生涯稳定性，具体价值倾向之间相对重要性发生升降的基本变化趋势为，选择工作时年长的一代较重视轻松、简单、压力小，年轻的一代较重视能力发挥、兴趣相符、实现个人理想等方面；随着职业生涯的发展，个体选择工作时总体上说越来越重视轻松、愉快、能发挥个人的潜能与创造力、与个人志趣相符、物质回报、社会地位、尊重、声望、工作对家庭与生活的促进等因素，但相对于20世纪70~80年代和90年代组被试，60年代组被试择业时较不重视工资、福利晋升等物质价值，也较少考虑社会地位因素；在无意识层面，内隐工作价值观认同的内容与外显工作价值观一致，但内隐工作价值观不存在代际差异和生涯发展的差异[140]。刘凤香按"50后""60后""70后""80后"四个代群，把工作价值观结构界定为工作中心度、核心工作价值观、工作特征偏好、择业观四个部分进行研究，认为我国员工工作价值观代际差异的主要影响因素是社会转型过程中经济体制、分配方式、经济成分、就业政策的转变及国企改革使人们的工作价值观更倾向个人主义和功利化，就业和组织领域出现的技术进步、灵活就业、工作无保障、灵活性生产及组织缩小和扁平化等现象，以及职业发展阶段和人生阶段的代际差异；工作价值观代际差异会造成不同代群的个体在工作满意度、组织承诺、组织公民行为、工作投入、离职意愿、组织政治行为以及对工作场所乐趣的态度和感受上出现代际差异，给组织管理中的组织冲突、组织气氛、管理思想、领导方式、激励方式和员工配置带来挑战[141]。张丽梅认为和价值观代际差异一样，工作价值观也具有时代性，社会变革会带来工作价值观的转变，特定时期的社会历史背景对工作价值观有很大影响，社会主导价值与社会舆论会不同程度地引导社会成员的工作价值观[142]。王玉峰针对主要适用于美国工作场所代际差异研究框架，指出了这一方法在研究我国员工职业价值观研究中的局限性[143]。

"80后"及其以后的青年人经常因其年轻而被称为新生代。这个新生代正迅速成为我国就业人群中的主力军，他们在职业价值观上的突出特点受到学界的广泛关注。侯烜方和李太研究了新生代员工工作价值观的内涵，对比分析了工作价值观的中西情境、新老两代的特征异同，认为中西方情境下的新生代工作价值观存在部分差异，而中国新老代际的工作价值观差异明显，同时具有一定延续性[144]。侯烜方、李燕萍和涂乙冬研究中国情境下新生代工作价值观的结构、内涵和测量工具以及工作价值观对绩效的影响，认为新生代工作价值观是一个包括功利导向、内在偏好、人际和谐、创新导向、长期发展的二阶五因子结构，对角色内绩效和角色外绩效都呈显著的正向影响[145]。胡翔、李燕萍和李泓锦利用侯烜方等编制的新生代员工工作价值观量表开展研究，发现除功利导向因子有负向影响外，内在偏好、人际和谐、创新导向和长期发展因子对工作满意度均具有显著正向作用；心理意义和自我效能在工作价值观各维度与工作满意度之间起中介作用；组织公平对工作价值观直接影响工作满意度以及通过心理意义和自我效能间接影响工作满意度的过程起调节作用[146]。李燕萍和侯烜方运用质性研究中的扎根理论建立了新生代员工工作价值观结构体系，构建了新生代员工"工作价值观—工作偏好—工作行为"理论模型，诠释了新生代员工工作价值观通过工作偏好的中介效应对工作行为产生影响的过程；认为自我情感、物质环境、人际关系、革新特征等四因素共同构成新生代员工的工作价值观；受工作价值观影响，新生代员工有清晰的个体工作偏好，其工作偏好能否得到满足导致他们职场中的积极在职行为或消极离职行为[147]。李燕萍、沈晨和侯烜方认为我国新生代女性的工作价值观由重利、舒适、平等、创新和发展等五因子构成，其中舒适、平等和创新因子对利他行为有正向作用，重利和发展因子对利他行为有负向影响[148]。此外，陈星认为工作价值观对新生代员工的工作绩效有直接正向影响；组织支持感可在工作价值观与工作绩效之间起到一定的调节作用[149]。尤佳、孙遇春和雷辉认为中国职场的休闲价值观、外在价值观及内在价值观随代际发展在稳步提升，新生代显著高于"文革"代；在新生代内部，"90 后"显著高于"80 后"；在社会价值观和利他价值观上，新生代与"文革"代无显著差异，新生代内部也无显著差异[150]。陈艳辉研究了新生代员工的工作价值观、工作导向、工作满意度和组织承诺之间的关系，认为企业员工的工作价值观决定其工作导向，工作导向决定其对管理实践的关注点，同时驱动其内心对待工作的态度产生差异，形成工作满意度；工作满意度从舒适区变化到压力区，员工的行为和认知会出现变化，决定其是否愿意继续留在组织中并保持敬业度，形成组织承诺[151]。洪克森研究新生代员工工作价值观、组织认同与工作绩效之间的作用机理，证明工作价值观的态度倾向和内在需求对工作绩效各维度有正向或者负向的显著影响，态度倾向和内在需求对组织认同产生显著正向影响，而职业道德对组织认同的影响不显著；组织认同对工作绩效各维度具有直接而显著的正向作用，对离职意愿有显著的负向作用；情绪智力是工作价值观对组织认同影响的显著调节变量，也是组织认同对工作绩效影响的显著调节变量，而工作年限对工作价值观与组织认同、组织认同与工作绩效的影响力没有明显的调节作用[152]。孟冉认为在我国的文化背景下，新生代知识型员工群体的工作价值观由工作特征偏好、个人成长与发展、舒适与安全、地位与独立四个维度构成，不同的人口统计学变量会对工作价值观造成显著差异，工作价值观对其敬业度有显著的正向影响，真诚型领导在其工作价值观和敬业度之间有显著的调节作用[153]。

　　始于 20 世纪末的大学扩招使大学毕业生在我国就业人群中的比例迅速上升，使择业观在青年人职业价值观体系中的地位更加突出，对大学生择业观研究趋于升温，以至于在一些学者看来，择业观就是职业价值观，至少是一种狭义的职业价值观。蒋阳飞认为在市场经济的时代背景下，大学生职业价值观带有明显的现实主义特征和功利性的个人主义色彩，在就业中求稳等传统职业价值观念还留有深刻的烙印。随着就业结构的转变，大学生的就业行为趋于理性和成熟，寻求自我价值实现与社会发展的协调统一，兼顾个人发展与经济收入正成为大学生职业价值观的主流[154]。陈浩、李天然和马华维认为，当代大学生的职业价值观结构由才能发挥、自我实现、社会地位与声望、工作环境与福利保障四个因子组成[155]。肖璐、白光林和王俊分四个阶段梳理了 20 世纪 80 年代以来新生代大学生职业价值观发展脉络和变化规律，发现他们的职业价值观表现出鲜明的时代特征，其择业的深层次驱动力是自我实现、地位追求和家庭维护，具体标准是匹配相容、薪酬声望、福利待遇和轻松稳定[156]。

认识世界是为了适应世界，改造世界。学者们以促进社会发展为己任，自觉地关心青年人职业价值观的培养和塑造，特别是随着社会主义核心价值观日益深入人心，如何用社会主义核心价值观引领青年人职业价值的塑造和修炼问题开始引起学者们的关注。周锋认为，为了培育大学生科学合理的职业价值观，要营造良好的职业价值观教育氛围，大学生也要主动改进和完善自己的职业价值观；在对大学生进行职业生涯发展教育和求职择业指导时，引导他们在充分认知就业环境的基础上了解自己的内在需求，养成既立足自身实际又符合社会需要的职业价值观[157]。李海滨和陆卫平认为社会主义核心价值观对塑造青年人良好的职业价值观有积极的引领作用，对培养青年人良好的职业道德、明确职业定位等有很高的教育价值，对其拥有职业发展的价值不可估量[158]。夏朝丰认为，社会主义核心价值观是培育大学生职业价值观的导向性目标，从强化职业理想的教育引导、培育改革创新的时代精神、增强承担责任的使命意识和提升职业道德的品质素养四个方面探讨了大学生职业价值观培育的内容要求和现实路径[159]。

国内外学者对职业价值观的广泛研究，特别是国内学者对青年人职业价值观的深入研究，为我们走进公共航空安全领域，研究公共航空运输从业人员职业价值观体系结构和激励约束问题提供了宝贵的研究资源和可资借鉴的研究经验。

公共航空运输从业人员秉持的职业价值观与他们践行的公共航空安全价值观在本质上必须是一致的。虽然在语感上，职业价值观更偏重于表述事物的客观实在性，公共航空安全价值观更偏重于表述事物的主观目的性，但是二者在实践中必须是高度一致的。这是因为满足公众航空安全的价值需要，时刻保证公共航空安全是公共航空运输从业人员的职业价值依据和最高职责，这种职业价值依据和最高职责要求他们的职业价值观不能是随意秉持的，必须是把保证安全放在第一位的职业价值观，必须是以保证安全第一为核心价值的职业价值观，要求他们接受的职业价值观群体塑造和个体修炼都必须促使他们的职业价值观与他们的公共航空安全价值观保持高度一致。在这个要求高度一致的意义上说，公共航空运输从业者的职业价值观就是他们必须对公共航空安全高度负责的职业价值观，就是他们的公共航空安全价值观①。本书后续各章将在这种要求高度一致的意义上，重点从职业视角研究公共航空运输从业人员的公共航空安全价值观问题，研究他们公共航空安全价值观的体系结构、激励约束策略及塑造修炼问题。

航空公司飞行员即公共航空运输飞行员是一种十分特殊的职业，在许多人眼里甚至是有几分神秘的职业群体。在保证公共航空安全的共同职责上，航空公司飞行员在公共航空

---

① 基于这种一致性要求，如无特别需要，后文一般用航空运输从业人员包括飞行员必须树立的公共航空安全价值观涵指他们需要塑造和修炼的职业价值观。

运输各类从业人员中处于特别重要的地位，负有特别重要的职责。研究他们的公共航空安全价值观，对研究公共航空运输各类从业人员的公共航空安全价值观具有典型意义。随着公共航空运输越来越成为普通大众寻常的出行方式，随着近年来正面的如中国的川航飞机座舱释压事件、虹桥机场东航飞机惊险起飞事件和美国的哈德逊河飞机迫降事件，反面的如马航 MH370 事件和德国之翼事件等一系列公共航空安全重大事件相继发生，公共航空运输飞行员的公共航空安全价值观以及与公共航空安全有密切关系的飞行员的职业特点、职业道德、职业行为等深层次问题越来越受到社会公众的广泛关注，有时甚至不无担忧。

　　在国内外公共航空安全这样的大背景下，出于对公共航空安全的关切，出于对公共航空运输飞行员在公共航空安全中关键作用的关切，出于对公共航空运输飞行员职业价值观与公共航空安全息息相关的关切，本书特别选择航空公司飞行员这个在公共航空运输从业人员中十分典型的特殊职业群体，以他们为代表研究公共航空运输从业人员的公共航空安全价值观，研究他们公共航空安全价值观的体系结构、激励约束及塑造修炼等一系列理论和实践问题，旨在努力从人员因素这个根本环节上降低公共航空安全风险，促进我国提高公共航空安全水平和质量。这是因为，深刻认识公共航空运输飞行员公共航空安全价值观的结构特点并重视发挥其激励约束作用，在公共航空运输飞行员队伍中努力塑造和修炼以安全第一为核心价值的公共航空安全价值观，充分发挥他们在保证公共航空安全中的关键作用，是不断提高公共航空安全水平，保持公共航空运输长期安全，筑牢公共航空安全底线的必然要求。

第 4 章　公共航空安全价值观的体系结构

　　本章选取在公共航空安全中居于特别重要地位的航空公司飞行员[①]作为典型从业群体，对公共航空安全的职业价值观基础进行多方位的总体性实证研究，包括量化研究方法中的问卷调查和质性研究方法中的焦点小组访谈，并运用大数据技术分析了焦点小组访谈的录音资料。

4.1　量化研究：问卷调查

　　问卷调查作为一种研究方法源远流长。1882 年，高尔顿在伦敦创建人类学测验实验室，当时为了广泛收集资料，他把需要调查的问题印成问卷寄出去请人填写后寄回，作为一种研究工具的问卷调查法由此问世。今天人们普遍认为，用问卷调查法获得数量资料或计数资料可以通过量化分析得出科学的结论。随着现代信息技术的不断发展，统计分析方法不断完善，问卷调查方法的应用越来越普遍，已成为许多学科的标准化研究工具。

　　问卷调查方法的理论基础是实证主义方法论。以迪尔凯姆[②]为代表人物的实证主义者强调要采用定量方法对研究假设进行实证研究。他们认为社会科学和自然科学的研究对象同样都是纯客观的，社会现象的背后也存在着必然的因果规律，因此社会科学可以用自然科学的方法来研究社会。基于这样的方法论，我国一些学者认为问卷调查方法能获得各种数量资料和以属性、品质、态度等为标志的计数资料，对这些资料通过量化分析后可使结果更为客观、真实、系统和科学，抽样、问卷和定量分析三者构成现代统计调查的基本特征[160]。

4.1.1　调查策略

　　围绕塑造航空运输飞行员以保证安全第一为核心价值的公共航空安全价值观的总任务，问卷调查的总体目标是实证我国航空运输飞行员和飞行学生公共航空安全价值观的维度结构，以及构成航空运输飞行人员公共航空安全价值观结构的主要因素。为了确保实现调研任务目标，问卷调查坚持两个基本策略：一是严格坚持问卷调查的匿名性，二是充分尊重调研对象单位和对象人群的主动性。

　　问卷调查强调匿名性，这是实证主义方法论对真理性的必然要求。在检验真理的标准上，实证主义主张以客观经验为标准，认为社会科学应该秉承价值中立的原则，无需对社会事实做出主观价值判断；社会科学的任务仅仅在于说明社会现象事实上是什么，而不在于说明社会现象应该是什么或者必须是什么；社会事实是存在于人们自身以外的行为方式、

思想方式和感觉方式，它们通过某种外在的强制力施加于每个人；能否原原本本地描述这些社会事实，依赖于人们是否敢于和肯于客观地袒露心声。作为实证主义方法论价值中立原则的一个突出体现，问卷调查十分强调实施过程的匿名性，强调在问卷调查的实施过程中，调查者与调查对象不直接见面，调查对象在不受他人干扰的情况下回答问卷，每个调查对象单独填写问卷，自由地表达态度与意见，而且填答问卷不要求署名。

我国在航空安全管理中借鉴国际航空界自愿报告系统①做法的实践表明，在我国偏于重罚的航空安全文化背景下，切实保证报告人的匿名性对当事人自愿报告不安全事件的客观情况十分必要[161]。同样，在问卷调查过程中，保证调查的间接性和匿名性有助于调查对象消除担心受到惩罚和暴露隐私的顾虑而比较自然地袒露真实情况和真实感受，避免调查者对调查对象做出错误引导和对调查情况做出错误判断，有助于研究者通过调查来认识决定航空运输飞行员公共航空安全价值观体系结构的客观因素。因此，调研过程中要严格坚持调查对象在完全独立的情况下匿名填写问卷。

过去受技术条件限制，实施问卷调查经常以邮寄问卷或电话访问方式进行，近年来网络技术的普及以其成本和速度优势使网上调查迅速发展，在许多情况下已逐渐成为主流。邮寄问卷、电话访问和网上调查都有低成本和间接性优势，但是从调查效果看，面对面的座谈会调查具有不可替代的明显优势。以座谈会方式进行问卷调查使调查者有机会向调查对象详细介绍研究问题的来龙去脉、调查的详细目的，乃至研究过程中的困惑，也有机会与调查对象进行有一定深度的互动沟通，增进调查对象对调查目的、调查问卷及需要回答的问题的理解和兴趣，从而充分发挥调查对象的主动性，有效地提高调研质量。当然，要得到座谈会问卷调查的这些优势效果需要做好各种前期准备工作，研究人员需要专程前往调研现场，既有旅途奔波之苦又有差旅费用的负担，需要精心组织每一次调研活动，以避免得不偿失的劳民伤财。

虽受研究期限和经费约束，但为了提高问卷调查的有效性，我们在实施调研过程中采取了通融兼顾的处理，即专程走访若干比较有代表性的航空公司，先在调研现场与委托受访单位召集的若干公共航空运输飞行员进行较详细的座谈交流，请这些飞行员在座谈会现场填写调查问卷，然后请座谈会召集人和参加者一道作为种子，由他们滚动雪球，协助我们层层邀请更多飞行员填写调查问卷。这样一来，既可以发挥研究组比较熟悉行业的人脉优势，增进我们同受访单位的工作联系，又可以花较少的时间和费用完成调研任务。

4.1.2　问卷设计

调查问卷（questionnaire）是根据特定研究需要而设计的问题表格，是问卷调查法收集信

---

① 20 世纪 70 年代以来，世界各国为促进航空安全而竞相建立非强制性的不安全事件信息报告系统，在美国有航空安全报告系统（aviation safety reporting system，ASRS），在英国有人员因素事件保密报告系统（confidential human factors incident reporting System，CHIRP），在加拿大有航空安全保密报告系统（confidential aviation safety reporting system，CASRS），在澳大利亚有航空事件保密报告系统（confidential aviation incident reporting，CAIR）。此外，韩国、日本以及波音和空客飞机制造公司也建立了自己的不安全事件保密报告系统。中国民用航空局依托中国民航大学的技术支持开发了我国的航空安全自愿报告系统（sino confidential aviation safety reporting system，SCASS），我国台湾也开发了航空安全保密报告系统（taiwan confidential aviation safety reporting system，TACARE）。这些系统的共同特点是共享安全信息而不追究安全责任，报告人在严格保密的条件下匿名报告不安全事件信息。

息的基本工具。在调查活动中，由调查对象独自或在调查者指导下为问卷中所列问题填写答案，以此收集所需信息，作为测度调查对象行为和态度倾向的调查手段。由于调查问卷有助于量化处理定性问题，故此也常被称作调查量表。在本书中，调查问卷用来测度各种价值观念在航空运输飞行员公共航空安全价值观体系中的地位。

问卷调查法的标准化程度要求很高，要求问卷的形式、内容以及调查实施过程都具有标准性，这是实证主义理论对问卷调查法提出的内在要求。问卷调查法要求严格按照标准的设计原则、结构和程序编制问卷，所提问题是否可信有效要经过信度、效度考验；要求在实施调查过程中以统一的方式发放相同的问卷，问题的提问和回答方式整齐划一；要求调查结果的处理和分析严格按照一定的原则进行，以保证问卷调查的科学性、准确性和有效性。

调查问卷的设计是整个问卷调查过程中的关键环节，它决定调查结果是否准确，对研究目的是否有用。关于调查问卷的形式，有不同的分类方法。有人将调查问卷分为结构型和非结构型两类。结构型问卷由调查者根据研究要求或理论假设事先确定问卷的格式规则，拟定调查问题的提问方式、措辞结构和排列顺序；非结构型问卷又称为开放型问卷，其提问方式、措辞表达形式和提问顺序不预先设定，只根据研究需要大致确定调查基本方向和内容。有人将调查问卷分为自填式和访问式两类。自填式问卷由调查对象自己填写，可由调查者当面送达，也可以通过 E-mail、快递等方式送达调查对象，待其答完后反馈给调查者；访问式问卷由调查者根据对调查对象的访谈结果填写问卷。还有人将调查问卷分为封闭式、开放式和复合式三类。封闭式问卷有确定答案，调查对象只需根据答案做出选择；开放式问卷没有严格的结构形式和拟定答案，调查对象可根据自己的情况和见解自由发表意见；复合式问卷吸取了两者的长处，所提问题有的有固定的标准答案，也有的留给调查对象自由发挥。这三种分类方法各有侧重，且由于分类判据不同，必然存在一些交叉，如非结构性问卷和开放式问卷虽然分属两种分类，但殊难区分，事实上有人也称非结构型问卷为开放式问卷。不同类型的调查问卷各有利弊，有的比较容易回收，有的比较容易处理，有的成本较高，有的可信度较差，有的适合大范围调查，有的适合小范围访谈，等等，不一而足。这反映出问卷调查法的内在缺陷，单纯靠选择哪一种问卷都难以取得理想效果。

问卷设计是一项需要动脑筋的艰苦工作，对研究者的专业素养也有较高要求。有人认为，由于调查问卷的设计不合规范，90%的问卷调查结果都只能当作一种意见或者声音，而不能当作事实；许多问卷调查与其说是调查，不如说是制造数字来验证人们头脑中先入为主的判断[162]。为了编制高质量的调查问卷，调查者需要做一些前期准备工作。首先需要去访谈潜在的对象人群，访谈中最重要的目的是了解对象人群如何看待拟研究的领域和想解决的问题。在此基础上依次形成定性的前期研究报告，提出问题假设，将假设转变成问题逻辑，围绕假设初步设置问题。问卷设计初步完成后，还需要认真进行试发放和修改，尝试性地发放一些试验问卷，回收后分析问卷填答情况，及时分析并修正问卷中的错误。

考虑航空运输飞行员和航空学校飞行学生对公共航空安全价值理解的角度、深度存在差异，我们设计了如下有区别的两种职业价值观调查问卷。

1. 飞行员调查问卷

过去几年里，作者先后对公益科研机构人员、高校教师、创新型企业员工以及少数民族地区党政干部等不同群体进行过工作价值观问卷调查，这为本次调研积累了经验。在本次调研实施之前，我们先在文献研究和工作交流的基础上草拟了公共航空运输飞行员职业价值观调查问卷初稿，又就近与中国东方航空江苏公司的飞行员和南京航空航天大学飞行学院(又称南航艾维国际飞行学院)的飞行专业学生几次专题座谈，对问卷初稿做了字斟句酌的反复修改，继而在这两家单位约 50 名飞行人员中进行试填写和再修改，形成了设计成形的公共航空运输飞行员职业价值观调查问卷。问卷涉及公共航空运输飞行员安全第一核心职业价值之外职业发展的国家和行业外部环境、航空公司的企业环境、飞行员的职业特点、工作报酬、生活条件、健康状况、人际关系和职业发展前景 8 个维度，覆盖了航空运输飞行员公共航空安全价值观的各个基本面。8 个维度各含若干构成航空运输飞行员公共航空安全价值体系的观念要素，共 45 项，各观念要素既相对独立又互相照应，形成了一个如图 4-1 所示的有机联系的体系，为飞行员调查问卷定稿奠定了基础。对照分析图 4-1 和表 3-1 飞行员失误风险源谱可见，这样设计的航空运输飞行员公共航空安全价值观体系对于降低由飞行员失误引致的航空安全风险有较强的针对性。

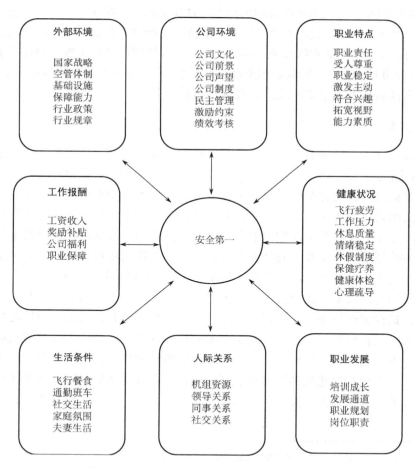

图 4-1　飞行员公共航空安全价值观维度结构设计

2. 飞行学生调查问卷

飞行学生职业价值观调查问卷初步形成于研究团队与南京航空航天大学飞行学院飞行学生的座谈交流，最终定稿于赴中国民航飞行学院的调研过程。相比之下，在背景情况方面，飞行员职业价值观调查问卷更关注飞行员服务的航空公司是国有控股还是民营企业，工作岗位是技术岗位还是管理岗位，一直在同一家航空公司服务还是服务过两家以上航空公司，持有单一机型还是多个机型的驾驶执照，飞行时间和飞行经历时间长短，以及工资水平高低等与实际从业经历有关的基本情况；而飞行学生职业价值观调查问卷则更关注培养费用是自费、半自费还是公费，委托培养的航空公司是国有控股还是民营企业，所处培养阶段是理论课程学习阶段还是实际飞行训练阶段，飞行实训在哪一个飞行学校进行，在国内还是国外进行，所处实训阶段是私照阶段、仪表阶段、商照阶段、高性能阶段还是航空运输驾驶员执照(airline transport pilot license，ATPL)考试阶段，已经飞行了多少小时等与在校飞行训练有关的基本情况。

在飞行学生职业价值观形成的影响因素上，问卷聚焦于所在飞行学院的师资力量、理论课程体系、实训体系、训练设施和培养质量，学校对飞行学生行业认知、行为规范和生活保障的重视程度，实训基地的训练设施、实训体系、实训排班以及带飞教员和辅导员的敬业精神，委培航空公司对飞行学生的关心和重视，以及飞行学生对飞行职业的基本认知等项内容。

定稿的飞行员和飞行学生职业价值观调查问卷见书后附录 1 和附录 2。

4.1.3　调查样本

对航空运输飞行员公共航空安全价值观进行遍及每一位飞行员的全面调查是一件十分困难的事情，因为一来飞行员总体人数有三四万人[①]，全面调查的经济成本太高；二来更重要的是，公共航空运输飞行员时时刻刻都在执行航班任务的动态调整中，无法在同一个时点上进行全面调查。因此采用非全面调查的方式，从总体中抽取部分实际样本数据，根据样本数据推断总体状况，是本次调查的必然选择。抽样调查数据之所以能用来代表和推断总体，是因为抽样调查本身具有其他非全面调查所不具备的特点，它从研究对象总体中抽取部分个体作为样本进行调查，据此推断总体的特征，其经济性好、实效性强、适应面广、准确性高，是经历过长期实践检验的调查方法。实践证明，由于调查单位和调查人员的数量可以控制，抽样调查结果的工作误差反而往往小于全面调查；通过合理抽取样本，代表性误差也可以控制在允许范围之内。关于样本的抽取，人们已总结出许多随机和非随机性的抽样方法。本次调研采取随机抽样方法系列中的整体抽样，在两个层面上体现抽样的相对随机性：一是有控制地随机抽取对象航空公司，二是时间随机地抽取对象飞行员群体。为了保证调查数据的代表性，提高调查结果的信度和效度，本次问卷调查在样本选取上需

---

① 据中国民用航空局发布的《中国民航驾驶员发展年度报告》2015 年版、2017 年版，不计其他情况，中国民航按照 CCAR-121 部运行的运输航空公司驾驶员 2015 年底为 27 936 人，2017 年底为 35 977 人。严格说来，飞行员和驾驶员的概念是有区别的，但是在本书研究范围内可以不考虑这种差别。故此，本书引用的中国公共航空运输飞行员官方统计数据及相关情况均依据该报告。

要处理好两个基本问题：一是保证较大的样本规模，二是明确样本单位的选取策略。

1. 样本规模

本次问卷调查的样本规模，原计划选取飞行员 1000 人，占 2015 年底中国民航按照 CCAR-121 部运行的运输航空公司飞行员中国航空运输运行总体人数 27 936 人的 3.58%；飞行学生 500 人，占 2015 年在校培养飞行学生总人数 4694 人的 10.65%。实际发出飞行员调查问卷 1400 份，收回 999 份，回收率为 71.36%；其中有效问卷 974 份，占 97.50%。发出飞行学生调查问卷 860 份，收回 743 份，回收率为 86.40%；其中有效问卷 716 份，占 96.37%。

2. 样本单位

为了保证调查质量，应该视调查需要和问题数量回收足够多的有效问卷，即没有随意填答且所有问题都做了回答的问卷。但是在问卷调查中，最受关注的样本代表性并非单纯取决于回收问卷的数量。一些研究者往往单纯用样本规模来证明自己的调查结果真实可靠，这并不全面，因为即使样本规模再大，调查对象人数再多，如果只见树木不见森林，或者所提问题及调查过程出现偏颇，调查的代表性还是得不到保证，调查结果还是没有意义。为了提高调查样本的代表性，本次调查在选取对象单位时充分考虑了我国公共航空运输的历史变革和当前格局。

我国民航在 1978 年之前实行计划经济甚至军事化管理体制，当时民航作为政府乃至空军管理的一个部门，没有市场运营，不讲经济效益，民航主要是为国家政治、军事和社会等方面的需要服务。

1980 年 8 月 4 日，人民日报发表社论《民航要走企业化的道路》，标志着我国民航开始进入企业市场化改革发展阶段。当年，中国民航脱离空军建制，重新划归为国务院直属局。1984 年，国家开始允许部门和地方创办航空公司，之后厦门航空公司、新疆航空公司、中国联合航空公司、上海航空公司等一批由地方和国家部门管理的航空公司相继成立。

1987 年，中国民航进入改革发展新阶段，改革的主要目的是实现政企分开，放松准入管制，建立模拟竞争市场，促进产业内企业进行有效竞争。1989 年 11 月起，中国民用航空局调整内部机构设置，民航地区管理局、航空公司和机场陆续完成分设，地方、部门筹办航空公司进一步放开。到 1992 年，中国民用航空局[①]与地区管理局完成政企分离，组建了 7 个地区管理局与对应的 7 家骨干航空公司。1996 年底，全国共有运输航空公司 36 家，其中中国民用航空局直属航空公司 11 家，地方航空公司 25 家。

经过十几年放松管制，中国航空运输市场开始出现航空公司两极分化的局面，加上国际竞争压力，把中国民航推向新一轮改革。1997 年提出大公司、大集团战略，收紧市场准入管制；1998 年进一步提出加快强强联合与兼并联合，加快建立具有规模经济效益的航空集团公司。从 1997 年起到 2002 年三大航空集团成立，行业内先后有多家航空公司兼并。1997 年起，国家鼓励企业进行股份制改造，加快建立现代企业的步伐。截至 2002 年，先

---

① 在历史沿革中，中国民用航空局的名标曾为中国民用航空总局，本书为叙述方便，不做详细区分。

后有东方航空公司、南方航空公司在美国以及香港上市，东方航局空公司、海南航空公司、山东航空公司、上海航空公司在境内上市，航空公司国有控股的局面开始形成。2001 年，民航空中交通管理完成体制改革，按照集中统一的原则建立了集民航局空管局、地区空管局、机场空管中心为一体的空中交通管理体制。

2002 年，国务院批准国家计划委员会(现名为国家发展和改革委员会)上报的民航体制改革方案，我国民航新一轮体制改革开始。当年，中国民用航空局直属 9 个航空公司联合重组为中国航空集团公司、中国东方航空集团公司、中国南方航空集团公司，集团公司代表国家行使资产所有者管理职能，具体航空运输业务由作为其核心企业的股份公司组织运营；航空运输保障企业改组为中国航空油料集团公司、中国民航信息集团公司、中国航空器材进出口集团公司；机场实行属地化管理，除首都机场与西藏自治区内民用机场由中国民用航空局直接管辖外，其余机场均下放到省、自治区、直辖市管理。原有中国民用航空局、地区管理局、省(自治区、直辖市)管理局三级管理体制改为中国民用航空局、地区管理局两级管理，保留原来划分的 7 个地区管理局，撤销 24 个省(自治区、直辖市)管理局，将其改组为管理局派出机构性质的安全监督管理局；中国民用航空局实现职能转变，主要承担航空安全管理、市场管理、空中交通管理、宏观调控以及对外关系职能。

在 30 多年改革发展进程中，我国公共航空运输航空公司不断壮大。据中国民用航空局公布的行业发展统计公报，截至 2015 年底，我国共有运输航空公司 55 家，按所有制类别划分，国有控股的中央企业航空公司 41 家，民营和民营控股航空公司 14 家；中外合资航空公司 12 家，上市公司 7 家[①]。在这个发展进程中，国有控股的中央企业航空公司越做越强，地方航空公司越来越多，特别是一批民营航空公司崭露头角，成为我国航空运输业耀眼的新秀。随着国家促进公共航空运输发展战略的推进，地方航空公司和民营航空公司数量还在增加。

中国民用航空局在分析我国航空公司在役驾驶员实力时，将我国按 121 部运行的大型飞机公共运输航空公司分为四类，即三大航空公司、运行 10 年以上的航空公司、运行 10 年以下的航空公司以及货运航空公司。基于我国航空运输这样的产业格局和飞行员在航空公司的时空分布情况，本次问卷调查首先选取了如下 9 家单位作为样本单位，各样本单位均为三大航空公司的分公司、子公司或者是运行 10 年以上的航空公司。

国有控股的中央企业航空公司：中国国际航空天津分公司，中国东方航空江苏公司、西北分公司，中国南方航空北方分公司、新疆分公司；地方航空公司：四川航空公司，海南航空公司，厦门航空公司；民营航空公司：春秋航空公司。

其次是选取飞行学生样本。选取飞行学生样本应该充分考虑我国飞行员培养机构的实际情况。目前在我国，经中国民用航空局批准设立，按照《民用航空器驾驶员学校合格审定规则》(CCAR-141 部)为运输航空公司提供飞行训练的机构称为 141 部飞行学校，其训练内容包括私用驾驶员执照(私照)、商用驾驶员执照(商照)、仪表等级课程和面向 121 部大型运输航空公司副驾驶培训的整体训练课程等。这类整体训练课程有两种，即航线运输驾驶员执照(ATPL，航线照)整体课程和多人制机组驾驶员执照(MPL)整体课程。2015 年

---

① 据《2018 年民航行业发展统计公报》截至 2018 年底，上述数据更新为，运输航空公司 60 家，按所有制类别划分，国有控股公司 45 家，民营和民营控股公司 15 家；中外合资航空公司 10 家，上市公司 8 家。

底，我国境内共有中国民航飞行学院等 13 家 141 部飞行学校，在美国、法国、加拿大、澳大利亚等国家和地区共有 26 家境外航校持有中国民用航空局 CCAR-141 部境外飞行学校认可证书。此外，2015 年底国内还有 74 家 61 部训练机构，他们按照中国民用航空局《民用航空器驾驶员和地面教员合格审定规则》(CCAR-61 部)提供飞行爱好者私用驾驶员执照和军转民人员培训等飞行员训练活动[①]。如此众多的飞行训练机构和如此分散的地域分布，说明虽然在校飞行学生数量比航空公司在役飞行员少得多，但调研飞行学生公共航空安全价值观并不比调研航空公司飞行员来得容易。考虑问卷调查的实效性，本次问卷调查选取中国民航飞行学院和南航艾维国际飞行学院作为样本单位，前者是国内规模最大的 141 部飞行学校，后者依托国内知名高校办学且在美国和南非拥有飞行训练基地，二者在飞行学生公共航空安全价值观上都有较强的代表性。

3. 样本群体特征

本次问卷调查的对象主要是身居公共航空运输一线，执行航班任务的航空公司在役飞行员，其次是目前在校学习，即将从事航空运输职业的飞行学生。为了考证调研结果的信度和效度，本节着重从年龄结构、性别结构、飞行经历、技术级别、岗位性质、公司类型和地区差别等方面分析航空公司在役飞行员样本群体的基本特征。由于飞行学生的情况比较简单，对他们的样本分析从略。

1)性别结构

女性在现代公共航空运输中占有特殊地位，服务周到、举止优雅的空中乘务员从来都是旅客心中往来于云端的婀娜天使。飞行是男子汉的事业，这一人类飞行早期岁月的铁律在中国民航早已成为浮云。如今在中国航班上执行飞行任务的女飞行员已成为一道靓丽的风景线，甚至夫妻机长也已不是个例。如表 4-1 所示，近年来中国民航女性驾驶员的数量和所占比例都在逐年增加。

表 4-1　中国民航女性驾驶员数量及比例

年份	商照/本	所占比例/%	航线照/本	所占比例/%
2013	177	1	39	0.3
2014	268	1.3	58	0.4
2015	401	1.7	51	0.4
2016	488	1.8	68	0.4
2017	535	1.84	76	0.34

数据来源：《中国民航驾驶员发展年度报告》2017 年版。

本次调研共收到有效问卷 974 份，其中女飞行员填写了 14 份，占全行业女飞行员总人数 27.4%，占全部样本的 1.44%，所占比例高出全行业女飞行员比例 3 倍以上，表明本次调研充分反映了女飞行员的声音。

---

① 据《中国民航驾驶员发展年度报告》2018 年版，截至 2018 年底，上述数据更新为：境内 141 部飞行学校 26 家，61 部训练机构 103 家；境外持有中国民航局 141 部境外飞行学校认可证书的航校 31 家。

2) 年龄结构

我国公共航空运输的持续快速发展为献身祖国航空运输事业的一大批热血青年提供了在蓝天白云间书写美好人生的辽阔舞台。如图 4-2 所示，"70 后"的机长，"80 后"的副驾驶是我国公共航空运输飞行员队伍的主力军。这使我国公共航空运输飞行员队伍成为世界航空运输大国中的少壮派，显示了我国航空运输发展的勃勃生机。

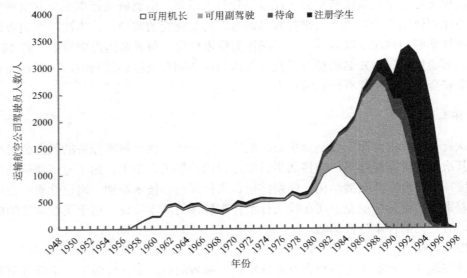

图 4-2　运输航空公司驾驶员年龄结构

数据来源：《中国民航驾驶员发展年度报告》2017 年版

141 部飞行学校主要是面向运输航空公司培训飞行学生，目前正在飞行学校经注册接受 141 部整体课程训练的飞行学生将在两三年内进入各运输航空公司参加改装并成为副驾驶参与航班运行。考虑这一趋势，我国运输航空公司驾驶员的年龄结构将进一步年轻化，如图 4-3 所示。

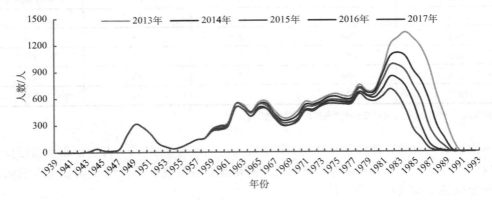

图 4-3　运输航空公司驾驶员年龄结构趋势

数据来源：《中国民航驾驶员发展年度报告》2017 年版

在本次调研收到的 974 份有效问卷中，飞行员年龄结构如图 4-4 所示。

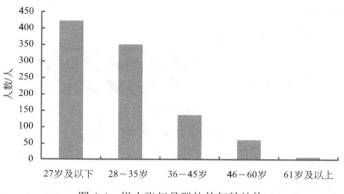

图 4-4　样本飞行员群体的年龄结构

对照图 4-2～图 4-4 可见，样本飞行员群体和行业飞行员总体的年龄结构完全一致。

3) 飞行经历

根据中国民航规章要求，飞行员进入运输航空公司的基本条件：一是持有飞机类别、多发等级和仪表等级的商用驾驶员执照，二是根据所在航空公司批准的训练大纲完成新雇员训练和机型改装初始训练，然后才能担任该型别飞机的副驾驶参加航班运行。飞行经历积累到满足规章要求方可向民航局申请换发航线运输驾驶员执照，之后参加升级训练并通过考核达到担任机长的运行资质，这需要一个较长的时间。2015 年以来，我国公共航空运输飞行员从其持有商用驾驶员执照到具备申请航线运输驾驶员执照所需的时间没有固定值，视申请人具体情况而定，但大多数需要经历 4～7 年，如图 4-5 所示。

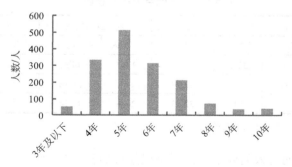

图 4-5　商用驾驶员执照升级周期

数据来源：《中国民航驾驶员发展年度报告》2016 年版

在本次调研收到的有效问卷中，飞行经历分布如图 4-6 所示。

样本群体中飞行经历在 4000 小时以下的飞行员达 663 人，占样本群体的比例达 68.07%。考虑中国民航局规章 CCAR-121-R4 规定的年飞行时间限制为 1000 小时，说明这些飞行员基本上全部是副驾驶。目前我国运输飞机机长和副驾驶的比例大致为 4∶5，这就是说，本次调研比较多地反映了尚任副驾驶而即将成长为机长的年轻飞行员的职业价值观取向。

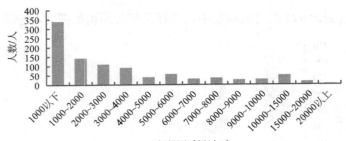

图 4-6　样本群体飞行经历分布

4) 公司类型

根据中国民用航空局统计数据，2015 年底，我国三大航空运输公司包括中国国际航空公司、中国南方航空公司和中国东方航空公司(包括东航云南公司)；运行 10 年以上的航空公司包括海南航空公司(包括合并运行的新华航空公司)、深圳航空公司、上海航空公司、山东航空公司、厦门航空公司、四川航空公司、奥凯航空有限公司、春秋航空公司、成都航空有限公司、中国联合航空有限公司；运行 10 年以下的航空公司包括天津航空有限责任公司、首都航空有限公司、云南祥鹏航空有限责任公司、华夏航空有限公司、浙江长龙航空有限公司和东海航空有限公司等；货运航空公司包括中国邮政航空有限责任公司、中国国际货运航空有限公司、扬子江快运航空有限公司、中国货运航空有限公司、顺丰航空有限公司、友和道通航空有限公司。我国公共航空运输驾驶员在四类运输航空公司的分布情况如表 4-2 所示。

表 4-2　运输航空公司驾驶员分布

	三大航空公司		十年以上客运航空公司		十年以下客运航空公司		货运航空公司		总计
	人数/人	所占比例/%	人数/人	所占比例/%	人数/人	所占比例/%	人数/人	所占比例/%	
机长	6158	50.60	3835	31.51	1747	14.35	431	3.54	12171
待命	1227	42.38	752	25.98	821	28.36	95	3.28	2895
副驾驶	7177	46.67	5017	32.63	2636	17.14	547	3.56	15377

注：待命指持有执照等待改装机型的驾驶员。

在本次调研收到的有效问卷中，公司类型分布如表 4-3 所示。

表 4-3　样本群体公司类型分布

	三大航空公司		十年以上客运航空公司		总计
	人数/人	所占比例/%	人数/人	所占比例/%	
机长	232	79.73	59	20.27	291
副驾驶	414	60.61	269	39.39	683

对比表 4-2 和表 4-3 可见，本次调研较多地反映了三大航空公司飞行员的情况，10 年

以下新近成立航空公司飞行员的情况未纳入调查范围。

5) 地区差别

目前，中国民用航空局下设 7 个地区管理局，分别是华北地区管理局、华东地区管理局、中南地区管理局、东北地区管理局、西北地区管理局、西南地区管理局和新疆管理局，各地区管理局按照属地管理原则对辖区内的公共航空运输飞行员进行管理。2014～2015年，我国航空运输驾驶员在各地区管理局的分布情况如表 4-4 所示。

表 4-4 中国航空运输驾驶员地区分布

地区	2014 年		2015 年	
	航线照/本	所占比例/%	航线照/本	所占比例/%
华北局	3653	23.45	4028	22.96
中南局	3827	24.57	4318	24.62
华东局	4317	27.71	4906	27.97
西南局	2507	16.09	2941	16.77
东北局	599	3.84	630	3.59
西北局	334	2.14	350	1.99
新疆局	342	2.20	368	2.10
总计	15579	100	17541	100

注：根据《中国民航驾驶员发展年度报告》2015 年版整理。

在本次调研收到的有效问卷中，样本群体的地区分布如表 4-5 所示。

表 4-5 样本群体地区分布

地区	航线照/本	所占比例/%
华北局	105	10.78
中南局	74	7.60
华东局	362	37.17
西南局	71	7.29
东北局	149	15.30
西北局	54	5.54
新疆局	159	16.32
总计	974	100

对比表 4-4 和表 4-5 可见，本次调研选择的样本群体反映华东、东北、新疆、华北地区情况较多，而反映西北、中南、西南地区情况则较少。

6) 其他特征

本次调研涉及对象单位公共航空运输飞行员的其他一些基本特征，包括培养性质、执照机型、已服务过的航空公司等，如表 4-6 所示。

表 4-6　样本群体的其他特征

项目	类别	人数/人	所占比例/%
学历	专科及以下	48	4.93
	本科	913	93.74
	硕士及以上	13	1.33
培养性质	公费	865	88.81
	自费	59	6.06
	半自费	50	5.13
执照机型	1 种	707	72.59
	2 种	125	12.83
	3 种及以上	142	14.58
已服务过的航空公司	1 家	906	93.02
	2 家	57	5.85
	3 家及以上	11	1.13
年薪	30 万元及以下	459	47.13
	31 万～50 万元	218	22.38
	51 万～80 万元	200	20.53
	81 万元及以上	97	9.96

分析表 4-6 可见，样本群体中飞行员的学历绝大多数为本科，专科及以下很少，硕士及以上凤毛麟角，这符合目前我国公共航空运输飞行员培养的实际情况。

公费培养的飞行员占绝大部分，自费和半自费培养者超过 1/10，这说明虽然培养费用不菲，但就业后的收入水平对一些年轻人仍有很强的吸引力。

逾七成的飞行员只持有一种机型的执照，持有两种及以上机型者略过 1/4，这符合样本群体中副驾驶占较大比例的实际情况。

绝大多数飞行员服务一家航空公司"从一而终"，服务过两家及以上航空公司者很少，说明我国公共航空运输飞行员队伍比较稳定。

年薪不足 30 万元(含)的飞行员几近一半，年薪 50 万元(含)以下者超过 2/3，年薪超过 81 万元(含)者不足 1/10，这和样本群体的年龄及飞行经历有关，但也说明公共航空运输飞行员收入水平并不像社会上一些人认为的那样高。

4.1.4　数据分析

本节分析问卷调查取得的实证数据，进一步梳理航空运输飞行员公共航空安全价值观体系结构和主要结构因素，验证 4.1.2 节设计的航空运输飞行员公共航空安全价值观维度结构。关于针对航空运输飞行员公共航空安全价值观各结构要素实施激励约束策略的深入讨论，将在第 5～8 章进行介绍。

1. 数据修补

在大样本问卷调查中，各种原因造成的数据缺失难以完全避免。公共航空运输飞行员职业价值观问卷调查中的数据缺失基本包括两类情况：一类是无法修补的无效问卷，另一类是存在一定瑕疵但可以修补利用的有效问卷。为了提高数据利用率，在分析前宜对调查数据进行必要的修补。

1) 数据缺失情况

一般认为，若源数据中某条记录存在一个或多个属性值为空，则称该记录为缺失数据（missing data），也称不完整数据。由于这些缺失数据在很大程度上影响后续的统计分析，因此研究人员对调查中的数据缺失问题十分重视。当数据缺失比例很小时，可以简单地删除部分数据记录，但是当缺失数据占总样本的比重较大时，不合理地删除过多缺失数据记录会对后续研究产生不利影响。为了更准确和全面地利用已有数据去反映实际情况，需要对缺失数据进行具体分析和深入研究。

调查中产生数据缺失的原因多种多样，主要集中在两个方面：一是调查中由于各种因素形成的无回答，二是在调查中得到的信息不可使用。结合本次调查问卷的实际回收情况，可将数据缺失归纳为以下三种情况。

（1）不可使用的信息，即有明显错误的信息。例如，在调查过程中由于调查人员疏忽大意漏记或者错记信息而出现空项、错项；在调查完成后的数据录入阶段出现错误，多录或者少录数据位数。或者原始记录是正确的，但是调查结果明显不合乎常理，造成这种现象的原因可能是被调查者有意或者无心的错报，也可能是这些错误在数据审核过程中被发现，分析人员剔除掉了这些出现明显错误的数据，造成了调查数据缺失。

（2）无回答。无回答数据缺失有单位无回答和项目无回答两种。单位无回答是指抽中的样本单元未参与调查。出现单位无回答的原因主要有：调查者未见到受访者，受访者由于各种原因不接受调查。或者在调查数据整理阶段，数据整理人员没能意识到缺失数据对调查分析的重要性，按照自己的意愿随意删除了自己认为不合理的数据，从而造成了单位无回答缺失数据。这些情况在我们的问卷调查中没有出现。项目无回答是指在调查过程中，被调查者没有完全回答调查问卷的问题，他们只是回答了调查问卷中一部分问题，而由于种种原因没有回答另一些问题。造成项目无回答的原因有以下几种情况。一是调查问卷设计不合理，专业词汇过多，导致被调查者不理解；或是调查问卷冗长，引起被调查者的反感，以致调查过程不顺利，问卷调查不完全。二是调查实施过程不规范，使被调查者对调查不重视，对调查问卷的填写随心所欲，信息的准确性和真实性打折扣。三是被调查者出于个人保护考虑，拒绝回答关于一些个人信息或者隐私的问题，造成一些重要信息缺失。比如，在问卷中涉及飞行员的年资薪酬的问题时，他们可能会对填写信息有所隐瞒。四是调查人员专业素质不够，没有对调查人员做必要的技能培训，调查人员缺乏一些必备的技巧，以致调查无法顺利完成。五是有些信息由于调查人员的大意而被遗漏掉了，这可能是调查人员忘记填写或者对信息不理解而未填写，也可能是他们认为无关紧要而未填写。

（3）除了上述两种情况外，数据缺失还可能是由于统计得来的某些对象的一些属性不可用。比如，对于年纪尚轻的飞行员而言，其夫妻生活状况就是空白。或者是获取数据的代价大，某些信息的获取需要耗费大量的人力、物力和财力等而造成的数据空缺。再比如，在一些统计中，有些数据需要长期调研才能获得，那么综合考虑代价问题就可能根据实际情况取舍而造成数据缺失。

在本次问卷调查中，共回收飞行员问卷 999 份，剔除漏答题数超过 10 题和整份问卷所勾选的选项皆为同一项的问卷 25 份，得到有效问卷 974 份。其中，存在数据缺失的有效问卷 101 份，占有效样本的 10.37%，分布在各航空公司数目依次为：公司七 24 份，公司五 16 份，公司三 15 份，公司一 14 份，公司二 10 份，公司八 9 份，公司六 8 份，公司四 4 份，公司九 1 份。各航空公司数据缺失占全部样本的 0.10%～2.46%，依次为：公司七 2.46%，公司五 1.64%，公司三 1.54%，公司一 1.44%，公司二 1.03%，公司八 0.92%，公司六 0.82%，公司四 0.41%，公司九 0.10%①。

问卷调查中涉及的 11 个变量：性别、年龄、学历、培养性质、公司性质、岗位、服务过的航空公司、执照机型、飞行时间、飞行经历时间和年薪，分别有 0.62%、0.51%、1.23%、0.51%、1.95%、6.68%、4.93%、5.75%、2.57%、3.08%、4.93%的数据缺失率，总体数据缺失率为 2.98%。

45 个调查问题的重要度数据缺失主要出现在：有和谐的夫妻生活，飞行疲劳度可以接受，有舒适的交通班车，飞行职业工作稳定，在飞行中的情绪稳定，飞行工作能拓宽视野。数据缺失率分别为：3.00%、2.02%、2.10%、2.10%、2.10%、2.10%，其他 39 个问题的数据缺失率在 0.41%～1.95%，总体数据缺失率为 1.29%。

45 个调查问题的符合度数据缺失主要出现在：飞行工作符合兴趣，飞行工作能拓宽视野，飞行工作能提高素质和能力，有良好的家庭氛围，有和谐的夫妻生活，飞行职业工作稳定。数据缺失率分别为：2.30%、2.12%、2.12%、2.00%、2.00%、2.00%，其他 39 个问题的数据缺失率在 0.41%～2.05%，总体数据缺失率为 1.33%。

2）数据修补策略

数据缺失会影响统计结果，增加工作量，降低工作效率，使研究工作受到阻碍甚至完全失败。为了减少损失，对存在缺失值的数据，应该尽力消除缺失值的影响。一些存在数据缺失但达不到剔除标准的问卷仍可视为有效问卷，对这些问卷采取一定程度的修补后仍可作为后续数据处理的有效数据使用。

现有处理缺失数据的方法依其处理策略大致可分为三种：强调数据完整性而对缺失数据做剔除处理的删除法（deletion），强调数据充分利用的填补法（imputation），以及强调保留原始数据信息的不处理法。

删除法简单方便，它直接忽略全部有缺失实例，是目前大部分研究人员碰到数据缺失问题时常用的处理手段。删除法包括三种方式。一是整例删除，只要某实例含有缺失数据，则将该实例整条删除。二是变量删除，若数据集内某一变量存在缺失，则将该变量删除。三是成对删除，若两两成对的变量中某一个变量，或两个数据记录的成对变量上有数据缺失，则同时删除这两条记录，将余下的完整数据用于后续分析。总的来看，删除法的应用十分局限。当实例数据缺失较多时，这种做法会导致可供分析的数据量大幅减少，用压缩

---

① 这里为保持问卷调查的匿名性而隐去了受访单位名称，公司编号和后文第 5 章至第 8 章相同。

后的数据集进行的推断是有误差的，会使分析结果失实。删除缺失数据会连带丢失数据中隐含的有用信息，造成有价值信息的浪费，还会误导后续的数据分析处理流程，影响到后续研究结果的客观性和正确性，甚至耗费大量时间却无法发现有用的信息。

填补法通过分析不完整数据确定最接近真实值的合理估计，置换掉数据缺失部分，得到一个完整的数据集，使后续的数据挖掘可以在完整的数据上进行。填补法在不损失实例量的前提下构造完整的数据集，是比较合理的解决方案。目前常用的填补方案较多。一是人工填补法，由了解本领域数据的研究人员填补缺失值，这样得到的最终数据集偏差很小，效果最好。但人工填补耗时长，效率低，在面对大数据时代规模庞大的数据量且缺失现象较严重时，这将因代价昂贵而不切实际。二是常量填补法，通过对缺失数据的简单预测，估计一个合理的常量作为替代值去补全缺失数据。这种方法对数据处理人员的要求很高，需要他们对数据所表示的背景有深刻的理解，容易引入噪声数据，所以误差比较大。三是统计学补全法，通过分析已知的完整数据获得数据集的统计信息，从而预测缺失数据。补全法中较常用的是一般平均值补全法，即用已知数据的平均值来补全缺失数据。该方法由于对缺失数据补全了同样的值，会减弱缺失数据和其他非缺失数据间的关联性，并且低估整个数据总体的变异程度，也会扭曲样本分布。四是简单值补全法，即用一些简单模型和计算公式来补全数据。例如，K 最近距离邻居补全法（K-means clustering），首先根据欧氏距离及相关分析来确定 K 个距离缺失数据样本最近的样本，其次将这 K 个样本值加权平均，最后使用计算出来的结果补全该样本的缺失数据。该方法不需要对每一个缺失的数据建立预测模型，但在搜索最近邻居记录时需要遍历整个数据集，而一般的数据集都规模庞大，必须解决效率问题。五是复杂估算值补全法，是目前最科学、最准确也是最复杂的缺失数据处理方法之一。它运用贝叶斯、回归、期望值最大化、判定树、归纳等方法，利用已有的完全数据作为训练样本建立预测模型来估算缺失数据。因其最大限度地利用已知相关数据来预测缺失数据，预测的数据比较准确，复杂估算值补全法是目前比较流行的缺失数据处理方法。

以上各种数据填补方法各有利弊和适用范围，本次调研要在考虑研究时间和经费约束的条件下力求保证调研数据的完整性和变量间的关联性，因此对缺失数据进行了综合处理。首先逐条分析调查样本的回答率，将缺失严重的样本整例删除，保留信息量较完整的实例；其次选择数据填补策略，通过数据填补构造完整的数据集，以便下一步统计预测工作的顺利开展。

在选择数据填补策略过程中，综合权衡上述数据修补策略的优缺点和本次调研的实际情况，预期以上几种方案不会引起明显差异。考虑本次调查样本中缺失数据所占比例很小，总体缺失率不超过 5%，在这种情况下，宜采用程序较为简单而时间和经验要求较多的人工修补方法。实际做法是，先利用平均值补全方法对数据进行初步的修补，得到较为完整的数据，再借鉴专家经验对缺失值进行合理填补，从而克服单纯用平均值补全变量时的统计偏倚。实践证明，人工填补法准确率高，在本次调研数据规模较小的情况下具有明显优势。通过人工填补法处理，数据间具有较强的线性关系，均值、标准差和标准偏差与源数据接近，填补的数据较为准确，填补形成的 974 个完全数据集足以作为后续分析的数据基础。

2. 因子分析

航空运输飞行员公共航空安全价值观的构成要素变量众多，而且各个要素变量之间存在一定相关性，导致这些要素变量之间出现一些信息重叠的现象。因子分析可以有效克服这种相关性和重叠性，在众多要素变量中寻求更有代表性的隐含因子。通过概括样本数据的信息，在信息损失尽可能少的前提下将本质相同的要素变量提取为一个共性因子，用较少的共性因子反映原来众多要素变量中的信息，揭示要素变量之间的内在联系。

本节对经过修补的问卷调查数据做因子分析，梳理和实证航空运输飞行员公共航空安全价值观体系的整体结构，以便更好地从宏观上把握他们公共航空安全价值观的结构特征和构成要素。

1) 分析工具

本节分析数据使用的主要工具是 SPSS22.0 版本软件[163]。

SPSS(statistical product and service solutions)是世界上最早的统计分析软件。1968 年，美国斯坦福大学的三位研究生研究开发成功该软件，同时成立了 SPSS 公司。该软件最初称为社会科学统计软件包(solutions statistical package for social sciences)，当时只能用于大型计算机系统。1984 年，SPSS 公司推出用于个人电脑的 SPSS/PC+，开创了 SPSS 微机系列产品的开发方向，扩充了它的应用范围。自 SPSS 11.0 版本起，SPSS 改为现用名统计产品和服务解决方案。2009 年，SPSS 公司重新包装旗下的 SPSS 产品线，将其定位为预测统计分析软件(predictive analytics software，PASW)。2010 年，随着 SPSS 公司被 IBM 公司并购，SPSS 成为 IBM 公司推出的一系列用于统计分析、数据挖掘、预测分析和决策支持任务的软件产品及相关服务的总称，各子产品家族名称前面不再以 PASW 冠名，改为统一加上 IBM SPSS 字样。如今 SPSS 已出至 22.0 版本，自 21.0 版本起，SPSS 采用分布式分析系统(distributed analysis architecture，DAA)技术，可全面适应互联网，支持动态收集、分析数据和 HTML 格式报告。在国际学术交流中，凡是用 SPSS 软件完成的计算和统计分析，可以不必说明算法，可见其影响之大、信誉之高。目前，它和 SAS、BMDP 并列称为国际上最有影响的三大统计软件。

SPSS 具有完整的数据输入、编辑、统计分析、报表、图形制作等功能，自带 11 种类型 136 个函数。SPSS 提供从简单的统计描述到复杂的多因素统计分析方法，如数据的探索性分析、统计描述、列联表分析、二维相关、秩相关、偏相关、方差分析、非参数检验、多元回归、生存分析、协方差分析、判别分析、因子分析、聚类分析、非线性回归、Logistic 回归等。统计分析过程包括描述性统计、均值比较、一般线性模型、相关分析、回归分析、对数线性模型、数据简化、生存分析、时间序列分析、多重响应等几大类，每类中又分若干统计过程，如回归分析中又分线性回归分析、曲线估计、Probit 回归、加权估计、两阶段最小二乘法等多个统计过程，每个过程允许选择不同的方法及参数。

SPSS 有专门的绘图系统，可以根据数据绘制出各种图形。SPSS 图表制作模块是一个组合式软件包，它集数据录入、整理、分析功能于一身。用户可以根据实际需要和计算机的功能选择模块，以降低对系统硬盘容量的要求，这有利于该软件的推广应用。对数据和结果的图表呈现功能一直是 SPSS 改进的重点。经过多次改进，SPSS 的图表制作功能已经达到了十分完善的地步。

SPSS 编程方便，具有第四代语言的特点，用户只需告诉系统要做什么，无须告诉它怎样做，只要了解统计分析的原理，无须通晓统计方法的各种算法，即可得到需要的统计分析结果。对于常见的统计方法，SPSS 的命令语句、子命令及选择项的选择绝大部分由对话框的操作完成。因此，用户无须花大量时间记忆大量的命令、过程、选择项，便可方便地使用。

SPSS 具有强大的数据挖掘功能，SPSS 参与制定的数据挖掘技术标准——CRISP-DM（cross-industry standard process for data mining）已经成为事实上的全球行业标准。其结构方程建模（structural equation modeling, SEM）功能是国际管理研究和其他社会科学研究中广泛采用的建模技术，是各类高层次学术刊物、高层次管理研究以及社会学和经济学等研究领域的必备方法。

2）分析准备

数据分析准备工作包括两项内容，即数据信度检验和取样适当性检验。

（1）数据信度检验。用公共航空运输飞行员职业价值观调查问卷采集到的有效数据是调研数据处理的基本素材。为了保证其科学性和有效性，需要对样本数据进行信度检验，评价问卷设计优劣。公共航空运输飞行员职业价值观调查问卷属于态度、意见式问卷，宜采用 Cronbach's α 可靠性系数进行信度分析，检验问卷调查结果的可靠性和稳定性。

Cronbach's α 可靠性系数属于内在一致性系数，是衡量量表中各项得分间一致性的一项指标。检验计算结果如表 4-7 所示，对航空运输飞行员公共航空安全价值观重要度样本数据进行信度检验的 Cronbach's α 系数为 0.983>0.9，将重要度样本数据标准化后进行信度检验的 Cronbach's α 系数也为 0.983>0.9；符合度样本数据的 Cronbach's α 系数为 0.979>0.9，将符合度样本数据标准化后进行信度检验的 Cronbach's α 系数也为 0.979>0.9，说明公共航空运输飞行员职业价值观调查问卷设计的内在可靠性十分理想。

表 4-7　样本数据可靠性统计量

项目	Cronbach's α	基于标准化项的 Cronbach's α	项数
对职业发展的重要度	0.983	0.983	45
与实际情况的符合度	0.979	0.979	45

（2）取样适当性检验。因子分析方法将众多原始变量中的重叠信息提取为共性因子，以实现减少变量个数的目的，要求进行因子分析的样本数据变量之间有较强的相关性。本次调研采用 KMO（kaiser-meyer-olkin）测度检验和 Bartlett 球形检验判别航空运输飞行员公共航空安全价值观样本数据是否适合进行因子分析，前者检验变量之间的偏相关是否很小，后者检验相关系数矩阵是否为单位矩阵。KMO 值越接近 1，表明变量间的相关性越强，越适合做因子分析；KMO 越接近 0，表明变量间的相关性越弱，越不适合做因子分析。

如表 4-8 所示，样本数据重要度分析和符合度分析中 KMO 取值均为 0.980，接近 1，这表明样本数据变量间的共同因素很多，变量间的净相关系数很低，适合进行因子分析。此外，重要度分析和符合度分析中 Bartlett 球形检验的伴随概率值均为 0.000，远小于显著性水平 0.05，表明 45 个要素变量之间不独立，适宜进行因子分析。

表 4-8　KMO 和 Bartlett 检验

对职业发展的重要度	取样足够度的 KMO 度量		0.980
	Bartlett 球形度检验	近似卡方	37 924.676
		df	990
		Sig.	0.000
与实际情况的符合度	取样足够度的 KMO 度量		0.980
	Bartlett 球形度检验	近似卡方	36 074.754
		df	990
		Sig.	0.000

3）因子分析

为了从宏观上把握和验证航空运输飞行员公共航空安全价值观的结构特征，本节对问卷调查得到的样本数据从不同层次和角度进行因子分析。

（1）全样本分析。本节针对调查获得的 974 份有效问卷，采用因子分析法提取公共因子，即根据 Kaiser 准则，利用最大方差法求出经旋转后的载荷矩阵，使每一个指标变量只在比较少的公共因子上有较高的信息载荷。航空运输飞行员公共航空安全价值观全样本重要度分析中各公共因子载荷情况如表 4-9 所示，表中共同度一栏为提取的公共因子表示各指标所含原始信息的程度。依据表 4-9 的重要度因子载荷分布特点将航空运输飞行员公共航空安全价值观 45 个结构要素提取 6 个因子，其指标变量共同度都在 50% 以上，说明提取的因子对变量的解释能力较强，信息损失较少，能够综合反映航空运输飞行员公共航空安全价值观的重要度结构。按所提 6 个因子排列的全样本重要度因子分析结果如表 4-10 所示。

表 4-9　飞行员职业价值观因子载荷情况表

指标编号	因子						共同度
	1	2	3	4	5	6	
V_{21}	0.785						0.834
V_{20}	0.779						0.797
V_{24}	0.759						0.733
V_{19}	0.758						0.790
V_{23}	0.758						0.799
V_{22}	0.750						0.770
V_{25}	0.658						0.739
V_{18}	0.608						0.728
V_{34}	0.564						0.716
V_{11}		0.655					0.711

指标编号	因子						共同度
	1	2	3	4	5	6	
V_{12}		0.632					0.731
V_9		0.617					0.686
V_{10}		0.614					0.715
V_8		0.613					0.710
V_{16}		0.593					0.726
V_{13}		0.584					0.743
V_{15}		0.574					0.715
V_7		0.570					0.696
V_{14}		0.558					0.740
V_{17}		0.532					0.654
V_{42}			0.747				0.749
V_{43}			0.742				0.750
V_{44}			0.723				0.739
V_{41}			0.715				0.705
V_{45}			0.623				0.698
V_{36}			0.487				0.654
V_{29}				0.662			0.720
V_{31}				0.643			0.742
V_{26}				0.642			0.700
V_{30}				0.622			0.691
V_{27}				0.599			0.718
V_{28}				0.573			0.698
V_{35}				0.442			0.683
V_{32}				0.441			0.577
V_{33}				0.427			0.687
V_2					0.721		0.740
V_3					0.679		0.750
V_4					0.664		0.724
V_5					0.635		0.729
V_1					0.601		0.696
V_6					0.541		0.672
V_{37}						0.675	0.792
V_{39}						0.630	0.775
V_{38}						0.574	0.756
V_{40}						0.476	0.635

表 4-10   全样本因子分析结果（重要度）

一级指标			二级指标	因子载荷排序
因子1	健康状况 5	18	您所在公司重视飞行员的休息质量	8
	工作报酬 4	19	您有满意的工资收入	4
		20	您有满意的公司福利	1
		21	您有满意的飞行奖励和补贴	2
		22	您有满意的停飞保障和工龄补贴	6
	生活条件 1	23	您有满意的休假制度	5
		24	您有满意的飞行餐食	3
		25	您有合理的疗养安排	7
		34	您的飞行疲劳度可以接受	9
因子2	公司环境 7	7	您所在公司在行业内有良好的声誉	17
		8	您所在公司有良好的发展前景	12
		9	您所在公司重视安全文化建设	14
		10	您所在公司有公平公正公开的制度体系	13
		11	您所在公司倡导员工参与管理的民主氛围	10
	职业发展 4	12	您所在公司重视飞行员职业规划	11
		13	您所在公司有科学合理的绩效考核体系	16
		14	您所在公司有科学合理的激励机制	19
		15	您所在公司有科学合理的培训体系	18
		16	您所在公司有通畅的晋升通道	15
		17	您所在公司有清晰的岗位职责	20
因子3	人际关系 1	36	您有良好的驾驶舱资源管理环境	26
	生活条件 3	41	您有良好的家庭氛围	24
		42	您有和谐的夫妻生活	22
		43	您有正常的社交生活	21
	健康状况 2	44	您能得到及时的身体检查	23
		45	您能得到及时的心理疏导	25
因子4	职业特点 7	26	飞行职业能体现责任感和使命感	29
		27	飞行职业能获得尊重	31
		28	飞行工作能激发主动性	30
		29	飞行工作符合您的兴趣	27
		30	飞行工作能拓宽视野	32
		31	飞行工作能提高素质和能力	28
		32	飞行职业工作稳定	33
	健康状况 2	33	您的工作压力可以承受	34
		35	您在飞行中的情绪稳定	35
因子5	外部环境 6	1	国家战略重视民航业发展	40
		2	国家空中交通管理体制适应民航业发展	36
		3	民航基础设施建设适应行业发展	37

一级指标		二级指标		因子载荷排序
因子 5	外部环境 6	4	行业服务保障满足航班运行需要	38
		5	行业政策重视飞行员职业发展	39
		6	行业管理规章重视飞行员职业发展	41
因子 6	人际关系 3	37	您与领导关系融洽	42
		38	您与同事关系融洽	44
		39	您与工作外其他人关系融洽	43
	生活条件 1	40	您有舒适的通勤班车	45

表 4-10 中 6 个因子所含各一级指标从不同的信息提取角度对应图 4-1 航空运输飞行员公共航空安全价值观维度结构设计中的 8 个维度，一级指标所含各二级指标为相应维度下的价值观要素，一级指标名称后面的数字为该一级指标在该因子中所领二级指标的个数，最右面一栏为各二级指标在所属因子中的载荷排序。对照分析可见，因子分析结果与 4.1.2 节设计的维度结构吻合良好，明确支持前文设计的航空运输飞行员公共航空安全价值观维度结构，具体说明如下。

因子 1 包括 V_{18}～V_{25} 以及 V_{34} 等 9 个因素，它们主要反映了公共航空运输飞行员对工作报酬与健康状况的关注，贡献率达 17.633%。工作报酬因素依次是 V_{20} 公司福利、V_{21} 飞行奖励和补贴、V_{19} 工资收入，以及 V_{22} 停飞保障和工龄工资；健康状况因素依次是 V_{23} 休假制度、V_{25} 疗养安排、V_{18} 休息质量、V_{34} 飞行疲劳，以及与公共航空运输飞行员健康密切相关的 V_{24} 飞行餐食。这些因素涵盖了航空运输飞行员公共航空安全价值观中工作报酬与健康状况两个维度，是公共航空运输飞行员感受最直接的价值观念。

因子 2 包括 V_7～V_{17} 等 11 个因素，它们主要反映了公共航空运输飞行员对航空公司内部环境和职业发展的关注，贡献率达 13.962%。公司环境因素依次是 V_{11} 民主管理氛围、V_8 发展前景、V_{10} 制度体系、V_9 安全文化建设、V_{13} 绩效考核体系、V_7 行业内声望，以及 V_{14} 激励机制；职业发展因素依次为 V_{12} 职业规划、V_{16} 晋升通道、V_{15} 培训体系，以及 V_{17} 岗位职责。这些因素涵盖了航空运输飞行员公共航空安全价值观中航空公司内部环境和职业发展两个维度，体现了航空公司内部环境与飞行员职业发展具有更直接的密切联系。

因子 3 包括 V_{41}～V_{45} 以及 V_{36} 等 6 个因素，贡献率达 12.446%，它们主要反映了公共航空运输飞行员对生活条件的关注，兼及健康状况和人际关系的相关因素。生活条件因素依次为 V_{43} 社交生活、V_{42} 夫妻生活，以及 V_{41} 家庭氛围；健康状况因素依次是 V_{44} 身体检查和 V_{45} 心理疏导；以及对公共航空安全有特别重要意义的 V_{36} 驾驶舱资源管理（crew resources managent，CRM）。这些因素涵盖了航空运输飞行员公共航空安全价值观中生活条件维度的主要内容，兼顾健康状况人际关系两个维度的相关内容。

因子 4 包括 V_{26}～V_{33} 以及 V_{35} 等 9 个因素，这 9 个因素集中反映公共航空运输飞行员的职业特点，贡献率达 11.257%。职业特点因素依次是 V_{29} 符合兴趣、V_{31} 提高素质和能力、V_{26} 体现责任感和使命感、V_{28} 激发主动性、V_{27} 获得尊重、V_{30} 拓宽视野，以及 V_{32} 职业稳定；其次包括两个与职业特点密切相关的健康状况因素，即 V_{33} 工作压力和 V_{35} 情绪稳定。这些因素涵盖了航空运输飞行员公共航空安全价值观中职业特点维度的全部内容。

因子 5 包括 V_1～V_6 等 6 个影响因素，贡献率达 10.747%，集中反映公共航空运输飞行员对国家和行业外部环境的关注。这些外部环境因素依次是 V_2 空中交通管理体制、V_3 基础设施、V_4 服务保障、V_5 行业政策、V_1 国家战略，以及 V_6 行业管理规章。这些因素集中体现了国家和行业外部环境在航空运输飞行员公共航空安全价值观中的地位，支持公共航空安全价值观结构设计的外部环境维度。

因子 6 包括的 V_{37}～V_{40} 等 4 个因素，贡献率达 6.202%，它们集中反映了公共航空运输飞行员对驾驶舱资源管理之外人际关系的关注，支持航空运输飞行员公共航空安全价值观结构设计的生活条件维度。人际关系因素依次为 V_{37} 与领导关系、V_{38} 与同事关系，以及 V_{39} 与工作外其他人关系。此外，因子 6 包括生活条件中与公共航空运输飞行员执行航班任务有特殊关系的因素 V_{40} 通勤班车。

从符合度角度对飞行员问卷调查数据做全样本因子分析的结果如表 4-11 所示。分析结果进一步支持 4.1.2 节设计的航空运输飞行员公共航空安全价值观维度结构。分析过程类似，不再赘述。

表 4-11　全样本因子分析结果（符合度）

一级指标			二级指标	因子载荷排序
因子 1	健康状况 5	18	您所在公司重视飞行员的休息质量	7
	工作报酬 4	19	您有满意的工资收入	6
		20	您有满意的公司福利	3
		21	您有满意的飞行奖励和补贴	4
		22	您有满意的停飞保障和工龄补贴	5
	生活条件 1	23	您有满意的休假制度	1
		24	您有满意的飞行餐食	2
		25	您有合理的疗养安排	8
		33	您的工作压力可以承受	10
		34	您的飞行疲劳度可以接受	9
因子 2	健康状况 3	35	您在飞行中的情绪稳定	19
	人际关系 4	36	您有良好的驾驶舱资源管理环境	17
		37	您与领导关系融洽	18
		38	您与同事关系融洽	15
		39	您与工作外其他人关系融洽	14
	生活条件 4	40	您有舒适的通勤班车	21
		41	您有良好的家庭氛围	13
		42	您有和谐的夫妻生活	11
		43	您有正常的社交生活	12
		44	您能得到及时的身体检查	16
		45	您能得到及时的心理疏导	20

续表

一级指标			二级指标	因子载荷排序
因子 3	公司环境 7	7	您所在公司在行业内有良好的声誉	32
		8	您所在公司有良好的发展前景	30
		9	您所在公司重视安全文化建设	29
		10	您所在公司有公平公正公开的制度体系	22
		11	您所在公司倡导员工参与管理的民主氛围	26
	职业发展 4	12	您所在公司重视飞行员职业规划	25
		13	您所在公司有科学合理的绩效考核体系	24
		14	您所在公司有科学合理的激励机制	23
		15	您所在公司有科学合理的培训体系	27
		16	您所在公司有通畅的晋升通道	28
		17	您所在公司有清晰的岗位职责	31
因子 4	职业特点 7	26	飞行职业能体现责任感和使命感	36
		27	飞行职业能获得尊重	39
		28	飞行工作能激发主动性	37
		29	飞行工作符合您的兴趣	34
		30	飞行工作能拓宽视野	35
		31	飞行工作能提高素质和能力	33
		32	飞行职业工作稳定	38
因子 5	外部环境 6	1	国家战略重视民航业发展	43
		2	国家空中交通管理体制适应民航业发展	41
		3	民航基础设施建设适应行业发展	40
		4	行业服务保障满足航班运行需要	42
		5	行业政策重视飞行员职业发展	44
		6	行业管理规章重视飞行员职业发展	45

(2) 子样本分析。为了进一步从不同角度认识航空运输飞行员其公共航空安全价值观的结构特征，本次调研对问卷调查数据从 8 个角度进行了 14 个子样本因子分析。子样本选取情况如下，分析过程从略。

①年龄段子样本。包括 27 岁以下年龄段、28～35 岁年龄段和 36 岁以上年龄段的 3 个子样本，规模分别为 426 人、360 人和 188 人。

②工资水平子样本。包括年工资 50 万元以下和 50 万元以上两段工资水平的子样本，规模分别为 676 人和 298 人。

③学历水平子样本。仅选取了大学本科学历子样本，规模为 913 人；研究生学历及大学专科学历样本规模很小，因子分析从略。

④技术岗位子样本。包括副驾驶和机长两个技术岗位子样本，规模分别为 668 人和 306 人。

⑤持照机型子样本。包括持有一种机型和两种以上机型的两个子样本，规模分别为 707

人和 267 人。

⑥服务公司子样本。仅选取服务过一家航空公司的子样本，规模为 906 人；服务过两家以上航空公司的样本规模很小，因子分析从略。

⑦公司性质子样本。包括中央企业航空公司和地方及民营航空公司两个子样本，规模分别为 646 人和 328 人。

⑧培养经费子样本。仅选取公费培养子样本，规模为 865 人；自费培养子样本规模很小，因子分析从略。

此外，对 712 份飞行专业学生职业价值观有效问卷做了全样本因子分析。

以上因子分析过程虽然由于调查对象、样本规模和回复信息有别而在分析结果上出现一些特色变化，但是各实证分析结果对航空运输飞行员公共航空安全价值观体系结构设计的支持是明确一致的。

4.2　质性研究：焦点小组访谈

问卷调查法是在实证主义方法论指导下发展起来的一套比较完整、具体、可操作的研究方法，具有程序化、匿名化和量化特点。它为许多学科的研究从定性走向定量、从思辨走向实证提供了一条可行的途径，是研究者探索未知认识领域的一种有效手段。但是几乎所有专家在指导人们编制问卷时都强调在编制问卷之前要访谈调查对象，使他们明了调查目的和问卷中所提的问题；在编出问卷之后要再次访谈调查对象，请他们试填写问卷，并对问卷初稿提出修改意见。在一些以访谈为主的研究活动中，人们甚至直接把调查问卷用作访谈的辅助工具。考虑到实证主义者十分强调对社会事实的价值中立，考虑到一些推崇问卷调查法的学者十分强调调查者在调查过程中不直接接触调查对象，这的确是一个十分耐人寻味的现象。它反映出作为问卷调查法方法论基础的实证主义的内在矛盾，反映出过分强调以自然科学方法研究社会科学问题的片面性，也反映出学界长期过分推崇量化研究而贬低质性研究的倾向有失偏颇。本节运用质性研究中的焦点小组访谈方法来呼应上一节的研究，对航空运输飞行员其公共航空安全价值观的结构及其因素做进一步实证探讨。

4.2.1　访谈方法

访谈 (interview) 作为一种人际交流方式由来已久，作为一种质性研究工具，近年来受到国内外学界越来越多的关注。

1. 质性研究中的访谈

质性研究以自然情境为资料的直接来源，研究者在与对象人群的互动中解读他们的行为及他们对社会的认识，以理解这些社会现象的意义。经过研究者近几十年的努力，质性研究作为一种具有理论基础和历史渊源的社会科学研究方法，已经发展成为一种比较独立、成熟的规范方法。在社会学、文化人类学、民俗学等以定性研究为主要手段的学科中，研究者已在关注质性研究成果的检验和推广度等问题，推动质性研究发展成为探索社会现实的一种具有独特视角的系统方法。

访谈是人文社会科学领域广泛运用的一种基本的质性研究方法，具有较强的灵活性和适应性。它通过访谈者和受访人面对面地口头交谈来了解受访人的心理活动和行为方式，根据受访人的答复收集不带偏见的客观事实材料，力求准确地说明样本所代表的总体。因研究问题的性质、目的、对象或方式不同，访谈法可分为不同的类型，按访谈的正式程度划分有正式访谈和非正式访谈，按访谈的标准化程度划分有结构型访谈和非结构型访谈，按访谈者对访谈的主导性划分有指导性访谈和非指导性访谈，按受访人数多少划分有个别访谈和集体访谈，按访谈内容的传递方向划分有受访人导出访谈、访谈者注入访谈和二者兼有的商讨访谈，按商讨的中心内容是受访人还是问题事件划分有当事人本位访谈和问题本位访谈，按访谈目的是检测受访人的心理问题还是进行社会性调查划分有检测访谈和调查访谈，等等。在类型繁多的访谈方式中，有两种方式受到研究者的格外青睐，一是针对受访人个体无意识动机等深层次内容进行的深层访谈，二是针对以特定问题为焦点进行的集中访谈。本节关于航空运输飞行员公共航空安全价值观的焦点小组访谈就属于这类集中访谈。

质性访谈有时也称为深度访谈、无结构访谈、自由访谈，经常被质性研究者用来收集人们行为、态度等方面的信息，描述社会现象的发生、发展和变化过程；探索人们各种行为背后的原因，增进对社会现象及其本质的理解。与结构式访谈相比，质性访谈灵活性较大，对访谈者要求较高，涉及的技术、技巧和方法问题也较多。在质性访谈中，访谈者围绕心中的研究目标提出问题，聆听受访者的述说，逐步加深对研究对象的认识和了解；不被受访者察觉地运用访谈技巧引导访谈方向，流畅地展开和把控访谈内容，对问题的思考也经常在与受访者的交谈中擦出新的火花。依靠这些优势，质性访谈方法在社会研究中得到了越来越多的采用[164]。

访谈是本书呼应问卷调查特意安排的一个研究环节，它使我们更加贴近研究对象。在结合问卷调查实施焦点小组访谈的调研过程中，我们用一年多的时间走访了 13 家民航单位，访谈对象达 200 余人。他们大都是各航空公司的骨干飞行员和飞行员管理人员，有的正在执行航班任务间隙休息调整，有的正在模拟机训练中心接受复训，有的牺牲休息时间从家里专门赶来；有飞行学院的飞行专业学生和他们的教员、辅导员以及学员队长等各级领导；也有在飞行过程中同飞行员密切合作的空中交通管制员。如此广泛的受访者以他们作为行业主人公特有的真知灼见从多个侧面支持了我们的研究结论，为本书研究成果增添了许多光彩。

2. 焦点小组访谈

本节采用的焦点小组访谈方法(focus groups，又译作焦点访谈、团体焦点访谈)在质性研究方法库中占有重要地位，近年来受到学界广泛关注。焦点小组访谈方法由哥伦比亚大学社会系教授默顿和他的同事坎德尔开创于 20 世纪 40 年代，到 20 世纪 80 年代在各类研究中得到了十分广泛的应用，其应用范围从市场调查到人文社会科学研究，已发展成为一种比较成形的质性研究方法[165]。焦点小组访谈方法的理论基础是西方哲学中的解释学思想，即认为人们对事物的理解依靠之前对其进行的假设。哈贝马斯将解释学理论与交往行为联系起来，发展出激进的解释学理论，用建立在理性基础上的假设客观性原则取代了对先验真理及客观性的要求，从而为研究团队通过科学对话补充或证伪所做假设奠定了更坚实的理论基础。焦点小组访谈方法强调成功开展访谈的相关要素及研究中的问题设计，通过小组成员间的交流对话来为研究者拟定的特定话题收集材料，在分析访谈对象特定经历与观点的基础上得出结论。在焦点小组访谈中，研究者预先设计好主要研究问题，依照访谈提纲组织受访者参与讨论，请他们对访谈问题表达自己的主观感受。焦点小组访谈方法可以用来探索未知，揭示受访群体对特定问题或现象的反应；可以就某一问题研究形成假说和推论；也可以用来补充完善定量研究（quantitative research），阐释定量方法的研究结果。焦点小组访谈方法的提出者认为，使用这种方法能够找出人们对特定事物接受特定思想或行为的准确原因。国内外众多研究者的应用实践证明了这种研究方法简便有效。

焦点小组访谈可以按研究框架及研究设计分为成员主体型和专家小组型两个基本类型，前者主要用来调查和收集第一手材料，在市场营销及社会学、心理学等领域应用较多；后者主要用于研究特定问题。在具体的研究设计上，有的研究者与相关专家协作研讨特定问题的存在原因及未来发展趋势，有的研究者吸收相关专家参与特定政策、规划的研究设计，也有的研究者像特尔斐团队（Group Delphi）那样结合问卷调查收集相关专家个人意见反馈，通过必要的干预环节来提炼专家们的一致意见并寻求问题的解决方案[166]。

焦点小组访谈方法应用较为灵活。参加人数可多可少，少则 5 人以下，便于掌握访谈的进程，有利于受访者充分发表意见；多则 10 人以上，有利于受访者互相启迪思路，避免因相互陌生而陷入冷场。访谈的持续时间可长可短，视实际需要而定，但一般不宜超过 120分钟。甚至访谈过程也不一定面对面进行，随着信息技术和网络技术的普及，电话会议和网上群聊都可以作为焦点小组访谈采用的技术手段。我们在具体应用中，为了更好地挖掘主题、启发思路、集思广益，对公共航空运输飞行员职业价值观即其公共航空安全价值观进行的各场焦点小组访谈均采用 10 人以上的协作研讨式焦点小组访谈，用来佐证问卷调查的结论，提高定量研究的信度和效度。

焦点小组访谈可以和问卷调查结合运用，结合方式既可以以问卷调查为主导，用焦点小组访谈来讨论问卷中涉及的问题，以便深入挖掘重要信息，或者向问卷调查对象解释调研的结果，请他们在焦点小组访谈中检验定性研究与定量研究结果的吻合程度；也可以以焦点小组访谈为主导，用问卷调查提供确定访谈样本或讨论主题需要的辅助信息，或者以问卷调查作为焦点小组访谈的跟进手段来收集数据。此外，焦点小组访谈可以与个人访谈、深度访谈等其他访谈方式结合运用，以兼得不同访谈方法的优势。与其他访谈方法相比，焦点小组访谈中的研究者能够深入研究调研对象群体，提供丰富而深度的即刻描述，这有助于研究者超越先入为主的理念而不时取得意外收获；参与者可以相互表达自己的观点，相互汲取力量，这有助于提高研究结果的公正性。

作为一种已经得到广泛应用的质性研究方法，焦点小组访谈的生命力源自其特有优势。在公共航空运输飞行员职业价值观即其公共航空安全价值观研究中，焦点小组访谈可以用来深入详细地研究飞行员对待航班飞行的工作动机和工作态度。在以受访飞行员述说、调研人员聆听为主的互动式访谈中，调研人员有机会现场聆听飞行员具体而详细的亲口描述，其细腻、生动非问卷调查方法所能企及。互动既使受访飞行员有机会现场澄清对调研问题理解上的模糊和偏差，也使调研人员有机会对调研问题做必要的说明和阐释，甚至做出随机应变的拓展和延伸，其机动灵活非问卷调查方法所能比拟。在调研内容上，焦点小组访谈既有助于调研人员做广谱分析，厘清航空运输飞行员公共航空安全价值观的维度结构和构成因素，也有助于调研人员做深入分析，在众多影响因素中筛选出影响力更强的支配性因素；既有助于调研人员做回顾式分析，探寻促使公共航空运输飞行员形成当下公共航空安全价值观结构的既有因素，也有助于调研人员做前瞻式分析，展望公共航空运输飞行员在今后公共航空安全价值观的塑造和修炼中值得重视的关键问题。焦点小组访谈的适应范围之广泛，解决问题的实效性之直接，也非问卷调查方法所能媲美的。焦点小组访谈的这些突出优点，使它在和问卷调查结合运用时具有独立地位而不仅仅是后者的附属品。

当然，在航空运输飞行员公共航空安全价值观研究中发挥焦点小组访谈的这些优势不是无条件的。面对面的访谈要求调研人员必须前往公共航空运输飞行员驻地，在时间、人力和物力等方面的消耗比问卷调查要大得多。我们结合问卷调查开展焦点小组访谈，有效降低了调查成本。访谈效果取决于调研人员的科研素质和工作基础，取决于调研人员与飞行员之间的信任程度，如果飞行员对调研人员敬而远之，访谈效果就会大打折扣，搞得不好会无功而返或收效甚微。我们充分发挥在行业长期形成的人脉优势，有效降低这类风险。但访谈的灵活性也是相对而言，灵活意味着调查过程的随意性和调查结果的不确定、不统一，这就必然要求研究人员在处理调查资料上具有更强的掌控能力。我们强调从认识论和方法论的高度体悟如何运用焦点小组访谈方法，目的就是要提高我们结合问卷调查开展焦点小组访谈的方法自觉。

4.2.2　访谈提纲

直接用调查问卷中的问题进行访谈提问并不合适，有必要根据焦点小组访谈的需要设计专门的访谈提纲。因为一来问卷中的问题用的是书面语言，以这种非口语化的方式提问显得比较呆板，不利于活跃会场气氛；二来问卷中的编排过于格式化，不利于访谈时现场做灵活调整。在访谈提纲的设计上，为了便于同问卷调查的结果互相支持和补充，访谈提纲的内容应该尽量同调查问卷保持一致。本次调研用专门设计的访谈提纲对公共航空运输飞行员及飞行学生进行了 11 场焦点小组访谈。此外，考虑空中交通管制员和公共航空运输飞行员之间特殊的直接工作关系，专门安排了两场以空中交通管制员为对象的焦点小组访谈，并为此设计了专用的调查提纲，详见书后附录 3 和附录 4。

1. 飞行员访谈提纲

飞行员访谈提纲分两级编排，第一级大致对应调查问卷中的 8 大板块，第二级大致对应各板块下的安全价值观构成要素。

2. 管制员访谈提纲

在同飞行员协同工作的各类公共航空运输从业人员中，空中交通管制员和飞行员的关系特别密切。为了更客观地了解航空运输飞行员的公共航空安全价值观，我们在调研过程后期特别增加了关于飞行员公共航空安全价值观的管制员访谈。管制员访谈提纲在内容上同飞行员访谈提纲相呼应，在形式上将注释型改为补充追问型。

4.2.3　访谈样本

按照研究计划，本书为研究航空运输飞行员公共航空安全价值观而进行的焦点小组访谈从设计飞行员和飞行学生职业价值观调查问卷开始并始终与问卷调查同步进行。关于航空运输飞行员公共航空安全价值观，共访谈了 3 家中央企业航空公司的 5 家分公司或子公司、3 家地方航空公司，以及一家民营航空公司。关于飞行学生公共航空安全价值观，访谈了两家民航飞行学院。为了从管制员角度客观反映航空运输飞行员公共航空安全价值观的基本状况，在研究过程后期增加了对两家民航地区空中交通管理局的焦点小组访谈。

每次实施访谈之前都进行了多方面周密准备，包括本着区域和航空公司类型合理分布的原则，结合问卷调查与受访单位确定访谈时间；正式致函受访单位提出访谈请求，以获得受访单位相关部门和领导的支持，便于他们安排访谈时间、地点及参会人员；研究组行前认真准备，总结以前访谈的经验教训，安排访谈过程中的分工合作及会外补充访谈。

为了保证访谈效果，研究组人员的现场角色有明确分工。由两到三名研究组成员准备好会场提问，其中一人为研究组长，负责把控提问主线并引导访谈进程，其他提问者做好配合并适当拓展提问主题。另外，安排两至三名研究组成员负责会场记录，其中一人负责录音，会后汇总书面记录并依据录音进行补充。

1. 飞行员样本

对公共航空运输飞行员的访谈在 9 家单位进行，受访单位依访谈时间先后分别是：中国东方航空江苏公司，四川航空公司，春秋航空公司，中国国际航空天津分公司，中国东方航空西北分公司，中国南方航空北方分公司、新疆分公司，海南航空公司，厦门航空公司。

2. 飞行学生样本

飞行学校是飞行员成长的摇篮，正在飞行学校接受培训的飞行学生是航空公司未来的飞行员。为了提高我国公共航空运输飞行人才供给能力，许多飞行学校做出了贡献。2015年底，我国境内按 CCAR141 部培养公共航空运输飞行员的飞行学校共有 13 所[①]，研究组选择走访了其中两所，即中国民航飞行学院和南航艾维国际飞行学院，对飞行学生进行公共航空安全价值观方面的访谈。

3. 管制员样本

公共航空运输飞行离不开空中交通管理。中国民用航空局空中交通管理局是管理全国空中交通服务、民用航空通信、导航、监视、航空气象、航行情报的职能机构。中国民航空管系统现行行业管理体制为民航局空管局、地区空管局、空管分局(站)三级管理；运行组织形式基本是以区域管制、进近管制、机场管制为主线的三级空中交通服务体系。民航局空管局领导管理民航七大地区空管局及其下属的民航各空管单位，驻省会城市(直辖市)

---

① 参见第 61 页脚注。

民航空管单位简称空中交通管理分局，其余民航空管单位均简称为空中交通管理站。民航地区空管局为民航局空管局所属事业单位，实行企业化管理。民航空管分局(站)为所在民航地区空管局所属事业单位，实行企业化管理。

空中交通管制员和飞行员之间的工作关系密不可分，管制员十分了解飞行员的公共航空安全价值观状况。为了从管制员的客观角度考察航空运输飞行员的公共航空安全价值观，研究组在调研后期特别选取了西北和新疆两个地区空中交通管理局访谈同公共航空运输飞行员朝夕相处的一线管制员。

4.2.4 访谈体会

本次访谈收获颇丰，也加深了我们对在职业价值观研究中运用质性研究(qualitative research)及焦点小组访谈方法的理解。

1. 质性研究体会

从研究方法的性质上说，本书对飞行员、飞行学生和空中交通管制员所做的焦点小组访谈是质性研究的一种典型方法。通过访谈研究，我们加深了对质性研究方法的体会。

一般认为，质性研究是以研究者本人为研究工具，在自然情境下采用多种资料收集方法对社会现象进行整体性探究，使用归纳法分析资料并形成理论，通过与研究对象的互动对其行为和意义进行建构从而获得解释性理解的研究活动。质性研究的主要目的是对研究对象的个人经验和意义建构做解释性理解，从研究对象的角度理解他们的行为及其意义。研究者在双方互动中反省自己的前设和偏见，了解与研究对象达成理解的机制和过程，随着实际情况的变化不断反省研究过程，调整研究设计，改进收集分析资料的方法及建构理论的方式。质性研究重视研究者与研究对象之间的关系，通过在自然情境下与研究对象面对面的交往，实地考察他们的日常生活状态，了解他们所处的环境以及环境对他们产生的影响。质性研究注重社会现象的整体性和关系性，在考察一个事件时，不仅要了解事件本身，而且要了解事件发生和变化时的社会文化背景及该事件与他事件的联系。

质性研究过去在我国多称为定性研究，其对称是传统称谓的定量研究。近年来国内外关于定性研究的文献大量涌现，质性研究这一称谓逐渐成为主流。由于翻译者和研究者各自的习惯不同，认识事物的角度不同，目前国内对质性研究的称谓很不一致，除了质性研究和定性研究之外，还有人称其为质化研究、质的研究；对应于质化研究和质性研究，也有人将定量研究改称为量化研究或量性研究。在我国质性研究走向成熟的进程中，一些知名学者的学术见解起到了重要的引领作用。

质性研究作为社会科学领域一种新的研究范式近年来引起了多个学科领域的重视，社会学、心理学等学科领域出版了大量的著作和发表了大量的论文，其势头之猛使一些学者称质性研究的兴起是研究范式革命。量化研究与质性研究长期对垒，反映出两种认识论、方法论和研究范式的激烈冲突，是因为二者具有截然对立的品质，根源在于二者有不同的哲学根基，体现了不同的哲学精神。量化研究体现的是实证主义精神，而质性研究体现的是现象学、释义学和社会建构论的思想意识。与量化研究相比，质性研究在多个方面有很大不同。一是科学观不同。量化研究更贴近经验自然科学，而质性研究体现的是人文科学的精神，旨在为以人为本的科学研究提供内在的思想依据。二是研究对象不同。自然科学的研究对象是没有内在体验的物质，所以主张采用客观、量化的方法，排除研究者个人的价值和体验；人文科学研究的是经验中的主体，是具有内在体验、有血有肉、感情丰富的人，所以无法剥离主体的体验，只能采取定性的描述。三是本体论不同。量化研究采取的是客观、超然的态度，假定心理现象是独立于研究者的客观存在，把心理现象视为同物质世界具有同样性质的经验实体；而质性研究从建构的角度理解心理现象，把心理现象视为人的主观生活体验，这使得客观、量化的研究方法失去意义，只能采取理解和描述的方式来把握。四是认识论不同。量化研究假定研究者和研究对象的主客体关系，认为知识是主体对客体的反映，研究者可以置身于研究过程之外保持价值中立的态度；质性研究反对主客体两元论，强调价值理性的作用，认为知识是一种社会建构，任何知识都受价值观和意识形态的影响，没有价值中立的知识。五是方法论不同。量化研究以方法为中心，以自然科学的方法为楷模，力图与自然科学的方法保持和谐，认为使用质化方法贬低了科学；而质性研究以问题为中心，以人文科学的方法为楷模，力图与人文科学的方法保持和谐，认为使用量化方法贬低了人的存在，而这才应该是关注的中心。二者在方法论上的对立还表现在元素主义对整体主义，客位 (etic) 研究策略对主位 (emic) 研究策略，以及一般规律 (nomothetic) 研究对特质论 (idiographic) 研究等方面。由于量化研究与质性研究以不同的哲学理念为基础，体现着不同的世界观和方法论，因此两者的冲突无可避免，实现两者的有机整合是困难的，超越两者对立的出路在于实践层面。一方面，借助质性研究的优势，在进行量化研究之前，先通过质性研究的无结构访谈对研究对象取得一般性了解，为量化研究做出理论假设提供文化契合的基础。另一方面，借助量化研究的优势，把质性研究在小样本基础上得到的结论放到大样本的量化研究中进行考察或检验，以提高结论的概括性和一般性[167]。

定量研究的结果常常表现为统计量表，容易给人一种客观或科学的感觉。相反，定性研究的结果一般为文字叙述，容易给人留下随意和不科学的印象。实际上，定量研究和定性研究各有自己的评价准则，二者没有可比性，不能用评价定量研究的标准来评价定性研究。定性研究强调当事人视角，强调研究者要理解当事人的文化本位意义，即研究中提出的问题不仅对研究者而且对研究对象也必须有实际意义，或者本身就是他们关心的问题。研究者要长期在研究现场体验生活，努力从研究对象的视角出发，来理解他们行为的意义和他们对事物的看法；研究中构建的概念框架要在与研究对象访谈、参与性观察或实物分析中产生。针对一些人以实证主义方法论对质性研究的诘难，需要澄清人们的两种混淆。一是混淆思辨研究与定性研究。二者的本质区别在于思辨研究操作概念，实证研究操作事实。依照这样的区分，定性研究和定量研究都属于实证范畴。实证研究的任务是确认或理解事实，而思辨研究则假定事实已被确认，直接对所研究的现象进行概括，建立概念，发展一系列命题，进行逻辑推演，直至揭示理论性结论，使事实符合自己的概念而不是从事实中发现概念。由于定性研究操作事实而不是操作概念，所以不属于思辨范畴而应该属于实证范畴。实际上，定量研究也需要用思辨方法进行推论。二是混淆了一般思维活动与定性研究。人们往往将非定量的所思所想，包括思辨、思考、感想、个人经验或印象的描述、对政策的理解等统统纳入定性研究，这种理解过于宽泛。因为这些思维活动只是研究者自己的思考或分析，而不是在长期有计划地收集第一手资料基础上进行的研究活动，既没有作为定性方法论特征的当事人的视角，也没有参与性的观察、访谈、实物分析等体验式研究过程，更没有运用相关法或证伪法等方法对研究结果进行检验，所以无论在哲学层面上还是在技术或操作层面上都不能称为定性研究。

　　无论定性研究还是定量研究，根本目的都是要说明事物的性质。定性研究是从当事人的角度，在研究者与被研究者的互动过程中，通过体验对所呈现的事实的意义即真相做出解释。定量也不是对社会现象的简单量化，尤其是解释性的定量研究，要求研究者在理论假设的基础上探讨事物的相关关系，通过对事物之间的相关分析达到对事物性质的把握。一般在定性或定量的研究程序中，总有一些最能代表方法论的核心步骤，其中最能标识其方法论的步骤是在研究设计阶段。一项研究的研究设计一般只突出一种方法论特征，或是定性的研究设计，或是定量的研究设计，但在研究过程中，定性的研究可能有定量的资料统计，定量的研究也可能有定性的访谈，因此有必要综合运用两种研究方法，以定性方法为主的研究，辅以定量统计，或以定量方法为主的研究，辅以定性分析。辅以定量统计或定性分析，表明它们仅仅是研究工具或手段，而不是方法论。它们是一个研究过程中的有机组成部分，而不是与之相分离的。只有这样，研究才能得出一个统一的结论，而不是相反或相同的两个结论[168]。

　　国外有学者认为目前很多学者对定性研究方法存在误解，认为同定量研究相比，定性研究仅仅是一种主观的、探索性的方法，研究没有客观数据支撑，缺乏可靠性。实际上，无论定性研究方法还是定量研究方法都有自己独特的理论基础和操作步骤，两者之间不是对立的而是相互关联和相互补充的关系。学者需要用不同的研究方法对研究对象进行反复、深入的论证，才能得到更全面的结论。因此，很多学科的研究都既运用定性研究方法又运用定量研究方法。定性研究的方法体系具有很强的开放性，它能不断从对各种学科的研究中汲取营养，又反哺各个学科的研究活动；它汇集了社会科学领域里最新的发展成果，也推动着社会科学整体的发展进步。但一些社会现象难以量化表述，也难以靠量化研究对其获得深刻认识，只有通过参与观察、深度访谈等以主位视角进行的质性研究才能获得深刻认识。定性研究方法在各种争论中取得了很大进步，足以证明其值得深入发掘。学界对质性研究的责难首先是质疑质性研究中收集到的资料的真实性，他们认为无法确认这些材料是调查对象的真实表述还是研究者自己编造的，也不信任质性研究材料的处理方法，因此得出的研究结果可能没有任何价值。由此可见，资料收集在质性研究中是至关重要的环节，定性研究成功与否主要取决于研究过程中的资料质量。通常资料中只包括对事物的基本描述而缺乏调查对象的意见，因此定性研究比定量研究需要学者有更高的专业水平和掌控力[169]。

　　实际上，在社会科学研究领域里结合两种方法开展研究的实例十分普遍。在问卷调查这样的定量研究中，研究者需要在拟定调查问卷前进入研究现场，对研究对象进行深入访谈，甚至由研究对象提出最关切的问题，以使我们能透彻地理解研究对象对某种事物的看法，然后再根据这些问题编制调查问卷。调查问卷设计完成后，在正式调查前一般还要请一些调查对象试填写，以弥补调查问卷设计中的疏漏。无论是定性研究还是定量研究，作为研究工具的方法都已发展得相当成熟，研究者大可不必厚此薄彼，而应该更加开阔方法视野，综合运用这些工具来完善自己的研究。

2. 焦点小组访谈体会

作为一种研究方法，焦点小组访谈无论按中文字面理解为访问谈话，还是按英文字面interview 理解为相互见面，都说明这是一个由调研人员和受访者共同完成的互动过程。作为航空运输飞行员公共航空安全价值观研究中的一个重要环节，访谈过程使我们体会到了将焦点小组访谈和问卷调查有机结合的必要性并掌握了实际操作要领。国内外有不少学者专门论述过焦点小组访谈的实施要点。我们在访谈实践中有以下几点体会。

1) 做好访谈实施准备

不仅要做好拟写访谈提纲等技术准备，也要做好落实访谈行程等组织准备，而且要事先把访谈场景的各个细节都考虑周到，安排周到。研究组成员在访谈过程中如何分工配合、谁主持、谁配合、谁记录、谁照相、谁向访谈对象分发访谈提纲，这些事情件件都要有着落。访谈时需要不需要送纪念品，送什么纪念品既得体又受欢迎，如何既突出主要对象又不使别人感到不快，这些事情件件都要想到位。去熟悉的单位访谈，如何既显出亲切又不失礼节，既尊重老朋友的热情接待，又不让朋友感到为难，这些都不能稀里糊涂。诸如此类的事情看似鸡毛蒜皮，但是如果事先考虑不周，都可能使访谈偏离焦点甚至流于形式。我们在每次调研出发前都开行前会，回顾之前各次访谈的实施情况，研究与受访单位的沟通情况，对访谈计划做适当调整，实施情况使我们体会到了"功夫在诗外"在焦点小组访谈中的深刻含义。

2) 灵活运用访谈提纲

为了使访谈过程聚焦于访谈的焦点问题，拟定访谈提纲是必需的，但是机械地运用访谈提纲会使受访者泛泛而谈而形不成焦点，或者受访者无言以对而陷入冷场的尴尬。由于各航空公司的具体情况不同，每次访谈会的参会飞行员人群也不同，因此对于事先拟定的访谈提纲，需要根据访谈现场的人员结构、座谈气氛、时间长短等因素灵活运用。对同一问题可以根据受访者的经历、个性、兴趣而转换不同的角度和方式提问，有的问题受访者兴致勃勃，调研人员宜适当深入跟进，不宜拘泥于问题数量而轻易打断受访者的发言。有时可以根据访谈进展对提纲上的问题做适当扩展或调整，以便于受访者即兴发挥。有的问题受访者兴趣不大或准备不足，调研时可以适当简化甚至舍弃不谈，待下次访谈再予以深化。例如，对于飞行疲劳和家庭关系等飞行员关注较多的问题，要舍得花时间耐心听完，这样才能有效地突出访谈焦点。

3) 适度会聚访谈焦点

受益于和行业长期形成的密切关系，我们的调研得到了各受访单位的大力支持，访谈时经常会遇到的受访者紧张戒备心理和不信任合作等情况在我们的访谈中基本没有出现过。相反，由于我们一般与受访单位出席访谈会的领导同志比较熟悉，而且参加访谈会的年轻飞行员一般都会有南京航空航天大学飞行学院毕业的飞行员，我们在进入正式访谈之前一般总会花几分钟时间聊一聊对象公司近期的重大新闻事件，询问一下毕业飞行员的成长情况和他们与母校及当年教师的联系情况。这样一来，会场气氛迅速热烈起来，争先恐后畅所欲言，这时我们需要注意的不是避免冷场，而是要适度保持聚焦的张力，避免气氛过于热烈而使一些人失去发言机会，或者话题转到一些奇闻轶事而偏离访谈焦点，使访谈会成为师生叙旧的茶话会或漫无边际的随意交谈。

4）认真倾听受访者心声

访谈的目的是收集调研资料，调研人员在明确提出问题后的主要任务是认真倾听。倾听要有认真的态度，对受访者表达的意见要积极听取而不是消极敷衍。要有理解受访者的感情表露，对受访者的话要由衷关注而不要漠然置之。要积极思考受访者发言内容的含义，有没听懂的话要及时弄清楚而不要不懂装懂。我们在访谈中所见的受访者多数是 30 岁上下的年轻飞行员，他们有的热情爽朗但涉世未深，有的顾忌较少但容易激动，有的技术精湛但不善言辞，对他们的这些性格特点需要充分尊重。飞行员在访谈中说的话有的是以前在不同场合说过多次不想再重复啰唆的，也有的是在访谈现场受到别人启发而萌生的新想法，这些话都不一定表达得十分有条理，如果调研人员不认真倾听就很容易漏过或错解。

5）做好现场记录，及时整理挖掘

做好记录是决定访谈成效的关键环节之一。访谈的主持人在访谈现场最好不做详细记录，即使要记录也是为了跟随访谈进程优化访谈策略。研究组要指定专人负责做好记录，他们的记录是访谈会后整理资料的主要依据。其他每一个成员都要尽量做记录，一来可以对主要记录人的记录资料拾遗补阙，二来表示态度认真，要认真听取受访者的发言，这对保持会场气氛张力，会聚访谈焦点有一定益处。记录的基本要求是准确真实、原汁原味，同时记录的一定是受访者的原意而不是经记录者加工过的材料，这样才能体现访谈的本质意义。当然，强调记录真实是强调其神似而非形似，是要抓住受访者发言的精神要点，如果没有抓住精神要点而片面追求形似，通篇都是过分口语化的这个那个，还是不能实现访谈的目的。由于研究组成员是没有接受过专门速记训练的人，为了在事后追记、补记和整理访谈资料时不致遗漏重要信息，我们每次访谈都须尽量征得受访者同意而做现场录音，这将成为我们访谈调研的一笔宝贵财富。这笔财富不仅使我们顺利完成了访谈调研，还为我们尝试运用大数据技术研究航空运输飞行员公共航空安全价值观提供了一条现实途径。

焦点小组访谈的最大收获是使我们在问卷调查之外能够在整体结构上从另一个角度比较全面、深入地考察各单位航空运输飞行员公共航空安全价值观的基本状况，也使我们对各受访单位的历史沿革、经营管理特别是安全管理状况有了比较全面的了解。焦点小组访谈实录经归纳整理后成为我们研究公共航空安全价值观激励约束策略的重要资料，关于这些资料的具体运用详见第 5～8 章内容。

4.3　大数据分析探索

大数据概念已十分普及，但联系实际的广泛应用尚需积极探索。本节利用访谈的录音资料，探索如何应用大数据技术研究航空运输飞行员公共航空安全价值观的体系结构和关键因素。

4.3.1　大数据技术

近年来，大数据技术应用引起了全球关注。大数据技术凭借对海量异构信息的挖掘和分析来发现问题、判断形势、辅助决策，在市场开发、电子商务、政府事务、国家安全、人力资源管理等几乎所有领域都展示了广阔的应用前景，无怪乎当年欢呼信息社会到来是人类社会第三次浪潮的著名未来学专家托夫勒如今又激情满怀地把大数据应用称为第三次浪潮的华彩乐章。

在现实应用中，许多人把大数据等同于海量数据。实际上，从海量数据到大数据，技术上有了本质的提升。

大数据被定义为难以用常用软件工具在可容忍时间内抓取、管理及处理的数据集。海量数据只强调数据的量大，而大数据概念不仅包括数据的量大，还包括数据的形式复杂、数据的快速时间特性，以及对数据进行专业化处理并最终获得有价值信息的能力。

大数据的技术特征常用若干个"V"来进行描述。IBM 公司提出了大数据的 3V 特征，认为大数据具备规模性（volume）、多样性（variety）和高速性（velocity）3 个基本特征。规模性是指收集和分析的数据量巨大，达到 TB 级甚至 PB 量级；多样性是指数据类型繁多，包括来自网络日志、视频、图片、地理位置信息等多种数据源的结构化数据和非结构化数据；高速性是指数据创建、处理和分析的速度持续加快，例如可对连续监控过程中的视频数据进行实时分析。在此基础上，IDC 公司增加了价值性（value）使之成为 4V，他们认为大数据的价值往往呈现稀疏性，即数据的高商业价值稀疏分布于低价值密度的数据中；IBM 公司也提出为大数据增加第四个特征，但第 4V 应该是精确性或真实性（veracity），他们认为大数据的内容与真实世界息息相关，研究大数据就是从庞大的数据中提取出能够解释和预测现实事件的有用信息，这反映出他们十分重视某些数据类型中固有的不确定性。有人把两家公司提出的第 4V 都加到 IBM 公司原来提出的 3V 上，于是大数据的特征就从 3V 增加到了 5V。此外，还有学者关注大数据的另一个明显特征，即由数据量巨大、来源渠道多二者合成的复杂性（complexity）特点[170]。

大数据的底层是基础设施，涵盖计算资源、内存与存储和网络互联，具体表现为计算节点、集群、机柜和数据中心。在此之上是数据存储和管理，包括文件系统、数据库和类似 YARN①的资源管理系统。然后是计算处理层，如 Hadoop②、MapReduce③和 SPARK④，以及在此之上的各种不同计算范式，如批处理、流处理和图计算等，包括衍生出编程模型的计算模型，如 BSP⑤、GAS⑥等。数据分析和可视化基于计算处理层，分析包括简单的查

---

① YARN（yet another resource negotiator），是一种新的 Hadoop 资源管理器。它是一个通用资源管理系统，可为上层应用提供统一的资源管理和调度，它的引入为集群在利用率、资源统一管理和数据共享等方面带来了巨大好处。YARN 最初是为了修复 MapReduce 实现里的明显不足，并提升了可伸缩性（支持一万个节点和二十万个内核的集群）、可靠性和集群利用率。

② Hadoop，是由美国 Apache 软件基金会开发的一种分布式系统基础架构，它不是一个缩写词，而是一个虚构的名字。Hadoop 充分利用集群的威力进行高速运算和存储，用户可以在不了解底层细节的情况下开发分布式程序。Hadoop 实现了一个分布式文件系统（hadoop distributed file system，HDFS）。

③ MapReduce，是 Google 提出的一种软件架构，用于大于 1TB 的大规模数据集的并行运算。

④ SPARK，是一种经正式定义的安全的编程语言。

⑤ BSP（board support package，板级支持包），介于主板硬件和操作系统之间，属于操作系统的一部分，其目的是支持操作系统，使之能够更好地运行于硬件主板。

⑥ GAS（general analyses service，通用数据解析服务），是一种数据接入组件，它用协议描述语言（protocol description language，PDL）描述数据，动态解析数据，实时按规则去除脏数据，实时整理数据，并结合网管系统实时告警，既可作为分布式也可作为单机版使用。

询分析、流分析以及机器学习、图计算等更复杂的分析。查询分析多基于表结构和关系函数，流分析基于数据、事件流以及简单的统计分析，而复杂分析则基于更复杂的数据结构与方法，如图、矩阵、迭代计算和线性代数。一般意义的可视化是对分析结果的展示，但是通过交互式可视化，还可以探索性地提问，使分析获得新的线索，形成迭代的分析和可视化。基于大规模数据的实时交互可视化分析以及在这个过程中引入自动化因素是目前研究的热点。

大数据处理流程与传统数据处理流程基本一致，两者的主要区别在于，由于大数据要处理大量非结构化的数据，所以在各处理环节中都可以采用并行处理。目前，Hadoop、MapReduce 和 Spark 等分布式处理方式已经成为大数据处理各环节的通用处理方法。以典型的 Hadoop 分布式计算平台为例，它不仅是一个数据管理系统，而且是一个大规模并行处理框架。Hadoop 作为数据分析的核心，汇集了结构化和非结构化的数据，这些数据分布在传统的企业数据栈的每一层。Hadoop 也拥有超级计算能力，定位于推动企业级应用的执行。Hadoop 还是一个开源社区，主要为解决大数据问题提供工具和软件，包括数据存储、数据集成、数据处理和其他进行数据分析的专门工具。Hadoop 分布式计算平台主要由 HDFS[①]、MapReduce、Hbase[②]、Zookeeper[③]、Oozie[④]、Pig[⑤]、Hive[⑥]等核心组件构成，另外还包括 Sqoop[⑦]、Flume[⑧]等框架，用来与其他企业融合。

大数据可以从数据分析的层面上揭示各个变量之间可能的关联，目前多个领域都在积极开展基于大数据研究，例如在员工管理方面，Google 为了改善人力资源管理，开发了基于大数据技术的人才保留算法，成功地预测哪些员工有离职倾向，进而为帮助员工留任提供个性化解决方案。普华永道在全球调研 1000 多家企业 100 多万员工的大数据基础上，发现离家近、不加班是员工选择雇主的重要因素，而 3 年以上工资不增长、死板的考勤制度等是造成员工离职率高的风险因素，他们提炼出的近 3000 个指标为企业改善管理提供了依据。在人才引进方面，江苏徐州用大数据支持人才引进，分析了当地彭城英才网络服务平

---

① HDFS，具有高容错性特点，用来部署在低廉的硬件上提供高吞吐量，适合有超大数据集的应用程序，可以用流的形式访问文件系统中的数据。

② HBase，是一种开源非关系型分布式数据库（NoSQL）。它参考了 Google 的 BigTable 建模，其实现的编程语言为 Java。

③ ZooKeeper，是一种开源分布式应用程序协调服务，是 Google 的 Chubby 一个开源的实现，是 Hadoop 和 Hbase 的重要组件。

④ Oozie，是一种 Java Web 应用程序，Hadoop 生态圈中一种较新的组件。它可以把多个 MapReduce 作业组合到一个逻辑工作单元中，从而完成更大型的任务。

⑤ Pig，是一种数据流语言和运行环境。它为大型数据集的处理提供了一个更高层次的抽象，适于用 Hadoop 和 MapReduce 平台来查询大型半结构化数据集。通过允许对分布式数据集进行类似 SQL（structured query language，结构化查询语言）的查询，Pig 可以简化 Hadoop 的使用。Pig 包括两部分：一是用于描述数据流的语言 Pig Latin；二是用于运行 Pig Latin 程序的执行环境。

⑥ Hive，是基于 Hadoop 的一种数据仓库工具。它可以将结构化的数据文件映射为一张数据库表，并提供简单的 SQL 查询功能，可以将 SQL 语句转换为 MapReduce 任务运行。其优点是学习成本低，可以通过类 SQL 语句快速实现简单的 MapReduce 统计，不必开发专门的 MapReduce 应用，十分适合数据仓库的统计分析。

⑦ Sqoop，是一款开源的工具，主要用于在 Hive 与传统的数据库（mySQL、postgreSQL 等）间进行数据传递。

⑧ Flume，是 Cloudera 公司提供的一个高可用性、高可靠性、分布式的海量日志采集、聚合和传输系统，Flume 支持在日志系统中定制各类数据发送方用来收集数据，提供对数据进行简单处理并写到各种数据接受方的可定制能力。

台近 10 万人次的点击量，发现美国旧金山、温哥华、悉尼等 11 个地区点击率较高，便选择在这些地方设立联络处，使人才引进工作更加精准、高效。广东中山市将人才库与社保、税务申报系统对接，用大数据技术统计人才流动情况，及时获取新增人才和流失人才等信息，实现了人才信息的动态统计和流向分析[171]。

本节探索如何应用大数据技术研究航空运输飞行员公共航空安全价值观的体系结构和构成要素。首先，在认识上认清工具理性与价值理性相结合的现实意义，克服传统思维定式，建立大数据思维。其次，在技术上搭建数据平台，减少各种形式的信息不对称，要做好数据清洗，保证数据质量，减少数据失真。最后，在管理上消除信息孤岛，推动数据公开和数据共享，保证数据安全。具体说来，本节运用大数据技术研究航空运输飞行员公共航空安全价值观访谈录音资料，使用语音识别、语义识别等技术手段开展对多样化、非结构化数据的研究，分析航空运输飞行员公共航空安全价值观，在探索大数据应用的漫长进程中迈出务实的一步。

4.3.2　技术应用

本节针对大数据的规模性、多样性、高速性、真实性四个特征，采集和分析与航空运输飞行员公共航空安全价值观相关的数据。在本节内容中，我们选用非结构化的飞行员访谈录音数据作为研究对象，使用如下技术对其进行综合分析。

1. 语音识别

语音识别技术是使机器通过识别和理解过程把语音信号转变为相应的文本或命令的技术，也就是让机器听懂人类的语言。

语音识别技术可以从不同角度进行分类。从说话者与语音识别的相关性考虑，语音识别可分为三类。①特定人语音识别：仅对特定人的语音进行识别。②非特定人语音识别：识别的语音与人无关，通常要用大量不同人的语音数据库对识别系统进行学习训练。③多人语音识别：通常能识别一组人的语音，需要对待识别的那组人的语音进行学习训练。本节的语音识别研究属于非特定人语音识别。

从说话的方式考虑，也可将语音识别分为三类。①孤立词语音识别：要求输入每个词后要停顿。②连接词语音识别：要求对每个词都清楚发音，开始出现一些连音现象。③连续语音识别：自然流利的连续语音输入，会出现大量连音和变音现象。本节的语音识别研究属于连续语音识别。

从语音识别的词汇量大小考虑，也可将语音识别分为三类。①小词汇量语音识别：通常包括几十个词的语音识别。②中等词汇量语音识别：通常包括几百个词到上千个词的语音识别。③大词汇量语音识别：通常包括几千到几万个词的语音识别。本节的语音识别研究属于大词汇量语音识别。

本节语音识别的基本原理如图 4-7 所示。语音识别主要采用模式匹配的方法，分为训练和识别两个阶段。在训练阶段，用户将词汇表中的每一个词依次说一遍，将其特征矢量作为模板存入模板库，形成语音特征模式。在识别阶段，将输入语音的特征矢量依次与模板库中的每个模板进行相似度匹配检验，将相似度最高者作为识别结果输出。常用的模式提取及匹配技术包括动态时间规整(dynamic time warping，DTW)、隐马尔可夫模型(hidden Markov model，HMM)理论和矢量量化(vector quantization，VQ)等技术。

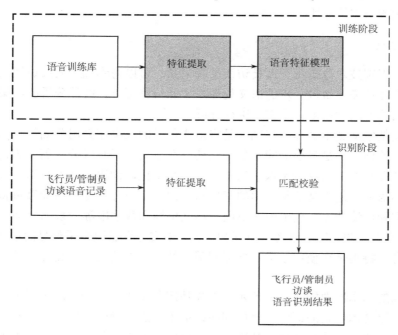

图 4-7 语音识别基本原理

语音信号的端点检测是特征训练和识别的基础，即在语音信号中的各种段落(如音素、音节、词素)的始点和终点的位置，从语音信号中排除无声段。在早期，进行端点检测的主要依据是能量、振幅和过零率。使用动态时间调整技术进行语音识别时，把未知量均匀的延长或缩短，直到与参考模式的长度一致。在这一过程中，未知单词的时间轴要不均匀地扭曲或弯折，以使其特征与模型特征对正。

隐马尔可夫模型技术的出现使自然语音识别系统取得了实质性突破。隐马尔可夫模型技术现已成为语音识别的主流技术，目前多数大词汇量的非特定人连续语音识别系统都是基于隐马尔可夫模型技术的。隐马尔可夫模型技术对语音信号的时间序列结构建立统计模型，将其看作一个数学上的双重随机过程：一个是用有限状态数马尔可夫链来模拟语音信号统计特性变化的隐含随机过程，另一个是与马尔可夫链每一个状态相关联的观测序列随机过程。前者通过后者表现出来，其具体参数是不可测的。人的言语过程实际上就是一个双重随机过程，语音信号本身是一个可观测的时变序列，是大脑根据语法知识和言语需要，即不可观测的状态发出的音素的参数流。隐马尔可夫模型技术合理地模仿了这一过程，很好地描述了语音信号的整体非平稳性和局部平稳性，是一种较为理想的语音模型。

与隐马尔可夫模型技术相比，矢量量化技术主要适用于小词汇量的孤立词语音识别中。矢量量化技术将语音信号波形 k 个样点的每一帧，或有 k 个参数的每一参数帧，构成 k 维空间一个矢量，然后对矢量进行量化。量化时，将 k 维无限空间划分为 M 个区域边界，然后将输入矢量与这些边界进行比较，并被量化为"距离"最小的区域边界的中心矢量值。

矢量量化器的设计就是从大量信号样本中训练出好的码书，从实际效果出发寻找到好的失真测度定义公式，设计出最佳的矢量量化系统，用最少的搜索和计算失真最小的运算量，实现最大可能的平均信噪比。

2. 中文分词

使用语音识别技术分析飞行人员访谈录音记录，可以得到飞行人员访谈录音的文本文件。这些文本文件需要做进一步的语义处理，才能得到可进行统计分析的结果。本次调研采用中文分词的方法对访谈记录文本进行分析。

中文分词是中文文本处理的基础，是将组成句子的汉字序列用分隔符加以区分，切分成一个个单独的词。词是最小的能够独立活动的有意义的语言成分。英文单词之间是以空格作为自然分界符的，而汉语是以字为基本的书写单位，词语之间没有明显的区分标记。因此，中文词语分析是中文信息处理的基础与关键。中文分词是利用计算机将待处理的文字串进行分词和过滤处理，输出中文单词、英文单词和数字串等一系列分割好的字符串。

在过去 30 多年里，经过学者的研究和探索，中文分词已取得了长足的进步，准确度获得了大幅提升。特别是在使用了机器学习和基于统计的方法后，中文分词效果有了显著的进步。

中文分词的基本原理如图 4-8 所示。首先使用基本工具对语料库进行训练，获得文本格式的词库。该文本格式的词库需使用词库维护工具进行增强型学习，不断维护，保证词库中的词语具有实际的使用价值。其次，使用词库构建工具将文本格式词库中的词构建成二进制格式的词，二进制格式的词是计算机可以计算的词的格式。再次，对需要分割的文本使用切分工具进行切词，将其切分为计算机可读的二进制格式的词。最后，使用分词测评工具测试分词的准确性，该测试是基于测试语料库的。切分工具将文本切分成具有实际意义的词语，是中文分词的关键，它包括词查找模块和切分算法两个部分。

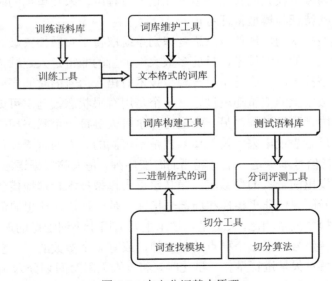

图 4-8　中文分词基本原理

目前中文分词的主流算法有三类：即基于字符串匹配的分词算法（又称词典分词方法）、基于统计的分词算法，以及基于理解的分词算法。其中，基于字符串匹配的分词算法是根据某种分词策略将要分词的字符串和一个足够大的词典进行匹配，从而切分出中文单词。基于统计的分词算法则是通过统计相邻字与字之间的联合出现概率来判断它们是否是一个单词。基于理解的分词算法是在中文分词时进行句法、语义分析，并利用句法信息和语义信息来处理歧义现象。

　　基于字符串匹配的分词算法按照一定策略将待分析汉字串与词典中的词条进行匹配，若在词典中能找到某个字符串，则匹配成功。该方法需要确定三个要素，即词典、扫描方向和匹配原则。比较成熟的几种词典分词方法有正向最大匹配法、逆向最大匹配法、双向最大匹配法、最少切分等。实际分词系统都是把词典分词作为一种初分手段，再通过各种其他语言信息进一步提高切分的准确率。词典分词方法包括两项核心内容，即分词算法与词典结构。算法设计可从以下几方面展开：一是改进字典结构，二是改进扫描方式，三是将词典中的词按由长到短递减顺序逐字搜索整个待处理材料，一直到分出全部词为止。词典结构是词典分词算法的关键技术，直接影响分词算法的性能。有三个因素会影响词典性能，即词查询速度、词典空间利用率，以及词典维护性能。Hash 表是设计词典结构的常用方式，先对 GB 2312—1980 中的汉字排序（即建立 Hash 表），然后将其后继词（包括词的属性等信息）放在相应的词库表中。

　　基于统计的分词方法的思想基础是：词是稳定的汉字组合，在上下文中汉字与汉字相邻共现的概率能够较好地反映成词的可信度。因此，对语料中相邻共现的汉字的组合频度进行统计，计算它们的统计信息并将其作为分词的依据。常用统计量有词频、互信息和 t 测试差，相关分词模型有最大概率分词模型、最大熵分词模型、N-Gram 元分词模型、有向图模型等。最大概率分词是一种最基本的分词统计方法。一个待分割的字符串可能有多种分词结果，最大概率分词的原则是将其中概率最大的那个结果作为该字符串的分词结果。基本思想是：一个待切分的字串可能包括多种分词结果，将其中概率最大的作为该字串的分词结果。最大熵分词模型是一种广泛应用于自然语言处理的概率估计方法，其基本思想是：给定训练样本，选择一个与训练样本一致的模型，最大熵分词模型选择与这些观察相一致的概率分布，而对于除此之外的情况，模型赋予均匀的概率分布。最大熵分词方法有两个主要任务：特征选择和模型选择。特征选择指的是选一个能表达这个随机过程统计特征的特征集合，模型选择指的是模型估计或者参数估计。建立最大熵分词模型的关键是要选出具有预期作用的特征，只有这样才能保证得到的解是对模型最有用的解。参数估计的作用就是用最大熵原理对每一个特征进行参数估值，使每一个参数与一个特征相对应，以此建立所求的模型。N-Gram 模型算法主要思想是单词出现概率具有前效性，即将语言中字符的发生近似为 $(n-1)$ 阶 Markov 模型，也就是说，设有一个字符的汉字字符串 $c_1, c_2, \cdots, c_l$，在其上下文关系中，只有前 $n-1$ 个字符对下一个字符出现的概率有影响。

　　基于理解的分词方法的基本思想是在分词的同时进行句法、语义分析，利用句法信息和语义信息来处理歧义现象。理解分词方法需要使用大量语言知识和信息。在理解分词方法中，人工智能技术和统计模型技术是两种常用的技术。

人工智能技术主要包括专家系统、神经网络和生成—测试法三种。分词专家系统能充分利用词法知识、句法知识、语义知识和语用知识进行逻辑推理，实现对歧义字段的有效切分。采用神经网络与专家系统的人工智能分词算法与其他方法相比具有如下特点：①知识的处理机制为动态演化过程。②字词或抽象概念与输入方式对应，切分方式与输出模型对应。③能较好地适应不断变化的语言现象，包括结构的自组织和词语的自学习。④新知识的增加对系统处理速度影响不大，这与一般机械匹配式分词方法有很大区别。⑤有助于利用句法信息和语义信息来处理歧义现象，提高理解分词的效果。

作为对智能分词技术的探讨，将神经网络与专家系统思想引入中文分词，是一种有益尝试，为后续智能自动分词技术取得更大进展打下良好基础。

统计模型技术，是基于规则统计模型的消歧方法和识别未登录词的词加权算法，通过词频统计、加权技术与正向逆向最大匹配进行消歧与未登录词识别。基于马尔可夫链的语境中文切分理论进而提出一种语境中文分词方法。该方法建立在词法和句法基础上，从语境角度分析歧义字段，提高分词的准确率。

4.3.3　分析效果

本节使用语音识别及中文分词技术对访谈录音进行了综合分析，分析对象为包括飞行学生和飞行员在内的飞行人员访谈录音，以及与飞行员密切相关的空中交通管制员的访谈录音。访谈录音是非结构化数据，其采集、分析、存储等具有典型的大数据特征。访谈录音分析流程如图 4-9 所示。首先，对访谈录音记录进行语音识别，即通过语音—文字转换模块将其转化为访谈文字记录。其次，将转换好的访谈文字记录进行中文分词，使用中文分词处理模块将访谈文字记录划分为具有语义的词语，结果存入访谈记录分词结果库。最后，将访谈记录分词结果库中的中文词语进行统计，通过关键词统计模块分析出统计结果，作为最终输出。

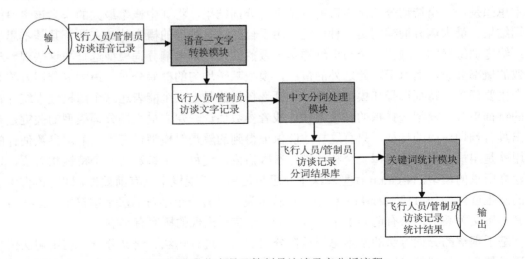

图 4-9　飞行人员及管制员访谈录音分析流程

按照图 4-9 所示流程处理而得的统计结果，需进一步进行处理以得到具有实际意义的分析结果，处理方法如图 4-10 所示。首先，将语音访谈记录的结果作为输入，提出通用背景词，背景词频率高但无法有效表示出访谈的核心内容，故需剔除以得到访谈中的有效词汇。在实际操作中，我们剔除了"学生""飞行员""飞""飞行""公司""学院""学校""民航""航空"等以超高频出现的基础背景词汇。其次，需对有效词进行进一步处理以突出反映访谈的重点内容。故本次调研使用词频中位数作为对比依据，仅输出词频大于中位数的词，这部分词作为有效高频词。再次，本次调研进一步分析了高频词的相对权重，在不同的访谈中，词语出现的绝对数量不具有可比性，故使用词语在每次访谈中的相对权重表示其重要程度。具体操作方法是，在针对某一群体的访谈记录中，取高频词出现的词频极值，使用极值对高频词词频进行归一化，获得其相对权值，用来表示该高频词在访谈记录中的重要程度。该权值被称为重要度权值，取值范围在 0～1，重要度权值为 1 时，表示该词汇为访谈中出现频率最高的词汇，也是访谈中最重要的词汇。重要度权值越大，该词汇越重要。

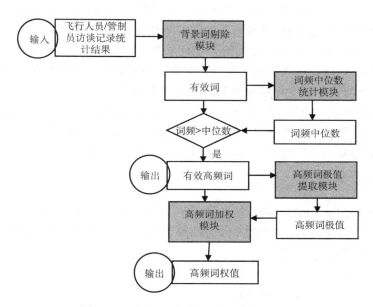

图 4-10　重要词汇解析及重要度权值设置

通过以上处理，得到针对飞行学生、飞行员及空中交通管制员的语音访谈记录大数据处理结果，具体阐述如下。

1. 飞行学生

该结果基于对中国民用航空飞行学院飞行学生及其管理者的访谈录音分析而得。首先，使用语音识别技术分析民航飞行学院学生及其管理者的访谈录音，使用中文分词分析得到访谈文本，重要词汇出现的中位数为 21.8。依据图 4-9、图 4-10 所示的方法处理得到的结果如表 4-12 所示。

表 4-12　中国民航飞行学院飞行学生访谈录音分析结果

序号	重要词汇	重要度权值	序号	重要词汇	重要度权值
1	职业	1.00	9	发展	0.50
2	学习	0.89	10	重要	0.48
3	工作	0.78	11	安全	0.46
4	价值观	0.78	12	要求	0.46
5	时间	0.59	13	技术	0.41
6	教育	0.59	14	情况	0.41
7	管理	0.56	15	培训	0.41
8	培养	0.56	16	过程	0.41

　　大数据分析结果显示，飞行学生十分关注职业的发展，"职业"一词的重要度权值为1.00，为本轮访谈中的最重要词汇，"发展"一词的重要度权值为0.50；他们关注、安全、价值观，"价值观"一词的重要度权值为0.78。飞行学生目前的主要任务是学习和培训，"学习"一词的重要度权值为0.89，"教育"一词的重要度权值为0.59，"培养"一词的重要度权值为0.56，"培训"一词的重要度权值为0.41。飞行学生的学习这一关键词是区别他们与飞行员的关键词汇，这表明飞行学生在特定时期的特定任务。飞行学生对未来的工作思考较多，"工作"一词的重要度权值为0.78。飞行学生对飞行时间和训练时间比较关注，"时间"一词的重要度权值为0.59。安全意识始终贯穿在飞行学生的整个学习过程当中，"安全"一词的重要度权值为0.46。飞行学生注重自己技术的提高，并且注重培训过程，"技术"一词的重要度权值为0.41，"过程"一词的重要度权值也是0.41。

2. 飞行员

　　使用图4-9和图4-10所示的方法，分析了来自6家航空公司(春秋航空公司、东航西北分公司、南航北方分公司、南航新疆分公司、厦门航空公司、国航天津分公司)的飞行员访谈录音，分析结果如下所述。

1) 春秋航空公司

　　春秋航空公司是国内最大的低成本航空公司之一。为降低成本，春秋航空公司的航班有大量的早班航班和晚班航班，且航班分布较为密集。分析春秋航空公司飞行员的访谈语音记录，可发现与其特有的航班分布相关的大量信息。春秋航空公司飞行员访谈录音分析结果如表4-13所示，其中重要词汇出现次数的中位数为9.2。

　　大数据分析结果显示，春秋航空公司的飞行员对飞行时间十分关注，"时间"一词的重要度权值为1.00，是春秋航空公司飞行员访谈录音中最重要的词汇。由飞行时间长产生的疲劳问题是春秋航空公司飞行员关注的主要问题，"疲劳"一词的重要度权值为0.56。因此，春秋航空公司飞行员十分关注休息的问题和自身的身体状况，"休息"一词的重要度权值为0.38，"身体"一词的重要度权值与休息的重要度权值相同。春秋航空公司飞行员的安全意识牢固，"安全"一词的重要度权值为0.56。同时，春秋航空公司飞行员十分关注自身的职业发展，有快速成长为机长的强烈愿望，"发展"一词的重要度权值是0.38，"机长"一词的重要度权值是 0.35。

表 4-13　春秋航空公司飞行员访谈录音分析结果

序号	重要词汇	重要度权值	序号	重要词汇	重要度权值
1	时间	1.00	7	身体	0.38
2	航班	0.59	8	发展	0.38
3	疲劳	0.56	9	中国	0.35
4	安全	0.56	10	机长	0.35
5	工作	0.44	11	影响	0.32
6	休息	0.38	12	航线	0.29

2) 东航西北分公司

由于东航西北分公司地处西北地区，其航线构成不同于春秋航空，这一特点在访谈录音分析结果中得到了充分的体现。东航西北分公司飞行员访谈录音分析结果如表 4-14 所示，其中重要词汇出现次数的中位数为 9.2。

表 4-14　东航西北分公司飞行员访谈录音分析结果

序号	重要词汇	重要度权值	序号	重要词汇	重要度权值
1	时间	1.00	6	高高原	0.31
2	机长	0.46	7	航班	0.29
3	影响	0.37	8	身体	0.27
4	小时	0.37	9	职业	0.26
5	疲劳	0.31	10	安全	0.24

大数据分析结果显示，与春秋航空飞行员相似，东航西北分公司飞行员也十分关注飞行时间问题，"时间"一词的重要度权值为 1.00，是东航西北分公司飞行员访谈录音中最重要的词汇，"小时"一词的重要度权值为 0.37。由飞行时间长产生的疲劳问题及自身的身体状况也是东航西北分公司飞行员关注的主要问题，"疲劳"一词的重要度权值为 0.31，"身体"一词的重要度权值为 0.27。与春秋航空飞行员相似，东航西北分公司飞行员也有快速成长为机长的强烈愿望，"机长"一词的重要度权值是 0.46；职业意识和安全意识牢固，"职业"一词的重要度权值是 0.26，"安全"一词的重要度权值是 0.24。

东航西北分公司飞行员访谈录音分析结果中，出现了与其他航空公司飞行员访谈录音不同的特色词汇，"高高原"一词的重要度权值是 0.31，该词的出现与东航西北分公司特有的航线分布有密切关系。东航西北分公司地处西北地区，相比访谈的其他公司，有较多的连接高高原机场的航线，故东航西北分公司飞行员迫切想了解高高原航线的频繁飞行是否对他们的身体有负面影响。

3) 南航北方分公司

与其他航空公司相比，南航北方分公司飞行员既有共同特点，又有一定特色。南航北方分公司飞行员访谈录音记录分析结果如表 4-15 所示，其中，重要词汇出现次数的中位数值为 3.4。

表 4-15　南航北方分公司飞行员访谈录音分析结果

序号	重要词汇	重要度权值	序号	重要词汇	重要度权值
1	信息	1.00	5	行业	0.56
2	心理	1.00	6	安全	0.44
3	疲劳	0.67	7	休息	0.44
4	管制员	0.67	8	意识	0.44

大数据分析结果显示，南航北方分公司飞行员与其他航空公司飞行员有一些相同的关注点。首先，疲劳问题是他们共同关注的问题，"疲劳"一词的重要度权值为 0.67；他们同样非常关注如何有效休息来缓解由频繁飞行带来的疲劳，"休息"一词的重要度权值为 0.44。其次，南航北方分公司飞行员安全意识牢固，"安全"一词的重要度权值为 0.44，"意识"一词的重要度权值为 0.44。

南航北方分公司飞行员访谈录音分析结果也反映出了他们不同于其他公司飞行员的特色。首先，他们较关心获得外部的信息并注重沟通，"信息"一词的重要度权值为 1.00，是南航北方分公司飞行员访谈录音中最重要的词汇。其次，除了身体上的疲劳给安全带来的隐患，他们同样关注心理问题对安全的影响，"心理"一词的重要度权值为 1.00，与"信息"一词共同成为南航北方分公司飞行员访谈录音中最重要的词汇。最后，他们十分关注与他们的飞行密切相关的管制员，希望能够和管制员有更加良好的沟通，"管制员"一词的重要度权值为 0.67，是南航北方分公司飞行员访谈录音中重要程度排名第二的词汇。

4) 南航新疆分公司

南航新疆分公司飞行员访谈录音分析结果一方面与其他航空公司飞行员访谈结果存在相似性，另一方面由于地理位置的特殊性及当地文化的特点，也有他们鲜明的个性化特点。南航新疆分公司飞行员访谈录音记录分析结果如表 4-16 所示，其中重要词汇出现次数的中位数值为 12.1。

表 4-16　南航新疆分公司飞行员访谈录音分析结果

序号	重要词汇	重要度权值	序号	重要词汇	重要度权值
1	安全	1.00	8	职业	0.53
2	管理	0.97	9	转变	0.50
3	机长	0.81	10	提高	0.47
4	发展	0.78	11	交流	0.44
5	时间	0.75	12	驾驶	0.44
6	内地	0.75	13	压力	0.44
7	技术	0.56	14	活动	0.44

大数据分析结果显示：首先，南航新疆分公司飞行员安全意识牢固，由于新疆独特的文化特征及特殊的安保要求，"安全"一词成为南航新疆分公司访谈录音中最重要的词汇，"安全"一词的重要度权值为 1.00；并且南航新疆分公司十分注重管理，"管理"一词的重要度权值为 0.97，仅略低于"安全"一词重要度权值 0.03。其次，与其他航空公司飞行员相似，南航新疆分公司飞行员十分注重自身的发展，注重自身驾驶技术的提高，有成长为机长的强烈愿望，"机长"一词的重要度权值为 0.81，"发展"一词的重要度权值为 0.78，"驾驶"一词的重要度权值为 0.44，"技术"一词的重要度权值为 0.56。再次，南航新疆分公司飞行员较关注由于该公司独特的地理位置带来的与内地飞行员及航空公司的对比，此处出现了南航新疆分公司飞行员访谈录音中的特色词汇，"内地"一词的重要度权值为 0.75。该词出现频率较高，说明南航新疆分公司飞行员对于由公司独特的地理位置带来的不同于内地航空公司的事物十分关注。最后，南航新疆分公司飞行员比较关心与其他人员的交流，经常开展一些活动来促进交流，"交流"一词的重要度权值为 0.44，"活动"一词的重要度权值为 0.44。

　　5) 厦门航空公司

　　厦门航空公司是中国首家按现代企业制度运行的航空公司，是中国民航最具特色的航空公司之一。厦门航空公司按现代企业制度运行的特点充分反映在了飞行员访谈录音记录分析结果中，在与其他航空公司飞行员访谈结果存在相似性的同时，也反映出其鲜明的特点。厦门航空公司飞行员访谈录音分析结果如表 4-17 所示，其中重要词汇出现次数的中位数值为 12.1。

表 4-17　厦门航空公司飞行员访谈录音分析结果

序号	重要词汇	重要度权值	序号	重要词汇	重要度权值
1	疲劳	1.00	9	安全	0.40
2	时间	0.68	10	小时	0.38
3	大队	0.57	11	学习	0.36
4	问题	0.53	12	休息	0.34
5	管理	0.51	13	航班	0.32
6	体检	0.47	14	排班	0.32
7	心理	0.47	15	严管	0.30
8	工作	0.45			

　　对访谈录音进行大数据分析得到的厦门航空公司飞行员与其他航空公司飞行员的共同点如下：首先，他们都非常关注长时间飞行带来的疲劳问题，希望得到更加充分的休息，"疲劳"一词的重要度权值为 1.00，是厦门航空公司飞行员访谈录音中最重要的词汇；"时间"一词的重要度权值为 0.68，在厦门航空公司飞行员访谈录音的重要词汇中排名第二；"小时"一词的重要度权值为 0.38；"休息"一词的重要度权值为 0.34。其次，厦门航空公司飞行员的安全意识牢固，"安全"一词的重要度权值为 0.40。

　　厦门航空公司飞行员访谈录音记录也体现了厦门航空公司按现代企业制度运行的公司

特点：首先，厦门航空公司十分注重管理，有严格管理的企业文化，使用了现代化管理方法进行排班，"管理"一词的重要度权值为0.51，"严管"一词的重要度权值为0.30，"排班"一词的重要度权值为0.32。其次，厦门航空公司对飞行员的身体比较关注，十分关注飞行员的体检，也比较注重心理健康，"体检"一词的重要度权值为0.47，"心理"一词的重要度权值为0.47。

6）国航天津分公司

国航天津分公司飞行员访谈录音记录分析结果如表4-18所示，其中重要词汇出现次数的中位数值为5.1。

表4-18　国航天津分公司飞行员访谈录音分析结果

序号	重要词汇	重要度权值	序号	重要词汇	重要度权值
1	时间	1.00	7	管制员	0.35
2	小时	0.78	8	执行	0.30
3	压力	0.52	9	规章	0.26
4	钱	0.43	10	航班	0.26
5	休息	0.39	11	疲劳	0.26
6	安全	0.39			

大数据分析结果显示：首先，国航天津分公司的飞行员也非常关注长时间飞行带来的疲劳问题，希望得到更加充分的休息以缓解工作压力，"时间"一词的重要度权值为1.00，是国航天津分公司飞行员访谈录音中最重要的词汇；"小时"一词的重要度权值为0.78，在国航天津分公司飞行员访谈录音的重要词汇中排名第二；"压力"一词的重要度权值为0.52；"疲劳"一词的重要度权值为0.26，"休息"一词的重要度权值为0.39。其次，国航天津分公司飞行员的安全意识牢固，注重规章的执行，"安全"一词的重要度权值为0.39，"规章"一词的重要度权值为0.26。再次，国航天津分公司飞行员期望能够提高待遇，"钱"一词的重要度权值为0.43，而该词并未在其他航空公司飞行员访谈录音中作为高频词出现。最后，国航天津分公司飞行员对与飞行关系密切的管制员比较关注，"管制员"一词的重要度权值为0.35。

综合以上6家航空公司飞行员访谈录音的分析结果，即综合分析在表4-13～表4-18中出现的所有高频词，分别计算每个词出现的重要权值的和，取重要度权值之和的中位数（0.94），并将重要度权值的和大于该权值中位数的词作为综合高频词，将该词在表4-13～表4-18中的累积重要度权值作为重要度绝对权值，对重要度绝对权值做归一化，得到重要度相对权值。结果如表4-19所示。

综合分析显示：首先，工作时间长引起的疲劳问题是飞行员关注的普遍问题，飞行员希望得到充分的休息，"时间"一词是综合重要词汇中重要度相对权值最高的词，这表明飞行员最关注飞行时间；"疲劳"一词在综合重要词汇中的重要度相对权值是0.63；"小时"一词在综合重要词汇中的重要度相对权值是0.35；"休息"一词在综合重要词汇中的重要度相对权值是0.35；"压力"一词在综合重要词汇中的重要度相对权值是0.22。其次，飞行员的安全意识牢固,"安全"一词在综合重要词汇中的重要度相对权值是 0.68,该词的重要度在综合重要词汇排序中排名第二。最后,飞行员积极要求进步,有成长为机长的强烈愿望,"机长"一词在综合重要词汇中的重要度相对权值是 0.37,重要度排名仅次于"时间"、"疲劳"和"安全";"发展"一词在综合重要词汇中的重要度相对权值是 0.26。

表 4-19　6 家航空公司飞行员访谈录音分析综合结果

序号	重要词汇	重要度绝对权值	重要度相对权值	序号	重要词汇	重要度绝对权值	重要度相对权值
1	时间	4.43	1.00	8	心理	1.47	0.33
2	安全	3.03	0.68	9	航班	1.46	0.33
3	疲劳	2.80	0.63	10	发展	1.16	0.26
4	机长	1.62	0.37	11	信息	1.00	0.23
5	休息	1.55	0.35	12	管制员	1.02	0.23
6	小时	1.53	0.35	13	压力	0.96	0.22
7	管理	1.48	0.33				

3. 管制员

由于管制员的工作与飞行员的日常飞行密切相关,且飞行员访谈录音分析也表明飞行员对于管制员的工作比较关注,这里使用图 4-9 和图 4-10 所示的方法分析了来自西北空管局空中交通管制中心和新疆空管局空中交通管制中心两家空中交通管制单位的管制员访谈录音记录,分析结果如下。

1)西北空管局空中交通管制中心

西北空管局空中交通管制中心管制员访谈录音记录分析结果如表 4-20 所示,其中重要词汇出现次数的中位数值为 8。

表 4-20　西北空管局空中交通管制中心管制员访谈录音分析结果

序号	重要词汇	重要度权值	序号	重要词汇	重要度权值
1	了解	1.00	9	角度	0.42
2	培训	0.63	10	绕	0.42
3	天气	0.58	11	规范	0.42
4	交流	0.58	12	指令	0.42
5	安全	0.54	13	雷达	0.42
6	航向	0.50	14	压力	0.38
7	指挥	0.46	15	累	0.38
8	理解	0.46			

大数据分析结果显示:首先,与飞行员团体不同,西北空管局空中交通管制中心管制员最关心的是飞行员对他们工作的了解和理解,希望能够增进交流,"了解"一词的重要度权值为 1.00,是西北空管局空中交通管制中心管制员访谈录音中最重要的词汇,"交流"一

词的重要度权值为 0.58，"理解" 一词的重要度权值为 0.46。其次，西北空管局空中交通管制中心管制员注重专业能力的培训，注重指挥、指令的规范化，"培训" 一词的重要度权值为 0.63，在西北空管局空中交通管制中心管制员访谈录音的重要词汇中重要度排名第二，"指挥" 一词的重要度权值为 0.46，"规范" 一词的重要度权值为 0.42，"指令" 一词的重要度权值为 0.42。再次，天气等原因是管制员加强指挥的重要原因，"天气" 一词的重要度权值为 0.58，在西北空管局空中交通管制中心管制员访谈录音的重要词汇中重要度排名第三，"航向" 一词的重要度权值为 0.50，"雷达" 一词的重要度权值为 0.42。最后，管制员的安全意识牢固，"安全" 一词的重要度权值为 0.54。

2）新疆空管局空中交通管制中心

新疆空管局空中交通管制中心管制员访谈录音记录分析结果如表 4-21 所示，其中重要词汇出现次数的中位数值为 9.8。

表 4-21　新疆空管局空中交通管制中心管制员访谈录音分析结果

序号	重要词汇	重要度权值	序号	重要词汇	重要度权值
1	交流	1.00	8	培训	0.60
2	教员	0.90	9	待遇	0.60
3	压力	0.85	10	角度	0.55
4	小时	0.85	11	指挥	0.55
5	安全	0.70	12	要求	0.55
6	了解	0.70	13	服从	0.55
7	原因	0.65	14	理解	0.50

大数据分析结果显示：首先，与西北空管局空中交通管制中心管制员相同，新疆空管局空中交通管制中心管制员最关心的也是与飞行员的交流和互相理解，"交流" 一词的重要度权值为 1.00，是新疆空管局空中交通管制中心管制员访谈录音中最重要的词汇，"了解" 一词的重要度权值为 0.70，"理解" 一词的重要度权值为 0.50。其次，新疆空管局空中交通管制中心管制员较关心年龄逐渐增大的教员的相关待遇问题，"教员" 一词的重要度权值为 0.90，"待遇" 一词的重要度权值为 0.60。再次，新疆空管局空中交通管制中心管制员较关心工作压力以及工作时间问题，"压力" 一词的重要度权值为 0.85，"小时" 一词的重要度权值也为 0.85。最后，与西北空管局空中交通管制中心管制员相同，新疆空管局空中交通管制中心管制员安全意识牢固，"安全" 一词的重要度权值为 0.70。

第5章 公共航空安全价值观激励策略：
国家、行业与公司环境

公共航空运输飞行员是执行航班运输任务的职业飞行员，他们既不是执行陆海空战斗任务的军队飞行员，也不是满足个人兴趣爱好的私人飞行员。由此决定，公共航空运输飞行员的职业生涯发展依存于特定的环境，包括所在航空公司的企业环境、公共航空运输行业的整体环境、整个国家的经济社会环境乃至世界公共航空运输和世界经济政治环境。这些发展环境是航空运输飞行员公共航空安全价值观塑造和修炼的条件与视野，若没有这些环境条件，就没有公共航空运输飞行员的职业价值观，他们的公共航空安全价值观就无从树立。公共航空运输飞行员必须适应这些环境条件并为之服务，以自己的职业飞行生涯为企业发展服务，为国家航空运输业发展服务，为国家经济社会发展服务，为世界人民服务。在这样的环境视野上看，公共航空运输飞行员的职业价值观应该是爱国敬业的公共航空安全价值观，是胸怀祖国放眼世界的公共航空安全价值观。

以下各章用问卷调查获得的数据和焦点小组访谈获得的信息，依循第4章调查问卷设计和调查数据处理中得到实证的航空运输飞行员公共航空安全价值观结构体系，继续以航空运输飞行员为典型从业群体，实证研究公共航空安全价值观在其职业激励约束实践中的运用策略。为便于研究，对社交生活和社交关系，以及职业责任和岗位职责两组资料分别做了适当合并，并在各项数据说明中全部隐去了他们所属的航空公司。

5.1 国家环境激励

国家经济社会环境是航空运输飞行员公共航空安全价值观形成的宏观环境。关涉航空运输飞行员公共航空安全价值观的国家经济社会环境因素很多，这里重点讨论国家公共航空运输发展战略和国家空中交通管理体制两大因素。

5.1.1 推进国家战略

国家关于促进公共航空运输发展的战略部署是公共航空运输飞行员牢固树立公共航空安全价值观，充分实现职业价值的根本保证。

焦点小组访谈和录音资料分析表明，各航空公司飞行员普遍认同国家战略对公共航空运输安全发展的推动作用。这种认同感是公共航空运输飞行员职业自豪感的重要来源，且激励他们对职业发展前景充满信心。

1. 行业地位

包括公共航空运输在内的民航业是国家重要的战略性、先导性基础产业，是国家综合交通运输体系的重要组成部分，在国家经济社会发展全局中占有重要地位，公共航空运输的发展对国家经济社会发展具有重要的促进作用。基于对民航业在国家经济社会发展中战略地位的重视，2012 年 7 月发布了《国务院关于促进民航业发展的若干意见》，这是指导我国民航业包括公共航空运输发展的纲领性文件。这个文件把公共航空运输的发展上升到国家战略层面，为我国公共航空运输的发展注入了强大动力。在新时代中国特色社会主义建设新的历史起点上，中国民航全行业正在奋发努力，积极为国家经济社会发展做出更大的贡献。

我国公共航空运输的发展在国家改革开放进程中发挥着独特的重要作用。每年，我国数以亿计的公务和观光旅客乘坐中国民航班机出行到世界各地，来自世界各地数以千万计的国际友人从中国民航了解中国、走进和走近中国。中国民航在国际民航舞台上的地位举足轻重，自 2004 年以来连续高票当选国际民航组织一类理事国，到 2016 年底与我国签署航空运输协定的国家或地区已达 120 个[①]。国家"一带一路"倡议更为中国民航走向世界开辟了空前广阔的发展空间，为 3 万多名中国公共航空运输飞行员实现职业价值展示了空前美好的前景。

2. 安全发展

改革开放带动我国公共航空运输得到了长足发展，航空运输业务量持续快速增长，自2005 年以来，我国航空运输总量已跃居世界第二位，受到世人瞩目。2016 年，中国民航全行业完成航空运输总周转量 962.51 亿吨公里、旅客运输量 4.8796 亿人次、货邮运输量 668万吨，同比分别增长 13.0%、10.7%、6.2%，全行业实现营业收入 6393 亿元，同比增长 6.3%[②]。这样的经济成果来之不易，是全行业几十万名员工共同奋斗的结果，是中国 3 万多名公共航空运输飞行员披星戴月一个一个航班飞出来的。

我国公共航空运输健康发展的一个重要标志是航空安全处于可持续安全的管控之下，全行业已经形成了系统的安全管理制度、运行和监控体系。到 2016 年底，我国公共航空运输连续安全飞行 76 个月，累计安全飞行 4623 万小时[③]。在承担巨大航空运输业务量的情况下，这样的安全纪录更显得来之不易，这是全行业各类技术人员和管理人员心血与汗水的结晶，是我国 3 万多名公共航空运输飞行员一杆一舵飞出来的。

这一切成就在很大程度上受惠于国家促进民航业包括公共航空运输发展的战略部署，值得我国每一个公共航空运输飞行员由衷自豪，并使他们倍加珍惜自己的职业。如图 5-1所示，问卷调查表明，国家战略重视公共航空运输发展在各航空公司飞行员公共航空安全价值观中的重要度权重为 0.010~0.042，依次为：公司六 0.042，公司三 0.029，公司九 0.024，

① 数据源于《2016 年民航行业发展统计公报》。据《2018 年民航行业发展统计公报》，与我国签署航空运输协定的国家或地区已增至 126 个。

② 数据源于《2016 年民航行业发展统计公报》。据《2018 年民航行业发展统计公报》，这组数据已更新为：航空运输总周转量 1206.53 亿吨公里、旅客运输量 61173.77 万人次、货邮运输量 738.51 万吨，分别比上年增长 11.4%、10.9%、4.6%，全行业累计实现营业收入 10142.5 亿元，比上年增长 18.5%。

③ 数据源于《2016 年民航行业发展统计公报》。据《2018 年民航行业发展统计公报》，这组数据已更新为：运输航空连续安全飞行 100 个月，累计安全飞行 6836 万小时。

公司七 0.020，公司一 0.019，公司二 0.017，公司八 0.015，公司五 0.011，公司四 0.010。

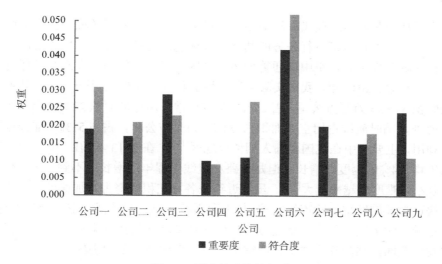

图 5-1　国家战略价值权重

　　由图 5-1 可知，国家战略重视公共航空运输发展在各航空公司飞行员公共航空安全价值观中的符合度权重为 0.009～0.052，依次为：公司六 0.052，公司一 0.031，公司五 0.027，公司三 0.023，公司二 0.021，公司八 0.018，公司七 0.011，公司九 0.011，公司四 0.009。可以看出，各航空公司飞行员普遍认同国家战略对公共航空运输安全发展的重视程度。

5.1.2　加快空管改革

　　公共航空运输持续快速发展呼唤国家加快空中交通管理体制改革的步伐。

　　2016 年 10 月 11 日，东航两架空客飞机在上海虹桥机场跑道上险些相撞，这惊魂一刻至今仍令世人记忆犹新。虽然这次飞机严重冲突事件没有造成像 1977 年 3 月 27 日西班牙洛司罗迪欧机场空难那样的惨剧，但其危险程度之大同样足以让人难定惊魂。在事件发生后短短一个月内，中国民用航空局对成功化解危机的东航 A320 客机当班机长何超记一等功并给予相应奖励，东航给予何超机长 300 万元奖励；中国民用航空局分别给予华东空管局、华东空管局管制中心、华东空管局安全管理部 13 名领导干部党内警告、严重警告和行政记过、撤职处分，吊销当班指挥席和监控席管制员执照，当班指挥席管制员终身不得从事管制指挥工作[172]；管制员工作压力过大、工资水平偏低等问题迅速得到进一步重视。这些都为我国空中交通管理体制改革的严重滞后做了注脚。

　　焦点小组访谈实录和录音资料分析表明，公共航空运输飞行员对空管资源约束导致的流量控制和航班延误怨声连连。流量控制和由此必然加剧的航班延误是飞行疲劳的重要原因，是飞行员和管制员之间建立良好沟通合作关系的重要障碍，也是对公共航空运输飞行员职业价值的严重耗损。

1. 改革滞后

空中交通环境是航空运输飞行活动须臾不可离开的基本航行环境，空中交通管理是公共航空运输飞行员执行航班飞行任务的基本管理环境。与机场运行、机务维修、航油供应等其他飞行保障条件不同，空中交通管理体制是国家的管理体制，因而空管环境约束是国家层面的环境约束。2011 年，我国实际可用空域面积为 998.50 万平方公里，其中民航日常使用空域面积 319.53 万平方公里，占 32%；军航日常使用空域面积 234.72 万平方公里，占 23.51%。此外，临时航线占用空域面积约 54.97 万平方公里，占 5.51%。部分可用空域还未被有效利用，主要集中在我国西部人烟稀少地区[173]。在 2013 年前的 10 年里，航空运输周转量以年均 14%的速度在增长，但是航路和航线里程年均增长率不到 3%，空域调整的余度越来越小，难度也越来越大[174]。虽然近年来各方在积极努力增加民航可用空域，但是面对持续快速增长的航空运输市场需求，加上通用航空要求开放低空空域的呼声越来越高，我国民用空域资源的刚性约束有增无减，局促的空域环境仍在越来越严重地限制着我国航空运输的发展空间，强烈呼唤加快我国空中交通管理体制改革的进程。

2. 空域瓶颈

空中交通管理体制改革滞后造成的空域资源紧张已成为限制航空运输快速发展的瓶颈，对公共航空运输飞行员履行职责有两种直接的负面影响：一是久治不愈的航班延误顽疾，二是屡屡发生的飞机危险接近事件。航班延误是当前我国航空运输发展中一种已引起公众很大不满的不正常情况，虽然近年来中国民用航空局在治理航班延误上连出重拳，但航班正常率的提高仍举步维艰，成为一个短期内单靠民航努力很难妥善解决的难题。据中国民用航空局发布的《2015 年民航行业发展统计公报》，2015 年全国客运航空公司共执行航班 337.3 万班次，其中正常航班 230.5 万班次，不正常航班 99.9 万班次，平均航班正常率为 68.33%；当年全国客运航班平均延误时间为 21 分钟，同比增加 2 分钟①。另据航空运输消费者投诉情况通报，在 2015 年对国内航空公司的投诉统计中，占比例最大的是航班不正常问题，共 1136 件，占 40.44%；其中航班取消投诉 611 件，航班延误投诉 403件，占投诉总量的 36.1%，成为旅客投诉最多的问题。可见，航班正常率制约着航空公司和机场服务质量的提升，以航班延误为主的不正常航班问题严重影响了公众对航空运输的满意度。

以航班延误为主的航班不正常的致因固然很多，但是如表 5-1 所示，作为空域资源紧张直接后果的流量控制无疑是近年来航班延误的主要致因之一。

在我国许多繁忙机场和繁忙航路，尤其是在机场分布密集、航班密度很大、空域资源高度紧张的京津冀、珠三角、长三角地区，流量控制导致的航班延误更是频繁发生。在一些机场、一些时段，流量控制导致的航班延误已经超过了天气因素，成为最主要的延误致因。一些航空公司高管甚至认为，航空公司的航班延误有 1/3 到 1/2 是流量控制引起的。流

---

① 据《2018 年民航行业发展统计公报》，相关数据更新为：2018 年全国客运航空公司共执行航班 434.58 万班次，其中正常航班 348.24 万班次，平均航班正常率为 80.13%；当年全国客运航班平均延误时间为 15 分钟，同比减少 9 分钟。

表 5-1　航班不正常原因分类统计

不正常原因	占全部比例/%			比上年增减/%		
	2015 年	2016 年	2017 年	2015 年	2016 年	2017 年
空管（含流量）	30.68	8.24	7.72	5.35	−22.44	−0.51
天气	29.53	56.52	51.28	5.19	26.99	−5.24
航空公司	19.1	9.54	8.62	−7.31	−9.56	−0.92
其他	20.69	25.70	32.38	−3.23	5.01	6.67

资料来源：根据 2015～2017 年民航行业发展统计公报整理。

量控制导致的航班延误影响的不仅是旅客出行，为航班提供保障服务的民航各环节都会陷于紧张状态，直接执行航班任务的航空公司飞行员更是首当其冲。流量控制的影响往往不只是体现在一次航班飞行上，它既直接影响受流量控制的航班本身，又间接影响后续航班的飞行任务。一些旅客往往对航班因流量控制导致延误表示将信将疑或怨声不断，殊不知航空公司飞行员比旅客更深感流量控制之苦。流量控制导致的航班延误对旅客而言固然是令人不愉快的旅行经历，而频繁的流量控制对航空公司飞行员更是深感头疼却又不得不服从的空管资源环境约束，是妨碍他们履行航班正常职责、提升航班服务质量、实现飞行员职业价值的严重羁绊。

空域资源紧张导致航班延误固然会影响航空公司飞行员履行职责，然而比航班延误更严重的是威胁极大的飞机在空中和地面危险接近。流量控制通过限制单位时间内进入空中交通管制节点的航空器数量来防止空域过度拥挤，这对维持空中交通流安全具有无可置疑的必要性。为了确保公共航空安全，需要保证必要的安全飞行间隔，在空域资源紧张的情况下需要实行流量控制，这时必然出现的航班延误是保证飞行安全的必要代价。在刚性的空域资源约束面前，流量控制是保证公共航空安全的主要手段，这时必然出现的航班延误和航班安全成为一对绕不过去的矛盾，这时若要勉强减少航班延误，就必然要付出降低安全裕度的代价。作为保证公共航空安全的重要手段，流量控制的确打乱了航空运输正常的运行秩序，增加了航班运行管理的难度，但是面对飞机危险接近的更大威胁，只能不得已而为之地两害相权取其轻。当前空域资源紧张已经成为制约我国航空运输可持续发展的瓶颈，为了避免空域资源紧约束极易导致的飞机空中危险接近，目前我国航空运输不得不限制发展速度，通过控制热点航线和枢纽机场的航班数量、提高航空公司准入门槛和严格的流量控制等措施来管控航空运输市场发展，这种削足适履的做法能够在短期内强制实现扭曲的平衡，但不应成为航空运输市场发展的常态，这一问题的根本解决迫切需要我国空中交通管理体制加快改革步伐。

如图 5-2 所示，问卷调查表明，国家空管体制适应公共航空运输发展在各航空公司飞行员公共航空安全价值观中的重要度权重为 0.014～0.041，依次为：公司八 0.041，公司九 0.039，公司一 0.036，公司二 0.034，公司三 0.030，公司五 0.023，公司七 0.021，公司六 0.020，公司四 0.014。

国家空管体制适应公共航空运输发展在各航空公司飞行员公共航空安全价值观中的符合度权重为 0.007～0.044，依次为：公司六 0.044，公司一 0.035，公司八 0.035，公司九 0.030，公司四 0.022，公司二 0.019，公司五 0.018，公司三 0.017，公司七 0.007。可以看出，各航空公司飞行员对空管资源约束导致的流量控制以及进一步导致的航班延误颇不满意。

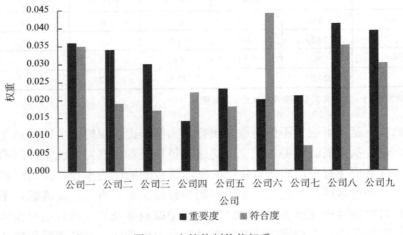

图 5-2　空管体制价值权重

5.2　行业环境激励

公共航空运输飞行员实现职业价值离不开公共航空运输发展的行业环境。行业是职业发展的平台，有行业才有职业，才有职业价值，才有职业价值观。"三百六十行，行行出状元"，说的是干一行爱一行就能干好，这里的"行"既是职业也是行业，可见职业离不开行业。本节重点讨论包括公共航空运输在内的民航行业环境中与公共航空运输飞行员的职业生涯和公共航空安全价值观密切相关的几个方面。

5.2.1　完善基础设施

公共航空运输是国家重要的基础产业和基础设施，而民航基础设施又是公共航空运输发展的基础，这是公共航空运输活动赖以正常进行的基础。民航基础设施是公共航空运输的基本生产资料，它一般分布在地面，和翱翔在空中的飞机一道构成公共航空运输飞行员实现职业价值的物质基础。

1. 不平衡不适应

焦点小组访谈和录音资料分析表明，在公共航空运输飞行员看来，我国民航保障航班运行和飞行安全的各项基础设施已经有了长足发展，一些大机场基础设施的先进程度已不亚于国外同类机场，完全能够保障正常情况下的航班运行，即使遇到恶劣天气导致的大面积航班延误，应急能力也已大大提高。但是，公共航空运输机队还在迅速扩大，航班量和运输业务量还在迅速增长，且公众的要求越来越高，所以公共航空运输基础设施建设不能松懈，还须继续加强。

出于保障飞行安全的需要，民航基础设施是一个包罗万象的复杂体系。在机场，从飞行区的跑道、滑行道、停机坪到航站区的候机楼、停车场、货运库；在空管，从通信、导航、监视系统到气象、情报服务系统，以及为航班飞行提供保障的飞机维修设施、油料储运加注设施、信息服务设施等，都缺一不可。经过多年的不懈努力，我国民航基础设施水平已经有了很大提升，但在机场、空管等核心基础设施方面发展不平衡，同发达国家和公共航空运输发展需要相比仍有不小差距，不能充分适应公共航空运输持续快速健康发展的需要。

机场设施是公共航空运输最重要的地面基础设施。机场是航线网络的节点，为航班运行提供最基本的地面保障。在公共航空运输中条条航线通机场，只有机场资源充足了，航班运行才能正常。目前在我国一些繁忙机场，特别是承担枢纽功能的大型机场，在航班高峰期和航班不正常运行条件下，基础设施仍供不应求。

空管设施是公共航空运输最重要的航行基础设施。由于我国空中交通管理的体制性原因，目前在以京沪、京广为代表的繁忙航线上，航路资源紧缺仍时时成为航班正常运行的限制因素；在许多吞吐量逾千万人次的繁忙机场，受进近空域约束的航班时刻是长期以来最紧缺的公共航空运输资源，其紧缺之严重甚至成为滋生腐败的一个根源，成为决定航空运输飞行员公共航空安全价值观结构的一个不容忽视的负面因素。

2. 建设重点

我国民航的基础设施建设一直受到国家和地方政府的高度重视，重点领域投融资力度不断增强。2015 年，民航固定资产投资总额 1566.1 亿元，其中机场系统完成固定资产投资总额 656.1 亿元，空管系统完成固定资产投资 17.7 亿元，其他包括民航信息系统建设投资 18.4 亿元，运输服务系统投资 9.8 亿元，公共设施系统投资 18.2 亿元[①]。基础设施逐年改善为公共航空运输飞行员实现职业价值提供了越来越坚实的资源保障。

如图 5-3 所示，问卷调查表明，民航基础设施适应行业发展在各航空公司飞行员公共航空安全价值观中的重要度权重为 0.011～0.036，依次为：公司九 0.036，公司六 0.034，公司五 0.026，公司一 0.025，公司七 0.025，公司八 0.020，公司二 0.019，公司四 0.016，公司三 0.011。

民航基础设施适应行业发展在各航空公司飞行员公共航空安全价值观中的符合度权重为 0.009～0.048，依次为：公司六 0.048，公司一 0.033，公司九 0.030，公司三 0.026，公司四 0.025，公司二 0.024，公司七 0.018，公司五 0.015，公司八 0.009。可以看出，多数航空公司的飞行员对基础设施建设情况比较满意，但部分地区的状况还有差距，表现出地区发展不平衡的基本格局。

---

① 数据源于《2015 年民航行业发展统计公报》。据《2018 年民航行业发展统计公报》，上述行业投资数据更新为：民航固定资产投资总额 1957.8 亿元，其中机场系统完成固定资产投资总额 678.6 亿元，空管系统完成固定资产投资 44.5 亿元；其他包括信息系统建设投资 14.0 亿元，运输服务系统投资 28.6 亿元，公共设施系统投资 4.3 亿元。

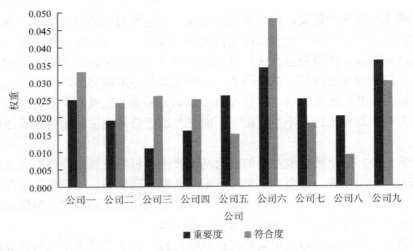

图 5-3 基础设施价值权重

5.2.2 优化保障服务

公共航空运输是一个专业性很强的行业。在林林总总的民航职业类别中，航空公司飞行是核心职业，航班飞行在公共航空运输系统中居于核心地位。这里"核心"有两层含义：一是说航班飞行重要，其他公共航空运输生产活动要围绕航班飞行来进行，主动为航班飞行提供尽可能周到的保障服务；二是说航班飞行离不开民航其他生产活动的保障服务，没有这些保障服务活动的支持，公共航空运输系统就无从建构，公共航空运输飞行就无法正常进行。

焦点小组访谈和录音资料分析表明，航空公司飞行员认为我国公共航空运输飞行保障能力不足的主要原因是技术和管理跟不上。论设备我们不比国外落后，但是保障水平不如国外做得好。今后进一步提升飞行保障能力要多在保障设备的熟练操作和及时维修上做文章，提高保障设备利用率；还要在设备运行管理和健全保障规章、落实保障责任方面下功夫，提高管理水平。

1. 服务举足轻重

"保证安全第一，改善服务工作，争取飞行正常"是一个统一的整体系统，航班正常和飞行安全是分不开的。一方面，航班正常运行是公共航空运输安全的基础，若航班不正常运行就必然会危及飞行安全。另一方面，飞行安全是航班正常运行的前提，是最起码的服务质量，若飞行不安全就根本谈不上为公众提供航空运输服务。民航各专业为航班飞行提供的保障服务都是公共航空运输系统的有机组成部分，既是保障航班正常运行的服务，更是保障飞行安全的服务。公共航空运输飞行员的职业价值既实现于执行每一次航班任务过程中的兢兢业业，也须臾不可离开公共航空运输链条上每一个服务环节的精心保障。

公共航空运输生产力是通过劳动者和生产资料的结合形成的。直接地说，公共航空运输飞行活动是由飞行员操作飞机完成的。在公共航空运输飞行过程中，飞行员是劳动者，飞机是生产资料，飞行员与飞机的结合形成公共航空运输生产力中最基本的子系统，飞行员与飞机结合的效能决定公共航空运输生产效率。间接地说，有了民航各类专业人员提供的保障服务，公共航空运输飞行员与飞机结合形成的子系统才能发挥在整个公共航空运输生产系统中的核心功能，才能形成有经济意义的运输生产力和有竞争价值的运输生产率，才能进行有经济意义和社会意义的公共航空运输安全生产活动。

同飞行员与飞机的结合类似，航班飞行保障服务能力也是通过劳动者和生产资料的结合而形成的。在为航班提供飞行保障服务的过程中，民航各类专业人员是劳动者，他们使用的各类设施设备是生产资料，他们与相关设施设备的结合形成各个相应的子系统并共同形成完整的公共航空运输飞行保障能力，他们与相关设施设备的结合效能决定保障能力的高低和发挥程度，决定航班飞行的正常性和安全性。为公共航空运输飞行提供保障服务的设施设备同上节所述的民航基础设施是一致的。在这些保障设施中，除了前文已反复强调的空管设施以外，机场保障设施居于特别重要的枢纽地位。由于空中交通管制、机务维修、油料供应、应急救援等各类飞行保障设施基本上都建在机场范围内或机场附近，这些设施要在机场的协调下才能更有效地提供保障服务。在许多中小型机场，这些保障设施本身就是机场的一部分，各项保障服务由机场直接提供。因此，机场的保障服务能力不足，机场子系统与飞行子系统协同运行不佳，必然会在很大程度上影响飞行保障服务的整体水平，限制公共航空运输飞行员实现职业价值的发挥空间。

2. 提升保障能力

提升公共航空运输飞行保障服务能力，既需要加强硬件建设，如上节所述加大保障设施建设力度，又要加强软件建设，一方面强化培训，提高保障人员的技能水平，提高他们与保障设施的结合效能，另一方面提高各子系统的协调配合水平，向管理要效率。

如图 5-4 所示，问卷调查表明，行业飞行保障服务满足航班运行需要在各航空公司飞行员公共航空安全价值观中的重要度权重为 0.008～0.036，依次为：公司六 0.036，公司二 0.035，公司九 0.033，公司一 0.031，公司八 0.030，公司七 0.018，公司四 0.017，公司五 0.014，公司三 0.008。

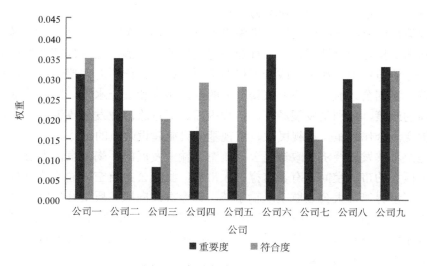

图 5-4　保障能力价值权重

行业飞行保障服务满足航班运行需要在各航空公司飞行员公共航空安全价值观中的符合度权重为 0.013～0.035，依次为：公司一 0.035，公司九 0.032，公司四 0.029，公司五 0.028，公司八 0.024，公司二 0.022，公司三 0.020，公司七 0.015，公司六 0.013。

提升公共航空运输飞行保障能力，在中小型机场和大型机场都有许多工作要做。中小型机场建设投资较少，设备配备标准较低，员工队伍规模较小，保障能力自然不能和大机场相提并论。大型机场建设投资巨大，设备配备齐全，员工训练有素，但是大也有大的难处。多年来，我国民航一直在大力提倡建设枢纽机场和辐射式航线网络，推行枢纽战略，但对枢纽机场和枢纽航线网络的弊端和困难考虑不足。应该看到，当初美国的航空公司率先推行辐射式航线网络时，是为了应对当时美国放松航空管理、鼓励航空公司竞争的政策取向而采取的一种提高航空公司赢利能力的经营策略，其运行的基本机理是提高枢纽机场的航班集中度，形成中转航班波，这对机场的中转资源和保障服务能力都有很高的要求。显然，航班越是向大型枢纽机场集中，那里的保障服务压力就越大，就越容易影响航班的正常性和安全性。我国一些繁忙机场因正常率迟迟提高不上来而屡遭处罚已经证明了这一点。因此，我国民航今后在建设枢纽机场和辐射式航线网络的进程中，应该更加重视提高枢纽机场的保障服务能力。

5.2.3　政策促进发展

同基础设施和保障能力相比，国家赋予公共航空运输业的行业发展政策是公共航空运输发展中最重要的上层建筑。

焦点小组访谈和录音资料分析表明，公共航空运输飞行员普遍十分重视学习和贯彻执行国家发展公共航空运输的方针政策。虽然常年飞行十分辛苦，但他们依然十分重视公司组织的行业政策集体学习活动，并自觉抽时间通过网络及时了解有关行业政策的落实情况。他们深深懂得，国家的公共航空运输发展政策决定行业发展的方向和进程，而行业发展状况决定他们职业价值的实现。他们愿意身体力行国家发展公共航空运输业的各项方针政策，在国家行业政策的指引下爱岗敬业努力工作。

国家政策是国家经济社会发展的优先级策略。我国改革开放 40 年来的经验证明，国家的政策倾斜和支持是一个地区、一个行业快速发展的助推器，"要政策""给政策"是一个地区、一个行业争取国家和上级政府支持的重要途径，其作用之大超过任何数额总归有限的资金支持。我国公共航空运输业取得今天的经济规模和安全水平，极大受惠于国家长期以来各方面的政策，特别是发展经济、扩大内需、促进旅游业发展政策，对外开放、增进同世界各国交流合作政策，重视民生、重视基础设施建设政策的支持。

国家坚定不移发展经济的政策是公共航空运输业发展的不竭源泉，为公共航空运输业发展开拓了巨大的市场空间。有了这样的大市场，我国公共航空运输才能有持续多年的快速发展，跃居世界第二大公共航空运输系统，如今继续向服务质量好、安全水平高的民航强国目标迈进；才能在世界公共航空运输业饱受金融危机冲击之苦的忧患中风景这边独好；才能顶住国家经济下行压力而抓住机遇，为国家扩大内需、发展旅游业做贡献，推动公共航空运输更快地走近普通民众。

国家坚定不移实施的对外开放政策使公共航空运输业发展得到很大助益，是公共航空

运输业走向世界的强大动力。改革开放之初，中外合资企业刚开始兴办的时候，第一个吃
螃蟹的就是民航，国家批准的第一家中外合资企业就在民航。在我国外汇储备不足，需要
向外国借贷的年代，国家利用外国贷款目录中就专设了民航飞机融资租赁项目。如今，在
"一带一路"倡议迅速推进的大潮中，公共航空运输又在国际旅游和民间外交方面勇立潮头。
当前国内航空公司以百舸争流之势竞相开辟国际航线，这展示了我国公共航空运输更大发
展的强劲态势。

　　国家在改善民生、促进社会和谐中大力推进基础设施建设的政策为民航发展带来了实
实在在的投融资利好。起于 1992 年温州永强机场建设融资实践，形成于 1995 年国务院办
公厅转发民航总局、国家计委、财政部《关于整顿民航机场代收各种机场建设基金的意见》
的机场管理建设费，以乘坐国内航班的中外旅客每人 50 元、乘坐国内和地区航班出境的中
外旅客每人 90 元的政府基金方式支持了中国民航基础设施建设。1994 年，为尽快改变我
国民航基础设施严重落后的状况，国家又设立专项财政基金，以国内航线运输收入 10%、
国际航线运输收入 4%～6%的比例向国内各航空公司征收民航基础设施建设基金，专门用
于民航机场、航路建设和空中交通管理等基础设施建设。2012 年，上述两项收费合并为民
航发展基金，以国内航线每人 50 元，国际航线每人 90 元的政府基金方式向民航旅客征收，
用于民航基础设施建设包括机场飞行区、航站区、机场围界、公共航空安全、空中交通管
制系统等基础设施建设；补贴货运航空、支线航空、国际航线、中小型民用运输机场运行；
支持民航节能减排；支持通用航空发展；加强持续安全能力和适航审定能力建设；民航科
教、信息等重大科技项目研发和新技术应用。

　　如此有利的行业发展政策环境为公共航空运输飞行员实现职业价值，为推动公共航空
运输业持续快速健康发展，为建设富强民主文明和谐美丽的社会主义现代化强国贡献力量
指明了光荣与梦想之路。

　　如图 5-5 所示，问卷调查表明，行业发展政策重视飞行员职业发展在各航空公司飞行
员公共航空安全价值观中的重要度权重为 0.012～0.039，依次为：公司六 0.039，公司五
0.036，公司七 0.030，公司一 0.026，公司九 0.025，公司二 0.024，公司三 0.013，公司四 0.013，
公司八 0.012。

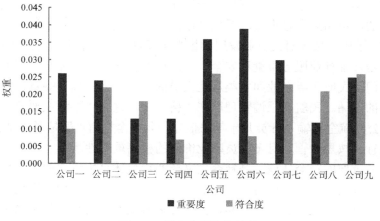

图 5-5　行业政策价值权重

行业发展政策重视飞行员职业发展在各航空公司飞行员公共航空安全价值观中的符合度权重为0.007～0.026，依次为：公司五0.026，公司九0.026，公司七0.023，公司二0.022，公司八0.021，公司三0.018，公司一0.010，公司六0.008，公司四0.007。

5.2.4 规章强化管理

和其他领域的管理活动一样，民航行业管理的基本手段包括经济手段、法规手段和行政手段，其中法规手段往往和行政手段结合运用，这体现了依法治理民航的法治精神。

民航业的法规管理涉及一个庞大的法律规章制度体系，既包括国家乃至国际层面的正式法律，也包括行业层面的管理规章和企业层面的管理制度。民航法律规章制度体系以强制性约束方式规范民航生产过程中各类从业人员的行为，调整民航生产过程中人与人的关系，是社会生产关系调整过程在民航这一特殊行业的具体体现。同民航生产力十分活跃的发展变化相比，同民航日常管理活动中经常运用的舆论宣传、说服教育、经济处罚、纪律处分等其他约束方式相比，以法律规章制度方式调整民航生产关系具有明显的稳定性优势，这种稳定性优势源于法律规章制度本身具有的稳定性、严密性、规范性、广泛性、公正性和强制性等基本性质。

焦点小组访谈和录音资料分析表明，各航空公司飞行员普遍具有很强的规章意识，他们把规章视为不可逾越的红线。从在航校学习飞行起，他们就树立了牢固的规章意识，十分重视学习和理解各种行业管理规章。各航校也按行业管理要求十分重视培育飞行专业学生的规章素养。事实上，无论在哪一所航校，如果一个飞行专业学生的规章学习成绩不过关，那他就不可能拿到民航驾驶员执照。在航空公司，飞行员的规章意识在从业实践中得到不断强化，规章是飞行员判断职业行为是非对错的基本依据。事实上，无论是在各航空公司还是整个行业，严守规章是我国公共航空安全文化的重要基因。我国公共航空运输之所以能在持续快速发展中保持世界领先的安全水平，严守规章是一条极其重要的基本经验。

1. 规章体系

在我国法治格局中，民航管理规章属于政府主管部门规章，由国务院民航主管部门负责制定，在有关案件审理中往往具有相当于法律的实际效力。有人说，在民航照规章办事做错了也是对的，不照规章办事做对了也是错的。这种说法虽然有些极端，但它表达的道理是正确的，它道出了规章对民航业发展的极端重要性，道出了民航业照规章运行的真谛。在民航，规章是保证行业服务质量和安全水平的根本依据。一套体系完整的管理规章规范着政府主管部门、民航各类企业和各类从业人员的职业行为，离开规章，民航的行业运行就会失去统一的遵循。民航业强调管理严在"格"上，这个"格"主要就是形形色色的行业规章。我国公共航空运输飞行员几十年来信守一句安全格言"严是爱宽是害"，这也说明严格按规章运行、按规章管理对飞行员职业价值的极端重要性。

法治是一种重要的社会环境，是社会主义核心价值体系中重要的价值理念。民航的行业管理规章之所以能够在全行业得到严格的遵循，一个重要的原因在于这些规章是上百年来各国民航发展过程中经验教训的结晶，其中许多条款源自历次飞行事故中各国航空旅客和机组人员付出了生命的代价。这些用他们的生命和鲜血代价写成的规章条款是世界民航业共同的宝贵财富，违背这些条款就意味着悲剧很可能重演，旅客和机组人员就很可能要重新付出生命和鲜血的代价。诚然，作为国家法规制度一部分的民航行业规章是需要创新的，而且这是具有根本性的创新。随着民航技术和管理的发展，人们对民航运行规律的认识越来越深化，民航规章中的一些条款的确有必要进行修订，事实上各国民航管理部门也普遍十分重视对规章条款的及时修订，但是作为一种具有根本性的制度创新，这些修订活动必须严格按法定程序进行，在修订程序没有完成之前，任何人都无权违背现有规章而自行其是。

民航规章是民航法规制度体系中最具行业特色的一部分，具有十分广泛的法律渊源。民航规章承上启下，在依法治理民航业中发挥着特殊的重要作用。根据其规范的事项性质，民航规章上承民法、刑法、民用航空法、安全生产法等国家法律以及国务院制定的国家行政法规，下启各类民航企业的内部管理制度。这些规章是民航各类人员从业的准绳，更是公共航空运输飞行员顺利执行航班任务的"安全带"。截至 2016 年 10 月，中国民用航空局作为国家民用航空主管部门，已经根据《中华人民共和国民用航空法》和国务院授权发布了有执行效力的 115 部民航规章，统一使用 CCAR 编号，这些规章分为行政规则、航空器、航空人员、空中交通管理、一般运行规则、运行合格审定、学校及经审定合格的其他部门、机场、经济与市场管理、航空安全信息与事故调查以及航空安全保卫等 11 类，规范了民航行业管理的方方面面，有力地保证了民航服务质量和安全水平的提高[175]。除了中国民用航空局发布的规章以外，国家安全生产监督管理总局等政府部门发布的相关规章也对公共航空运输安全生产有直接效力，必须在公共航空运输管理中遵照执行。

2. 规范和标准

在我国目前的法治水平上，往往被人们俗称"红头文件"的各种规范性文件依然是行业管理法规制度体系中十分必要的组成部分。虽然它们不具备法律、行政法规和部门规章那样的约束力，但也绝不是可有可无的。行业管理规范性文件为业内各种活动及其结果提供规则、导则或规定特性，是规章的解释、细化和操作方法，包括标准、规程及技术规范等。中国民用航空局颁布的关于飞行、适航、空管、机场、保安等方面的众多规范性文件都是保障运输生产正常进行，实施行业管理的重要手段，民航各单位和全体从业人员都应该认真执行。

标准也属于规范性文件，是为了在一定范围内维持最佳秩序，经协商一致制定并由公认机构批准，共同使用和重复使用的一种规范性文件。依适用范围不同，标准可分为国际标准、国家标准、行业标准和企业标准等不同层次。依规范的内容不同，标准分为技术标准、管理标准和工作标准等不同类型。依约束力不同，标准可分为推荐执行和强制执行两种，后者具有更强的法律规范特性。目前我国民航在行业管理中执行的标准主要是国家标准化管理委员会依照《中华人民共和国标准化法》制定和颁布的相关国家标准，以及中国民用航空局依照《中国民航标准化管理规定》制定和颁布的相关行业标准。适用于民航业的国家标准和行业标准是民航实施行业管理的重要基础，是保障公共航空安全、促进民航技术进步及提高民航经济效益不可缺少的重要管理手段。一些关乎公众和机组生命安全的标准，例如行业标准《民用航空器飞行事故征候》（MH/T 2001-2011）等，在公共航空安全管理中的作用之大并不亚于法律规定。

　　民航是一个国际化行业，在许多方面各国民航必须遵循统一的国际标准，因此应该按国家标准化管理政策优先采用国际标准。除了由国际标准化组织(international organization for standardization，ISO)向全世界发布的国际标准以外，国际民航组织发布的《标准与建议措施》系列，即国际民航芝加哥公约现行有效的 19 个附件，更是各国民航管理行业必须严格遵守的国际标准。目前我国民航在人员执照颁发、空中交通管理与服务、航空器运行、航空器国籍和登记标志、航空器适航性、搜寻与援救、航空器事故和事故征候调查、机场设计和运行、环境保护、保护国际民用航空免遭非法干扰、危险品运输、安全管理等专业领域，执行的标准已实现同国际接轨。随着我国向民航强国迈进的步伐加快，我国在世界民航界的话语权越来越大，我国民航对世界民航标准化的影响也必将越来越大。

　　严格遵守各类相关的行业管理规章是公共航空运输飞行员一项基本的职业素养，而重视飞行员职业发展也是行业规章关注的一项重要内容。如图 5-6 所示，问卷调查表明，行业管理规章重视飞行员职业发展在各航空公司飞行员公共航空安全价值观中的重要度权重为 0.010～0.030，依次为：公司一 0.030，公司五 0.030，公司六 0.028，公司九 0.026，公司七 0.024，公司二 0.019，公司四 0.014，公司八 0.014，公司三 0.010。

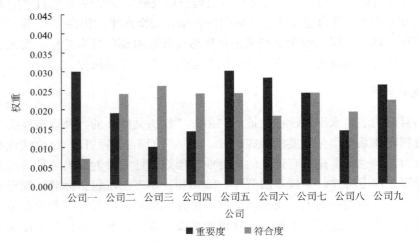

图 5-6　行业规章价值权重

　　行业管理规章重视飞行员职业发展在各航空公司飞行员公共航空安全价值观中的符合度权重为 0.007～0.026，依次为：公司三 0.026，公司二 0.024，公司四 0.024，公司五 0.024，公司七 0.024，公司九 0.022，公司八 0.019，公司六 0.018，公司一 0.007。

5.3　公司环境激励

　　航空公司是特殊类型的交通运输企业，公共航空运输飞行员是归属于特定航空公司的飞行员，他们所属公司的环境是其职业发展和塑造修炼公共航空安全价值观的直接环境。

本节集中讨论公司环境对公共航空运输飞行员职业价值观即其公共航空安全价值观的决定作用。

5.3.1　建设安全文化

企业文化是企业的宝贵财富。在航空公司，安全文化在公司文化中居于特殊地位。

焦点小组访谈和录音资料分析表明，公共航空运输飞行员重视自己的文化素养和公司的文化氛围。他们喜欢读书，在繁重的飞行任务之余，他们中许多人有读书的良好习惯。这些读书人喜欢与人讨论问题抒发见解，听他们侃侃而谈，你能感受到他们深厚的文化素养。他们不喜欢一些航空公司对市场竞争和经济效益的过度倾斜，因为这种倾斜挤压了他们的休息时间和业余生活。他们不喜欢安全文化中过于严苛的问责和惩罚倾向，因为这种严苛使他们感受到了巨大的心理压力，减弱了对飞行职业的安全感和自豪感。

1.　企业文化

文化与文明是学者历来经常辨析却又往往难解难分的一对孪生概念。文明是人类创造的物质财富和精神财富，特别是精神财富的总和，是社会主义核心价值体系中十分重要的价值理念，其重要性和广泛性不言而喻。文化一般是指一个国家或民族的历史、地理、风土人情、传统习俗、生活方式、文学艺术、行为规范、思维方式、价值观念等，其内容也足以包罗万象。要想把文明和文化两个概念从内涵到外延分辨得一清二楚的确不是一件容易的事，不过在现实生活中似乎也并不那么必要。从语义上看，似乎文明更强调人文即civilization 的一面，而文化更强调教化即 cultivation 的一面。无论如何，在航空运输飞行员队伍中培养和塑造优秀的公共航空安全价值观，对他们实施内容丰富、形式多样的人文教化是不可缺少的。

关于企业文化的表述很多，但都说明价值观本身就是文化的重要内容。有人认为企业文化是由企业内部的价值观、信念、仪式、符号、处事方式等组成的特有的文化形象。有人认为企业文化是企业在生产经营实践中逐步形成，由企业员工认同并共同遵守，带有本企业特点的使命、愿景、宗旨、精神、价值观和经营理念，以及这些理念在生产经营实践、企业管理制度、员工行为方式与企业对外形象中的体现。有人认为企业文化是企业的灵魂和发展动力，其核心是企业特有的精神和价值观，是企业及其员工在生产经营活动中持有的价值观念。有人认为企业文化是企业中各个部门，至少是企业高层管理者共同拥有的价值观念，是企业中各个职能部门和各地分支机构共同拥有的文化现象。有人认为企业文化是企业内部价值观、英雄人物、习俗仪式、文化网络及企业环境的总和。有人认为企业文化是企业确定进取、守势和灵活性，确定活动、意见和行为模式的价值观。有人认为广义的企业文化是指企业创造的具有自身特点的物质文化和精神文化，而狭义的企业文化是企业形成的具有自身个性的经营宗旨、价值观念和道德行为准则的综合。也有人认为企业文化是企业成员共同的价值观念和行为规范体系，包括由企业使命、企业愿景、经营宗旨、经营哲学、经营战略、经营方针、行为准则、企业价值观等要素组成的理念识别 (mind identity，MI) 系统，由企业内部的组织管理、教育培训、福利制度、行为规范、工作环境、开发研究以及企业对外的市场营销、产品开发、公共关系、公益活动等要素组成的行为识别（behavior identity，BI）系统，由企业名称、企业标志、企业造型、标准字、标准色、象征图案、宣传口号等要素组成的视觉识别（visual identity，VI）系统，等等，不一而足。可见，人们在理解企业文化时往往离不开价值观，员工的职业价值观在企业文化中占有突出位置。公共航空运输飞行员所在航空公司的文化氛围与他们的公共航空安全价值观有着千丝万缕的联系，直接影响他们公共航空安全价值观的形成过程。近年来，我国各航空公司普遍十分重视公司的企业文化建设，并积累了丰富的经验。航空公司企业文化的内容很多，对航空运输飞行员公共航空安全价值观的形成来说，公司安全文化的影响尤为重要。

2. 安全文化

国际民航组织飞行安全与人为因素研究小组将安全文化定义为使员工、管理人员、旅客和公众面临的危险降低到最低程度的一系列理念、标准、态度、任务，以及社会和技术措施，国际航空运输协会（international aviation transportation association，IATA）将安全文化定义为组织运行和控制风险的方式。美国公共航空安全管理专家道格拉斯·韦格曼在向美国联邦航空局提交的报告中提出，安全文化是组织的各层次、各群体中每个人长期保持的对员工和公众安全的价值及优先级的认识，它涉及每个人如何承担安全责任，保持、加强和交流关注安全的行动，主动从失误教训中学习、调整及修正个人和组织的行为，并且从实现这些价值的行为模式中获得奖励[176]。

我国民航在取得世界领先安全水平的新起点上，提出了迈向人文式安全管理的目标，即伴随着社会进步不断创新安全理念，提高人的整体素质，促进人的全面发展，建设良好的安全文化，实现由"要我安全"向"我要安全"的更高的安全管理层次转变，使安全管理成为我国民航的人文需求与人文自觉。这一目标符合世界公共航空安全管理的潮流，值得我国民航认真坚持。要达到此目标，实现公共航空安全的人文式管理，关键是建立更加科学、系统，更具时代特色和符合我国民航特点的行业和企业安全文化，以安全文化建设为抓手，在全行业培养每一个员工高度的安全责任感，将安全转化为全体从业人员的文化理念，使之深入人心，同时对企业实施科学规范的安全管理，不断增强我国公共航空安全管理的科学性和可靠性，降低公共航空运输事故率和灾害损失，促进公共航空运输业的健康持续发展。

如图 5-7 所示，问卷调查表明，公司重视安全文化建设在各航空公司飞行员公共航空安全价值观中的重要度权重为 0.009~0.034，依次为：公司二 0.034，公司六 0.033，公司三 0.027，公司一 0.023，公司九 0.022，公司八 0.020，公司七 0.018，公司四 0.017，公司五 0.009。

公司重视安全文化建设在各航空公司飞行员公共航空安全价值观中的符合度权重为 0.009~0.047，依次为：公司一 0.047，公司九 0.031，公司三 0.029，公司七 0.029，公司六 0.022，公司二 0.019，公司五 0.019，公司八 0.016，公司四 0.009。

5.3.2 关注发展前景

企业发展前景是企业的前途和未来，是企业的经营规划，也是全体员工的职业发展前景。公共航空运输飞行员越是敬业，就必然会越关心所在航空公司的发展前景。

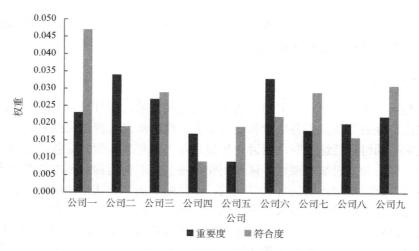

图 5-7 公司文化价值权重

焦点小组访谈和录音资料分析表明，基于对国家经济社会发展前景的认识，公共航空运输飞行员对行业和所在航空公司的发展前景，以及对自己职业发展的前景充满信心。这种信心是他们爱岗敬业的内在动力，激励他们更坚定地践行保证公共航空安全的最高职责。

1. 盈利与前景

公共航空运输飞行员所在的航空公司属于一类企业，具有企业的一般特征。一般认为，企业是现代社会的重要组成部分，是以营利为目的，从事生产、流通或服务活动的独立核算经济单位，依其所有者是国家还是个人或者混合所有而为国家创造税收，为个人创造利润，或者二者兼而有之。这就是说，航空公司天然就是要盈利，没有盈利，航空公司就无法生存，就没有发展前景；盈利越多，利润率越高，航空公司的发展前景就越好。

航空公司是一类比较特殊的运输服务型企业，这是由公共航空运输的行业特点决定的。一方面，公共航空运输是现代交通运输体系中现代化程度最高的交通运输方式，是各国现代化进程中不可缺少的朝阳行业。另一方面，公共航空运输是现代服务业中准入门槛较高、经营的技术难度和管理难度较大的行业。由此决定，公共航空运输企业的一个显著特点是投入极大而利润率较低，因而与其他类型的企业相比，航空公司盈利更加困难，经济效益的高低在更大程度上决定航空公司的发展前景。据国际航空运输协会 2016 年发布的测算数据，全球公共航空运输业净利润为 356 亿美元，净利润率仅为 5.1%；其中北美地区状况较好，净利润为 203 亿美元；欧洲地区受业内竞争激烈、成本居高不下、恐怖袭击事件打击等因素影响，净利润仅为 56 亿美元；在受地区冲突和商品价格较低影响的非洲地区状况更差，净亏损竟达 8 亿美元[177]。

在世界经济受 2008 年金融危机冲击而至今缺乏提振活力的背景下，我国经济发展虽有明显下行压力，但是总的来看风景这边独好，由此带来的交通运输市场巨大需求为我国公共航空运输业和各航空公司展示了光明的发展前景。对比全球公共航空运输业上述测算数据，2016 年我国公共航空运输业经济效益再创新高，航空公司实现营业收入 4694.7 亿元，比上年增长 8.2%；利润总额 364.8 亿元，比上年增加 37.9 亿元[1]。市场结构逐步优化，使航空公司的盈利前景和发展前景越来越好。

2. 安全与盈利

较高盈利水平为航空公司带来的光明前景是有条件的，而且是有更高优先级的决定性条件，这些决定性条件就是服务质量和飞行安全。这些年来，我国民航业对安全与效益、安全与发展关系的讨论持续不断，越讨论越使从业人员更加认识到服务质量与安全水平对行业与企业发展前景的极端重要性，认识到安全是公共航空运输最基本的服务质量。作为一种服务产品，公共航空运输是可以替代的，而且随着国家交通运输市场供给侧改革的推进，公共航空运输的可替代性越来越强。当公共航空运输的服务质量和安全水平下降时，旅客可以改乘高铁；当一家航空公司的服务质量和安全水平下降时，旅客也可以改乘其他航空公司的航班。这样的现象每天都在发生，每天都在给航空公司带来压力。我国公共航空运输能够取得上述盈利业绩，离不开当年航班正常率 76.46%，同比提高 9.16 个百分点的服务质量；离不开全年安全形势总体平稳，累计安全飞行 4623 万小时不发生运输飞行事故和空防事故，全行业实现连续安全飞行 76 个月的安全水平[2]。航班正点和飞行安全是航空公司盈利的基础与前提，是旅客和公众关注公共航空运输的焦点，理所当然也是公共航空运输飞行员职业价值的核心。

如图 5-8 所示，问卷调查表明，公司发展前景良好在各航空公司飞行员公共航空安全价值观中的重要度权重为 0.015~0.032，依次为：公司三 0.032，公司四 0.024，公司七 0.024，公司九 0.022，公司五 0.020，公司一 0.019，公司八 0.019，公司六 0.017，公司二 0.015。

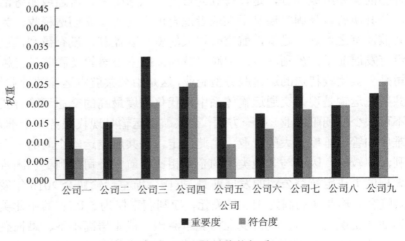

图 5-8　公司前景价值权重

---

① 数据源于《2016 年民航行业发展统计公报》，据《2018 年民航行业发展统计公报》，这组数据更新为：航空公司实现营业收入 6130.2 亿元，比上年增长 14.5%；利润总额 250.3 亿元，比上年减少 160.4 亿元。

② 参见第 104 页注③及第 106 页注①。

公司发展前景良好在各航空公司飞行员公共航空安全价值观中的符合度权重为 0.008～0.025，依次为：公司四 0.025，公司九 0.025，公司三 0.020，公司八 0.019，公司七 0.018，公司六 0.013，公司二 0.011，公司五 0.009，公司一 0.008。

5.3.3　提高公司声望

声望是企业的招牌和口碑，是企业宝贵的无形资产。一个企业如果丢了市场可以很快再抢回来，丢了利润可以很快再挣回来，甚至破产了也可以寻找时机东山再起，但是如果企业丢了声望，砸了招牌，坏了口碑，要想在短时间找回来却是一件十分困难的事情。在企业顺利扩张的时期，顺风顺水，前景一片光明，企业声望也许显得不那么重要。相反，越是在企业遇到激烈竞争或严峻困难的关键时刻，企业声望就越显得比金子还珍贵。

焦点小组访谈和录音资料分析表明，公共航空运输飞行员十分看重所在航空公司的声望特别是安全声望。他们从当初入行起就注重选择自己心仪的航空公司，进入公司后努力飞好每一个航班，付出自己的心血和汗水为公司声望增光添彩。他们深知公司发展和自己利益休戚相关，公司声望和自己荣辱与共，即使工作中有疲劳，有困难，有不满意，他们也能自觉维护公司的声望。

1. 主要影响因素

企业声望涉及很多内容，很多因素都和企业声望有关，影响企业声望。

首先，企业声望和企业的信誉有关。信誉管理是近年来兴起的一种关于企业管理的思潮。有的学者认为企业信誉是企业行为获得社会认可，从而取得资源、机会和支持，进而完成价值创造的能力的总和，是企业在其生产经营活动中获得的社会公认的信用和名声。有的学者认为企业信誉是企业的无形资产，它有高低好差之分。企业信誉好表示企业恪守承诺、追求质量、周到服务等优良行为得到社会的公认好评，企业信誉差则表示企业不守信用、不求质量、损害顾客利益等不良行为给公众留下恶劣印象。较高的信誉是企业在市场竞争中求得发展、获得优势的法宝，有利于企业降低融资成本、扩大市场份额、改善经营管理、提高社会知名度。因此，每个企业都应该注重塑造良好的企业信誉。纽约大学斯特恩商学院名誉教授查尔斯·丰布兰(Charles Fombrun)于 1996 年对企业信誉的论述被认为是标准版本。他认为企业信誉是一个企业过去一切行为及结果的合成表现，这些行为及结果描述了企业向各类利益相关者提供有价值的产出能力。我国改革开放以来的实践证明，在市场经济条件下，企业的诚信十分重要，要以诚信为本。企业信誉论强调企业讲求信用而获得声望，这符合社会主义核心价值体系中的诚信理念。航空公司借鉴企业信誉论管理企业各项经营活动是提高企业声望的正确选择。

其次，企业声望和企业的知名度有关。企业知名度是企业的名气，是公众对一个企业知晓的程度，是企业形象的重要组成部分，通常包括企业组织知名度、企业产品或服务知名度和企业主要管理者知名度等三项内容。知名度对企业的生存和发展起重要作用，它是企业无形的资产，会间接地给企业带来许多好处，因为任何经济交往都要从知晓开始。知名度是评价企业形象的重要内容，受到褒奖的知名度与企业良好的形象相联系，建立在优质产品和完美服务基础上的商誉等会令企业名扬四海，而遭到贬责的知名度则反映低劣的企业形象，损害消费者利益的产品和服务甚至会使企业声名狼藉。提高知名度、树立良好形象是企业公共关系管理的重要内容，企业应该根据具体需要通过广告、招待会、新闻发布会等各种媒介和方式全面提高其组织知名度、产品或服务知名度以及主要管理者的知名度。航空公司作为一种为公众服务的特殊企业，一般都有较高的组织知名度，其主要管理者一般也都有较高的社会知名度，因而航空公司提高知名度主要是指提高其服务知名度。

最后，企业声望和企业的美誉度有关。企业美誉度是公众心目中企业及其产品的品牌形象和市场地位的美好程度。企业美誉度可以看作是企业信誉和企业知名度的结合，它与企业信誉和企业知名度的差别是重点突出企业信誉和知名度中美好的方面，突出体现本企业在同行中的优势地位。实际上，为了提升自己的竞争地位和生存能力，任何企业都会努力提高企业的信誉和知名度，努力掩饰和纠正企业的败誉及恶名。

2. 公司安全声望

航空公司最重要的声望是其服务质量和安全记录。

在强调安全第一的航空运输输业，航空公司的安全声望不好会断送公司的发展前景。例如，曾经在海峡两岸通航中做出重要贡献的台湾复兴航空公司，在 2014 年 7 月 23 日到 2015 年 2 月 4 日仅半年多的时间，连续发生了两次空难，共造成 90 余人死亡，15 人受伤。虽然事后公司上下竭力挽救危局，力图实现名副其实的复兴，在旅客退票、员工资遣、管理沟通、债权清偿及股东权益等多方面善后事宜中做出了妥善的安排，并在 2016 年 11 月 23 日按照协议完成厦门航空公司维修服务后推出了十分感人的谢幕场面，但终究未能遏制公司经营受到飞行事故重创后的颓势，遗憾退出公共航空运输市场[178]。

在我国长期未发生公共航空运输飞行事故的世界纪录中，几十家航空公司都做出了自己的贡献，也为公司发展积累了宝贵的安全声望。航空公司在向社会公众展示公司形象时，总是突出展示其安全形象；消费者选择航空出行时，也总是把航空公司的安全纪录放在突出地位。我国航空公司各具特色的飞行安全管理是公司安全声望的管理基础，是公司员工特别是飞行员以保证安全第一为核心价值的公共航空安全价值观形成的基本环境，也为飞行员实现职业价值提供了广阔的空间。

如图 5-9 所示，问卷调查表明，公司声望良好在各航空公司飞行员公共航空安全价值观中的重要度权重为 0.012～0.028，依次为：公司六 0.028，公司五 0.025，公司三 0.023，公司四 0.018，公司七 0.018，公司八 0.018，公司一 0.015，公司二 0.014，公司九 0.012。

公司声望良好在各航空公司飞行员公共航空安全价值观中的符合度权重为 0.005～0.037，依次为：公司八 0.037，公司五 0.029，公司四 0.026，公司九 0.023，公司三 0.013，公司一 0.009，公司六 0.008，公司二 0.006，公司七 0.005。

公共航空运输飞行员是在蓝天自由翱翔的天之骄子，又是受到最严格管理的航空公司员工。航空公司的管理状况，包括公司实行的各种飞行员管理制度、公司吸收飞行员参与公司管理的民主化水平、公司调动飞行员工作积极性的激励机制，以及公司对飞行员工作绩效的评价体系等对飞行员公共航空安全价值观的形成产生决定作用。

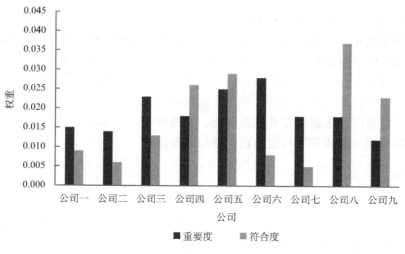

图 5-9　公司声望价值权重

5.3.4　健全公司制度

在航空公司综合运用经济手段、行政手段和法律手段治理企业的管理活动中，法律手段占有突出地位。航空公司运用法律手段治理企业，需要实施一整套法律规章制度体系，其中国家法律和行业规章的作用如第 4 章所述。在航空公司日常管理活动中，运用更多的是企业层次的管理制度。公司管理制度处于民航法律规章制度体系的最底层，从最基础的层面决定航空运输飞行员公共航空安全价值观的塑造和修炼效果。

焦点小组访谈和录音资料分析表明，和严守行业管理规章一样，公共航空运输飞行员在遵守公司制度方面有很强的法治意识。他们自觉遵守所在公司的各项管理制度，特别是对那些关乎飞行安全的公司管理制度在遵照执行上更是毫不含糊。即使公司制度中有些规定在他们看来不尽合理，他们也会自觉地坚决执行，在执行过程中反映意见，决不强调个人自由而违反现行制度规定各行其是。

1. 企业法治观念

重视管理制度的制定和实施是成功企业的普遍经验，是社会主义核心价值体系中法治理念在企业管理中的具体实现。企业制定管理制度是保证企业规范运行的重要手段，是企业内部的"立法"，是国家法律赋予企业的管理权力。国家法律、行业规章的规定都只能是概括性、原则性的，不可能虑及各企业千差万别的具体情况，只有企业自己制定的管理制度才能做到准确详尽，才可以直接执行。企业管理制度是对企业各项管理活动的制度性安排，是企业为实施发展战略、实现发展目标而要求员工在企业生产经营活动中共同遵守的规定和准则，其表现形式是企业管理活动中依据的各类制度性文件。企业要在激烈的市场竞争中获得生存和发展，就必须制定这些在全企业范围内统一实施的规定和准则，并要求全体员工在生产经营活动中按照这些规范和准则统一行动，各司其职。

制定企业各项管理制度时，要遵循从企业实际出发的适用性原则，尊重管理规律的科学性原则，从管理需要出发的必要性原则，与国家法律、行业规章保持一致的合法性原则，宽严适度的合理性原则，系统配套的完整性原则，以及与时俱进的先进性原则。在时效性上，企业管理制度要做到稳定性和动态性的统一，因为一成不变的管理制度不能适应企业内外的变化，朝令夕改的管理制度则会使员工无所适从。企业应该根据发展的实际需要而保持管理制度相对稳定和动态调整。在企业的发展过程中，企业管理制度会有相应的稳定期与调整期，企业应该依据国家和行业形势、企业环境、发展战略、员工素质等影响因素的变化，控制和调节企业管理制度的稳定性与动态性。

2. 公司制度缺陷

航空公司作为现代化水平、国际化要求都很高的交通运输企业，同时也理应是法治水平很高的企业。经过多年的发展，目前我国各航空公司都已形成相当完备的管理制度体系，其中既包括航班运行中必须遵照执行的运行手册等操作规范，也包括行政管理、技术管理、党建管理等制度性文件的分类汇编。这些管理制度的约束范围遍及公司管理工作的方方面面，有力地保证了公司管理活动顺利进行。从有利于航空运输飞行员形成正确的公共航空安全价值观的角度看，我国航空公司的管理制度还有较大的改进空间。

一是管理制度制定过程的程序性缺陷。严格的制定程序是企业管理制度约束力的重要来源，但是一些公司的某些管理制度因为制定程序不够严谨而使其约束力有所减弱。有时是为了显示开展某项活动的成效，有时是为了表示对贯彻某次会议精神的重视，对相关管理制度的制定或修订过于频繁，结果是老的版本没有落实到位，新的版本没有得到员工深刻理解，新旧版本都起不到应有的约束作用。

二是管理制度实施中的约束力软化。一方面，管理制度执行上存在着差别性的约束力软化，对普通员工约束严，对管理者特别是高层管理者约束松，结果使管理制度在一些方面形同虚设。本来，由于管理者手中握有管理企业的权力，他们应该比一线员工受到更大的制度约束，但是一些航空公司的实际情况是角色错位，管理者往往成了代表公司约束一线员工的监督者，有些管理者甚至沾染了官场的不良习气，这种状况对鼓励员工在一线埋头工作，为公司多做奉献十分不利。在制度约束力差别性软化中，后果最严重的是对公司主要负责人的约束力软化。这些负责人作为公司的一把手，拥有公司的最高管理权，理应受到最严格的制度约束，但是实际情况往往是对公司主要负责人的约束缺位。一些公司一把手不喜欢自觉接受制度约束，而是喜欢关起门来自居老大，喜欢部下的吹拍奉迎，加上一些下级管理者出于自私的功利目的而投其所好，使这些公司主要负责人往往在不受约束的条件下行使权力，成为滋生腐败现象的一个重要原因。另一方面，管理制度对全体员工的实际约束力存在普遍性软化。在卷帙齐整的公司管理制度汇编中，有相当多的内容实际上并没有发挥应有的约束力。表面上看，从考核指标到公司文化、员工行为准则等都有一系列颇为完整的条条框框，关于"必须做到""坚决禁止"之类的文件不胜枚举，但由于对这些文件既没认真执行也不经常检查，到头来条条框框变成流于形式的"空架子"。由于上行下效或形式主义等，一些管理制度规范没有形成应有的权威，即使有的员工出现违反管理制度的不当行为，往往也终因法不责众而不了了之。

在社会主义核心价值体系中，法治和民主、自由是统一的。航空公司实施管理制度的过程是公司内部的"执法"，这就必然要求具有一定的强制性。没有适当的强化手段，公司管理制度就是一纸空文。建立持久的强化执行方案是航空公司实施管理制度的必要措施。习惯成自然，好的公司管理制度，经过一定时期强化执行后，就会逐渐成为员工的行为习惯和职业价值，"当人们只服从法则而无需听命于他人时，便获得了自由"[①]。

如图 5-10 所示，问卷调查表明，公司管理制度公平公正公开在各航空公司飞行员公共航空安全价值观中的重要度权重为 0.006～0.028，依次为：公司八 0.028，公司三 0.024，公司四 0.024，公司七 0.024，公司九 0.024，公司六 0.021，公司一 0.010，公司二 0.010，公司五 0.006。

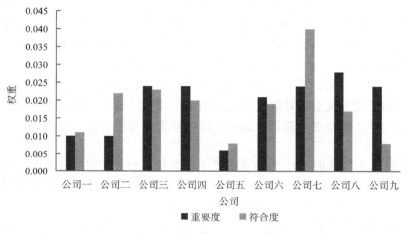

图 5-10　公司制度价值权重

公司管理制度公平公正公开在各航空公司飞行员公共航空安全价值观中的符合度权重为 0.008～0.040，依次为：公司七 0.040，公司三 0.023，公司二 0.022，公司四 0.020，公司六 0.019，公司八 0.017，公司一 0.011，公司五 0.008，公司九 0.008。

5.3.5　参与民主管理

在社会主义核心价值体系里，民主是和自由最贴近的价值理念。

海阔凭鱼跃，天高任鸟飞。在以翱翔蓝天白云间为职业的公共航空运输飞行员心目中，民主是他们十分崇尚的价值理念。他们对民主的感受，最自然、最直接地来自他们所在的航空公司，来自公司内部的民主管理。

焦点小组访谈和录音资料分析表明，公共航空运输飞行员不仅有参与航空公司民主管理的强烈意识，而且有许多切实改进公司管理状况的真知灼见。特别是在改进航班安排、加强沟通交流、减轻飞行疲劳、增强员工体质等直接关系到公司服务质量和安全管理的重要事项上，他们有更多源自实践经验的发言权。众多飞行员成功走上航空公司和行业各级领导岗位的事实说明，他们不仅有参与公司民主管理的基本素质，而且有实际执管一片民

---

① 康德语，转引自 Philip Ball：《预知社会：群体行为的内在法则》，暴永宁译，当代中国出版社 2010 年版，第 22 页。

航天地的胜任能力。

1. 法规依据

在我国，职工参与企业民主管理是宪法和法律赋予的权利。《中华人民共和国宪法》规定，"国有企业依照法律规定，通过职工代表大会和其他形式，实行民主管理"；"集体经济组织实行民主管理，依照法律规定选举和罢免管理人员，决定经营管理的重大问题"。

2012年2月，由中共中央纪律委员会、中共中央组织部、中华全国总工会等6部门依据宪法和相关法律，为完善企业民主管理制度，支持职工参与企业管理，维护职工合法权益，构建和谐劳动关系，促进企业持续健康发展，加强基层民主政治建设，联合制定下发了《企业民主管理规定》。这部五章五十条的《企业民主管理规定》规定，企业应当按照合法、有序、公开、公正的原则，建立以职工代表大会为基本形式的民主管理制度，实行厂务公开，推行民主管理，公司制企业应当依法建立职工董事、职工监事制度；企业应当尊重和保障职工依法享有的知情权、参与权、表达权和监督权等民主权利，支持职工参加企业管理活动；职工代表大会在其职权范围内依法审议通过的决议和事项具有约束力，非经职工代表大会同意不得变更或撤销。这些规定为职工参与企业民主管理提供了明确的法规依据[179]。

根据《企业民主管理规定》，作为企业民主管理基本形式的职工代表大会有权听取企业主要负责人关于企业发展规划、年度生产经营管理情况，企业改革和制定重要规章制度情况，企业用工、劳动合同和集体合同签订履行情况，企业安全生产情况，企业缴纳社会保险费和住房公积金情况等报告，提出意见和建议；审议企业制定、修改或者决定的有关劳动报酬、工作时间、休息休假、劳动安全卫生、保险福利、职工培训、劳动纪律以及劳动定额管理等直接涉及劳动者切身利益的规章制度或者重大事项方案，提出意见和建议；审议通过集体合同草案，按照国家有关规定提取的职工福利基金使用方案、住房公积金和社会保险费缴纳比例和时间的调整方案，劳动模范的推荐人选等重大事项；选举或者罢免职工董事、职工监事，选举依法进入破产程序企业的债权人会议和债权人委员会中的职工代表，根据授权推荐或者选举企业经营管理人员；审查监督企业执行劳动法律法规和劳动规章制度情况，民主评议企业领导人员，并提出奖惩建议。国有企业和国有控股企业职工代表大会还有权听取和审议企业主要负责人关于投资和重大技术改造、财务预决算、企业业务招待费使用等情况的报告，专业技术职称的评聘、企业公积金的使用、企业的改制等方案，并提出意见和建议；审议通过企业合并、分立、改制、解散、破产实施方案中职工的裁减、分流和安置方案。

2. 政治经济基础

在民航行业，飞行员参与所在航空公司民主管理有深厚的政治经济基础。

公共航空运输飞行员是航空公司中居于核心地位的员工群体。取得航班飞行资格标志着他们完成了系统正规的严格培训，拥有驾驶现代运输飞机的专门知识和操作技能，是公共航空运输先进生产力的核心部分。在以集中应用高科技著称的航空公司，他们是系统掌握现代飞行技术的特殊类型知识员工。在航班飞行过程中，特别是在复杂的特殊情况下，他们拥有运用这些知识和技能操作飞机的最高与最终的决定权。在我国公共航空运输业持续快速发展的进程中，他们是一类稀缺的特殊人才，为行业和企业发展做出了特殊的贡献。他们是提高公共航空运输服务质量和安全水平的功臣，是航空公司经营管理活动中名副其实的主人公。航空公司只有调动他们参与企业民主管理，才有希望创造出业界领先的服务质量和安全水平。

公共航空运输飞行员是我国产业工人队伍中阶级觉悟较高的一个群体。随着公共航空运输业在国家交通运输体系和经济社会发展中的地位不断提高，公共航空运输飞行员在社会生产力和生产关系中的地位也在迅速提高。他们深知自己是社会先进生产力的代表，是工人阶级队伍中掌握先进生产工具的代表，他们掌握的知识和技能是航空公司宝贵的生产力资源，努力提高自己的飞行知识技能并参与管理所在航空公司的生产力资源，提高自己飞行知识技能的生产率并促进提高全公司的航空运输生产率，是他们越来越自觉的责任意识，这意味着直接参与公司民主管理是他们越来越自觉的政治需求。

公共航空运输飞行员是航空公司员工队伍中政治觉悟较高的一个群体。伴随着他们高工资带来的经济地位，他们在公司管理层的地位也比较高。客观上，国家政治改革和社会改革在不断鼓励公共航空运输飞行员参与公司内部的民主管理。近年来，国家对员工参与企业民主管理的政策规定越来越明确，要求在企业严格实行决策民主、管理民主、选举民主、财务民主等广泛的民主管理制度，对企业管理者特别是主要负责人实行严格的民主监督。主观上，公共航空运输飞行员参与公司内部民主管理的觉悟也在不断提高。他们的民主意识历来很强，作为公共航空运输的核心力量，他们比别人更关心企业的经营管理和安全生产状况。在这种形势下，公共航空运输飞行员成为航空公司经营管理活动中一个不可忽视的群体。

公共航空运输飞行员是天然的管理人才。在日常的航班飞行中，公共航空运输飞行员手中操作的是动辄价值几亿、十几亿元的运输飞机，其责任之大非一般的企业管理者可比。机组是他们工作的基本单元，机组资源管理是他们一进入驾驶舱就不能停止的必修课，机长负责制是他们主要的管理方式。在航班延误时特别是在出现特情的危急关头，各种预见得到和预见不到的复杂情况时常考验他们的应急管理能力，其压力之大非普通人所能承受。这样的工作环境造就了公共航空运输飞行员特殊的管理素质。各国民航小到飞行队、大到民航局很多领导都由飞行员出任，说明他们在飞行活动中积累的管理素质十分可贵。这样的管理素质使公共航空运输飞行员在参与公司民主管理中具有独特的优势。

在航空公司，飞行员参与民主管理大有用武之地。航空公司民主管理的内容十分广泛，决定公司民主管理只能是一个不断完善的渐进过程。如上节所述，公共航空运输飞行员在行使如此广泛的民主管理权力时，一个十分迫切的任务就是克服公司业管理制度在制定程序和约束力上的软化现象。事关职工民主权力的任何公司管理制度本应经历严格的制定程序，但是在现实中，由于管理制度制定或修订的时间过于紧迫等，一些航空公司在制定公司管理制度时往往出现程序性软化现象，由少数笔杆子闭门造车，对职工的民主参与重视不够，结果是有关管理制度的执行效果大打折扣。克服公司管理制度约束力软化的关键则在于督促管理者特别是主要负责人在制度约束问题上转变态度和作风。如果能够督促公司主要负责人做到严格自律并自觉接受职工的民主监督，那么他们的以身作则必然会不怒自威，足以使管理制度的约束力软化得到很大程度的克服。

如图 5-11 所示，问卷调查表明，公司管理氛围民主在各航空公司飞行员公共航空安全价值观中的重要度权重为 0.015～0.041，依次为：公司九 0.041，公司四 0.037，公司七 0.033，公司六 0.027，公司二 0.026，公司三 0.026，公司一 0.020，公司八 0.018，公司五 0.015。

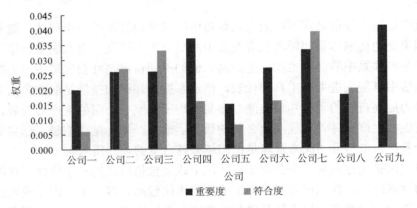

图 5-11　民主管理价值权重

公司管理氛围民主在各航空公司飞行员公共航空安全价值观中的符合度权重为 0.006～0.039，依次为：公司七 0.039，公司三 0.033，公司二 0.027，公司八 0.020，公司四 0.016，公司六 0.016，公司九 0.011，公司五 0.008，公司一 0.006。

5.3.6　强化激励约束

航空公司激励飞行员是为了鼓励和鞭策他们更好地勤恳工作，践行社会主义核心价值体系中敬业这一重要的价值理念。

1. 明确目标模式

如上节所述，在改革开放的经济、政治和社会条件下，我国航空公司的民主管理制度在有序推进，员工的主人公地位越来越明确。在这样的条件下，航空公司员工既要参与企业激励方案制订、激励措施实施、激励效果检查的全过程，又要自觉接受公司的激励和约束。航空公司管理者既要按照公司和员工意志执行激励措施，又要自觉接受员工的监督约束。在这样的条件下，我国航空公司建立激励机制的目标模式应该是鼓励员工积极参与民主管理、促进员工全面发展的自主式、互动式激励约束机制。

焦点小组访谈和录音资料分析表明，在探索对公共航空运输飞行员更有实效的激励约束机制中，应该更加强调突出这个特殊群体的职业特点。公共航空运输飞行员物质收入水平高，掌握特殊的知识技能，但是工作强度大，疲劳现象普遍，这些特点在航空公司构建对飞行员的激励约束中应该给予更多关注。譬如，对时下多数行业员工依然十分有效的奖金激励对公共航空运输飞行员就不那么有效了。虽然有些飞行员仍然感到和行业内其他航空公司相比他们的工薪收入偏低，但是多数公共航空运输飞行员更强烈的感受就像人们调侃的那样"穷得就剩钱了"，是他们挣了钱没有足够的业余时间去消费。对大多数飞行员来说，最迫切的需要是有足够的休息时间。多给他们一些休息时间去和家人在一起享受天伦之乐，去和久别的朋友聚一聚，去锻炼身体来改善健康状况，去读书来完善和提升自己的知识结构等，这些对他们是更重要也更有效的激励。

2. 激励与约束

航空公司的员工激励机制是一种以激励员工爱岗敬业为主的人力资源管理系统，它需要具备必要的控制功能，因为没有控制功能的开环管理系统是不完备的，其稳定性无法得到保证。约束机制就是实现员工激励系统控制功能的重要机制，这对新飞行员来说尤其是这样的。民航新飞行员来自五湖四海，他们带着不同的职业价值观进入航空公司。在作为员工进入航空公司之前，他们有着不同的人生经历、培训经历和工作经历，其中大部分人对航班飞行工作只有比较一般的认识，对自己在住职航空公司具体飞行任务的认识尚不明确。对于即将承担的航班飞行工作，他们有愿意为之奋斗的激情和冲动，然而无可否认，他们中间也确有一些人是带着比较自我的人生观和价值观进入航空公司的，他们的职业价值观与航空公司的目标方向不完全一致。对于这些员工，从其入职伊始就应该加强引导和约束，使他们的世界观、人生观和职业价值观得到整合，向着公司共同的价值目标转变。

市场经济、全球化和改革开放等经济社会条件使航空运输飞行员的公共航空安全价值观受到多方面的影响，呈现出错综复杂的新局面。在这些复杂的影响因素中，有的以积极效果为主，使飞行员在物质和精神上的个人目标与航空公司目标紧密地联系在一起。弘扬这些积极的影响因素有利于公司目标的实现，但也有一些因素的影响效果是消极的，它们会使飞行员在追求不适当的个人目标时或在以不适当方式追求某些个人目标时偏离公司目标。为了不阻碍公司目标的实现，航空公司在构建员工激励系统的过程中，对于这些消极因素及其带来的消极影响不能等闲视之，对员工不适当的个人目标要予以适当抑制，对他们追求个人目标的不适当方式要予以适当约束。为了实现这种抑制和约束功能，保证系统的激励效果，需要重视员工激励系统中的约束机制。

约束机制是与激励机制并存于激励系统的辅助机制，它使系统功能完备而成为激励约束机制。约束机制是员工激励研究中提出的新问题，一些文献把约束机制称为负向激励，并重点研究负向激励中的惩罚问题[180]。但这种做法不尽合理，因为把惩罚称为激励不符合人们从正向理解激励的一般习惯。在研究中把约束机制归入激励系统是可行的，但是在实践中有没有约束机制的激励系统的功能是不一样的。在管理实践中，许多约束措施是预防性的，它们只是保持一定的限制性张力，防止某些不希望的行为出现而不强调其正向或负向的实施效果。约束机制对激励机制施加约束力的方向需要根据实际情况改变，它们一般与激励机制的正向驱动力存在夹角，但只有在某些特殊情况下才会与驱动力方向相反而构成所谓的负向激励。约束机制与激励机制之间的关系是辩证的。激励的目的是调动人的工作积极性，提高工作效率，而约束的目的是保证员工的行为不偏离企业的目标方向，维护企业和员工的根本利益。对激励机制来说，约束机制是起辅助作用的机制，约束力的存在、方向及大小决定于保证激励效果的需要。没有激励的需要，约束机制无须独立存在；然而若没有约束机制的辅助作用，激励的作用效果便无法得到保证。约束与激励的划分是相对的，在群体意义上二者之间泾渭分明，但在个体意义上二者的界限有时会变得模糊起来，对大多数持有积极职业价值观的个体的激励就是对持有消极职业价值观的少数员工的约束，相反，对个别职业价值观异常的员工的约束就是对大多数员工的有效激励。当极个别员工出现像德国之翼航空公司鲁比兹那样的价值观异常时，对约束机制的需要将变得十分迫切。

在航空公司员工激励系统中，约束机制是对激励机制的补充和保障。约束不是消极的束缚，不是限制员工自由的管、卡、压。约束以人的有限理性为依据，它强调人的行为理性。如果说激励是在鼓励员工做出符合公司目标的努力而取得成功，那么约束则是在告诫员工减少偏离公司目标的努力而避免失败。约束一些不符合公司目标的不良行为同时就是在鼓励符合公司目标的良好行为，约束一些不利于实现公司目标的不良行为同时就是在鼓励坚持公司目标的行为。相反，姑息一些不符合公司目标的不良行为就会对坚持公司目标的人造成掣肘，纵容一些违背公司目标行事的人就是对维护公司目标的人的压抑。约束机制对激励机制这种补充和保障作用使其成为保证激励措施取得预期效果的有效手段。

我国民航有严格管理的行业传统，这是我国民航实现世界领先安全水平的一个重要法宝。另一方面，在我国一些航空公司的安全文化中还存在轻奖重罚的倾向。2016年"10·11"事件发生后，英雄机长何超受到重奖，这本来是理所应当的事，但是在行业内外也有一些人不以为然，就反映了这种轻奖重罚倾向。与此类似，在管理界一些学者对约束的理解近似于惩罚。按照这种理解，约束是用惩罚手段的威慑作用对行为违背组织目标的员工进行惩罚，具体惩罚方式包括罚款、扣奖金、下岗、处分、免职、批评、舆论谴责等，惩罚的力度被称为惩罚系数[180]。这种理解虽讲出了约束的基本面，但并不全面。比如，罚款和扣奖金的依据、处分和免职的宽严尺度、批评和舆论谴责的原则标准，以及各种惩罚方式的力度掌握等，这些都不能简单地一罚了之。况且，惩罚只是约束员工的手段之一，并不是万能的。在很多情况下，员工的行为只是偏离而没有违背组织的目标，对这些行为虽然不应放纵但也不宜惩罚。因此，激励系统中约束机制的适用范围，无论是手段种类、内容范围还是对象范围，都要比简单的惩罚宽泛得多，仅靠惩罚手段并不足以保证激励的效果。虽然员工可能会因给组织造成损失的不当行为而受到惩罚，但激励系统中的约束机制主要不在于惩罚过程的实施，而在于因各种约束措施的存在，以及这些约束措施在必要时可能实施而形成的心理张力。即使对于受到惩罚的当事员工，惩罚本身也不是目的，真正的目的在于使员工经过归因过程而受到教育，使类似行为不再发生而产生预期的约束效果。

如图5-12所示，问卷调查表明，公司激励约束机制科学合理在各航空公司飞行员公共航空安全价值观中的重要度权重为0.008~0.021，依次为：公司九0.021，公司五0.018，公司一0.016，公司二0.016，公司三0.014，公司六0.013，公司四0.011，公司七0.010，公司八0.008。

公司激励约束机制科学合理在各航空公司飞行员公共航空安全价值观中的符合度权重为0.005~0.028，依次为：公司二0.028，公司六0.027，公司八0.026，公司三0.023，公司四0.021，公司九0.015，公司七0.011，公司五0.008，公司一0.005。

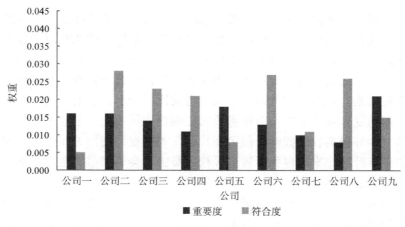

图 5-12　激励约束价值权重

5.3.7　改进绩效考核

绩效考核在我国是一个古老的新事物。地方官员述职考核在我国自古有之，但是作为一种人力资源管理制度的现代绩效考核却是在改革开放之后才从西方传入我国的。如今，绩效考核已经在我国各类组织得到普遍应用。每到岁末年初的考核关头，从各级政府公务员到各行各业员工都为绩效考核忙得不可开交。公共航空运输飞行员从业所在的各航空公司，在推行现代企业管理制度方面一直走在行业前列，在员工绩效管理方面进行了较早的探索。

1. 改进中的绩效考核

在我国凡是经历了稳定发展期，已有较好管理基础的航空公司，员工绩效考核都已普遍用作周期性评价员工工作表现的重要管理手段。航空公司管理者为了提高生产经营效率，制定出成套的考核指标和操作程序，评价员工在考核期内的工作行为及其取得的工作业绩，并且在奖惩、晋级、工资调整等人力资源管理活动中广泛运用考核结果。从积极方面看，航空公司进行绩效考核都是为了激励员工士气，提高员工绩效，改善公司反馈机能，为公司管理和开发人力资源提供评估依据，并最终提高公司的效能、效率和效益。但是，从实际考核效果看，还存在一些深层次问题有待改进。

1) 考核方式不当

随着员工绩效管理的推广和管理咨询公司的指导，我国航空公司对国内外流行的主要绩效考核方式都已有过尝试，已经不再陌生。关键事件法(critical incident method，CIM)由企业主管人员记录下属员工在工作中表现出来的非常优秀或者非常糟糕的关键事件，然后在考核时点上与当事员工面谈，根据记录考核其绩效水平。目标管理法(management by objectives，MBO)强调利润、定额和成本等结果指标，为每个员工确定若干具体考核指标，作为评价员工绩效的依据。平衡计分卡法(balanced score card，BSC)从财务、客户、内部过程、学习与创新等四个方面对企业及员工绩效进行全面测评。360 度考核方式由考核对象的直接主管、同事、下属、本人、外部专家或客户对员工绩效做出全面测评。

上述考核方式各有利弊，不宜厚此薄彼。以目前应用较多的 360 度考核方式为例，直接主管比较熟悉考核对象的工作性质和工作表现，便于与下属沟通，方便结合加薪、奖惩等管理措施，但下属往往心理压力较大，不易保证考核的公正客观，有时受主管喜好、偏见、感情等主观因素的影响而产生偏差。同事考核比较全面、真实、民主，有利于揭露问题鞭策后进，但易受人际关系影响而使考核结果偏离实际情况。下属考核有利于员工监督上级主管，帮助领导提高管理效能，但可能片面、不客观而使领导在工作中缩手缩脚，影响管理工作的正常开展。本人自我考核最轻松，员工不会感到很大压力，能增强员工的参与意识，会使员工工作绩效得到改善，但员工往往会倾向于高估自己的绩效，不足以作为加薪、晋升的评判标准。外部专家有绩效考核的技术和经验，理论修养高，与考核对象没有关系，较易做到公正客观，但外部专家不熟悉公司业务，必须有内部人员协助，且成本较高。客户考核的绩效信息来自员工工作现场，比较客观，但不易做到全面。

从理论上说，克服各种考核方式弊端的出路是综合运用各种方式，使之互相弥补。但是在管理实践中，对同一员工群体同时运用各种考核方式会由于时间成本和经济成本而无法实现。比较可行的折中处理是具体分析各类员工群体的特点而选用比较适合的考核方式。

2) 考核责任不清

绩效管理是航空公司管理工作的一部分，需要一把手的支持，人力资源部门的设计、咨询和组织实施，全体员工的积极参与，更是员工直接上级的责任。考核下属员工是公司各级管理者的重要职责，他们有责任在其管理范围内对下属进行考核。为了确保公司指挥功能正常发挥，公司考核系统应与指挥系统保持一致。为此，员工考核宜采用单头考核原则，即由被考核者的直接上级负责考核下属员工。直接上级最了解下属的成绩、能力、适应性等实际工作表现，他的考核意见最能反映下属工作业绩的实际状况，理应切实担负起考核下属员工的主要责任。但是有的航空公司的绩效考核流于形式，一些对下属员工负有直接考核责任的管理者碍于面子不愿意正视和坦言下属工作中存在的不足，即使对下属工作并不满意，也只是轻描淡写或绕来绕去，不愿直接触及实质性问题，结果使考核责任含糊不清。为了推脱考核责任，一些公司的管理者把领导考核变成员工之间的民主评议，结果是员工之间互相猜疑、互相嫉妒、互不服气，不仅达不到考核的目的，还使企业文化和员工价值观发生扭曲，给踏实肯干不善逢迎的老实人造成心理创伤。

3) 考核结果偏差

在员工绩效评定中，考核者的管理素质是保证评定结果正确可靠的重要决定因素。合格的绩效考核者应当了解考核对象的职位性质、工作内容、要求，以及绩效考核标准，熟悉考核程序，密切观察考核对象的工作表现，更要客观公正。但是实践中，考核者的评定行为和评定结果往往受到主观心理因素的干扰而使考核结果出现偏差。由于一叶障目的晕轮效应，先入为主的隐含人格假设，不愿承担责任或对考核对象不熟悉而造成的趋中误差，对新近发生的事情记忆深刻而产生的近期误差，对考核对象喜欢或熟悉程度不同而形成的偏见误差，担心沟通时受到考核对象诘难而产生的压力误差，放大考核对象缺点而造成的完美主义误差，将考核对象与自己进行比较而产生自我比较误差，自身缺陷而造成的盲点误差，受以前考核结果影响而造成的后继效应误差等，绩效考核的结果不可避免地带有考核者的主观色彩，不能始终客观公正地对待考核对象。管理者在对考核对象进行主观评价时，由于掌握考核标准不稳定，很容易出现过分宽容和过分严厉的不良倾向。有的管理者不愿得罪人，对员工一团和气，结果使员工考核结果彼此大同小异，难以识别员工在业绩、行为和能力上的差异。也有的管理者过分追究员工的失误，过分放大员工在能力、行为和态度上的不足，简单粗暴地训斥、惩罚和压制绩效考核不佳者，结果使员工人人自危，产生领导说你行你就行，说你不行你就不行的消极情绪。

4) 沟通反馈不畅

沟通反馈是落实考核责任的必然要求。绩效管理是一个完整的体系，是管理者与员工双向沟通的动态过程，包含设定绩效目标，记录员工绩效表现，为员工完成绩效目标提供资源支持与业务指导，实施考核与沟通反馈，以及绩效考核结果运用等内容。绩效考核只是绩效管理体系中的一个环节。在整个绩效管理过程中，沟通应该贯穿始终。绩效考核的结论要及时反馈给员工本人，由直接上级向下属员工说明其考核评语，肯定成绩和进步，说明不足之处，提出改进绩效的努力方向。这是考核过程的重要环节，可以使员工及时了解上级对自己本期工作的评价。考核结果好的员工继续发扬成绩保持先进，考核结果不好的员工也可以受到教育，心悦诚服地奋起直追，还有助于纠正考核中可能出现的偏差，做到公平合理。但是在一些管理者看来，对考核结果好的员工比较好反馈，即使表扬得不准确也不至于太难堪，而对考核结果较差的员工则十分为难，特别是当其考核结果很差，需要扣发其绩效工资或调整其工作岗位时更显得嘴软。他们或者担心反馈不好会引起下属不满，在以后工作中会采取不合作态度；或者担心仅凭领导主观意见做出的考核结论不能令人信服，反馈会引起很大争议；或者由于缺乏良好的沟通能力和民主的公司文化，没有勇气向员工反馈绩效考核结果。无奈之下便把差的考核结果推说成是群众意见，其结果不仅无法使员工心悦诚服，还使管理者自己失去员工信任，减弱领导权威，影响公司人际关系。真实的员工绩效考核资料和考核结果是企业宝贵的管理信息资源，通过沟通充分、合理地运用这些信息资源可以激励、引导和帮助员工端正工作态度、改进工作绩效、提高工作能力，促进企业人事决策、员工职业发展、培训、薪酬管理及人事研究等多项工作的开展。将这些信息资源束之高阁弃而不用固然是巨大浪费，而滥用考核信息资源随意惩罚或威慑员工则更不可取。

5) 考核结果趋同

考核不是为了在员工之间制造差别压力，也不是为了简单地根据员工的绩效差别实施奖惩，但也必须承认而不是回避员工之间在工作绩效上客观存在的差别。实事求是地正视差别，运用差别，在员工绩效工资水平、岗位晋升调整、培训机会安排等方面充分体现员工考核结果的差别，才能使考核实现激励目的，鼓励员工竞相为公司多做贡献。

我国民航在改革开放前政企不分，没有企业概念，那个时期民航员工的工作状态是"大锅饭"，员工干好干坏、干多干少一个样。1980 年，民航走上企业化道路，特别是经历几次改革高潮以后，航空公司现代企业制度建设普见成效，但是"大锅饭"的残余影响在公司员工绩效考核中依然存在，员工无论干好干坏、干多干少，考核结果往往相差不大，奖勤罚懒、奖优罚劣的竞争机制和文化氛围尚未充分形成。这样的考核不能有效调动员工的积极性，企业效率也难以提高。航空公司的和谐不是不分贡献大小的一团和气，团队精神也需要在内部成员的竞争中不断强化。运用考核差别形成团队内部的良性竞争，才能长期保持团队成员的工作热情，调动团队成员的主动性，在公司内形成向先进员工看齐的积极氛围，通过竞争优化公司人力资源配置，保持企业对外的竞争活力。

2. 考核的公平感

公正和平等是社会主义核心价值体系中两个重要的价值理念，是航空公司绩效考核体系合理有效的关键。应该承认，航空公司管理者和普通员工对绩效考核的期望是不同的。管理者对员工绩效考核的期望比较宽泛，他们希望运用考核结果加强公司过程管理和目标管理，督促员工完成考核期目标而促进企业实现生产经营目标，提升员工工作绩效和胜任力而促进公司提高整体效率和盈利能力，帮助公司及时发现和改正生产经营过程中存在的关键问题，提升公司基础管理能力，建设以业绩为导向的公司文化等。而在普通员工心目中，关注更多的还是与本人考核结果直接相关的绩效工资，是与得高分评优秀有直接关联的晋升机会。因此，员工对考核程序和考核结果的公平性十分敏感。

公平是航空公司员工绩效考核体系应当遵循的基本原则之一，不公平，绩效考核体系就不能发挥应有的作用。公平的内容十分广泛，与航空公司员工绩效考核联系比较密切的是工作报酬分配和晋升机会上的公平。从委托—代理的角度来看，员工是公司内部的代理人，他们公平偏好的对比对象有两类：一是公司内同样处于代理人地位的其他员工，二是公司内作为委托人的各级管理者。相应地，员工的不公平感也可分为两种：一种是相对于其他员工的不公平，另一种是相对于管理者的不公平。前一种不公平比较容易感受到，它主要产生于员工之间任务分配的不公平、考核评价的不公平、收入分配的不公平，以及晋升机会的不公平。后一种不公平则不那么容易感受到，它主要产生于外部禀赋条件的不公平和内部分配机制、晋升机制的不公平。同前一种不公平相比，员工对后一种不公平感到更加无能为力，其影响更为深刻。在后一种情况下，作为委托人的管理者有的出于深层次的利己动机把公司内的薪酬差距拉得过大，有的以非组织手段操纵员工绩效考核和职务级别晋升，其结果是在组织内出现很多工作报酬和晋升机会不公平现象，挫伤了员工的工作积极性。收入差距和晋升机会差别是员工产生不公平感的重要根源，但是造成收入差距和机会差别的权力运用上的不公平是使员工产生不公平感的更重要的根源。

员工对工作报酬和晋升机会的公平感源自两个基于心理比较的基本模式：一是自己收入或机会与自己工作付出的比值等于他人收入或机会与他人工作付出的比值，二是自己现在收入或机会与自己现在工作付出的比值等于自己过去收入或机会与自己过去工作付出的比值。员工只有在经过上述心理比较过程并感到满意时才会产生公平感，才会受到激励，才能保持工作的热情、积极性和努力程度。因此，航空公司要提高效率就必须提高他们对工作报酬和晋升机会的满意度和公平感，提高他们的努力程度。

3. 飞行员考核的特殊性

公共航空运输飞行员的绩效考核十分特殊。一方面，他们有十分严格的绩效考核。每飞完一次航班，飞行员都必须做讲评，由机长组织全体机组成员做航班总结，讲评航班执行过程中存在的问题，检讨并记录航班执行过程中的异常情况，向后续机组和维修人员做好交代。对航班飞行中出现的任何异常，都有飞行数据记录器 (flight data recorder, FDR)、舱音记录器 (cockpit voice recorder，CVR)，以及快速存取记录器 (quick access recorder, QAR) 等一系列符合国际标准的专用设备留下详细记录。每年他们必须接受多次技术考核，检查飞行技术保持情况和风险处置能力，一次考核通不过就会面临技术淘汰的停飞危险。每次晋升技术级别和技术职务，他们都必须接受严格的晋升考核，一次考核通不过就只能接受待遇低于同期其他飞行员的现实。如此严格的绩效考核，其他行业很少可以比拟。另一方面，公共航空运输飞行员一般不必像其他人员那样按德能勤绩的条条框框接受年终绩效考核，以至于在许多人看来，公共航空运输飞行员没有绩效考核。

如图 5-13 所示，问卷调查表明，公司绩效考核体系科学合理在各航空公司飞行员公共航空安全价值观中的重要度权重为 0.009～0.032，依次为：公司四 0.032，公司八 0.029，公司五 0.027，公司二 0.023，公司一 0.018，公司六 0.017，公司七 0.017，公司三 0.013，公司九 0.009。

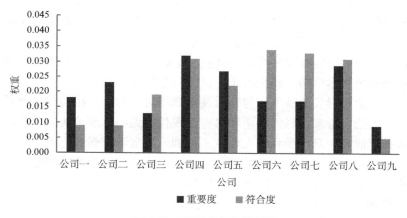

图 5-13　绩效考核价值权重

公司绩效考核体系科学合理在各航空公司飞行员公共航空安全价值观中的符合度权重为 0.005～0.034，依次为：公司六 0.034，公司七 0.033，公司四 0.031，公司八 0.031，公司五 0.022，公司三 0.019，公司一 0.009，公司二 0.009，公司九 0.005。

焦点小组访谈和录音资料分析表明，在公共航空运输飞行员看来，他们不仅有绩效考核，而且有很大的考核压力。用他们自己的话来说，公共航空运输飞行员要活到老，学到老，考核到老。他们既担心考核不通过会影响职业生涯发展，更担心考核不通过会因为自己飞得不好而影响旅客感受。

一些人觉得公共航空运输飞行员没有绩效考核，可能是因为一是在考核程序上，飞行员的绩效考核不像普通人考核那样"正规"——实际上飞行员绩效考核要比普通人严格得多；二是在考核内容上，飞行员绩效考核不像普通人考核那样"全面"——飞行员绩效考核突出强调安全绩效。从提高考核效果的要求看，公共航空运输飞行员绩效考核同样需要改进，在本节上文所述的各个方面，同样需要提高绩效考核的公平性。

第6章 公共航空安全价值观激励策略：工作报酬与身心健康

在航空运输飞行员公共航空安全价值观体系中，工作报酬与身心健康是对他们最为直接的两个重要价值维度。

6.1 工作报酬激励

工作报酬与工作价值相当是内部公平的重要表征。所以，工作报酬是航空运输飞行员公共航空安全价值观的基本因子之一，也是建立和完善飞行员职业价值观激励机制的基本途径之一。同时，公共航空运输飞行员的工作报酬也是社会广为关注的问题。

从人力资源管理的一般理论来看，公共航空运输飞行员的工作报酬同样包括物质性报酬和精神性报酬两个基本范畴。狭义的工作报酬只包括物质性报酬，是一种物质收益，在现阶段一般表现为货币形式的薪酬。与物质性报酬相对应的是，精神性报酬是一种精神性收益，是一种可以给人带来快感的名声和名望。现代行为心理理论认为，人们在工作和日常生活中具有引起他人注意、受到他人尊重、得到他人赏识的强烈愿望，这种愿望是一个人最强大的原始动力之一。基于这样的理论看待工作报酬，精神性报酬是一种广义的工作报酬，是一种层次更高、影响更为深远的工作报酬。

物质性工作报酬与精神性工作报酬是一个有机统一的整体，虽然不同的职业价值观对两者有着不同的评价，但两者依然从不同角度影响着职业价值观。物质性工作报酬侧重从实在性和获得感方面改善物质生活条件。我国经过40多年的改革开放，人们的物质生活水平已经有了极大提高，物质生活的消费支出也已明显提高，这促使人们提高了对物质性工作报酬的关注。在市场经济大环境下，物质性工作报酬直接决定人们的生活方式和生活质量，使人们的职业价值观显示出更多的经济理性，经常在物质性工作报酬上进行外在和内在、纵向和横向上的比较。譬如，同自己的过去进行比较，同自己的付出进行比较，同社会上同等知识和技能水平的人进行比较等。职业价值观基于物质性报酬的理性比较使物质性报酬在人们心目中的地位大幅度提升，成为人们判断职业价值的重要因素。

我国公共航空运输飞行员历来十分看重工作中的精神性报酬，由于当下物质生活条件较以前大为改善，公共航空运输飞行员往往更加看重别人对自己飞行理论和操作技能水平的赞赏，看重飞行职务、管理职务和技术等级上的顺利晋升，看重工作中取得的成就和对公共航空运输安全生产的突出贡献，看重别人对自己人才资源地位的尊重，看重美学意义上的高尚情趣和精神享受。即使是这样，对公共航空运输飞行员的物质性工作报酬依然应该给予足够的关注。在现阶段经济社会条件下，在公共航空运输飞行员工作报酬问题上物质性报酬依然是第一位的，精神性报酬是第二位的，既要看到前者决定和优先于后者，又要看到后者对前者的补充作用。许多年轻人选择飞行员职业，在很大程度上首先看重的是公共航空运输飞行员具有较高的物质性工作报酬。同时，物质性工作报酬也是衡量人们价值实现和事业成功程度的重要尺度，因而同时具有精神性报酬的心理效果。精神性报酬可以使公共航空运输飞行员清晰地感受到知识才华的展现和职业价值的实现，在心理上形成充实感和满足感，显著增强他们出色完成现有飞行任务和承担更艰巨飞行任务的兴趣和信心。在这种精神状态下，即使物质性报酬不那么高，仍会表现出高度的进取心和对飞行职业的高度忠诚。与此相反，精神性报酬贫乏就像其他精神打击一样，在公共航空运输飞行员心理上形成强烈的挫折感，严重挫伤他们的工作兴趣和信心。这种挫折感积累到一定强度，就会使飞行员心理失衡而失去对飞行职业的忠诚，这时即使有物质上的丰厚待遇，也难以激发他们的工作热情。

本节集中讨论薪酬等物质性工作报酬在航空运输飞行员公共航空安全价值观中的地位和作用，关于职业自豪感和受人尊重，职业兴趣和职业视野，夫妻生活，以及职务晋升和职业发展等一系列精神性工作报酬及与之有关的问题，将在第 7、第 8 章展开讨论。

6.1.1　促进收入公平

和一般职业工作者一样，公共航空运输飞行员的基本收入来源是工资收入，工资收入是他们物质性工作报酬的主体部分。我们在访谈中发现，包括人力资源管理者和飞行员自己，许多人习惯把飞行员的工资收入称为薪酬。虽然在现代企业分配制度的严格意义上，工资是企业员工作为人力资源享受的劳动回报，而薪酬是企业技术创新者和职业经理作为人力资本享受的资本回报，二者之间区别分明，但是在很多场合下，人们还是往往按照老习惯把飞行员的工资也称为薪酬。

1. 社会关注

公共航空运输飞行员工资收入高是社会上很多人的一致看法，而且历来如此。即使在"文化大革命"期间的"五七干校"里，即使在改革开放初期的农贸市场上，航空公司飞行员也是民航其他员工眼中的有钱人。那个时候民航离普通民众太远，人们还不了解，也不在意航空公司飞行员的工资高低。我国公共航空运输飞行员的工资水平引起媒体和社会公众较多关注是在 20 世纪 90 年代之后，原因是一些飞行员在航空公司之间流动引致原供职公司开出天价培养费，进而引致劳动合同争议仲裁和法律诉讼。

公共航空运输飞行员的工资收入的确比较高。我国民航飞行院校之所以每年吸引众多考生自费学习运输飞行执照，以及每年吸引那么多外籍飞行员前来加盟，工资高是其主要原因之一。有媒体报道称，2016 年，国航、南航、东航等大航空公司机长的年薪为 40 万～50 万元，资深的教员机长年薪可达 70 万～80 万元，月薪在 6 万元左右；一些小航空公司机制比较灵活，出于发展的需要会对飞行员支付更多薪酬，有些小航空公司的机长年薪会有 70 万～80 万元；货运航空公司因为夜航多，飞行员工资也比较高，一些货运航空公司的机长年薪可能会在百万元以上。不过，无论航空公司规模大小，飞行员工资收入都与飞行小时直接挂钩，飞行小时费是公共航空运输飞行员工资收入的主体部分。各航空公司机长的飞行小时费各不相同，在每小时 300～800 元。有的航空公司规定机长的飞行小时费在满足一定时间限额后，每年可有 5%～15%的年递增幅度，以此拉开新老机长的工资差距[181]。

另有媒体报道，某新成立航空公司飞行员的工资待遇比上述水平高出很多，大致如表 6-1 所示。报道称该航空公司飞行教员的年薪比行业整体情况高出两三倍，可以与大型国有企业高管相比，在全球飞行员中也算是很高了[182]。这里且不说怎样媲美国有企业高管，因为他们最多能拿多少薪酬国家已有明确限制，单说这比行业整体情况高出许多的做法，恐怕也只能是争夺飞行员资源的短期策略，因为与国有企业相比，民营公司老板更在乎如何降低人力资源成本，更在乎如何增加作为企业利润来源的劳动力剩余价值，这是市场经济的铁律。不过由此可以看出，公共航空运输飞行员工资收入较高已经成为某种社会共识，通过工资收入调节飞行员资源也成为公共航空运输市场的重要杠杆之一。

表 6-1　某航空公司飞行员薪酬结构

飞行职务	飞行技术岗位工资	交通补贴	通信补贴	飞行小时费（元/小时）	年飞行时间系数0～600 小时	年飞行时间系数600～1000小时	起降费（元/起降）	飞行安全奖系数	半年绩效基数	全年绩效基数	1000 小时年度总薪酬	900 小时年度总薪酬	80 小时月薪
副驾驶	15 000	1 100	200	250	1	1.5		0.1	10 000	30 000	590 600	573 100	42 425
新机长	20 000	2 200	300	710	1	1.5	150	0.1	12 000	36 000	1 511 000	1 461 000	112 095
飞行教员	56 000	2 200	300	970	1	1.5	150	0.1	17 000	52 900	1 971 200	1 900 000	145 265

2. 主观感受

研究工资收入对飞行员职业价值观的影响，不仅要看收入水平的高低，还需要从飞行员的主观感受角度进行考量。在计划经济年代，就连飞行员自己也以为自己是有钱人。曾经听一位资深老机长自豪地说，那时候他挣的钱可以养活一个连的人。那么，现在的公共航空运输飞行员感觉如何呢？

如图 6-1 所示，问卷调查表明，工资收入满意在各航空公司飞行员公共航空安全价值观中的重要度权重为 0.016～0.035，依次为：公司五 0.035，公司六 0.032，公司七 0.032，公司四 0.030，公司八 0.029，公司一 0.025，公司三 0.025，公司九 0.019，公司二 0.016。

工资收入满意度在各航空公司飞行员公共航空安全价值观中的符合度权重为 0.020～0.040，依次为：公司七 0.040，公司五 0.037，公司三 0.036，公司一 0.030，公司八 0.030，公司四 0.027，公司六 0.024，公司九 0.021，公司二 0.020。

焦点小组访谈和录音资料分析表明，许多飞行员并不觉得自己的工资收入达到了公平合理的水平。分析起来，他们的不公平感产生于以下几个方面。

有的飞行员感到本航空公司内部不公平，对公司薪酬分配制度存在疑虑。例如，飞大型飞机薪资较高，对飞行员更有吸引力，但相比而言飞短航线的小型飞机更容易疲劳。有的公司把改飞大型飞机看成是一种福利，但由于名额有限，没有名额就去不了。而且竞争方式不是看资历深浅、年纪大小，新来的学员、副驾驶也会被派去飞大型飞机，说明选拔机制存在问题。此外，货运飞机飞行员的工资比其他飞行员高，而且休息的时间长一些。

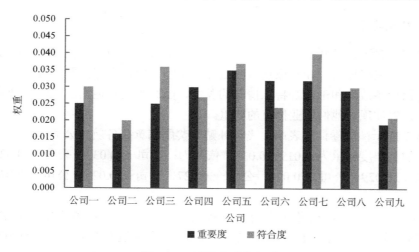

图 6-1　工资收入价值权重

有的飞行员感到和行业内其他航空公司相比，和行业平均水平相比，本公司的工资比较低。虽然不同航空公司的运行方式和航线结构不同，工资计算方法也不一样，不同航空公司之间工资的可比性不强，但是航空公司飞行员对工资水平的关注还是相当普遍，看到别的航空公司飞行员工资比自己高，他们还是会有想法。虽然别的航空公司飞行员飞行时间比较长，但看到人家公司副驾驶月薪 5 万～7 万元，自己公司只能拿到 3 万～4 万元，心里也还是会有想法的。

有的飞行员觉得和社会上其他行业的人(如健身房私人教练)相比，他们的收入不高；甚至和本公司在地面工作的其他员工相比，自己也失去了很多提高收入的机会。例如，由于终日忙于飞行，他们没精力像别人那样炒股票、炒房产，没精力像别人那样开网店或兼职挣钱，所以他们的工资收入并不比许多普通人的实际收入高，更不用说和那些"暴发户""土豪"相比了。他们觉得和社会上许多人相比，他们的相对收入水平在下降。

有的飞行员特别是新飞行员觉得面对日常消费及房贷等生活压力，自己的工资还比较低；或者反过来说，为了减轻生活压力，他们需要尽量多飞，不能请假太多，因此会飞得很累。同时，从满足家庭生活基本需求上的角度看，他们十分珍惜飞行这份来之不易的职业，深知如果丢掉它就很难再找到一份同等待遇的工作。有的新飞行员已经感到飞行职业的竞争压力，有去国外航空公司谋职的想法。

也有的飞行员觉得和国外航空公司相比，国内航空公司的工资水平还有差距，薪酬制度也不够合理。他们觉得国内飞行员想多挣钱就得多飞，有的航空公司用多发钱来弥补排班导致的飞行疲劳压力，有的航空公司飞行员飞行强度和工资收入没有太大的区分，飞行员不想多挣钱也得多飞，不管多飞少飞钱就给这么多，而美国的飞行教员一般每个月按 75 小时计发薪酬，超过 75 小时部分另外付薪酬，而且排班比较合理。

关于最后一种看法，国外有媒体报道，韩国大韩航空飞行员的平均年薪为 11.6 万美元(折合约 76.33 万元)，收入水平在韩国最高工资人群 1% 之内[183]。相比之下，这个工资水平和国内航空公司飞行员的差距并不太大。

6.1.2　用好补贴奖励

公共航空运输飞行员从事的飞行职业是一项特殊劳动，他们需要常年在高空条件下飞行，有些人还要在极地辐射和高原缺氧的条件下飞行，经常会遇到恶劣天气的影响，需要时刻高度警惕设备故障和干扰等特殊情况的发生，因此需要对他们的特殊劳动给予相应的补贴和奖励，以体现对他们职业价值的尊重。

如图 6-2 所示，问卷调查表明，飞行补贴和奖励满意在各航空公司飞行员公共航空安全价值观中的重要度权重为 0.019~0.033，依次为：公司七 0.033，公司二 0.029，公司四 0.029，公司五 0.029，公司八 0.029，公司一 0.027，公司三 0.025，公司六 0.024，公司九 0.019。

飞行补贴和奖励满意在各航空公司飞行员公共航空安全价值观中的符合度权重为 0.017~0.038，依次为：公司七 0.038，公司三 0.037，公司五 0.033，公司一 0.029，公司六 0.023，公司九 0.022，公司二 0.021，公司四 0.020，公司八 0.017。

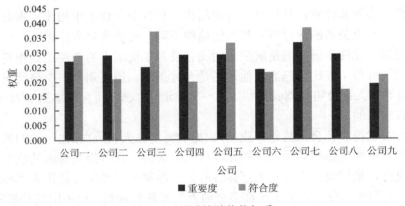

图 6-2　奖励补贴价值权重

焦点小组访谈和录音资料分析表明，各航空公司飞行员对公司飞行补贴和奖励的执行情况反映不大，但是一些现象表明还有改进空间。

1. 飞行补贴

表 6-1 列举了某航空公司飞行员薪酬的结构，其标准是否合理、数据是否准确姑且不论，仅就结构而言，这张表还是大致反映了当前我国各国航空公司飞行员薪酬的基本情况，可以用作本节讨论的参考。

飞行补贴，顾名思义是对公共航空运输飞行员执行飞行任务付出劳动的报酬性补贴。表 6-1 中所列的飞行技术岗位工资是公共航空运输飞行员工资收入中的固定部分，它和飞行员完成的飞行任务量无关，不属于飞行补贴范围，虽然飞行员的技术岗位因岗位级别不同而存在差异，但是在同一岗位的飞行员之间并无差别，因此无需在这里讨论。交通补贴和通信补贴人人有份，依下文讨论的标准属于公司给予飞行员的货币化福利，虽然副驾驶、机长和飞行教员之间略有差别，但是在同一岗位的飞行员之间无差别，而且也和飞行员完成的飞行任务量无关，所以无需在本节讨论。飞行安全奖、半年绩效和全年绩效奖属于奖励，存而留待下文讨论。年度总薪酬和月薪是相关各项加总，无需专论。这样一来，剩下的飞行补贴项目就只有飞行小时费、飞行时间系数和起降费了，它们才是本节要讨论的重点。

　　飞行小时费是航空公司依照飞行员完成的飞行小时数支付给飞行员的专门补贴，专门用于公共航空运输飞行员的计时工资。起降费是航空公司依起降次数支付给飞行员的计次工资。总体来看，飞行小时费和起降费是飞行员物质性工作报酬的主要构成部分。但是，考虑到每个航段只有一次起飞和降落，一个航段的飞行时间一般都长于一小时，而一次起降的起降费低于一小时的飞行费，所以飞行小时费是飞行补贴中的主要部分。飞行小时费和起降费在飞行员总薪酬中所占的比例，从表 6-1 可以大略看出。副驾驶不能独立操纵飞机起降，因而没有起降费，飞行小时费也相对较低；对机长和飞行教员而言，两种飞行补贴在月薪中的比例可由下式推算出来：

$$\frac{月薪 - 岗位工资 - 交通补贴 - 通信补贴}{月薪} \times 100\%$$

　　机长和飞行教员的飞行补贴分别约占其月薪的 80% 和 60%。虽然各航空公司飞行员工资的水平和结构存在差异，但这样的结构比例出入不会太大。

　　应该看到，我国公共航空运输飞行员包括飞行补贴在内的工资总体结构和国际公共航空运输业是一致的，总体水平也是在飞行员供求平衡的调节过程中逐渐形成的，既较好地反映了飞行人才资源配置的客观规律，也较好地体现了按劳付酬和按资历付酬的一致性。因此，公共航空运输飞行员普遍认可这样的工资结构和补贴水平既在情理之中，也颇为公众理解。

2. 飞行奖励

　　在公司管理中，奖励是一项重要的管理内容，是激励员工的一项重要方式，是对公司内部在生产劳动或其他工作中做出优异成绩的员工给予的褒奖，包括精神奖励和物质奖励两种基本形式。我国航空公司在飞行员激励机制中设计了功勋飞行员等多种精神奖项，已经积累了丰富经验，并且通常辅以一定数额的象征性物质奖励。但是在日常运用上，对飞行员的物质奖励还没有飞行补贴用得那样普遍，那样得心应手。

　　仍以表 6-1 为例讨论物质性的飞行奖励问题。表 6-1 中涉及飞行奖励的内容有 3 项，即飞行安全奖系数、半年绩效基数和全年绩效基数。其中，飞行安全奖系数按人头计算，既不分飞行员技术岗位高低，也不论对飞行安全的贡献大小，一律为 0.1；半年绩效基数和全年绩效基数虽然区分了岗位差别，但在同一岗位级别内则仍按人头计算，无论对飞行安全和飞行任务量的贡献大小都一律平等。依据这样的系数和基数，飞行员只要不出问题地完成飞行任务，就都可以得到人人有份的飞行安全奖和绩效奖。当然，得到这份安全奖和绩效奖的前提是公司飞行安全不出问题。如果公司飞行安全出了问题，那么大家的安全奖和绩效奖就都会受到影响。这样设置的安全奖和绩效奖名为奖励，实际上更像是一种基于公司总体安全状况的货币化福利，它不符合奖励的本义和初衷，当然也就难以达到物质奖励的效果。

物质奖励的本质是对优秀者给予破格的物质利益。由于一些人价值观念不端正，他们在收入分配上存在根深蒂固的嫉妒偏好，所以运用物质奖励往往比运用精神奖励有更大的难度。实际上，价值观念的根本问题不解决，精神奖励的效果也必然会受到影响，难以取得树立榜样带动大多数的良好效果。对工作中做出优异成绩和突出贡献的员工给予其应得的奖励，特别是物质奖励是一种健康向上的价值观念，应该在公共航空安全管理中大力提倡。何超机长的英雄事迹报道后，东航发给他300万元奖金，这本来是十分及时而恰当的物质奖励，可是竟然有人在网上发出令人心寒的不同声音，说明在公共航空安全的物质奖励上，行业和社会都还有许多深层次的问题需要解决。

6.1.3　创新福利措施

公司福利是人力资源薪酬管理体系的重要内容，是企业或其他组织以福利的形式提供给员工的报酬。在我国公共航空运输业快速增长过程中，一些新创建的航空公司高薪延揽外籍飞行员。有境外媒体报道称，一些航空公司为外籍飞行员开出每月2.6万美元的税后实付工资，有的航空公司甚至开出月薪8万美元的工资。相比之下，美国几家大航空公司资深飞行员的平均年薪为20.9万美元，而来自巴西和俄罗斯等新兴市场国家的飞行员如果到中国的航空公司来工作，收入可以翻4番。曾在美国联合航空(United Airlines)服务过的一位飞行员称，中国的一家航空公司开出31.8万美元年薪聘请他来驾驶A320系列飞机，另一家航空公司也开出每年30.2万美元的高薪，而且两家航空公司都愿意为他支付在中国的所得税[183]。对于如此有吸引力的工资收入，国内有航空公司飞行员一语道破了其奥秘，即外籍飞行员和国内飞行员的薪酬制度不同，同工不同酬，对外籍飞行员实行的是缺人的时候加钱，不缺人的时候减钱，市场调节。就是这种同工不同酬，使外籍飞行员不如国内飞行员稳定，缺少了国内飞行员在航空公司中的主人翁地位，缺少了国内飞行员才能享受的各种公司福利。

1. 福利性

在市场竞争十分激烈的今天，企业给予员工的福利待遇已经成为激励员工的重要方式和人才竞争的重要内容。航空公司给予飞行员的福利待遇是飞行员理性衡量自己职业价值的重要判据，是航空公司留住飞行员，同其他航空公司竞争飞行员资源的重要手段。

公司福利是一个含义很广的概念，具体做法因公司而异，大致包括养老、医疗、失业、工伤和生育等5种社会保险及公积金，简称五险一金；以年终双薪或绩效奖金形式发放的年终奖金；住房补贴、租房补贴、住房贴息贷款，提供宿舍及空调、电视、热水器、饮水机等生活设施；为员工购买社会和疾病等补充保险，家庭财产保险和重大伤残保险等商业保险；以资历为标准的带薪年假，为员工报销探亲路费；产假、病假、工伤假、事假、探亲假、婚假、丧假等国家法定有薪假期；资助开办内部食堂，发放餐饮补贴；通信补贴、交通补贴和通勤班车，工作服装；结婚、生子和丧事补贴；重大节日发放的物品或补贴，为生日员工赠送礼品或发放补贴，妇女节为女职工放假、发放礼品或安排活动，儿童节为有年幼子女的员工放假、发放礼物或安排活动；国家法定节假日及公司自定的有薪假日；为员工安排健康体检；季节性旅游，户外拓展；职业技能培训和学历、外语、证书等形式的技能外培训，等等。

公司福利内容如此丰富，以至于各国规模较大的航空公司都把设计公司福利方案列为一项专门的人力资源管理内容。福利待遇是航空公司工作环境的重要物质因素，是对公司工资待遇的重要补充，是让飞行员和其他员工感受归属感和幸福感的公共利益。航空公司给予飞行员的各种福利是惠及公司全体飞行员的公共利益措施，它和工资收入的根本区别在于它和每一位飞行员完成飞行任务的具体情况没有直接关联。在给予飞行员满意的工资收入的基础上，为他们改善住房条件、办好空勤食堂、安排好通勤班车、落实带薪休假、组织参观旅游、活跃业余生活、做好医疗保健、关心家庭生活、资助子女入托等福利措施，可以有效地增强航空公司的和谐氛围和凝聚力，提高飞行员在公司工作的幸福感、满意度和忠诚度。

2. 获得感

公司福利是航空公司重要的人力资源成本，其中针对飞行员的福利支出占很大份额。在航空公司各类员工福利中，用于飞行员的福利是最显高大上的。由于飞行员福利一不像工资那样发放真金白银，二和飞行员的工作业绩不直接挂钩，要使福利支出收到激励飞行员的实际效果，关键是要让飞行员真正看到公司福利的价值，对公司福利产生足够强的获得感。获得感得不到提高，航空公司的福利投入就难以取得回报效果。

航空公司的福利可分为两部分：一部分是法定福利，这部分福利航空公司必须依照法律规定为员工提供，不及时或不足额提供就会违反相关法律；另一部分是航空公司在国家法律之外自定的补充福利，这部分福利因公司而异，是航空公司同其他公司竞争飞行人才资源的有力手段。虽然航空公司在前一部分福利上投入资金并不少，但后一部分福利才具有本公司特色，能给飞行员带来较多获得感的差异化福利，值得航空公司下更大的功夫精心设计和实施。

如图 6-3 所示，问卷调查表明，公司福利满意在各航空公司飞行员公共航空安全价值观中的重要度权重为 0.018～0.040，依次为：公司五 0.040，公司七 0.036，公司一 0.029，公司三 0.029，公司六 0.028，公司八 0.028，公司四 0.027，公司二 0.023，公司九 0.018。

公司福利满意在各航空公司飞行员公共航空安全价值观中的符合度权重为 0.019～0.038，依次为：公司七 0.038，公司六 0.037，公司五 0.033，公司二 0.031，公司三 0.029，公司九 0.029，公司四 0.022，公司一 0.019，公司八 0.019。

焦点小组访谈和录音资料分析表明，各航空公司飞行员福利的效果不一。厦门航空公司在不断改善飞行员福利上做了很多精细而有特色的工作，取得了良好效果。一是公司非常重视机组人员，坚持地面为空中服务，秉承"宁可多走一步，也要让飞行员少操一份心"的服务理念，尽量帮飞行员解决后顾之忧。二是公司十分重视飞行员身心健康，在飞行员公寓等场所为飞行员设置了健身房，健身设备不亚于社会上的商业健身房。设立了独立的航空卫生中心，不断增加投入，获得了很多资质，得到了民航局承认。航空卫生中心每年

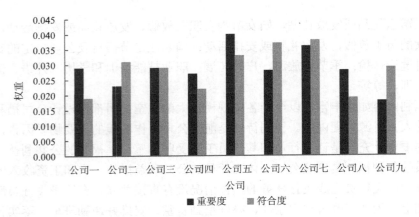

图 6-3　公司福利价值权重

给空勤人员讲授的医疗救援课程达 1300 多课时。为飞行员配备主管航医,飞行员有健康问题可以随时和主管航医沟通,医生为有病需要治疗的飞行员推荐医院,提供绿色通道医疗服务。航空卫生中心在飞行部设立了疲劳管理室,用中医理疗方法缓解飞行员的飞行疲劳。引进了员工帮助计划[①],由第三方机构帮助飞行员进行心理指导。三是公司在改善飞行员居住条件上舍得投入,专为空勤人员设置了 1600 套单身宿舍,新进公司的飞行员从航校毕业起可以租住 23 个月,每月只交 49 元租金。还在新机场附近申请了 2998 套集资房指标,这是公司下一个大居住区,区内设有商场、幼儿园,飞行员可以选择去这里居住。四是公司很重视改善飞行员的通勤条件,专门为空勤人员安排的机组车在飞行部和飞行活动中心集合,平时每 10 分钟一趟,高峰期时每 5 分钟一趟。机组人员自行计算进场时间和发车时间,通过航班号识别应该乘坐的机组车。设有机组候车休息室,机组在等车的时候可以稍事休息,休息室备有电脑,供飞行员使用。厦门航空公司精细入微的福利措施给公司飞行员带来很强的获得感,对国内其他航空公司产生了良好的示范效应。

在万众创新的年代,公司福利也需要创新。为了提高飞行员对公司福利的获得感,航空公司的福利方案应该根据公司实力、竞争环境和员工需求做动态调整,福利方案要有针对性和时代性。福利的价值不在于多,而在于及时、有用。在人们物质生活丰富的今天,如果仅仅停留在像物资匮乏时代那样逢年过节给员工发点日用实物福利,它们就不仅可能会成为累赘而难以使飞行员们产生获得感,还会因为这些实物福利太过时而失去福利的激励价值。

6.1.4　落实停飞保障

有始有终是职业生涯发展的客观规律。公共航空运输飞行员在一年年积累飞行经验,一步步实现飞行职业价值的同时,也在一步步走向飞行职业生涯的终点——退休及停飞。

---

① 员工帮助计划:employee assistance program,简称 EAP,又称员工援助计划,是组织为员工设置的一套系统、长期的福利和身心健康支持项目。它通过专业咨询人员分析组织环境,配合组织发展目标,关注员工的精神需求与成长,为员工和组织提供战略性心理服务,帮助员工及其家属解决社会、心理、经济与健康等方面的问题,削除可能影响员工绩效的消极因素,通过打造幸福成长的组织来增强员工归属感,通过调整员工的个人状态来增加团队的凝聚力,提升组织的绩效和核心竞争力。

正确看待飞行年功资历的积累，顺利实现从飞行生涯向下一个人生阶段的平稳过渡，是航空公司和每一位飞行员共同关切的问题。这里的关键问题是飞行员的工龄工资和停飞保障。

如图 6-4 所示，问卷调查表明，停飞保障和工龄工资满意在各航空公司飞行员公共航空安全价值观中的重要度权重为 0.016～0.037，依次为：公司二 0.037，公司三 0.035，公司七 0.033，公司一 0.030，公司九 0.029，公司四 0.018，公司六 0.017，公司八 0.017，公司五 0.016。

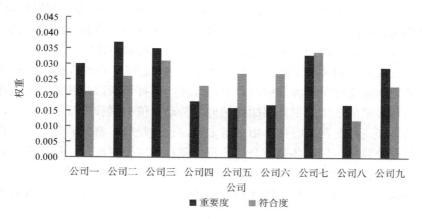

图 6-4　停飞保障和工龄补贴的价值权重

停飞保障和工龄工资满意在各航空公司飞行员公共航空安全价值观中的符合度权重为 0.012～0.034，依次为：公司七 0.034，公司三 0.031，公司五 0.027，公司六 0.027，公司二 0.026，公司四 0.023，公司九 0.023，公司一 0.021，公司八 0.012。

焦点小组访谈和录音资料分析结果反映出公共航空运输飞行员对工龄工资和停飞保障的普遍关切。

1. 工龄工资

工龄工资（wage for seniority），又称年功工资，是按照员工工作经验和劳动贡献的积累情况，以员工工作年数为衡量标准给予员工的经济补偿。在市场经济和人才流动的条件下，工龄工资是企业分配制度和员工工资结构中的一个重要问题，它虽然数额不是很大，不是员工工资总额的主体，但对于稳定员工队伍、提升员工的职业忠诚度和归宿感等方面具有重要作用。

我国认识员工工龄工资意义的进程与市场经济发展同步。在计划经济时代，工龄工资没有独立地位，员工的工资水平是一刀切、齐步走的。经过改革开放以来 40 多年的探索，工龄工资政策已经趋于成熟。目前企业员工工龄工资的通行做法是社会工龄加企业工龄的复合方案。该方案遵循两条原则，一是员工在本企业工作期间的企业工龄工资标准高于员工在本企业外部工作期间的社会工龄工资标准，二是企业工龄工资标准与员工对本企业的边际贡献率挂钩。方案对社会工龄实行线型增长方案，对企业工龄实行抛物线增长方案，按不同年限分阶段执行不同的增长标准，有的企业还规定了企业工龄工资的起始年限，从员工在本企业工作满规定年限起计发。

同社会上一般企业的员工相比，航空公司飞行员的工资制度有两个显著的区别：一是飞行员的工资水平高于一般企业；二是在公共航空运输飞行员的工资结构中，飞行小时费加起降费之和占工资总额的绝大部分，高于包括基础工资、工龄工资和各种补贴在内的其他部分若干倍，而在这其他部分中，基础工资和各种补贴之和又高于工龄工资许多倍。这样一来，在飞行员职业生涯期间，在他们选择跨公司流动时，一般不会太在乎在数额上相对于工资中其他部分微乎其微的工龄工资。但是随着年龄和工龄增长，他们越来越接近即将结束飞行职业生涯的退休年龄，面临领取养老保险时将失去飞行小时费和起降费，甚至连各种补贴也将失去的巨大跌落，他们需要承受比其他企业员工面临退休时更大的失落。在这种情况下，他们会比以往更加关注工龄工资的数额和比例，这应该得到人们的充分理解。

在公共航空运输飞行员工龄工资问题上，合理的选择还应该是统筹兼顾，在充分考虑飞行员现时劳动贡献的基础上尽量照顾到他们的劳动价值积累和飞行经验积累，既优先保证精力充沛的年轻飞行员在现时生产中多劳多得，也使经验丰富的老飞行员在过去积累的宝贵经验得到充分尊重。目前各航空公司在设计飞行员工资制度时，已经在基础工资中比较充分地考虑了飞行员的工龄工资，有的航空公司还在飞行小时费中加入了年功增长机制，使飞行小时费随飞行员的经验积累每年按一定比例增长，这是飞行人才资源管理上的一项制度创新。

2. 停飞保障

就像歌曲里唱的那样，飞行员爱祖国的蓝天。普通人爱蓝天爱得浪漫，飞行员爱蓝天爱得执着。公共航空运输飞行员普遍十分执着地热爱自己的职业，有十分稳定的职业忠诚度，除了个别人兴趣发生转向，很少有飞行员自己选择停飞，但是停飞又是每一个飞行员飞行职业生涯必然的终点，这的确有些残酷。人们能做的是努力让飞行员停飞成为自然的平稳过渡而不是急转而下的人生拐点。

在一般情况下，公共航空运输飞行员的停飞是和退休连在一起的，飞行员退休了也就停飞了，停飞了也就退休了。不过，我国公共航空运输的蓬勃发展为退休飞行员发挥余热提供了广阔的舞台。有的老飞行员运输航空不飞了，去飞通用航空，因为通用航空对飞行员的年龄要求宽松一些；有的老飞行员自己不飞了，到新建的航空公司去指导年轻人；还有的老飞行员在各方力量的支持下，亲自挂帅办起了运输或通用航空公司。他们以自己的实际行动证明了飞行职业的无尽价值，证明了公共航空运输业的朝气蓬勃。

当然，并不是所有的老飞行员都选择重新创业，和家人朝夕相守，弥补飞行时缺欠家人的亲情，和朋友结伴旅游，领略祖国大好河山之美，和孙辈一起嬉闹，享受忘记老之将至的欢乐，都是退休后上佳之选。不少航空公司十分重视退休老飞行员的生活保障，使他们觉得自己依然受人尊重。

此外，还有很少飞行员不得不中途停飞，他们需要得到组织特别的关怀和照顾。在院校学习期间的飞行学生停飞一般是由于身体、技术或成绩等原因，校方会视情况对他们做出转专业等妥善安排。由于一些重大疾病人群趋向年轻化，也有个别飞行员到了航空公司服务后罹患严重疾病而导致停飞。已经在航空公司服务的飞行员中途停飞无论对公司还是对飞行员个人都是很大损失，更需要区别情况安排好再就业等后续保障，让这些遭受挫折的飞行员感到爱祖国蓝天的方式可以多种多样，但只要真诚去爱就是光荣的。

6.2　身心健康激励

健康的身体是做好工作的本钱，这是一条放之四海而皆准的真理。飞行职业对公共航空运输飞行员的身体健康有特殊要求，健康的身体更是飞行的本钱，是实现飞行职业价值最基本的物质条件。身体不合格就要遭到淘汰，这是公共航空运输飞行员最不希望看到的职业终结。

令人担忧的是，焦点小组访谈和录音资料分析表明，公共航空运输飞行员身体状况下降的现象相当普遍。每年都有一些年轻的飞行员因为健康原因停飞，而且近年来飞行员在执行航班任务过程中失能的险情屡有发生，这些既影响公共航空运输业的持续发展，也给飞行安全带来了很大风险。

公共航空运输飞行员健康状况下降的原因是多方面的，客观上是这个职业高空作业和高工作压力必然会导致身体消耗，加上一些航空公司对飞行员身心健康重视和投入不足，主观上是一些飞行员坚持锻炼不够造成的体质下降，但是最主要的原因还是常年飞行造成的过度疲劳。

6.2.1　减轻飞行疲劳

飞行疲劳是公共航空运输飞行员在焦点小组访谈中反映最突出的问题。

如图 6-5 所示，问卷调查表明，飞行疲劳可接受在各航空公司飞行员公共航空安全价值观中的重要度权重为 0.010～0.023，依次为：公司五 0.023，公司八 0.021，公司四 0.021，公司二 0.020，公司七 0.017，公司三 0.016，公司六 0.015，公司九 0.015，公司一 0.010。

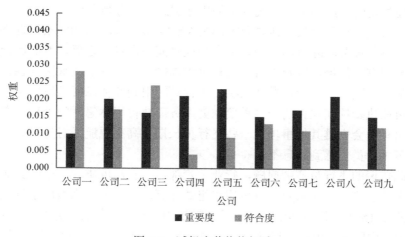

图 6-5　减轻疲劳价值权重

飞行疲劳可接受在各航空公司飞行员公共航空安全价值观中的符合度权重为 0.004～0.028，依次为：公司一 0.028，公司三 0.024，公司二 0.017，公司六 0.013，公司九 0.012，公司七 0.011，公司八 0.011，公司五 0.009，公司四 0.004。

1. 普遍性问题

焦点小组访谈和录音资料分析表明，各航空公司飞行员普遍对飞行疲劳问题呼声很高，其中最乐观的反映是"本公司的飞行疲劳比其他公司情况稍好一些"。

飞行疲劳问题在我国公共航空运输业由来已久。受益于国家经济社会发展带来的公共航空运输市场巨大需求，我国公共航空运输自改革开放以来长期持续快速发展；受限于飞行员成长缓慢的客观规律和飞行安全的刚性约束，我国公共航空运输飞行员紧缺依然是制约行业和航空公司更快发展的瓶颈因素。以紧缺的飞行人才资源支持行业的长期持续快速发展，在公共航空运输系统资源配置中处于短板地位的飞行员必然处于工作量大的疲劳状态。缓解这种态势，要么是从宏观上调控公共航空运输业的发展速度，如像过去多年中曾经做过的那样严格控制机队扩张，但几十年的实践证明，在市场需求、盈利机会和发展冲动的强大合力面前，宏观调控措施既很难落实到位又很难坚持到底；要么是走内涵式发展的道路挖掘航空公司内部潜力，这就很容易把飞行员推向疲劳状态。

飞行疲劳主要源于两个方面原因：一是飞行时间长，二是休息不足。公共航空运输飞行员并不是想飞多长时间就能飞多长时间，航空公司也并不是想派飞行员飞多长时间就能派他们飞多长时间。为了保证飞行安全，公共航空运输飞行员的飞行时间有严格而具体的限制。按照中国民航局规章第 121.487 条 R4 版规定，航空公司在为飞行机组成员安排飞行时，应当保证飞行机组成员的总飞行时间在任何 7 个连续日历日内不得超过 40 小时，任一日历月飞行时间不超过 100 小时，任何连续三个日历月内的总飞行时间不得超过 270 小时，任一日历年内不得超过 1000 小时。长期以来，这些规定得到了各航空公司的严格执行，违者会受到严厉查处。但是，由于飞行员在飞行过程中精力高度紧张，飞行机组在上述规定之外处于工作状态的执勤时间和准备时间难以精确计算，各航空公司在飞行员紧缺的情况下往往把上述规定时间用到上限，飞行员们仍普遍感觉十分疲劳。

关于公共航空运输飞行员的休息要求，CCAR-121-R4[①]第 121.483 条根据飞行机组配备的人数不同，飞行任务解除时间是否发生在当地时间午夜零点之后，航班运行是否发生了延误，飞行期间有无经停，以及是否为飞行机组提供了经批准的睡眠区等各种情况，对航空公司驾驶员一次飞行任务的值勤期限制、飞行时间限制和休息要求均做了详细规定。但是由于飞行员在执勤期间积累的一些重要家庭事务需要占用休息时间处理，在飞行员休息期间航空公司有时会安排其他事项，一些飞行员长期飞高高原航线对身体有不利影响等具体原因，许多飞行员仍感到休息不足。

对于如此普遍的飞行员疲劳问题，行业主管部门一直高度重视。中国民航局根据全国航空公司每个月总飞行小时数及当月可用机组数计算出机组疲劳系数用于行业监管。中国民航局统计的 2015 年 1 月至 2017 年 11 月期间我国航空公司飞行机组疲劳系数变动情况，如图 6-6 所示。由图 6-6 可见，近几年飞行员疲劳系数仍在高位徘徊，2016 年暑期还出现了明显上升，这说明我国公共航空运输飞行员疲劳系数偏高的情况不容忽视。

---

① 本书调研过程是在 CCAR-121-R4 修订期间完成的。参见第 150 页脚注。

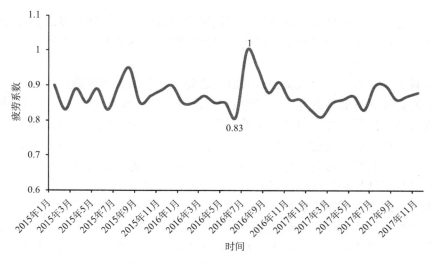

图 6-6　运输航空公司机组疲劳系数统计

资料来源：《中国民航驾驶员发展年度报告》2017 年版

2. 减轻疲劳

减轻飞行疲劳需要标本兼治，需要从行业主管部门、航空公司和飞行员自身做出多方面长期努力。

1）加强疲劳监测

公共航空运输飞行员的飞行疲劳是世界各国民航的共性问题，但是如何判断包括生理疲劳和心理疲劳在内的飞行员疲劳程度，目前国际上还没有可靠并得到公认的监测手段，很多时候只能靠飞行员自己报告，这使目前各国民航的飞行员疲劳管理还只能停留在比较粗放的水平。疲劳监测是公共航空运输飞行员疲劳管理的基础环节，要实现公共航空运输飞行员疲劳管理的精细化、科学化，需要应用现代科学技术改进对飞行员的疲劳监测。

关于飞行员疲劳监测技术，目前国外已有报道。我国民航长期以来也十分关注飞行员疲劳监测技术的研究开发，例如，中国民航大学科研团队在这方面已经取得可喜成果。据了解，中国民航局已经在做飞行疲劳的生物因子调查，已经采集了数百个飞行员的尿液样本，试图通过尿液标本查出一些与飞行疲劳相关的因子。此外有飞行员建议，由于疲劳时脑活动变得不活跃，可以直接通过脑电波监测飞行员的疲劳程度。

2）加快飞行员成才步伐

飞行疲劳的一个重要原因是公共航空运输飞行员长期供不应求。因此，减轻公共航空运输飞行员疲劳的根本出路是从供给侧加大飞行员培养力度，提高飞行人才资源的供给能力。经过长达 30 多年的不懈努力，我国民航的飞行员培养能力无论是数量还是质量都已经居于世界前列，一茬接一茬年轻的副驾驶、机长已经成为我国公共航空运输业持续快速发展中的骨干力量。目前的飞行员紧缺已经不是二三十年前那种数量上的绝对紧缺，而是成熟机长相对不足的结构性紧缺。随着航空公司和飞行院校持续加大飞行人才培养力度，目前数量已基本满足需要的副驾驶将按照飞行人才成长规律陆续晋升为机长，更多飞行学生将走出航校，在航空公司成长为副驾驶，长期制约我国公共航空运输发展的飞行员紧缺情况将逐步缓解，目前普遍存在的飞行员疲劳问题也将随之逐步得到根本解决。

3）增强飞行员体质

长期积累的飞行疲劳已经威胁到公共航空运输飞行员的身体健康，而抵御飞行疲劳的威胁要求他们必须保持健康的体魄。飞行疲劳使公共航空运输飞行员由于没有足够的时间、精力去锻炼身体而体质下降，身体素质的下降导致他们更容易感到疲劳。为了避免陷入不良循环的怪圈，公共航空运输飞行员需要以更强的毅力去锻炼身体，增强体质。

飞行职业对公共航空运输飞行员的健康水平有高于普通人的特殊要求，对于这一点公共航空运输飞行员从他们当上飞行员的第一天就清清楚楚。因为他们身体条件好，当初他们才从千里挑一的激烈竞争中脱颖而出。为了保持飞行员职业要求的身体条件，当初他们在航校时十分重视锻炼身体。但是到航空公司就业之后，一些年轻的飞行员对锻炼身体不那么重视了，锻炼身体的积极性既不如从前，也不如公司中他们的飞行员前辈。结果是身体越来越胖，体能越来越差，疲劳耐受性越来越差。目前越来越多的年轻飞行员已经重新认识到体育锻炼的重要性，航空公司也越来越重视飞行员健身设施的投入，增强公共航空运输飞行员体质的主客观条件正在改善。

4）适当减少飞行时限

严格规定公共航空运输飞行员的飞行时间限制、值勤时间限制和休息时间要求是各国民航的通行做法，我国民航 CCAR-121 部规章对这些时间限制和要求做了明确规定。该规章是中国民航局审定大型飞机公共航空运输承运人运行资格的基本规则，1995 年 5 月由中国民航总局在借鉴美国等公共航空运输发达国家的相关规章，并充分考虑我国民航发展阶段的实际情况而制定的，2017 年之前曾先后做过 4 次系统的修订。这部规章是我国民航法制建设的重要成果，在我国公共航空运输业持续快速安全健康发展中发挥了十分重要的作用。

为了适应我国公共航空运输业发展的新情况，中国民航局在广泛调查研究的基础上研究公共航空运输业发展的新问题，自 2015 年 1 月以来一直在酝酿对这部重要规章再次进行修订，出台新的 CCAR-121-R5 版，其中包括对飞行员的飞行时间、值勤时间和休息时间规定的修订。关于新版 CCAR-121 部对这些时间限制和要求的规定，调研中飞行员们特别关注三项重大修改：一是要求所有航班飞行任务完成后机组都要至少连续休息 10 小时，无论机组由几人组成，无论是否跨零点；二是将飞行机组成员的年飞行时间限制由 1000 小时减少到 900 小时；三是明确要求各航空公司必须建立自己的飞行员疲劳管理系统。这次修订说明中国民航局比以往更加关注飞行员疲劳问题，更加关注飞行员的身心健康①。

5）改善航班运行管理

————————————

① 2017 年 8 月 29 日，CCAR-121-R5 经交通运输部部务会议讨论通过，并于 10 月 10 日起实施。新版 CCAR-121 部规章关于民航飞行机组飞行时间、值勤时间和休息时间的规定做了多处重大修订，包括将驾驶员年累积飞行时间限制由 1000 小时减少为 900 小时，限制任何连续 7 个日历日内飞行执勤期不得超过 60 小时，任一日历月内飞行执勤期不得超过 210 小时，明确两个飞行执勤期之间至少连续 10 小时休息期内不得安排其他工作任务，将在连续 7 个日历日内安排一个至少连续 36 小时的休息期修改为在连续 168 小时内安排一个至少连续 48 小时的休息期，在跨 6 小时时区的飞行执勤期结束后安排一个至少连续 48 小时的休息期等。CCAR-121-R5 规章实施后，航空公司可以有最多不超过 2 年 4 个月的过渡期。

公共航空运输飞行员的飞行疲劳是在航班运行中逐渐形成和积累起来的，因此，减轻飞行疲劳离不开航班运行管理的不断改善。航班运行是否顺畅受多方面因素影响，既有企业层面的，也有国家层面的，既有航空公司、机场、空管方面的，也有旅客方面的，全面改善航班运行绝非一朝一夕之功。从调研了解的情况看，需要注意以下问题。

（1）航线差异。支线航班飞行时间很短，飞行起落频繁，积累飞行小时比较慢，飞行员容易疲劳。一般来说，飞省内短航线多会比飞省外及国外的长航线更容易疲劳。例如飞洛杉矶，飞 3 个航班就积累够了飞行时间，短航线得飞几十个航班，自然会更容易疲劳。此外，有些需要中途转机的航线，虽然空中飞行时间不长，但准备工作时间很长，飞行员也容易疲劳。

（2）机型差异。机型大小和航线长短密切相关。一般来说，长航线用大飞机而短航线用小飞机。例如，飞波音 737 这样的小飞机比起飞波音 787 和 A330 等大飞机会更容易疲劳。

（3）季节差异。每逢春运和暑假等旺季，航班比淡季排得更满，飞行员比淡季更忙，飞行时间更长，休息时间更少，必然会更疲劳。另外，虽然淡季的航班任务不像旺季那么繁重，但是航班淡季是训练旺季，训练任务很重，飞行员不在天上飞就在模拟机上飞。

（4）时刻差异。时刻差异和季节差异既有联系又有区别，旺季夜航和早晚航班比淡季多，两项不利因素叠加，会导致飞行员更加疲劳。航班时刻和航空公司规模有关，小公司旅游旅客多，航班早晚时刻多，飞行员会更加疲劳。飞行时刻不好，飞不了多长时间就会像飞了好久似的感到很疲劳。飞行员飞夜航和早晚航班容易疲劳，而早晚航班和夜班混合安排会更疲劳，如果飞不回来需要在外站过夜就会导致飞行员非常疲惫。近年来许多航空公司夜航和早晚航班越来越多，而且早航班时刻越来越早，晚航班时刻越来越晚，一天到晚都有飞行员在签到，这是飞行员感到疲劳度增加的一个重要原因。目前许多航空公司已经实现电脑排班，在计算航线飞行时间时可以根据各种情况差异赋予不同的疲劳系数，使排班结果更加公平，避免一些飞行员总是被安排飞时刻不好的航班，对改善飞行员疲劳管理有一定帮助。

此外，航班延误是导致飞行员疲劳的一大难题。航班延误越拖越疲劳，飞行员都想赶紧飞完航班。我国民航的流量控制现象十分严重，飞行员每年消耗在流量控制上的时间很多，也是造成飞行疲劳的一大难题。

6.2.2　调整工作压力

公共航空运输飞行员承担着保证旅客生命和国家财产安全的重任，安全责任重于泰山，绝不可有丝毫懈怠。工作压力大是公共航空运输飞行员显著的职业特征，所以对飞行员健康状况要求很高。

1. 安全重于泰山

工作压力（work stress）是一种由工作过程和工作环境中各种压力源引致的动态心理情境，是使工作者处于生理、心理和行为的应激状态而感受到的心理张力，它像一把双刃剑，在合理阈值内它可以催人奋进，超出合理阈值它也可以把人压垮。铁人王进喜说人无压力不争气，讲的就是压力的激励作用。人在压力状态下可以有比平时高得多的工作效率，取得比平时好得多的业绩。例如，很多优秀运动员在背水一战的压力状态下取得了破纪录的好成绩；考试的压力往往让学生的思维效率在短时间内成倍提高。当然压力也不能太大而超越合理阈值，史上因为压力太大而输掉比赛的体坛名将数不胜数，现实中因为压力太大而抱恨终身的考生更是不计其数。在公共航空运输飞行员的职业生涯里，每一次飞行都是一场大考，因为他们在飞行过程中要随时准备应对可能发生的任何险情。安全责任重于泰山，就在他们每一次开足马力驾驶飞机一飞冲天的时刻，机上全体旅客的生命和财产安全都责无旁贷地落到了他们肩上。面对人命关天的安全责任，公共航空运输飞行员感到压力是必然的，这是飞行员必须承担的职业压力。

安全压力是公共航空运输飞行员在职业生涯中承受的最主要的工作压力，二者之间只存在程度上的差别。当工作压力较小，不足以对飞行安全构成威胁时，它是普通的工作压力；当工作压力迅速或逐渐增大，对飞行安全构成潜在威胁时，它就演变为安全压力。安全压力对公共航空运输飞行员的积极效果是激励他们增强安全责任感，努力使自己的生理状态、心理状态和行为状态保持在随时应对各种安全风险的最佳应激状态。

如图 6-7 所示，问卷调查表明，工作压力可承受在各航空公司飞行员公共航空安全价值观中的重要度权重为 0.010～0.034，依次为：公司一 0.034，公司四 0.030，公司三 0.023，公司八 0.023，公司七 0.016，公司九 0.016，公司五 0.015，公司二 0.014，公司六 0.010。

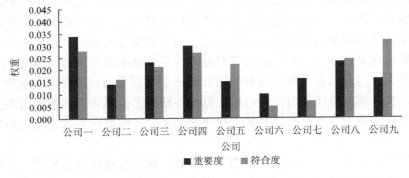

图 6-7　工作压力价值权重

工作压力可承受在各航空公司飞行员公共航空安全价值观中的符合度权重为 0.005～0.032，依次为：公司九 0.032，公司一 0.028，公司四 0.027，公司八 0.024，公司五 0.022，公司三 0.021，公司二 0.016，公司七 0.007，公司六 0.005。

焦点小组访谈和录音资料分析表明，每一位公共航空运输飞行员都十分明确自己肩上的安全责任。当问到民航机长袖标上四条杠的含义，他们会严肃而自豪地告诉你，第一条代表的是专业(profession)，第二条代表的是知识(knowledge)，第三条代表的是飞行技术(flingskill)，第四条代表的是责任(responsibility)，机长比副驾驶多的一条杠就是这份责任。公共航空运输飞行员深深感受到安全责任的压力。他们深知自己在飞行中犯错误的代价是旅客生命和国家财产的安全，飞行员出错就是大错，所以他们平时勤学苦练飞行技术。他们深知公共航空运输飞行事故的社会影响十分恶劣，飞机一出事马上就是头条坏新闻，所以他们愿意付出努力以对社会负责。他们深知安全规章是公共航空安全中不可逾越的红线，所以他们在平时训练和执行航班任务过程中时刻保持着对安全规章的敬畏。

与此同时，工作压力也使公共航空运输飞行员承受着不容忽视的负面效果。

2. 压力与健康

对公共航空运输飞行员来说，以安全压力为主要形式的工作压力在合理限度内是保证飞行安全的责任压力，这是飞行员必须承担的职业压力，是飞行职业的价值所在。另一方面，工作压力会从生理上和心理上对他们的健康带来负面影响，对工作压力的这些负面效果需要正确的认识、积极的适应和及时的化解。

安全压力是公共航空运输飞行员的工作压力的主要形式，他们执行航班飞行任务过程中的各种风险源就是他们工作压力的主要来源。许多压力源是突然出现的，它们会使飞行员的工作压力骤然增大，如起飞和降落时机场出现的跑道入侵，无人机违章飞行造成的危险接近，鸟群及不明飞行物造成的意外干扰，飞行时遇到的飞机故障和雷雨等复杂天气，飞机在空中和地面遭到的非法干扰，非法无线电设备造成的电磁干扰，与管制员的沟通出现的暂时障碍等。有些压力源是缓慢积累的，它们会使飞行员的工作压力在积累中越来越大。例如，航班时刻过早或过晚造成的生物钟混乱，航班运行中出现的长时间延误，机场设施保障能力不足，担心出错受罚、失业导致的忧虑，持续高强度压力造成的疲劳等。由各种原因造成的飞行疲劳是一种重要而特殊的压力源，它的影响与工作压力互相影响。飞行疲劳本身就是一种安全风险，是公共航空运输飞行员工作压力的一个重要来源，而工作压力反过来又使飞行员更容易陷入疲劳状态。

公共航空运输飞行员对工作压力，特别是安全压力做出的必然反应是进入生理、心理和行为上的全面应激状态。生理应激是对工作压力刺激的生理适应，这时飞行员会产生一系列生理反应，如神经兴奋、激素分泌增多、血糖升高、血压上升、心率加快、呼吸加速等。生理应激是心理应激和行为应激的物质基础，而良好的健康状况又是生理应激的物质基础，因而是飞行员整体应激能力的物质基础。在正常的应激情况下，这些生理反应的强度、频率、持续时间都不会超出正常范围，因而既是对压力刺激的积极适应，又是对飞行员身体健康的积极保护，是对飞行员履行职责的积极支持。

有研究表明，飞行过程中长时间压力过小会导致飞行员进入低应激疲劳，这时如果出现异常情况，飞行员会来不及建立应激反应而不知所措；相反，飞行中长时间工作压力过大会使飞行员进入高应激疲劳，这时出现异常情况会使飞行员惊慌失措。如何克服低应激疲劳和高应激疲劳而保持适当的应激状态，对公共航空运输飞行员的健康状况和技能水平都是极大的考验。

来自不同压力源的工作压力具有可加性，每一个新的压力源都会进一步增大工作者已经在承受的工作压力。因此，工作压力是一种可以逐步积累和加强的动态过程，每一个新的压力源本身可能无足轻重，但是如果工作者承受的压力已经很大，那么新的压力源就可能成为压倒骆驼的最后一根稻草。这一点对于普遍受到飞行疲劳困扰的公共航空运输飞行员尤为重要。为了避免公共航空运输飞行员工作压力过大对飞行安全构成威胁，需要千方百计减少或消除影响飞行安全的各种风险源，需要科学监测和评估飞行员承受的工作压力，需要从身心健康和技能水平上提高飞行员承受工作压力的安全阈值，更需要警惕工作压力积累对飞行员身心健康和飞行安全带来的双重影响。

6.2.3　提高休息质量

疲劳与休息是同一件事物的正反两面，疲劳就是没休息好，休息好就不会疲劳，所以缓解疲劳的根本出路是好好休息。但是在焦点小组访谈中不少公共航空运输飞行员反映，他们目前的休息状况很差。

1. 睡眠与休息

如图 6-8 所示，问卷调查表明，休息质量在各航空公司飞行员公共航空安全价值观中的重要度权重为 0.010~0.029，依次为：公司一 0.029，公司六 0.025，公司二 0.023，公司七 0.022，公司三 0.020，公司四 0.018，公司五 0.014，公司九 0.013，公司八 0.010。

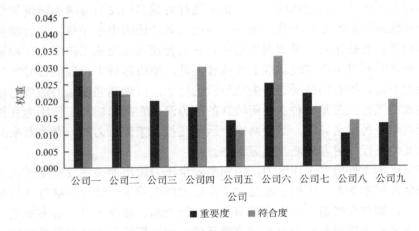

图 6-8　休息质量价值权重

休息质量在各航空公司飞行员公共航空安全价值观中的符合度权重为 0.011~0.033，依次为：公司六 0.033，公司四 0.030，公司一 0.029，公司二 0.022，公司九 0.020，公司七 0.018，公司三 0.017，公司八 0.014，公司五 0.011。

焦点小组访谈和录音资料分析表明，不少公共航空运输飞行员感到休息不足。这包括两个层面的问题：一是感到飞行任务完成后的休息时间不够，二是感到睡眠质量不高。

关于飞行后的休息时间，CCAR-121-R4 曾有严格规定。这些规定既借鉴了国际通行做法，也比较适合我国民航当时的实际情况。经过多年实施之后，飞行员们有不少人感到飞行后休息不足。有的飞行员认为休息不足主要是由航班时刻不佳造成的。对于规章中关于航空公司应当为在连续 7 个日历日内安排了一次及以上值勤期的机组成员安排一个至少连续 36 小时休息期的规定，有的飞行员仍感到不够，希望能适当增加休息时间。有的飞行员认为由于机组执勤时间大大超出了规章中关于在连续 7 个日历日内不超过 40 小时飞行时间的限制，而且休息时间有时还会被公司用来开会，所以实际休息时间往往达不到普通人的水平，感觉每天早出晚归，除了睡觉就是飞，虽然现在缩短了飞行时间，休息时间有所增加，但是执行起来还是会有一定难度。他们强调安全要建立在飞行员休息好的基础上，由于飞行任务重，压力大，飞行员休息不足，休息不足就必然疲劳，这对飞行安全十分不利。

关于睡眠质量差，航空公司飞行员们强调两个客观原因。一是时差影响睡眠质量。即使是国内航班，由于我国幅员辽阔，西部边陲的航班也比其他航班的时刻早很多，这就必然有时差，而且航班变来变去，时差就必须倒来倒去。他们形象地说人不是机器，不是说在休息时间内飞行员想睡就能睡着，也不是说让你睡觉你就能随时睡觉，但是让你起床没商量，飞行员到时间就要起来去飞航班。所以他们认为飞行是一种高疲劳负荷的职业，飞行员要长期忍受由于时差打乱生物钟造成的睡眠障碍。二是"氧差"影响睡眠质量。由于空中和地面的氧气含量不一样，有时候飞行员在空中负氧条件下感到很困，但是一回到地面上氧气含量升高却又睡不着了，这也会导致飞行员身体很疲劳。一些老飞行员指出，长期睡眠不足是一种职业性的睡眠剥夺，不仅导致疲劳，而且有害健康，出现明显损伤多是从心脏开始的。如此看来，提高公共航空运输飞行员睡眠质量的确是关乎飞行员职业安全和公共航空安全的一件大事。

2. 改善睡眠

按照现代睡眠科学理论，人类的睡眠是一种周期性进行的自发主动和可逆的静息生理状态。在睡眠状态下，人脑中专司睡眠与觉醒的中枢神经细胞负责屏蔽掉干扰刺激的神经联结，而睡眠质量不高则是由于对干扰刺激联结的屏蔽度不够或由于睡眠时间太短，不足以充分消化干扰刺激联结而形成的生理现象。当人们处于睡眠状态时，大脑和身体得到休息、休整和恢复，从而使疲劳得以缓解。适当的睡眠是最好的休息，它既是维护健康的基础，也是提高工作能力的保证。提高睡眠质量是人们正常工作、学习和生活的重要保障。

睡眠研究发现，人类生物钟默认的睡眠时间是在入睡后 6～8 小时苏醒，而什么时候睡觉并不特别重要。人们睡觉时那些正常的生理活动照样进行，因此只要睡眠时间充足，无论在什么时候开始睡觉都不会影响人们的身体健康，作息时间只是一种习惯而已，是可以改变的。问题在于，新作息习惯的养成一般需要 3～6 天，频繁交替作息时间会使作息习惯无法稳定建立起来，从而使睡眠质量下降。困扰公共航空运输飞行员睡眠质量的正是这种作息时间的频繁交替。

睡眠研究还发现，睡眠时间需求因人而异，一般认为成年人平均每天睡眠时间以 8 小时为宜，但是实际上睡眠足够与否不是单纯以睡眠时间长短而论的，而是看有多长时间达到熟睡的状态。如果能够入睡快而睡眠深，一般无梦或少梦者每天睡眠 6 小时即可完全恢复精力；而那些入睡慢而睡眠浅，多梦、常梦者即使天天睡眠 10 小时仍难得精神清爽。没有足够的有效睡眠，单纯延长睡眠时间对身体健康并无益处。困扰公共航空运输飞行员睡眠质量的正是这种深度有效睡眠不足。

提高飞行员的睡眠质量，从行业和航空公司管理上改进是一个方面，飞行员自身也有改进的空间。本书在调研过程中通过与航医沟通了解到，飞行员从学生时代起就养成良好的作息习惯对提高睡眠质量很有必要。在日常生活中，为了保证飞行安全，飞行员必须坚持良好的休息和睡眠习惯，做好睡眠的自我管理，睡前的饮食、运动、社交、娱乐等活动都要有所节制，以保证入睡快、睡眠深。

6.2.4 加强情绪管理

近年来，我国地面交通因驾驶员和乘客情绪失控造成的事故屡有发生。特别是 2018 年 10 月 28 日，因乘客和驾驶员情绪失控造成一辆公交车在重庆万州区长江二桥坠入江中，致使车上司乘人员 15 人遇难，成为一件重大的情绪失控致因事故案例。公共航空运输的航班飞机在变幻莫测的气流中高速飞行，驾驶舱里的飞行员能否始终保持稳定情绪，做到乱云飞渡仍从容，更与飞行安全息息相关。

如图 6-9 所示，问卷调查表明，情绪稳定在各航空公司飞行员公共航空安全价值观中的重要度权重为 0.006～0.026，依次为：公司八 0.026，公司七 0.021，公司五 0.016，公司九 0.016，公司六 0.015，公司四 0.011，公司一 0.010，公司三 0.009，公司二 0.006。

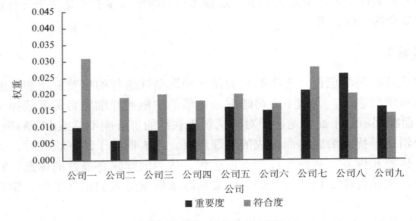

图 6-9　情绪稳定价值权重

情绪稳定在各航空公司飞行员公共航空安全价值观中的符合度权重为 0.014～0.031，依次为：公司一 0.031，公司七 0.028，公司三 0.020，公司五 0.020，公司八 0.020，公司二 0.019，公司四 0.018，公司六 0.017，公司九 0.014。

焦点小组访谈和录音资料分析表明，公共航空运输飞行员对肩上的安全责任十分重视，基于平时练就的飞行技能、健康体魄和心理素质，他们在飞行过程中能很好地管理情绪，面对飞行中遇到的各种困难和险情处乱不惊。

情绪管理(emotion management)是心理学和管理学交叉的产物，主要研究个体对自身情绪和群体中他人情绪的认识、协调、引导、互动和控制，挖掘和培育人们的情绪智商，培养人们驾驭情绪的能力，从而确保个体和群体保持良好的情绪状态，并由此产生良好的管理效果。对应于用作智力测量标准的智商(intelligence quotient, IQ)，美国哈佛大学心理学教授丹尼尔·戈尔曼(Daniel Goleman)在其成名作《情绪智力》(*Emotional Intelligence*)一书中提出了情商(emotion quotient)的概念，并强调决定人们取得成功的主要因素不是智商而是情商，足见情绪管理的重要性。情绪管理的内容和作用决定它是公共航空运输飞行员在心理素质上为保证安全飞行而需要刻苦修炼的基本功。

关于情绪的内涵，当初丹尼尔·戈尔曼提出情绪，指人们的情感及其独特的思想、心理和生理状态，以及与此相关的一系列行动倾向；现在一般认为情绪是人们信念的一部分，是个体在生理反应上对行为成功的可能性乃至必然性的评价和体验。关于情绪的外延，我国 2000 多年前早有七情六欲之说。七情就是七种情绪，只是儒家说七情是喜怒哀惧爱恶欲，佛家说七情是喜怒忧惧爱憎欲，中医说七情是喜怒忧思悲恐惊，大同而小异，殊途而同归。情绪作为人们信念的一部分，与信念中的外向认知、外在意识协调一致，情绪越强烈，其在身体动作上的行为表现就越强烈。情绪的内容和形式如此丰富，需要随时应对各种复杂情况的公共航空运输飞行员管理起来实在不容易。

公共航空运输飞行员在飞行过程中始终保持情绪稳定，只是其情绪管理能力的集中展示，而他们把情绪管理能力作为一种重要的心理素质来修炼的功夫远在驾驶舱外。为了修炼强大的情绪管理能力，他们需要适应不同的情绪状态，包括微弱、持久的沉浸性心境状态，猛烈爆发而短暂的激情状态，特别是勇敢面对各种紧急情况的应激状态；需要修炼各种情绪的自我觉察能力、自我调控能力和自我激励能力，修炼对他人情绪的识别能力和处理人际关系的交往能力；需要修炼对不良情绪的拒绝、压抑、转移、替代和升华等。所有这一切素质性能力都要在平时自觉培养。与此同时，他们还需要练就过硬的飞行技术、强健的生理素质以及良好的学习生活习惯，为在飞行中能够保持情绪稳定，面对各种突如其来的复杂情况应对自如奠定坚实的基础。

6.2.5　完善休假制度

飞行员休假是航空公司的重要福利措施，对保证公共航空运输飞行员身心健康十分必要。我国职工休息休假的现行法律依据是《中华人民共和国劳动法》，劳动法关于劳动者休息休假的规定包括 3 项基本内容。一是国家实行劳动者每日工作时间不超过 8 小时、平均每周工作时间不超过 44 小时的工时制度，用人单位应当保证劳动者每周至少休息 1 天。这是目前国内大多数机构实行周末双休日的法律依据，即人们常说的休息。二是用人单位在元旦、春节、国际劳动节、国庆节以及法律法规规定的其他休假节日期间应当依法安排劳动者休假。这是目前国内每逢法定节日安排各种长假、小长假的基本法律依据，即人们常说的放假。三是国家实行带薪年休假制度，劳动者连续工作一年以上的，享受带薪休年假。这是国内大多数机构安排职工带薪年休假的法律依据，即人们常说的比较严格意义上的休假。国家以法律形式规定劳动者休息、休假是对劳动者休闲权利的尊重，是社会文明进步的一个标志。依照《中华人民共和国劳动法》规定，在航空公司这样的生产单位，飞行员的休息、休假时间需要经劳动行政部门批准，在法律规定的框架内依航班任务执行时间来灵活安排。

按照马克思主义劳动价值论，设立劳动者休息、休假制度是保护其职业健康的需要，是为了让劳动者在休息、休假中身心得到放松，保存和恢复劳动者的再生产能力。有学者研究了休假的效果后指出，大部分人能很快从长期休假的懒惰状态调整到工作状态，明显提高工作效率。在休假后回来工作的第一天，他们的悲观、沮丧、抑郁、无助、无望、消沉等情绪低落水平最低，而工作投入水平最高[184]。一些人在休假一段时间后回到工作岗位时会发生休假后综合征(post-vacation syndrome/blues)，感受到明显的不适，出现情绪低落等消极体验，其实这种状态并不是精神疾患，而只是休假期间懒惰状态的后续影响。这些人在休假期间精神放松，整天宅着无所事事，没有社交联系，缺少动机和激励，结果长时间的放松和懒惰没有让他们感到状态良好，反而难以产生改变懒惰状态的动机，结束休假改变懒惰状态使他们感到很大的精神压力。

如图 6-10 所示，问卷调查表明，休假制度满意度在各航空公司飞行员公共航空安全价值观中的重要度权重为 0.006～0.038，依次为：公司二 0.038，公司一 0.034，公司三 0.034，公司七 0.030，公司九 0.027，公司八 0.024，公司五 0.017，公司四 0.012，公司六 0.006。

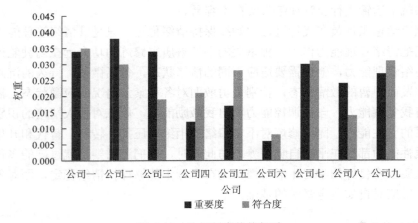

图 6-10　休假制度价值权重

休假制度满意在各航空公司飞行员公共航空安全价值观中的符合度权重为 0.008～0.035，依次为：公司一 0.035，公司七 0.031，公司九 0.031，公司二 0.030，公司五 0.028，公司四 0.021，公司三 0.019，公司八 0.014，公司六 0.008。

焦点小组访谈和录音资料分析表明，各航空公司普遍制订了比较完善的飞行员休假制度，而且十分重视飞行员的休假安排。虽然有些飞行员对休假、放假甚至请假的界限分得不太清晰，但是总的来看，公共航空运输飞行员在休假问题上比较满意。关于请病假休息情况，有的飞行员反映如果自己感觉身体不适可以随时请假，公司没有经济惩罚；飞行员的健康意识越来越强，生病了找航医交病假条请假没有任何问题，已经安排的航班任务临时打电话都可以调整；飞行员只有积分，没有绩效要求，所以对薪资没有任何影响。关于请事假休息情况，有的飞行员反映 10 年前大部分人都特别愿意多飞，现在比以前更关注家庭生活，重视生活品质，家里有事会提出请假；关系到飞行安全的个人原因请假都会批，临时提出的请假不会有惩罚措施；只要请假，公司一定会同意，顶多会商量一下时间。关于带薪年休假情况，有的飞行员反映休假时间与工龄、职级有关，工龄越长、职级越高的人休假时间越长；有的公司规定休假 10 天，还有 15 天、20 天的，也有的公司由于人员紧张规定休假 7 天，各公司规定不一致。休假期间有基本工资。在年休假天数范围内，飞行员休假基本上能得到保证，不过一般不能一次休完，有的航空公司批准一次休假 5 天，最多 10 天。有些飞行员由于公司人员紧张，年休假没有休完。有的公司在审批休假时要看飞行员个人状况，是什么事，暑运、春运繁忙期间公示排名，有些特殊情况批假需要协商，公司会适当增补些休假名额，让大家轮流休假。

6.2.6　落实保健疗养

保健疗养是公共航空运输飞行员职业健康管理的一项传统措施，但是在过去一些年里，公共航空运输飞行员的保健疗养在不少航空公司变成了一种职业性休假，这些航空公司忽视了保健疗养和带薪年休假的重要区别，许多飞行员也往往把二者混为一谈。

1. 休假不等于疗养

焦点小组访谈和录音资料分析表明，有的航空公司不组织飞行员定期疗养，只是每年给飞行员安排 10 天疗养假，飞行员要写假条申请休疗养假。有的飞行员认为公司的疗养安排得挺好，请疗养假都可以得到批准。有的航空公司由飞行员自愿申请休疗养假，但是在航班调配紧张或人力不足的时候，疗养假期往往不能获批，或者即使能获批也只能提前几天安排，出去玩的酒店行程都仓促预订，休息不好。在一些航空公司，休假和疗养是飞行员自我调整的手段，飞行任务少的时候自己安排报休假、报疗养。由此可见，把飞行员疗养视同休假的现象在我国航空公司相当普遍。

如图 6-11 所示，问卷调查表明，疗养安排满意度在各航空公司飞行员公共航空安全价值观中的重要度权重为 0.011～0.028，依次为：公司二 0.028，公司三 0.026，公司九 0.026，公司五 0.024，公司一 0.022，公司八 0.019，公司四 0.016，公司七 0.016，公司六 0.011。

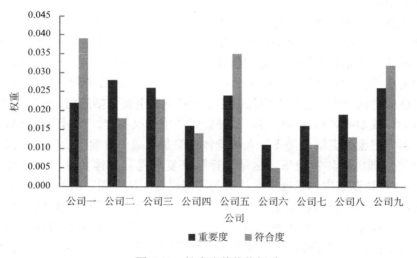

图 6-11　健康疗养价值权重

疗养安排满意度在各航空公司飞行员公共航空安全价值观中的符合度权重为 0.005～0.038，依次为：公司一 0.038，公司五 0.035，公司九 0.032，公司三 0.023，公司二 0.018，公司四 0.014，公司八 0.013，公司七 0.011，公司六 0.005。

目前飞行员保健疗养没写入民航法规，只是写在航空公司的运行手册上，而公司运行手册也往往没有明确规定具体疗养时间。在实际操作上，有的航空公司规定飞行员每年的疗养假为 20 天，有的航空公司因为人力紧张把飞行员疗养假从 1 个月减到 15 天，现在又减到 7 天。很多航空公司没有为飞行员提供足够的保健疗养，往往要等到航班飞行任务不太繁忙时才会给飞行员办手续去休疗养假，场地和保健内容也没有充分保障，疗养效果不够明显，这是导致飞行员身体素质下降的一个原因。

2. 疗养不仅是休假

公共航空运输飞行员的保健疗养不是简单的休假，而且主要不是休假，而是以航空医学手段保护飞行员身心健康。公共航空运输飞行员长期在声音嘈杂、辐射性强、空间狭小的驾驶舱内高度集中精力工作，容易养成多种不良生活方式，出现亚健康状态。有文献报道称，目前公共航空运输飞行员患病率高达 25% 左右，而且呈逐年上升趋势，其中与不良生活方式密切相关的心身疾病占很大比例，成为医学停飞的主要原因。由于长期处于应激状态，目前公共航空运输飞行员身体状况处于亚健康水平的人超过一半，这个比例比普通人群高出 25%~28%。随着飞行员年龄增长和飞行年限的增加，亚健康飞行员的比例还在继续增大。许多飞行员存在不同程度的疲劳、焦虑、失眠、情绪低沉、紧张不安等亚健康现象，这些都会导致飞行绩效下降，影响飞行安全。飞行员保健疗养符合世界卫生组织确定的健康新概念，不仅能缓解阻断各种不利因素对飞行员的作用，增强机体对职业环境的适应能力，还可以有效改善飞行员亚健康状态，促进功能恢复，通过休息、放松、营养、训练、健康教育和矫治等方法消除健康隐患，恢复生理、心理平衡，为飞行员更好地继续飞行奠定健康基础。

飞行员保健疗养的显著特点是诊疗与休养的结合，疗中有养，养中有疗，疗与养结合，护理与保健并举。飞行员在诊疗中在医师帮助下完成各种诊疗任务，配合医师开展各种护理工作；在休养中要充分利用造良好的休养环境，适应动静结合的疗养生活，纠正不良的生活方式和生活习惯，学会各种自我保健的方法。在整个保健疗养过程中强调做好三件事：一是建立严格的生活制度，这是做好保健疗养的基础，主要包括起居、就餐、慢性病矫治、文体娱乐活动、戒烟酒等项具体内容；二是做好年度健康鉴定，这对飞行员后续职业生涯十分重要，因为健康鉴定结论是飞行人员身体状况是否适于继续飞行的法定依据；三是积极参加航空生理训练和体育锻炼，这是飞行员恢复和提升身体功能及飞行耐力的重要手段[185]。所有这一切在家中休息或普通休假的环境里是无法全面完成的。

近年来，一些航空公司已经重新认识到保健疗养对飞行员职业健康的重要性，他们已经把飞行员保健疗养和带薪年休假严格区别开来，每年强制性地安排飞行员到设施齐全的指定疗养地点去接受保健疗养，在那里有专业航空医疗人员为飞行员全面检查健康状况，帮助他们调整身体各系统功能恢复到良好状态。他们的做法对于公共航空运输飞行员身心健康，对于民航提升飞行安全水平和质量，不啻是一剂良药。

6.2.7 做好健康体检

飞行安全对飞行员健康状况的特殊要求，以及健康状况对飞行员职业的特殊影响，决定了健康体检是飞行员职业检测的重要环节。

1. 健康事大

　　多年前，作者曾就航空医学体检的一些英文翻译问题请教民航局体检队长。当时他用通俗易懂的语言告诉作者，飞行员接受航空医生的健康体检时，受检飞行员一般声称自己是健康的，他们不认为或不愿意承认自己有影响飞行的疾病，航空医生按照飞行员健康标准检查其健康状况，看其是否适于继续飞行。如果某个飞行员的健康体检结论为否，他将面临医学停飞的命运，这是飞行员们最不愿意看到，更不愿意接受的结果。有人戏称飞行员和航空医生的关系类似鼠猫，这种比喻虽属戏谑，倒也不无道理。

　　如图 6-12 所示，问卷调查表明，健康体检及时在各航空公司飞行员公共航空安全价值观中的重要度权重为 0.006～0.030，依次为：公司六 0.030，公司七 0.028，公司八 0.028，公司二 0.020，公司一 0.019，公司四 0.016，公司三 0.014，公司九 0.010，公司五 0.006。

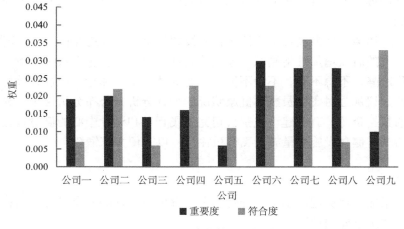

图 6-12　健康体检价值权重

　　健康体检及时在航空公司飞行员公共航空安全价值观中的符合度权重为 0.006～0.036，依次为：公司七 0.036，公司九 0.033，公司四 0.023，公司六 0.023，公司二 0.022，公司五 0.011，公司一 0.007，公司八 0.007，公司三 0.006。

　　焦点小组访谈和录音资料分析表明，航空公司普遍重视飞行员健康和体检。由于心脑血管和心脏方面的疾病可能会造成飞行员在飞行中短时间失能，安全风险很大，所以内科查得比较严，也确实发现了一些飞行员存在血压高、心脏早搏等问题。民航局规章要求空勤人员 40 岁以上一年体检两次，40 岁以下一年一次，这在各航空公司得到了严格执行。为了改进飞行员体检，厦门航空公司设立了自己的航卫中心，有自己的体检队，公司的检测标准获得了民航局承认。年度体检时，公司航卫中心及时和飞行员排班部门沟通，以便根据他们每天的体检量调整排班周期，还会照顾飞晚班的飞行员，让他们休息一天再去体检。为每个飞行员配备一名主管航医，为飞行员到公司外甚至外地检查身体提供绿色通道服务，和飞行员家属交流如何从心理和生活上关心飞行员健康。这些都为飞行员体检增添了许多人性化色彩。

各航空公司飞行员在认真接受体检的同时也存在一些忧虑。一些飞行员担心体检通不过会停飞。由于停飞后收入会减少很多，无法维持以前的生活水平，他们都希望继续飞行，很少有人愿意接受医学停飞的结局。不少人顾虑自己的健康状况，他们认为现在飞得太多，飞行时是在拼，担心身体代价太大。他们看到每年医学停飞的飞行员人数以及发生的机组成员在飞机上失能的情况，担心自己的身体每况愈下。目前航空公司老飞行员比较关注健康问题，平时注意锻炼身体，倒是不少年轻人忽略了健康。主要是由于疲劳和心理压力，他们自从航校毕业后锻炼得很少，身体胖了许多，健康出现了不少问题，体检时有很多通过不了。一些飞行员只是为了达到公司体检要求的最低标准而维持自己的身体状况，没有抽出更多时间去锻炼身体。实际上，航空体检意义上的健康只是能够完成飞行任务的健康底线，但仅仅达到底线是不够的。不过令人欣慰的是，现在越来越多的飞行员已经开始重视锻炼身体，他们发现那些长期坚持锻炼的飞行员比单纯靠睡觉来休息的人身心状况更好。因为通过心肺锻炼，血液含氧量会保持在比较高的水平，而且运动的明显效果是静态心率会降得比较低。

在焦点小组访谈中许多飞行员建议飞行院校和航空公司改进体检工作，完善健身设施。有的建议在招飞的时候增加性格测试。他们认为性格对飞行安全有很大影响，飞行员最好的性格是沉稳冷静、不急不躁、不慌不忙。也有的建议招飞体检时应加强体能和心理方面的测试。有的建议加强对飞行员整体健康状况的统计分析并公布分析结果，充分利用飞行员体检报告的数据资源。有的建议航空公司完善飞行部和运行中心的健身设施，平时多组织一些健身活动，健身设施尽量靠近飞行员住处，以方便大家锻炼。

2. 数据中的忧虑

公共航空运输飞行员健康水平下降是一个十分值得重视的安全风险，这种风险近年来已经引起了航空医学界的关注。

阮亚等研究了华东地区 2009 年 9 月至 2010 年 8 月申请 I 级体检合格证的民航男女飞行员体检鉴定资料的外科疾病情况，结果如表 6-2 所示[186]。

表 6-2　飞行员外科疾病分布

疾病名称	肥胖	胆囊息肉	肝囊肿	肝内钙化灶	肝血管瘤	肾囊肿	肾钙化灶	外伤及手术
人数/百分比	352/5.79	319/5.25	178/2.93	171/2.81	83/1.37	147/2.42	82/1.35	72/1.18

资料来源：根据文献[189]数据整理。

数据显示，在样本总数 6077 人中，患有各类外科疾病的飞行员共 1404 人，占 23.1%。数据还显示两个重要趋势：一是 40 岁以上飞行员除了肝内钙化灶一项以外，肥胖、胆囊息肉、肝囊肿、肾囊肿、肝血管瘤、肾钙化灶等各项疾病检出率均比 40 岁以下飞行员员的疾病检出率明显增加。二是肥胖已成为公共航空运输飞行员的重要多发病。肥胖不但是一种慢性不良因素，而且是糖尿病、胆囊疾病、高血脂、代谢综合征、心血管疾病等慢性非传染性疾病的潜在诱发要素。飞行员入职时有严格的招飞体检程序，对身高和体重都有严格的要求，现在肥胖在在职公共航空运输飞行员外科疾病患病率中高居前列，与飞行员膳食结构不合理、航班任务重、心理压力大以及体能锻炼减少等因素密切相关。

雷方等研究了某航空公司 1539 名男性飞行员的体检结论。这些飞行员年龄为 22～56 岁，飞行时间为 350～25 500 小时。研究结果令人吃惊，1539 名样本飞行员中，健康者仅 301 例，占 19.56%；患有各种慢性病者共 1238 例，占 80.44%，所患疾病以高脂血症、脂肪肝、高尿酸血症、听力损伤以及胆囊息肉为主，所占比例分别为 28.20%、27.29%、22.22%、11.18% 和 9.88%。在年龄分布上，慢性病患者多集中在 30～50 岁，特别是脂质代谢异常者在 30～ 40 岁更为集中。飞行员患慢性病的风险随着年龄的增加而明显增大，且患病人群中缺乏体育锻炼、吸烟、高盐饮食以及超重者所占的比例明显高于健康组人群，组间差异有统计学意义[187]。

这些大样本数据不容忽视，它们在反复警示我们，公共航空运输飞行员的健康体检有多么必要，揭示出来的问题有多么严重，飞行员的休息睡眠、体育锻炼和健康生活方式有多么重要。

6.2.8　加强心理疏导

公共航空运输飞行员的心理健康和生理健康同等重要，在事关飞行安全的关键时刻，心理健康甚至比生理健康更重要。反思震惊世界的德国之翼事件，如果当时有及时的心理疏导，飞行员不存在重大心理疾患，也许根本就不会发生这类事件。

1. 突出问题

目前公共航空运输飞行员的心理健康问题相当突出。一方面，飞行作为一种应激压力很高的职业，对公共航空运输飞行员心理健康的要求很高，要求他们内心强大。另一方面，由于长期承受来自各种风险的高应激压力，导致飞行员出现不少心理健康问题。临床医学早已证明，心理因素可以成为罹患生理疾病的基础。现代社会生活节奏加快，工作竞争激烈，心理压力对人们各种生理疾病发生、发展和治疗效果都会产生负面影响。当心理因素的作用过分激烈、持久，以至于无法通过一般的休息恢复正常时，人体就会产生各种心因性生理疾病，即所谓心身疾病。公共航空运输飞行员长期承受常人很难理解的高心理压力，心身疾病已在严重威胁着飞行员的健康状况。受运行环境等外界条件影响，飞行员在航班飞行中经常承受着巨大的心理压力，极易导致心理疲劳，而在飞行员各种疲劳状态中，最危险、最值得警惕的就是心理疲劳。心理疲劳严重影响飞行员的心理状态，容易引发多动症等心理疾患。由于每个飞行员的心理承受能力不同，所以心理疲劳往往很难发现；心理疾患往往五花八门，需要因人而异地进行针对性的心理疏导和心理治疗。心理疏导是一个新事物，是心理咨询中国化的实践探索。心理疏导在我国是一项近年来才得到正式认可的岗位技能，适用于管理工作、教育工作、妇女儿童工作、医护工作、社区工作、司法矫正工作、调解工作等许多职业岗位，也是一项可用于提高个人和家庭生活质量的社会技能。心理疏导对个体的情绪问题或发展困惑进行疏泄和引导，支持个体的自我调适和发展，可以有效提高个人的自我管理和人际关系能力。心理疏导源于心理咨询，但自身又有一些新特点，它面对的主要是个体的自我改善和效能提升问题。广义的心理疏导包括了几乎所有的心理咨询和治疗内容，狭义的心理疏导是一种以人本主义心理学和认知心理学为基础理论的心理疏泄和引导方法，它通过言语沟通技巧来帮助个体改变自我认知，以提高其行为能力、改善自我发展[188]。

　　我国民航对心理疏导的地位和作用还在逐步认识的过程中。如图 6-13 所示，问卷调查表明，心理疏导及时在各航空公司飞行员公共航空安全价值观中的重要度权重为 0.004～0.033，依次为：公司六 0.033，公司八 0.028，公司七 0.025，公司五 0.023，公司九 0.019，公司二 0.016，公司三 0.012，公司一 0.009，公司四 0.004。

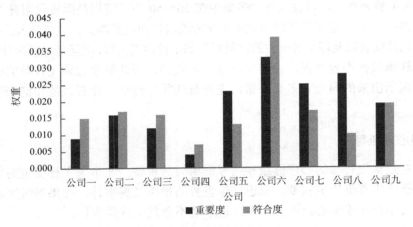

图 6-13　心理疏导价值权重

　　心理疏导及时在各航空公司飞行员公共航空安全价值观中的符合度权重为 0.007～0.039，依次为：公司六 0.039，公司九 0.019，公司二 0.017，公司七 0.017，公司三 0.016，公司一 0.015，公司五 0.013，公司八 0.010，公司四 0.007。

　　焦点小组访谈和录音资料分析表明，航空公司普遍认可心理疏导对公共航空运输飞行员心理健康的重要性。虽然不少航空公司目前尚未按职业技能标准定期给飞行员做正式的心理疏导，但是心理疏导离民航并没有那么远，各单位已经在以各种各样的灵活方式开展飞行员心理疏导工作。例如，在有飞行员摇篮之称的中国民航飞行学院，飞行学生的心理疏导工作由中队教导员负责开展。在一些航空公司，应用疗养心理学在飞行员疗养过程中对他们进行心理调节。

　　实际上，心理疏导长期以来已经在公共航空运输飞行员身边。我国民航历来就有开展思想政治工作的优良传统，而思想政治工作和心理疏导在机理和作用上异曲同工。例如，我国民航 30 多年前就曾经在全行业大力推广国航飞行总队"四严一保证"安全管理经验，即严密的组织，严格的训练，严明的纪律，严谨的作风，充分发挥思想政治工作的保证作用，这充分体现了我国民航对思想政治工作的高度重视。从心理疏导的角度看，思想政治工作对公共航空运输飞行员的队伍建设和保障飞行安全功不可没。

　　在新形势下，航空公司近年来普遍加强了对飞行员心理健康和心理疏导的关注。考虑到飞行员往往有个人顾虑，不愿意跟航医讲心理方面的问题而希望跟陌生人去倾诉，一些航空公司陆续引进了员工帮助计划，借助第三方心理咨询机构对公司飞行员进行心理疏导，并已经积累了一些实际经验。

2. 重在实效

公共航空运输飞行员心理疏导的关键是积极改善其心理状态，帮助其在工作和生活中形成乐观向上的态度，豁达开朗的性格，泰然平稳的情绪，增强机体的抗病能力。实实在在的疏导效果是检验其成功与否的根本标准。

为了配合咨询机构做好飞行员 EAP，一些航空公司在公司内部培养 EAP 导师开展心理疏导工作。公司 EAP 导师从一线岗位人员中挑选，结合工作经验、工作环境和疏导对象进行培训，培训内容包括沟通技巧、心理特征、社会学学习等。为了保证疏导效果，公司 EAP 导师每年接受公司组织的年度审核和资格评定。

心理疏导的基础是良好的沟通，及时了解飞行员的心理状态。飞行员天天出去飞航班，无法经常见面沟通。海南航空公司在实施 EAP 过程中，除了发微信、打电话外，有针对性地安排一些和飞行员见面的机会，加强当面沟通。如果发现哪位飞行员需要沟通，就会根据其航班计划制造一些看似偶遇的机会找他当面聊几句。厦门航空公司把飞行大队办公室布置成一个办公区，边上摆有供飞行员聊天的沙发区，吸引飞行员有空时来坐下聊一聊，在日常管理中找机会实现一对一沟通，在比较从容自然的气氛中了解飞行员的心理状态。详细了解飞行员平时的生活习惯，哪些人喜欢游泳，哪些人喜欢打篮球，哪些人喜欢走路，哪些人喜欢玩电脑，哪些人有事爱闷在心里，针对每一位飞行员的生活习惯选择适当的心理疏导方式。

为了提升飞行员心理疏导效果，一些航空公司建立了自己的飞行员心理测评系统，定期与专业研究机构交流情况。一些航空公司和高校合作建立心理研究室，结合公司特点研究飞行员健康状况。多数航空公司组织飞行员进行年度心理测评，有的航空公司结合新飞行员入职和副驾驶评聘机长等环节进行测评，中国民航局也专门做过飞行员心理健康问卷调查。厦门航空公司用精心设计的调查问卷进行过两次飞行员心理健康普查，他们认为虽然按现行规章飞行员出现心理健康问题不能作为体检健康不合格、不能执行任务的标准，但保存普查档案对于动态监控飞行员心理健康状况，提升飞行员心理疏导效果大有用处。

第 7 章　公共航空安全价值观激励策略：
生活条件与人际关系

在航空运输飞行员公共航空安全价值观体系中，生活条件与人际关系是两个十分重要但又往往容易被忽视的价值维度。

7.1　生活条件激励

兵马未到粮草先行是古今中外取得战争胜利的成规，强调的是支持将士们英勇作战的生活条件。在人们的物质生活和精神生活需求大大提高的今天，生活条件是公共航空运输飞行员顺利完成飞行任务，实现公共航空安全价值不可缺少的重要条件。

7.1.1　改善飞行餐食

民以食为天。常年在蓝天白云间翱翔的职业飞行员同样需要食人间烟火。

改革开放前，我国公共航空运输飞行员基本上实行军事化管理。那时候航线少，飞机少，飞行员少，飞行量小，加上普通民众生活水平很低，所以当时飞行员的飞行餐食问题不曾凸显。现在情况大不相同了，全国民航国内外航线 4900 多条，机队规模 3600 多架，运输航空公司 60 家，航空运输飞行员 3.9 万多名，年飞行 430 多万次航班①，在这样的新情况下，飞行员执行航班任务期间的餐食要求已变得十分突出。

焦点小组访谈和录音资料分析表明，由于公共航空运输飞行员常年有一半以上时间在外面执行飞行任务，这样他们就要有差不多一半时间或者是在飞机上用餐，或者是在本公司及外站的机组餐厅用餐，所以他们对飞行餐食的改进意见也分为两个方面：一是希望办好机组餐厅，二是希望改进飞行途中的餐食条件。

依籍贯计，我国民航包括公共航空运输飞行员在内的民用航空器驾驶员来自全国各地，包括各省、自治区、直辖市，以及香港和澳门特别行政区，如表 7-1 所示。

如此分散的地区分布，飞行员们的餐食众口难调。

表 7-1　中国民航驾驶员籍贯分布

地区	数量/人	地区	数量/人
北京市	2003	山西省	1558
天津市	1475	内蒙古自治区	1052
河北省	2565	辽宁省	3444

---

① 数据源于《2018 年民航行业发展统计公报》。

续表

地区	数量/人	地区	数量/人
吉林省	1961	海南省	245
黑龙江省	2367	重庆市	1404
上海市	2114	四川省	5467
江苏省	2445	贵州省	451
浙江省	1288	云南省	1160
安徽省	1579	西藏自治区	11
福建省	750	陕西省	2209
江西省	838	甘肃省	818
山东省	3705	青海省	76
河南省	2342	宁夏回族自治区	103
湖北省	2517	新疆维吾尔自治区	1546
湖南省	1467	香港特别行政区	105
广东省	1831	澳门特别行政区	7
广西壮族自治区	508	台湾省	223

资料来源：《中国民航驾驶员发展年度报告》2017 年版。

我国包括公共航空运输飞行员在内的民用航空器驾驶员来自全国 39 个民族，如表 7-2 所示。

表 7-2   中国民航驾驶员民族分布

民族	数量/人	民族	数量/人
汉族	48331	布依族	12
满族	681	纳西族	12
回族	441	哈尼族	10
蒙古族	248	畲族	10
壮族	94	达斡尔族	9
朝鲜族	71	傣族	7
土家族	68	哈萨克族	6
彝族	62	俄罗斯族	6
白族	54	黎族	6
苗族	37	仡佬族	6
锡伯族	32	傈僳族	4
藏族	26	景颇族	3
瑶族	24	撒拉族	2
侗族	23	佤族	2
维吾尔族	15	土族	2
阿昌族	14	高山族	1
羌族	13	东乡族	1

续表

民族	数量/人	民族	数量/人
仫佬族	1	柯尔克孜族	1
鄂温克族	1	毛南族	1
拉祜族	1		

资料来源：《中国民航驾驶员发展年度报告》2017 年版。

如此分散的民族分布，飞行员们的民族习惯各不相同，饮食习惯也大不相同。

飞行员籍贯和民族来源的广泛分布，导致他们在餐饮要求上呈现出很大的差异性，满足起来十分困难。更困难的是，飞行员们在高速飞行中执行航班任务，有的在几个小时内从南方飞到北方，从沿海飞到西部，有的在一天内从祖国飞到异国他乡，要为如此快速流动的飞行员群体做好餐食供应，的确不是一件容易的事。

如图 7-1 所示，问卷调查表明，飞行餐食满意在各航空公司飞行员公共航空安全价值观中的重要度权重为 0.020～0.038，依次为：公司一 0.038，公司二 0.036，公司七 0.035，公司三 0.030，公司九 0.028，公司五 0.027，公司六 0.025，公司八 0.023，公司四 0.020。

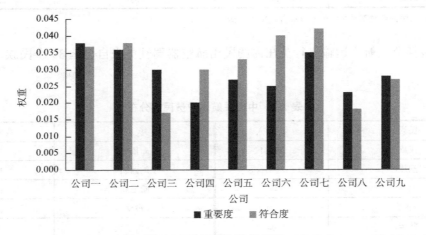

图 7-1　飞行餐食价值权重

飞行餐食满意在各航空公司飞行员公共航空安全价值观中的符合度权重为 0.017～0.042，依次为：公司七 0.042，公司六 0.040，公司二 0.038，公司一 0.037，公司五 0.033，公司四 0.030，公司九 0.027，公司八 0.018，公司三 0.017。

如今人们生活水平提高了，饮食讲究营养搭配和有利于健康。一些飞行员认为他们公司机组餐厅的配餐还不够健康，需要有更专业的饮食健康指导。鸡鸭鱼肉太多，清淡的食品太少，导致飞行员们平时吃得太油腻，一到体检才发现有些指标过高，这种状况对飞行也有一定不利影响。他们希望公司多花些工夫，从飞行员长期健康出发做好机组餐厅的配餐工作。

在机组餐厅坐下来踏踏实实用餐尚且有问题，飞行过程中在飞机上用餐问题就更大了。由于空中配餐不可能像地面配餐那么丰盛，品种齐全，也不是现炒现做，是把在地面做好的饭菜装盒二次加热，加热后的饭菜当然不那么新鲜可口，总会有些影响胃口，常年这样也会影响健康。

研究组在调研过程中应受访公司邀请去过几家航空公司的机组餐厅用餐，体验了公共航空运输飞行员的机组餐食情况。实事求是地说，各航空公司在机组餐厅已经下了很大功夫，机组配餐普遍十分丰盛。不过既然机组餐食关乎飞行员身体健康，那就值得再接再厉不断提高。

7.1.2　重视通勤班车

生活条件离不开衣食住行，通勤班车就属于行。上班族人人天天都在通勤，所在单位一般不安排通勤班车，一般也不会造成大问题，这是因为人们的时间观念不需要像公共航空运输飞行员那样分秒必争。实际上，随着国家实施公车制度改革，各单位的财务核算越来越严格；随着人们生活水平的提高，开私家车上下班的人越来越多；随着公共交通设施逐步完善，选乘公共交通工具上下班越来越方便；一些曾经多年安排职工通勤班车的政府部门和事业单位也都陆续取消了通勤班车，保留班车在许多单位已经成为一种特殊的福利安排。

但是，航空公司飞行员的情况有很大不同，他们需要争分夺秒赶去机场飞航班，如果机组由于交通原因而误了航班可不是小事。航空公司安排机组班车送他们前往机场执行航班任务，既有利于保证航班正常起飞，也有利于飞行员和机组其他成员养精蓄锐做好起飞前各项准备。即使是飞完航班回家，飞行员们也往往已经十分疲劳，这时送他们早点回家休息，也是航空公司值得安排的福利措施。

如图 7-2 所示，问卷调查表明，通勤班车舒适度在各航空公司飞行员公共航空安全价值观中的重要度权重为 0.014～0.037，依次为：公司九 0.037，公司四 0.033，公司二 0.023，公司七 0.023，公司五 0.022，公司一 0.021，公司三 0.018，公司六 0.015，公司八 0.014。

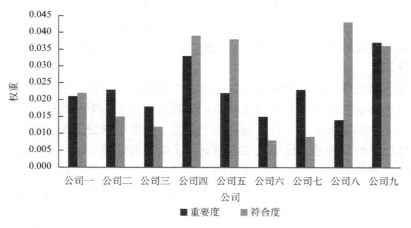

图 7-2　通勤班车价值权重

通勤班车舒适在各航空公司飞行员公共航空安全价值观中的符合度权重为 0.008～0.043，依次为：公司八 0.043，公司四 0.039，公司五 0.038，公司九 0.036，公司一 0.022，公司二 0.015，公司三 0.012，公司七 0.009，公司六 0.008。

焦点小组访谈和录音资料分析结果表明，受访各航空公司的飞行员对公司为机组安排通勤班车，接送机组往返机场执行航班任务的情况普遍表示满意。

飞行机组航班通勤看似小事，处理不好却可以造成大问题。2016 年 6 月间，发生在台湾中华航空公司的乘务员罢工事件曾激起轩然大波，给公司、旅客和社会都造成了很大损失。作为这起事件的直接原因，就是中华航空公司管理层要求执行航班任务的乘务员自行前往桃园机场报到增加的通勤疲劳。

7.1.3　温暖家庭氛围

家是公共航空运输飞行员蓝天旅程的起点和归宿，承载着他们的物质世界和精神世界，是他们公共航空安全价值观中无可替代的重要元素。

1. 人生归宿

自从有了私有制，家就成了人们最关心的地方，家庭就成了人们最关心的人群。在中华民族的传统文化和价值体系里，家几乎就是一切。

家是什么？古今中外，无数智者为它赋予了丰富的含义。据考证，中文的"家"最初是甲骨文里的会意字，本义对应英文的 home，上面的"宀"表示房子，下面是"豕"表示猪。至于房子的用处，有人说先民用来祭祀祖先或召集家族开会，有人说用于先民居住。至于猪的性质，有人说是最隆重祭祀中用作祭品的野猪，有人说是养在屋内的家猪。无论如何，家的本义是人们的住所，是挡风遮雨的地方，这符合现代人的情况。

家庭是家的引申义。家因为能挡风遮雨而成了温暖的地方，家之所以温暖还因为那里有和自己住在一起的亲人。中文的家庭对应英文的 family，是具有婚姻、血缘或收养关系的人长期共同生活在一起的利益群体。这些人共同经济核算，相互合作发挥作用，是组成社会组织的基本单位。现代社会中绝大多数人一生中属于两种家庭：一是出生并经历大部分社会化过程的出身家庭，二是因结婚和生育子女而建立的生育家庭。生育家庭是出身家庭的裂变产物和延续载体，是一代代人关注的重点。人们把家庭比作社会的细胞，实在是既形象又达意。

因为人生有风雨漂泊，人们常把家庭比作人生的港湾，这种比喻特别适合工作场所在空中和地面流动不定的公共航空运输飞行员。随着职业生涯的顺利发展，他们也找到了人生中的另一半，他们娶妻生子，有了自己的小家庭。虽然小家庭里在甜蜜和温馨中也时常出现矛盾和摩擦，他们还是对这个人生港湾充满了美好的憧憬。他们期盼的就是每次飞完航班任务，能回到家里来抖落风尘，缓解浑身的劳累；在外面偶尔遇到烦心事，能回到家里倾诉唠叨，放松压抑的心情；开心事和家人共同分享，困难事和家人一起面对；平日里能帮爱人买买菜、洗洗碗，带孩子逛逛公园、玩玩游戏；节假日能带上老婆孩子去看看父母，或者开上爱车来一趟郊游。长幼有序，尊卑分明，团结和睦，其乐融融；日子越过越美，亲情越来越深，飞行技术越来越精。一切都那样和谐，那样安宁，正应验了那句万世流传的老俗话：家和万事兴。

2. 天地间的牵挂

憧憬终归只是憧憬。在实现家庭美好憧憬的奔波路上，公共航空运输飞行员有许多不如意，最苦恼的是对港湾的惦念和牵挂。

如图 7-3 所示，问卷调查表明，家庭氛围良好在各航空公司飞行员公共航空安全价值观中的重要度权重为 0.014～0.040，依次为：公司四 0.040，公司一 0.027，公司七 0.027，公司三 0.023，公司八 0.023，公司六 0.022，公司二 0.015，公司九 0.015，公司五 0.014。

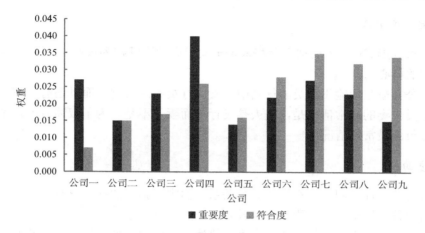

图 7-3　家庭氛围价值权重

家庭氛围良好在各航空公司飞行员公共航空安全价值观中的符合度权重为 0.007～0.035，依次为：公司七 0.035，公司九 0.034，公司八 0.032，公司六 0.028，公司四 0.026，公司三 0.017，公司五 0.016，公司二 0.015，公司一 0.007。

焦点小组访谈和录音资料分析结果表明，同在一个屋檐下生活的人血浓于水，所以公共航空运输飞行员和家人共同生活的时间虽然还不如和同事在一起的时间多，但还是家人跟飞行员感情最深，家庭氛围对他们情绪影响最大。由于休息时间和家人不一致，公共航空运输飞行员很难与家人聚到一起。一些飞行员每个月大部分时间都在外执行航班任务，需要较长时间驻守在外站，每到春节和暑期航班旺季，一个月在家的时间只有 10 天左右，这 10 天里公司还有好多事情需要处理，和家人相聚的时间还要再打一次折扣。越是这样，飞行员们对这短时间的相聚越是珍惜，越是期盼。飞行员们内心也充满着儿女柔情，"每逢佳节倍思亲"他们比别人体会更深。空中看万家灯火，地面看接站的亲人热烈拥抱，触景而生情，单身的年轻飞行员快乐不起来，想念起爸爸、妈妈、恋人，有妻室的老飞行员低头不语，更想回家去看看爱人和孩子。他们惦记妻子做饭时烫伤的手治没治好，惦记女儿生病时落下的功课补没补齐，牵挂刮台风时打碎的窗户玻璃换没换上，厨房下水道被堵的地方疏没疏通。有时候伤感到宁可不要钱也想回家，可是飞行员的公共航空安全价值观和职业素养告诉他们不能感情用事，他们前面还有更远的航程，他们还得继续起飞。

实际上，各航空公司十分重视飞行员对家人的牵挂，他们千方百计为飞行员解除后顾之忧。厦门航空公司强调地面为空中服务，响亮地提出"放心去飞，家里有我"的服务要求。飞行部跟公司合作，帮助飞行员家属安排就业，解决飞行员家属的工作问题，使飞行员减少了许多牵挂。飞行安全管理办公室尽量帮飞行员安排好家庭生活，飞行员不在家时，到飞行员家里帮助他们处理一些事情，解除他们的后顾之忧。飞行员家属过来探亲，公司安排接机，让他们体会到公司对飞行员家庭的关怀。海南航空公司在春运、暑运旺季时与飞行员协商排班，设立春运、暑运全勤奖，获奖飞行员免费休假，机组飞行驻外短暂属地化管理时安排家人一起去住，缓解他们家庭离别之苦。他们对飞行员家庭生活的关心为飞行员"以公司为家"赋予了新的内容。

7.1.4 珍爱夫妻生活

在多种家庭形式中，人们把夫妻和未婚子女组成的家庭称为核心家庭。在核心家庭中，夫妻是家庭的核心。

在我国公共航空运输飞行员的行列中，女飞行员不乏其例，而且还有一些"双飞"夫妻，但飞行员夫妻的通常情况是，丈夫是飞行员而妻子不是。为了叙述方便，本节只讨论丈夫是飞行员的最常见情况。

1. 夫妻四维

人们常用普遍性的四维时空描述夫妻关系，但突出强调的往往只有时间一维，如天长地久、地老天荒、海枯石烂、我心永恒云云，当然还有七年之痒。

夫妻关系也可以用另外的四个基本维度描述，即爱情、性生活、责任和面子，简称情性责面。在现实社会中，情性责面四维似乎不仅仅存在于夫妻关系，但是全面受法律保护和道德约束的情性责面四维关系普遍存在且只存在于夫妻之间，当然也存在于公共航空运输飞行员夫妻之间。

(1)爱情。爱情和每个人有关，但又很难说清楚。对爱情的抽象表述见于哲学家及心理学家的求索中，诸如爱情是一种与爱相关、被强烈吸引、有表现力而快乐的情感，爱情是人际关系中对个人产生的一种特殊而极为重要的感情，但是人们读了这些表述后依然会觉得懵懵懂懂。对爱情的具体描写更充斥于文学家和艺术家的作品里，但是那些描写和现实相比往往显得苍白，他们对爱情的理解和感受并不见得比飞行员的妻子们讲得清晰明白。

(2)性生活。很多人把夫妻生活狭义地等同于性生活，这显然不准确。在现代社会中，夫妻生活内容当然包括性生活，但远不止于此。性生活是每一对夫妻的必修课，但人们又往往对它讳莫如深，属于私生活中的私生活。无论如何，满足性需要是生育家庭的一项基本功能，公共航空运输飞行员夫妻在性方面的自然需要同样应该受到尊重。

(3)责任。在现代社会中，夫妻是法定夫妻，这意味着他们相互享有法定权利，同时相互负有法定责任，包括爱的给予和享受。除了相互的权利和责任以外，他们还对家庭负有不可推卸的共同责任，包括共同赡养双方父母，共同抚养未成年子女。公共航空运输飞行员常年在外飞行的确十分辛苦，但是他们对妻子的责任不能因辛苦而豁免，他们赡养父母和抚养子女的共同责任不能因辛苦而成为妻子的单方面责任。

(4)面子。在中华传统婚恋文化中，面子具有特殊价值。一对恋人结为夫妻要般配，要门当户对，要的就是面子。一对夫妻努力打拼混出个样子，各方面不能比别人差，拼的就是面子。面子是夫妻婚姻的附属品，但绝不是可有可无的。在主干家庭里要让老人有面子，不能在兄弟姐妹、姑嫂妯娌眼里丢面子，在核心家庭里不能在孩子面前没面子。即使面临夫妻反目的感情危机，也要在朋友同事面前顾面子。面子在许多时候是巩固夫妻关系的黏合剂，在许多时候又是影响夫妻感情的累赘。

2. 但愿人长久

如图 7-4 所示，问卷调查表明，夫妻生活和谐在各航空公司飞行员公共航空安全价值观中的重要度权重为 0.015～0.035，依次为：公司一 0.035，公司三 0.033，公司四 0.032，公司七 0.029，公司六 0.027，公司九 0.019，公司二 0.018，公司五 0.016，公司八 0.015。

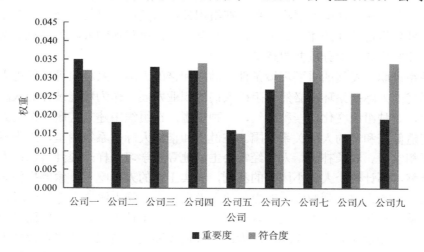

图 7-4　夫妻生活价值权重

夫妻生活和谐在各航空公司飞行员公共航空安全价值观中的符合度权重为 0.009～0.039，依次为：公司七 0.039，公司四 0.034，公司九 0.034，公司一 0.032，公司六 0.031，公司八 0.026，公司三 0.016，公司五 0.015，公司二 0.009。

焦点小组访谈和录音资料分析表明，有的飞行员反映，结婚之初家里只有小两口，新房新屋家务事少，家里的事情夫妻俩抢着做。后来有了孩子，家务劳动负担增加很多，飞行员天天去飞航班，家务事只能是丢给妻子去弄。妻子也得上班，干家务太多、太累也有怨言，实在干不了的就只能花钱雇人来干。再说两口子也不都是家务的事，夫妻感情的事也不是花钱能解决的。

有的飞行员反映随着近几年公共航空运输快速发展，不少航空公司发展更快，飞行员补充跟不上，造成人机比例过低，飞行员几乎所有的时间和精力都用在了飞行上，没有多少精力照顾家庭。一些航线往往需要在外驻站几个月，弄得飞行员夫妻分离。还有一些国际航班对飞行员夫妻感情影响也很大，因为他们的时间只够用来补觉休息，根本没有时间去考虑个人问题和家庭问题。

关于夫妻感情和性生活问题，飞行员都讲得很含蓄，但是问题相当普遍，并且已经到了影响飞行员家庭和谐的严重程度。一位飞行部的领导告诉我们，据保守估计，空勤人员的离婚率已经达到 30%以上，其中原因不能一概而论，但夫妻感情疏离和性生活不和谐是十分重要的原因。

这个估计数字令人吃惊。好在飞行员夫妻生活问题已经引起航空公司管理者越来越多的重视。

7.2 人际关系激励

人际关系是一个满足人们交往需要的社会学问题，它涉及人们在人格结构上独立性和从众性的差别，在人生观上利己主义和利他主义的差别；涉及人们在组织内部与团队同事间的协作关系和上司下属间的层次关系，在组织外部与其他人群的社会交往关系；涉及个体与组织内外各类群体间的相互认可、排斥和互动。健康和谐的人际关系对于增强职业动力、促进职业发展具有十分重要的意义。

人际关系是职业发展的重要环境条件，健康和谐的人际关系环境可以促进人们的职业发展，而恶劣的人际关系环境必然会阻碍人们的职业发展。作为环境条件的人际关系是一种价值观念，一种组织文化，一种风气，一种氛围。在组织中建立健康和谐的人际关系，需要大力营造健康和谐的人际关系氛围。在健康和谐的人际关系氛围里，组织成员之间诚信友善、互相学习、取长补短，人们经常会主动地寻找学习榜样来提升自己；人们团结奋进、乐于奉献，不计较个人和小团体的私利，老实工作的人不吃亏，偷懒搭便车的人没有机会，投机钻营的人占不到便宜，能力强的人没有怨言，能力弱的人心悦诚服。

人际关系环境是一种不能忽视的客观存在，在既定条件下，人们可以而且应该通过自己的努力来改善和适应人际关系环境。为此，人们需要具备较强的情绪管理能力和人际关系协调能力。上文已有相关叙述的人际关系协调能力是调节与控制他人的情绪反应，使他人产生自己所期待的反应的能力。协调好人际关系是一个人赢得社会广泛接纳的基础。在协调人际关系过程中，关键在于正确地向他人表达自己的情绪状态，因为人的不同情绪表现会即刻对接受者产生不同影响。而正确展示情绪状态的基础是积极调节与控制自己的情绪状态。一个人如果在他人面前经常任由负面情绪发泄，丝毫不加控制，别人就不愿与之相处。如果发出的情绪信息充满正能量，能够感染他人，人际交往就可以顺利进行，人际关系就可以深入发展。显然，情绪管理能力和人际交往能力密不可分，前者是后者的基础，后者是前者的应用。

公共航空运输飞行员的人际关系和他们的社会交往、家庭氛围和夫妻生活有密切联系，实际上这些关系本身就属于重要的人际关系。其中家庭关系和夫妻关系是他们在工作之外最重要的人际关系，而社会交往是他们与所在航空公司外部社会的人际交往，是他们最广泛的人际关系。

7.2.1 机组成员配合

机组资源管理(crew resources management，CRM)中的机组成员关系是公共航空运输飞行员在职业生涯中最经常、最重要、最有职业特点的人际关系。机组成员关系看似十分简单，但实际上要求却更加严格。

1. 核心关系

机组资源管理概念提出之初被称为驾驶舱资源管理，是有效利用民用飞机驾驶舱内硬件、软件、环境以及人员等所有可利用资源，实现安全、高效及舒适飞行的管理过程。机组资源管理作为一种复杂性、技术性很强的飞行安全管理活动，近 20 年来一直在世界公共航空安全界受到高度重视和持续研究。

机组资源管理受到高度重视，是由于现代公共航空运输对飞行员的信息获取能力和指挥决断能力要求很高，飞行员不再仅仅是把飞机作为飞行机器来操纵的驾驶员，而是已经成为驾驶舱各种资源的领导者。为了清晰地描述驾驶舱各种资源之间的关系，航空安全界经常使用 SHELL 模型[①]。该模型发展了传统的人-机-环境安全管理理念，形象地呈现了航空系统中软件(software，S)、硬件(hardware，

图 7-5　SHELL 模型

H)、环境(environment，E)、人(liveware，L)等 4 项要素，以及人与硬件(L-H)、人与软件(L-S)、人与环境(L-E)、人与人(L-L)4 个界面上各因素间的相互关系，如图 7-5 所示。

运用 SHELL 模型研究机组资源管理问题有两个显著的实用优势。一是该模型突出了人员因素在驾驶舱资源中的核心地位。在人、硬件、软件、环境诸项资源因素中，人员因素居于不容置疑的核心地位，其他各项因素均围绕人员因素运行，受人员因素支配。二是该模型突出了机组成员关系在驾驶舱资源管理中的核心地位。在驾驶舱资源管理活动涉及的各种关系中，机组成员关系居于核心地位，其他关系无论是人与硬件关系、人与软件关系还是人与环境关系，都必须无条件服从人与人关系，即机组成员关系，依机组成员关系调整，受机组成员关系制约。实际上，机组资源管理概念从驾驶舱资源管理演变而来，反映的正是航空安全界对人员因素和机组成员关系核心地位的认识过程。

2. 关键关系

对于提高航班正常性和安全性来说，在机组资源管理中居核心地位的机组成员关系是关键性的人际关系。

机组资源管理的目标是明确机组成员在正常飞行，特别是在紧急情况下各自需要承担的职责，营造机组成员间相互信任和支持的合作氛围，提高机组成员之间沟通的技能和效果，加强机组成员之间的有效配合，消除不安全的态度及行为，遵循统一而标准的操作规程，从而更有效地利用可获得的所有硬件、软件和环境资源，及时识别并正确处置飞机的各种非预期状态，提高航班飞行的效率和安全性。实现这一目标的关键，是机组成员之间要有良好的合作关系。

机组资源管理强调全体机组成员作为一个整体进行工作，以保证机组不会因个人失误而导致整体出差错。在机组资源的人与硬件、人与软件、人与环境、人与人 4 个界面中，最后一个界面，即人际关系界面是具有决定意义的关键界面，其中又以机长与副驾

---

① 该模型由 SHEL 模型发展而来，它进一步突出了人员因素的核心地位。模型中两个 L 均为人员因素(lifeware)，参见第 4 页 SHEL 模型。

驶之间的配合最为关键，他们两人的默契配合是保证飞行安全最重要的关键环节。在这方面，机长和副驾驶的交叉检查是一条十分重要的成功经验。在机组资源管理的交叉检查中，主控与非主控飞行员严格按照飞行检查单和要求-响应程序，利用各种判断手段对飞机关键状态参数进行证实性交叉核查，以发现飞机的任何重要状态偏离并及时加以弥补，确保飞机安全运行。实践证明，交叉检查对于纠正航路数据输入差错等关键错误十分有效。

机组资源管理中机组成员关系的关键作用体现在关系不当会导致灾难性后果。国际民航组织对全球飞行事故发生原因的调查表明，71%的飞行事故与机组成员综合素质差、机组资源管理混乱等人为因素有关。众多航空事故调查结论表明，在多人制机组运行过程中，大部分航空事故与事故征候涉及机组资源管理问题，主要表现为不按标准操作程序（standard operating procedure，SOP）、不恰当的机组配合、机长指挥决策失误、人机配合不当以及技术能力不足等。王永刚、徐超基于我国民航 49 起飞行事故中机组资源管理缺陷的统计分析数据，应用结构方程模型实证研究表明机组沟通、工作负荷、机组决策、情景意识与安全情境绩效和安全任务绩效显著相关，改善机组沟通、提高情景意识、优化机组决策以及均衡工作负荷，均能有效提高飞行安全水平[189]。机组资源管理中机组成员关系的关键作用体现在良好的机组关系对飞行安全的坚实保障。在公共航空安全管理中，安全和风险互为补集，事故飞行与非事故飞行互为补集，上段所引数据既表明了机组资源管理不良特别是机组成员关系不良的严重后果，也表明了机组资源管理良好特别是机组成员关系良好的安全效益。公共航空运输飞行的安全性很高，安全飞行次数高于事故飞行几百万倍，这里面有现代航空制造技术和民航运行管理等诸多因素的贡献，更离不开飞行机组良好关系的最终托底，因为无论环境条件出现多么恶劣的变化，无论飞机设备和软件系统出现多么严重的故障，最后关头都要靠在机组资源管理中处于核心地位的机组成员默契配合来化险为夷。

1999 年，上海电影制片厂出品了一部以飞机遇险为题材的电影——《紧急迫降》，该片源于一年前发生在上海虹桥机场的真实事件，一次机组资源管理特别是机组成员配合的良好典范。1998 年 9 月 10 日晚，中国东方航空公司编号 B2173 的 MD-11 客机搭载了 137 名旅客执行从上海虹桥国际机场起飞的 MU586 号航班任务。飞机起飞后不久，机长发现前起落架系统故障。在多次尝试失败后，机组面临的唯一选择是带故障返航迫降。在整个紧急迫降过程中，良好的机组资源管理特别是机组成员的默契配合，包括机长和副驾驶之间职权梯度适当，机组其他成员各负其责地实施机长制订的应急策略，为迫降成功赢得了关键的安全保障。

如图 7-6 所示，问卷调查表明，机组资源管理在各航空公司飞行员公共航空安全价值观中的重要度权重为 0.011～0.039，依次为：公司八 0.039，公司五 0.028，公司六 0.028，公司一 0.026，公司四 0.022，公司七 0.017，公司九 0.014，公司二 0.012，公司三 0.011。

机组资源管理良好在各航空公司飞行员公共航空安全价值观中的符合度权重为 0.006～0.029，依次为：公司六 0.029，公司四 0.025，公司二 0.023，公司五 0.023，公司三 0.022，公司八 0.021，公司一 0.015，公司九 0.013，公司七 0.006。

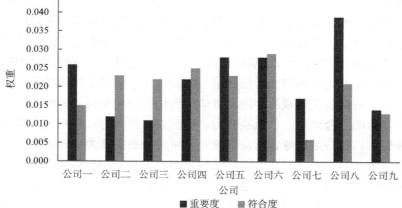

图 7-6　机组资源管理价值权重

焦点小组访谈和录音资料分析表明，我国公共航空运输飞行员在机组资源管理特别是机组成员配合上训练有素。由于航班任务的排班要求，机组成员无法固定，而是要经常调换。只要是技术等级合适，全公司数百个甚至上千个飞行员都可能互相搭配机组，而且搭配原则也不是固定不变的。一般来说，飞行员们与本中队的其他飞行员比较熟悉，但是执行航班任务时机组是跨中队搭配的，这样机组成员之间经常相互不认识，老机长和新任副驾驶的年龄往往会差出一代人。尽管如此，各航空公司机组的人际关系还是相当融洽，飞行过程中的机组配合还是相当默契。良好的机组成员配合，训练有素的驾驶舱资源管理，这是我国公共航空运输长期保证飞行安全的一个重要法宝。

7.2.2　领导以身作则

按照刚刚修订过的新 CCAR-121 部规章，公共航空运输飞行员一年内的累积飞行时间不得超过 900 小时。这就是说，虽然驾驶舱是公共航空运输飞行员最基本的工作环境，但是在不执行航班任务的更多时间里，飞行员的从业环境是所在航空公司。这时他们需要面对公司内部的人际关系环境，其中最重要的是他们同公司内部各层级、各部门领导的人际关系。航空公司领导和作为员工的飞行员之间关系和谐融洽的主要方面在于领导的素质和行为方式。

1. 领导和领导力

领导在任何组织中都不可缺少而作用特殊，因此关于领导的研究从来就是管理学的一个研究重点。从 20 世纪初着重研究领导者人格特质的领导特质理论，到 40 年代探寻领导者在领导过程中具体行为及不同领导行为对部属影响的领导行为理论，60 年代研究情境因素对领导效力潜在影响的情境理论或领导权变理论，以及之后的领导归因理论，交易型与转化型领导理论等，研究重点逐渐从领导者人格特质和行为等个体研究扩展到整个组织情境交互作用的影响。按照近年兴起的领导力理论，领导不是职务地位或少数人具有的特权，而是一种积极互动而目的明确的动力，是给组织带来愿景并带头实现愿景的能力，是引导团队成员实现目标的过程。领导作为一种综合实践活动，对于领导者能力素质的要求很高。由于组织的决策权在领导者手上，领导者的能力高低直接影响决策的正确性，所以领导者在组织的运行和发展中居于核心地位。领导能力是领导者知识和智慧的综合体现，优秀的领导者需要具备全面的领导能力，包括引导、授权、关系管理、战略制订和执行管理、领导创新及组织变革的能力。他们能适应变革与创绩环境，形成独特的技能、价值观、人格特点和态度，善于发掘员工潜藏的才能，视情况变化而运用不同的领导方法和领导艺术。领导力是各种能力的综合运用，包括决断力、创新力、协调力、影响力，以及危机处理能力在内的各种能力，这些是领导者解决问题处理矛盾的必备能力。在组织中，领导者的个性特征和领导艺术，员工的主观能动性，领导者与员工之间的积极互动，构成一个有机的系统，共同推动团队向着既定目标前进。系统运行是否正常取决于各要素能否协调发展，而协调发展的关键在于领导者和员工之间的互动。领导者和员工双方互动达成统一的认识、情感和行为活动，是领导力正确发挥的必要条件。领导力是一种特殊的人际影响力，组织中的每一个人都会影响他人，也要接受他人的影响。在这个意义上说，每个员工都具有一定潜在和现实的领导力。

当今知识经济时代，公共航空运输飞行员是拥有飞行专门知识和技能的员工，航空公司领导者与飞行员是为公司安全发展的共同目标而合作的伙伴。为了使合作达到精诚的境界，领导者与飞行员之间需要建立起良好的相互信任关系。这种相互信任是形成航空公司凝聚力的基础，是激励飞行员克服困难完成航班任务的精神动力。在这里，航空公司领导者的真正权威主要不在于其职务、地位和权力，而是其富有魅力的管理风格，高超的管理艺术，正确的管理方式。在这里，盛气凌人的老板式强权型领导者在航空公司越来越不受欢迎。领导者只有善于理解员工、尊重员工、信任员工，才能在飞行员心目中产生强大的非职务权威和人格魅力，赢得他们的尊敬，才能在健康和谐的人际关系中吸引人才、留住人才，与员工融为一体，共创公司未来。在健康和谐的人际关系氛围里，领导者和员工的利益是一致的，他们之间唇齿相依；他们的行为是一致的，共同指向组织的目标；他们的思想是一致的，相互之间充满信任。在这样的氛围里，领导者与员工同甘共苦、同心协力。

2. 领导带头

领导带头是公共航空安全对航空公司领导者的必然要求，因为顾名思义领导者就是带头人。在员工面前他们不应是霸气十足的老板，而应是员工职业生涯的引路人。

如图 7-7 所示，问卷调查表明，领导与员工的关系在各航空公司飞行员公共航空安全价值观中的重要度权重为 0.008～0.036，依次为：公司九 0.036，公司五 0.030，公司二 0.027，公司四 0.025，公司七 0.025，公司一 0.019，公司三 0.015，公司八 0.013，公司六 0.008。

领导与员工关系良好在各航空公司飞行员公共航空安全价值观中的符合度权重为 0.006～0.032，依次为：公司三 0.032，公司二 0.031，公司六 0.027，公司五 0.026，公司四 0.018，公司九 0.015，公司一 0.012，公司八 0.007，公司七 0.006。

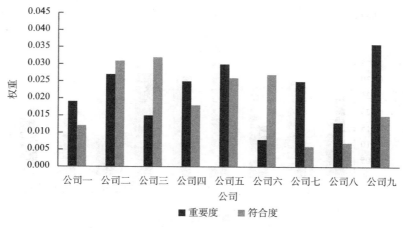

图 7-7　与领导关系价值权重

焦点小组访谈和录音资料分析表明，各航空公司飞行员和领导之间的人际关系和谐融洽。访谈时一些航空公司的领导有意离开访谈现场，以便飞行员畅所欲言，总体未见飞行员们有针对公司领导的负面评价，大多数飞行员对公司领导在以身作则带头抓安全等方面给予了较高评价。例如，厦门航空公司的飞行员谈到他们公司一条不成文的规矩：公司各部门向总经理报告情况均需要按程序逐级上报，唯独飞行员例外，飞行员们有重要情况特别是事关安全的情况可以随时随地直接向总经理报告，总经理也会亲自处理，凸显了领导干部带头抓安全的坚定决心和实干精神。

重视发挥领导干部的带头作用是我国公共航空安全管理的重要经验。在我国公共航空安全史上，先后提出过"五严"的要求(严格安全管理，主要应严在组织领导上，严在规章标准上，严在监督检查上，严在教育培训上，严在系统完善上)，以及作为领导安全工作制度准则的"抓安全四个第一"(安全第一；第一是安全；第一把手要以主要精力抓安全，主管领导要全力以赴抓安全；党委和行政会议第一位的议事日程是研究安全)，这些都突出强调了领导带头抓安全的重要作用。公共航空安全发展的实践证明，领导带头是做好公共航空安全管理工作的关键。只要主要领导带头重视安全工作，即使安全形势发生暂时波动也能很快扭转被动局面。随着现代公共航空运输系统越来越复杂，技术手段越来越先进，领导带头严格管理这一具有鲜明中国特色的航空安全管理经验不仅依然十分有效，而且比过去更加重要。

7.2.3　同事和谐默契

除了机组成员和公司领导之间的关系外，在航空公司内部，公共航空运输飞行员的同事关系主要有两类：一是和机组成员之外其他飞行员之间的同事关系，二是和飞行员之外公司其他员工之间的同事关系。

如图 7-8 所示，问卷调查表明，同事关系融洽在各航空公司飞行员公共航空安全价值观中的重要度权重为 0.016~0.032，依次为：公司六 0.032，公司五 0.031，公司二 0.028，公司七 0.028，公司一 0.025，公司八 0.023，公司九 0.021，公司四 0.020，公司三 0.016。

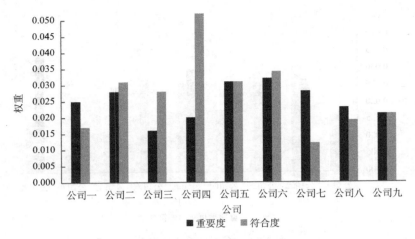

图 7-8 与同事关系价值权重

同事关系融洽在各航空公司飞行员公共航空安全价值观中的符合度权重为 0.012～0.052，依次为：公司四 0.052，公司六 0.034，公司二 0.031，公司五 0.031，公司三 0.028，公司九 0.021，公司八 0.019，公司一 0.017，公司七 0.012。

焦点小组访谈和录音资料分析表明，公共航空运输飞行员和本公司同事的人际关系一般都处理得很好，这是他们很珍视的一份职业价值。

1. 陌生而默契的机组

在航空公司，飞行员与机组成员之外其他飞行员的同事关系十分特殊。他们之间平时交往并不多，但是一旦编入同一机组，他们就必须为保证飞行安全而默契配合。

同跟家人相处的时间相比，公共航空运输飞行员平时跟飞行员同事相处的时间更长一些，因为他们执行航班任务时要和其他飞行员同事朝夕相处。不过，由于执行航班任务时机组是动态搭配的，飞行员并不一直绑定跟另外一名飞行员一起飞行，不同飞行员的工作时间存在很大差异，所以具体到每一位飞行员，他们之间往往比较陌生，相互交流的机会并不多。即使是编入同一机组，由于飞行员在执行航班任务过程中要忙于处理机上设备，操作飞机驾驶舱的各种软件和硬件系统，机组成员之间的思想感情交流也相对较少。如果搭配机组时年轻飞行员遇上资历比较老的机长教员，两人之间存在代沟，那么思想感情上的交流就会更少。如此看来，即使是曾经在同一机组执行过航班任务的飞行员，他们的交流也往往只停留在机组资源管理的层面。即使是同一中队的飞行员同事，他们的交流也往往只停留在中队开会等集体活动方面。在这种情况下，一旦编入同一机组执行航班任务就要默契配合，这是公共航空运输飞行员在人际关系能力和机组资源管理能力上必须面对的特殊考验。

2. 厚爱又严管的服务

在航空公司，公共航空运输飞行员同其他员工之间的同事关系也比较特殊。飞行员是航空公司的核心生产要素，各航空公司对他们的关注也尤为突出。另外，没有其他同事在公司运营各环节上的积极配合，飞行员的职业价值也无法实现。飞行员与其他员工之间的这种特殊关系和其本身的特殊要求，需要在厚爱与严管之间找到平衡点。厦门航空公司把飞行员队伍管理的经验归纳为严管厚爱，就体现了公共航空运输飞行员同公司其他同事人际关系的特殊性。

对飞行员的厚爱无处不在，在精细化的后勤保障中得到了充分体现。多年来公司秉承地面为空中服务的后勤保障理念，各相关部门的同事从医、食、住、行四个方面，按照尽心、精心、热心、贴心、用心的"五心"式标准，为飞行员提供优质的后勤保障服务，保障飞行员开心工作、健康生活，更好地实现职业价值。在医疗方面，以主管航医为抓手，空勤健康管理责任到人。公司航卫中心专门引进资深中医为飞行员提供针灸、推拿、拔罐等有效缓解飞行疲劳的物理治疗，建设飞行员康复理疗中心为飞行员治疗慢性疾病。邀请心理学专家为飞行员开办心理健康讲座，各飞行大队专职书记坚持"五必谈六必访"制度，关心飞行员的思想动态和心理健康。机组配餐方面，推出机组选餐系统供机组自由选择餐食。配餐部与飞行部建立机组餐食沟通机制，及时获取机组餐食需求并实时按需调整。住宿方面，以公司认可的五星级酒店为标准，确保机组执勤过程中住宿条件达标。机组通勤车保障方面，实地评估进退场路线，保证机组准备时间符合法规要求。遇到因天气、飞机故障等影响航班正常的情况，值班经理会及时通知机组推迟进场，避免机组到准备室或飞机上等待。针对清晨交通顺畅的实际情况推迟早班机组进场，尽可能延长机组晨睡时间。公司同事如此体贴入微的厚爱让飞行员们真切地体会到人际关系中和谐友善的一面。

对飞行员的严管主要体现在四个方面。一是规章全，公司长期坚持实施规范化管理，1200万字的公司规范化管理手册中涉及飞行队伍管理的就有22万字，涵盖了飞行员训练、生产和行为规范等方方面面。二是要求细，公司规章制度十分详细，确保各项行业规章能有效落地。三是检查实，公司飞行员所有工作内容都有台账或电子记录，公司监察单位检查工作一律不发通知、不打招呼，直奔现场。四是处理严，上到公司领导，下到普通飞行员，任何人只要发生手册中列出的工作差错，都将按规定接受处理或处罚，没有例外。如此公平公正的严管让飞行员心服口服，感受到公司人际关系的健康、透明。

7.2.4　丰富社交生活

公共航空运输飞行员是社会中的人，社会性是他们和其他人群共有的普遍属性。社会交往是公共航空运输飞行员和其他人群共有的基本需求和生活内容。社会交往关系是他们安全价值观的重要因素之一，是飞行员最边缘的人际关系，也是他们人际关系中最薄弱的短板。

1. 社会中人

马克思主义哲学认为，人的内在的生命物质本体与特定的大脑意识本体构成整体的自然人，自然人通过劳动关系构成完整的社会关系，人是一切社会关系的总和，人性即人的属性分为自然属性和社会属性，社会属性是人的本质属性。社会属性是任何人群都必然具有的人类普遍的本质属性，公共航空运输飞行员和其他人群一样，一刻也不能脱离社会。

公共航空运输飞行员和其他人群一样具有人类本质的社会属性，具有参与社会交往的基本需求。按照人们熟知的马斯洛需求层次理论，人的需求可分为像阶梯一样排列的 5 个层次，即生理需求、安全需求、社交需求、尊重需求和自我实现需求。其中社交需求刚好处于承上启下的中间层次，在人类需求的金字塔结构中居于十分重要的地位。和其他人群一样，公共航空运输飞行员的社交需求既是生理需求和安全需求的必然升华，又是尊重需求和自我实现需求的必要基础。

公共航空运输飞行员和其他人群一样时刻置身于某种社交生活的环境氛围中。社交是人们的一种生活方式和生活内容，是社会上人与人之间的交际往来，是人们为了达到特定目的而用一定方式或工具传递信息、交流思想的活动。人们的社交生活是一种不以人的主观意志为转移的客观环境，任何人都无法回避。和其他人群一样，公共航空运输飞行员无时不处在某种社交环境中，不和这些人交往，就得和那些人交往，不这样交往就得那样交往。

公共航空运输飞行员和其他人群一样在社会交往中受到客观条件的限制。社会交往是人和人之间实实在在的交往活动，是人们在特定社会环境下进行的交往活动，是一些人同作为特定对象的另外一些人进行的交往活动。特定就是限制。无论是环境条件不许可，还是交往对象不回应，或是当事人本身无法满足对象的交往要求，社会交往都无法进行下去。对于职业行为受严格约束的公共航空运输飞行员来说，其社会交往受到的客观条件限制比其他人群更多。

诚然，公共航空运输飞行员天天都在飞行职业的特定环境下同其他人进行社会交往。在航班飞行中他们同机组其他成员交往，同机上成百上千的国内外旅客交往，同沿途提供保障服务的无数其他民航人交往；在日常工作中他们同公司各部门的同事交往，同自己的上级领导和下级属员交往；在业余生活中他们同家里的亲属交往，同要好的朋友交往。让公共航空运输飞行员们感到纠结的不是没有交往对象，而是对亲朋好友盛情邀请的屡屡辜负和对父母妻儿亲情的太多亏欠。

2. 朋友圈

中华传统文化十分看重朋友圈，"在家靠父母，出门靠朋友"的千年古训是这种社交文化和价值观念的真实写照。但是在公共航空运输飞行员这里，朋友圈却成了软肋。

如图 7-9 所示，问卷调查表明，社交生活正常在各航空公司飞行员公共航空安全价值观中的重要度权重为 0.014～0.038，依次为：公司四 0.038，公司一 0.037，公司六 0.029，公司三 0.025，公司二 0.021，公司八 0.020，公司九 0.019，公司五 0.014，公司七 0.014。

社交生活正常在各航空公司飞行员公共航空安全价值观中的符合度权重为 0.018～0.040，依次为：公司九 0.040，公司一 0.034，公司七 0.031，公司四 0.020，公司二 0.019，公司三 0.019，公司八 0.019，公司五 0.018，公司六 0.018。

焦点小组访谈表明，别看公共航空运输飞行员在航班飞行中个个是行家，他们在飞行之余的日常交往中却经常显得有些蹩脚。刚当上飞行员的时候，他们的朋友圈还比较活跃。在朋友们眼里，有位朋友当飞行员是值得炫耀的事，新科飞行员们也乐于在朋友们聚会时多聊几句。之后几年里，朋友们聚会时还是不会忘记邀请当飞行员的朋友参加，但是由于飞行任务繁重，加上后来成家立业、娶妻生子，他们婉拒朋友邀请的次数越来越多，和昔日朋友们的关系也就渐行渐远，曾经活跃过的朋友圈越来越冷清，朋友人数越来越少。到头来，除了几个发小和铁哥们儿以外，一般关系的朋友就渐渐所剩无几了。好在现在手机上网方便，公共航空运输飞行员们也变得手机不离手，他们也和别人一样建立微信朋友圈和 QQ 朋友圈，不时转发个段子或为圈里的朋友点个赞。

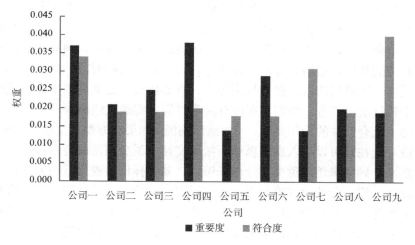

图 7-9　社交生活价值权重

外部社会的朋友圈是这样，公司内部的朋友圈也难如人意。由于常年忙于航班飞行，公共航空运输飞行员的业余时间又要陪家人，又要锻炼身体，还要挤出时间提高飞行技术，所以他们的业余时间总是很紧张。航空公司经常组织员工们开展一些很有意义的业余活动，如职工运动会、参观旅游等，而且一般都欢迎家属参加。这些活动既是公司给员工的福利，是公司提高凝聚力的企业文化建设内容，也是公司员工跨部门交往见见老朋友、结识新朋友的大好机会。可是每逢有这些机会，飞行员们总是请假的多，参加的少，要么是在外飞行无法参加，要么是实在安排不出闲暇时间。长此以往，不要说他们在社会上没有多大朋友圈，就连公司内部的朋友圈也很小。

3. 短板的困惑

社会交往是人们生活中的一项基本需要。对于以保证飞行安全为最高职责的公共航空运输飞行员来说，社会交往对他们经常保持良好情绪十分重要。和谐友善的社会交往和人际关系具有缓和、抚慰、稳定情绪的积极作用，而不良的情绪在很大程度上与人际关系矛盾和交往障碍密不可分。人在日常生活中遇到不顺心的事而陷入烦恼时，最怕一个人胡思乱想，这时候如果能有知心朋友倾诉，或开导开导，就比较容易放下思想包袱，增强信心和勇气。但飞行员们困惑的是，当他们需要倾诉时，朋友圈的短板却让他们很难找到倾诉对象。

关于社会交往有不少经验之谈。譬如，有人主张笑口常开，时常面带微笑，多多赞美他人，和别人亲切和谐相处。据说这样人际关系就自然会得到改善，人生也会从此变得不再孤独寂寞，处处有人相伴，共度人生岁月。这样的诗情画意固然美妙，但是飞行员们困惑的是，当他们陷入飞行疲劳时却往往笑不出来。

有人提出了社会交往的基本原则。一是尊重，自尊和尊重他人。既要时时处处维护自己的尊严，不自暴自弃，又要尊重别人的生活习惯、兴趣爱好、人格和价值，而且只有尊重别人才能得到别人的尊重。二是真诚。以诚待人，这样才能产生感情共鸣，收获真正的友谊，夸夸其谈的虚情假意交不到真正的朋友。三是宽容。遇到不愉快的事情和矛盾冲突要宽容别人，发扬"六尺巷"风格不斤斤计较，退一步海阔天空。人不犯我，我不犯人，人先犯我，礼让三分，避免因为一些鸡毛蒜皮的小事而陷入人际纠纷。四是互利。交往双方有来有往，双向互动，互相关心照顾，多考虑彼此关切和双方共同面临的问题。五是理解。多理解对方的处境、心情、好恶、需要等，设身处地关心对方。六是平等。不奉迎权贵，不嫌贫爱富，不盛气凌人，善于换位思考、将心比心。这些原则本无可挑剔，不过飞行员终日忙于执行航班任务，他们实在没有闲暇时间去实践这些原则。

有人提出了社会交往的操作要领。一要感情愉悦。如果双方都从交往过程中有所收获，互相感到愉悦，交往就可以进入良性循环。如果交往成了负担，就会白白浪费时间，继续交往就没有意义，到头来还是免不了分道扬镳。二要选择价值观接近的人交往。价值观接近的人行为倾向一致，会彼此共鸣和支持，这样双方都比较容易适应，交往容易长久持续下去。三要慎重建议，不好为人师。智者不需要建议，傻瓜不采纳建议。即使对方是老朋友，也不要轻易主动给其提建议；即使是对方征求建议，也要弄清其需求并留有余地。四要善于倾听。认真听清楚别人在说什么，准确理解别人的意思，这样就能够准确地表达自己思想观点，提高沟通效果。五要换位思考。要站在对方的立场去想问题，从对方出发思考应该如何做，避免一厢情愿。这些要领本无可非议，不过当飞行员既留不住老朋友又没找到新朋友时，这些要领再灵验也只能束之高阁。

4. 解惑有人

如图 7-10 所示，问卷调查表明，社会交往关系融洽在各航空公司飞行员公共航空安全价值观中的重要度权重为 0.017～0.034，依次为：公司四 0.034，公司一 0.033，公司五 0.033，公司八 0.026，公司九 0.025，公司七 0.024，公司二 0.018，公司三 0.017，公司六 0.017。

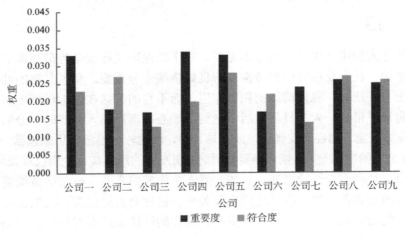

图 7-10　社交关系价值权重

社会交往关系融洽在各航空公司飞行员公共航空安全价值观中的符合度权重为0.013～0.028，依次为：公司五0.028，公司二0.027，公司八0.027，公司九0.026，公司一0.023，公司六0.022，公司四0.020，公司七0.014，公司三0.13。

　　焦点小组访谈和录音资料分析表明，从关系的密切程度看，公共航空运输飞行员的交往对象依次是家人、同事、朋友，最后才是社会上其他行业的人。飞行员进入航空公司后，大部分时间在飞航班，参加各种考试和飞行训练，包括飞模拟机，除了上班外业余时间先要保证休息，还要照顾家庭，同航空公司外部的社会联系较少。飞行员的社交范围基本上是跟飞行员或公司其他同事在一起，这样大家共同语言比较多。在公司外面，受工作特性、工作时限等时间和空间上的诸多限制，飞行员和外面其他行业的人接触很少。

　　社会上其他行业的人属于外人，对公共航空运输飞行员的影响不大，这使飞行员的人际关系比较单纯，圈子比较简单。另外，由于他们的职业特殊，外面的人觉得他们很神秘，所以社会上也有不少人想结识他们。有时候飞行员也有一些心理压力，想找个地方发泄一下，如休息时找个酒吧喝杯啤酒，或者找个歌厅吼两嗓子，这都不算过分。不过，如果这时候碰上个小痞子找碴儿挑衅，飞行员就陷入了进退两难的尴尬境地。不还手，男子汉大丈夫实在咽不下这口气；还手，会违反纪律。思来想去，与其受窝囊气，还不如躲开这些是非之地，老老实实待在家里。

　　信息时代给了公共航空运输飞行员扩大社交空间的虚拟方式。公共航空运输飞行员跟别人一样也用微信进行社会交往，也在手机上建立自己的朋友圈，还时常放松一下，看看自己关心的各类消息。在他们的微信朋友圈里，多数是自己熟悉的飞行员、老同学和亲戚朋友，结构比较单一。社会上各色闲杂人等他们不会与之交往，因为他们时间有限，这是他们的必然选择，也是他们更高层次上的自由。

　　一些飞行员还创建了自己的微博，在行业里拥有不少粉丝。一些大名鼎鼎的飞行员，如民航局航空安全部门的领导，飞行学院的博士机长，航空公司的安全总监，他们已经把安全宣传教育的阵地拓展到微博、微信，经常运用这些新媒体为那些虽未见过面却早已是朋友的广大飞行员传道授业解惑。他们有丰富的人生阅历，有高超的飞行技术，在各航空公司飞行员中有很大影响，是飞行员心目中的大 V。在本书研究过程中，作者得到了他们很多的帮助，对他们的气场感受颇深。飞行员们在微博、微信上欣赏着博士机长那条分缕析的高谈阔论，安全总监那幽默深刻的人生哲理，主任飞行员那朴实无华的经验之谈，顿时会觉得阳春白雪并不陌生，高山流水并不遥远，社交不再困惑，朋友就在眼前。

第8章 公共航空安全价值观激励策略：
职业特点与职业发展

在航空运输飞行员公共航空安全价值观体系中，职业发展与职业特点密不可分，具有更切合实际的激励效果。

8.1 职业特点激励

公共航空运输飞行员是一个十分特殊的职业人群，研究航空运输飞行员的公共航空安全价值观不能离开他们的职业特点。他们从事的飞行工作，在许多人眼里是勇敢者的新奇职业，新奇得有几分神秘，因而历来被公众视为天之骄子；他们的职业有严格而规范的资质要求，普通人根本无法涉足，因而在其他行业跳槽已是司空见惯的现象，公共航空运输飞行员的跳槽却往往成为媒体关注的新闻热点；他们必须时刻保持勇敢、坚定、沉着，随时准备应对瞬息万变的复杂情况，不管这些情况来自天空、地面还是人群，都要时时处处表现出公共航空运输飞行员应该具备的素质和能力。公共航空运输飞行员这些突出的职业特点决定了他们职业价值观和公共航空安全价值观的一致性。

8.1.1 保持职业稳定

稳定的职业是人生成功的职业基础。

1. 稳定基于平衡

一般而言，人们谈及某个职业的稳定性时关注的往往是该职业的失业风险，但是对于公共航空运输飞行员来说，情况却有很大不同，人们关注的往往是其过于稳定，稳定到限制流动。航空公司限制飞行员流动是一个曾经多次引起社会关注的问题，关注的焦点是一些航空公司因飞行员跳槽引起的劳动合同仲裁争议和法律诉讼。

焦点小组访谈和录音资料分析表明，公共航空运输飞行员们希望有合理的流动空间和竞争机制，但是过去由于飞行员长期过于紧缺而使航空公司不得不采取措施限制飞行员流动，竞争机制被削弱，这影响到飞行员提高自我能力的合理要求。公共航空运输飞行员跳槽现象在三个方面影响较大。一是一些新成立的航空公司特别是民营航空公司为了达到开航和飞行安全必须要求的人机比例，不惜花费重金甚至降低标准从别的航空公司挖飞行员，这影响了其他航空公司飞行员队伍的稳定，甚至埋下了安全隐患。二是边远地区飞行员队伍不够稳定。由于经济社会发展相对滞后，子女教育、医疗卫生、文化娱乐等条件较差，加上季节换装、航班起降时差等具体原因，飞行员希望调往条件较好的地方，有些甚至流失到了国外。三是航校的飞行教员转业到航空公司。由于飞行教员在教学过程中水平不断提高，他们懂教学法、管理能力强、人脉资源广泛，航空公司对他们青睐已久，而航校的工资收入普遍低于航空公司，因此流失比较严重。

如图 8-1 所示，问卷调查表明，职业稳定在各航空公司飞行员公共航空安全价值观中的重要度权重为 0.012～0.044，依次为：公司三 0.044，公司四 0.035，公司二 0.033，公司一 0.029，公司五 0.029，公司八 0.022，公司六 0.015，公司九 0.015，公司七 0.012。

职业稳定在各航空公司飞行员公共航空安全价值观中的符合度权重为 0.017～0.051，依次为：公司三 0.051，公司二 0.034，公司九 0.030，公司一 0.026，公司五 0.021，公司六 0.020，公司七 0.020，公司四 0.017，公司八 0.017。

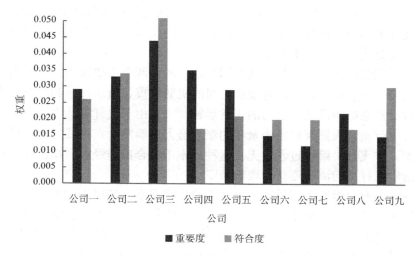

图 8-1　职业稳定价值权重

总的来看，我国公共航空运输持续快速发展造成飞行员资源需求长期过于旺盛，而保证飞行安全的刚性约束使公共航空运输飞行员的成长来不得半点含糊，因此国内一些航空公司出现劳动争议符合市场经济的一般规律。为了缓解飞行人才资源的燃眉之急，国内航空公司先后推出了一些行之有效的管理举措。比如，20 世纪末期一些航空公司采用湿租方式引进飞机，在迅速扩大运力的同时也有效地缓解了飞行员的紧缺，又如至今还在许多航空公司实行的引进外籍飞行员的方式，在缓解飞行员资源紧缺状况的同时还有效地引进了外国航空公司的先进经验。但是解决公共航空运输飞行员紧缺状况的根本出路还是要靠提高飞行员有效供给能力，从行业管理高度加大飞行员的培养力度。经过 20 多年努力，我国民航的飞行员培养能力无论从数量还是从质量看均已经达到世界领先水平。境内一批正规的飞行学校经中国民航局批准先后设立，按照中国民航局颁发的《民用航空器驾驶员学校合格审定规则》（CCAR-141 部）的要求为运输航空公司培养新飞行员；境外一批知名航校持有境外飞行学校认可证书，成为我国公共航空运输飞行员的重要来源地。这些境内外飞行学校每年培养合格毕业生，补充到我国航空公司的新飞行员约 3000 人，新飞行员培养速度已明显高于航空公司飞机运力增长速度，曾经严重制约我国民航健康发展的飞行员紧缺现象正逐步得到缓解。此外国内还有上百家训练机构按照中国民航局《民用航空器驾驶员和地面教员合格审定规则》（CCAR-61 部）要求，提供飞行爱好者私用驾驶员执照和军转民飞行员培训等飞行训练活动。这些都标志着我国民航飞行人才的多元化培养格局已经形成，飞行员资源供给与需求之间的矛盾已趋于平衡，飞行职业已形成更有利于飞行员稳定成长的新常态。

2. 有序利于发展

应该看到，保持飞行职业的稳定性和飞行员流动的有序性从根本上有利于公共航空运输的健康发展和飞行员的健康成长。一些新成立的航空公司急需飞行员资源来实现起步，应该得到理解和支持；一些飞行员个人和家庭确有实际困难，应该得到理解和帮助。但是一些航空公司加剧飞行员供求矛盾的高薪挖墙脚，一些飞行员像运动员转会似的闪离闪合，这些不利于飞行员职业稳定性的非常规做法无疑会给我国公共航空运输、航空公司包括当事人自身的长期健康发展带来不利影响。

一些飞行员的跳槽之所以引起劳动合同纠纷，源自两个主要原因：一是由于飞行员数量和航空公司发展密切相关，它决定航空公司的机队规模、航班计划和安全裕度，飞行员跳槽过于集中必然会影响原航空公司的正常运转；二是由于飞行员从飞行学生成长为成熟的机长，不仅飞行员个人需要付出十余年的艰苦努力，航空公司也要为此而付出很大的人力和财力成本，在飞行员跳槽过程中无视这种成本不符合市场经济规律。这两个原因都要求公共航空运输飞行员的流动遵循合理的秩序。

针对我国公共航空运输飞行员流动中存在的失序现象，2014 年 11 月，由中国航空运输协会和中国民航飞行员协会牵头，国航、东航、南航、海航等 42 家国内航空公司和 4 名飞行员代表共同签署了一份行业自律性的《航空公司飞行员有序流动公约》，签约公司完成的航空运输量超过全行业的 90%。签约各方约定，除控股公司内部调动外，各航空公司飞行员流出幅度原则上不超过上一年度公司飞行员注册人数的 1%；流出方可以依照流动幅度和有关规则，对要求流动的飞行员进行综合排序；接收方对流出方的经济补偿，应以国家规定为基础，并考虑价格指数上涨等因素，由双方协商确定；接收方给予流动飞行员的个人安置费，应公开透明，便于监督；设立监督协调委员会来全面监督《航空公司飞行员有序流动公约》施行，协调解决遇到的各种问题，并根据各签约方的需求对发生的争议进行调解；尽可能避免和减少劳动争议仲裁及法院诉讼，降低调处成本和社会影响[190]。虽然业内有人对《航空公司飞行员有序流动公约》部分内容持有不同意见，一些媒体和法律界人士也对《航空公司飞行员有序流动公约》存有质疑，但是自《航空公司飞行员有序流动公约》施行以来，我国公共航空运输飞行员流动走向有序化，航空公司运行和发展更加平稳，这些对公共航空运输飞行员职业生涯的稳定发展都更加有利。

8.1.2 赢得职业尊重

获得他人尊重的职业自豪感是一种高层次的价值理念。

1. 值得尊重的职业

尊重作为一种概念性的价值理念，源自美国心理学家马斯洛 1943 年在《人类激励理论》中提出的需求层次论。在马斯洛看来，人类价值体系中包括 5 种不同的需求，即生理需求、安全需求、社交需求、尊重需求和自我实现需求。5 种需求分为两个类型：一类是沿生物谱系上升方向逐渐变弱的本能或冲动，称为低级需要和生理需要；另一类是随生物进化而逐渐显现的潜能或需要，称为高级需要。虽然对马斯洛的需求层次理论至今仍时有不同见解，但是其基本框架还是得到了人们的普遍认可。按照马斯洛的理论，获得他人尊重的需要显然是一种高层次的价值理念。

获得他人尊重是普适于全人类的价值理念。在本书所论的特定对象群体上，获得他人尊重是公共航空运输飞行员一个突出的职业特点。飞行是人类的千年梦想，人类曾经以腾云驾雾之类的幻想渴望飞行，只有飞行员以自己的职业实现了人类的梦想，把亿万航空旅客载运到了蓝天白云间。公共航空运输飞行员从青年学生到成为翱翔蓝天的天之骄子经过了层层筛选，包括从生理到心理的严格选拔，从航空理论到飞行技术的严格淘汰，从飞行学员到副驾驶再到机长的严格考验。当在空中遇到气流颠簸甚至雨雪雷暴等恶劣天气时，遇到设备故障甚至发动机空中停车等严重故障时，遇到航班延误甚至非法干扰航空器的危险事件时，能够不顾个人疲劳保证航班正常，甚至不顾个人安危帮助旅客化险为夷的直接人群只能是公共航空运输飞行员和他们的机组。即使在行业内部，飞行也是众多重要职业中的核心职业，在航空运输中，市场营销重要，机场运行重要，空中交通管理重要，机务维修也重要……这些职业对公共航空运输系统的运行来说都缺一不可，但是所有这些职业全都以飞行为核心运行，为飞行正常和飞行安全服务。由于这许多理由，从事飞行这一核心职业，处在飞行这个核心地位的公共航空运输飞行员当然十分自豪，值得人们尊重。

2. 从自豪到受人尊重

如图 8-2 所示，问卷调查表明，职业受人尊重在各航空公司飞行员公共航空安全价值观中的重要度权重为 0.009～0.032，依次为：公司三 0.032，公司五 0.031，公司六 0.028，公司七 0.024，公司四 0.022，公司二 0.021，公司九 0.018，公司八 0.015，公司一 0.009。

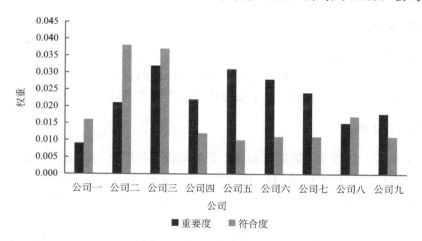

图 8-2 受人尊重价值权重

职业受人尊重在各航空公司飞行员公共航空安全价值观中的符合度权重为 0.010～0.038，依次为：公司二 0.038，公司三 0.037，公司八 0.017，公司一 0.016，公司四 0.012，公司六 0.011，公司七 0.011，公司九 0.011，公司五 0.010。

焦点小组访谈和录音资料分析表明，公共航空运输飞行员普遍具有较强的职业自豪感，这说明他们相当重视来自行业内外的尊重。他们深知自己当上飞行员需要通过很多限制，为自己最终能够成为一名飞行员而感到荣幸和自豪。他们热爱飞行，愿意献身这个充满挑战而又值得为之奋斗的职业。他们非常敬业，深知自己对机组和旅客的责任，认为既然选择了飞行职业，就要在执行任务时打起十二分精神飞好。他们为自己能对公众和社会承担巨大责任而自豪，愿意以自己的能力和努力去解决好飞行中遇到的各种难题。

值得重视的是，在一些公共航空运输飞行员看来，由于工薪水平竞争力下降，相比社会上一些高薪职业存在差距，他们这个向来因待遇高而令人羡慕的职业近年来有些走下坡路。一些飞行员的职业自豪感不强，觉得自己就是个长途司机，并没有什么比别人高一等的职业优越感。一些人感觉自己有些脱离社会，虽然在跟朋友们交流时别人说飞行员职业好，社会地位高，自己心里会有点自豪感，但是经常不能参加朋友间组织的聚会活动，和朋友们的关系越来越疏远了；朋友间如果总是不参加聚会活动，别人就会有想法，以为是飞行员收入高摆谱，其实飞行员有说不出的苦衷，主要是时间不允许，因为他们飞行时间长，工作强度大，实在太疲劳了。凡此种种现象，都说明公共航空运输飞行员的职业自豪感还有待进一步提高，人们对他们辛勤劳动应该给予更多的尊重。

从建立起职业自豪感到赢得人们的尊重，公共航空运输飞行员需要付出艰苦的努力。上述种种理由只是人们尊重公共航空运输飞行员的客观原因，而把这些客观原因转变为受到人们尊重的现实结果，需要公共航空运输飞行员在一次次航班飞行中实实在在地展示他们靠长期积累练就的精湛飞行技术，展示他们沉着冷静处置各种复杂情况的高超能力。人们把刘传健、梁鹏、何超机长和萨伦伯格机长尊为英雄，这固然是尊重他们关键时刻做出的英雄壮举，更深层的是尊重他们把保证公共航空安全视为最高职责，关键时刻能临危不乱、力挽狂澜的职业精神。

8.1.3 激发职业主动

在公共航空运输飞行员从业活动中，主动和被动的结果大不相同，这一点无论是对公众还是对飞行员自己都是如此。如何激发和提高其从业的自觉性和主动性是航空运输飞行员公共航空安全价值观培养过程中一个值得认真加强的重要环节。

1. 主动源于自觉

如图 8-3 所示，问卷调查表明，激发工作主动性在各航空公司飞行员公共航空安全价值观中的重要度权重为 0.005～0.044，依次为：公司三 0.044，公司一 0.028，公司六 0.027，公司四 0.020，公司五 0.019，公司八 0.014，公司二 0.013，公司七 0.008，公司九 0.005。

激发工作主动性在各航空公司飞行员公共航空安全价值观中的符合度权重为 0.005～0.037，依次为：公司二 0.037，公司三 0.034，公司一 0.027，公司四 0.027，公司七 0.017，公司八 0.016，公司九 0.010，公司五 0.006，公司六 0.005。

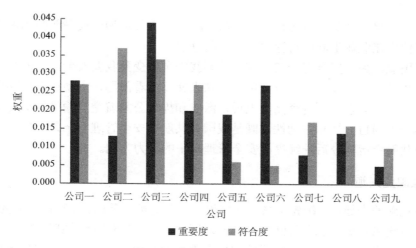

图 8-3　激发主动性价值权重

对职业使命的自觉认识是公共航空运输飞行员提高从业主动性的思想源泉，自觉才能主动。焦点小组访谈和录音资料分析表明，总体上看我国公共航空运输飞行员在从业活动中普遍十分主动，因为他们具有提高职业素养保证飞行安全的高度自觉性。他们自觉提高飞行技能，不断给自己定出更高的要求，督促自己在飞行间隙主动学习飞行技术。他们自觉提高职业素养，不满足于公司提供的评估资料，主动拓宽学习渠道。由于正常的航班飞行学习达不到考试要求，而且有些内容需要经常练习以保障安全，所以他们经常自己抽空闲时间学习补充知识，通过大大小小的无数次考试，不断完善自己的飞行技术。他们往往从早上 8 点出去执行航班任务，到下午 4 点落地，然后主动去模拟机中心练习考试内容。在安全上他们自觉进行自我管理，积极主动地参加公司按民航局管理要求定期举行的安全教育培训和考试，积极利用微信等新的媒体方式学习公司下发的安全教育视频和文字材料，执行完飞行任务后经常主动到公司飞行活动中心的自习室去学习。就这样，我国航空运输飞行员在几十年的职业生涯里始终坚持做到兢兢业业、一丝不苟，自觉地不断提高职业素养，把保证飞行安全摆在首位，把安全飞完最后一个航班实现最终"平安着陆"看作职业生涯中的最大成就。

2. 贵在自觉主动

在决定公共航空安全的人员、设备、环境、管理等诸项因素中，人是决定一切的主动因素。人能掌控设备，人能适应环境，人能改进管理，人因其自觉性和主动性而成为十分宝贵的首要因素。

在公共航空安全中，飞行员自觉主动的担当精神十分宝贵。我国公共航空运输在国家综合交通运输体系和经济社会发展中的地位在不断提升，现代航空器的技术复杂程度在不断提升，社会公众对公共航空安全生产的质量要求在不断提升，这些都要求公共航空运输飞行员不负众望，不辞辛劳，不断提高担当安全飞行重任的自觉性和主动性。

在公共航空安全中，飞行员自觉主动的进取精神十分宝贵。当今时代是催人奋进的时代，无论是民族进步、行业发展还是个人提高，都必须在创新中进取，不进则退。我国要建设民航强国，离不开每一位飞行员的无私奉献，而飞行员为建设民航强国做贡献的实力基础离不开他们在职业生涯中自觉主动的不断进取。

在我国民航，关于安全有一句格言：从要我安全转变到我要安全。在安全问题上，要我安全就是被动，我要安全就是自觉主动。从人文高度看问题，主动还是被动是不同安全观念和安全文化的差别。在这个高度上说，激发和提高公共航空运输飞行员与全体从业人员在安全生产中的自觉性和主动性，既是我国公共航空安全管理上一条宝贵的历史经验，也是我国公共航空运输今后继续提高安全管理水平的努力方向。

8.1.4 增强职业兴趣

兴趣是观念的先导，兴趣先于系统的世界观、人生观、价值观而存在于人的内心世界。在公共航空运输飞行员的职业生涯中，第一步往往是从兴趣甚至是模糊不清的兴趣开始的，但是越到后来，飞行职业越来越成了他们恒久不变的兴趣，对飞行的强烈兴趣也就越来越成为引导他们职业行为的重要精神力量。

1. 兴趣之始

关于兴趣对人生成功的意义，诸多圣贤有不少真知灼见。古希腊智者亚里士多德认为，古往今来人们开始探索，都起源于对自然万物的惊异。伟大的科学家爱因斯坦认为，兴趣是最好的老师。探究我国公共航空运输飞行员当初选择学习飞行作为职业生涯起点的兴趣动机，可见两位大师所言不虚。

如图 8-4 所示，问卷调查表明，符合兴趣在各航空公司飞行员公共航空安全价值观中的重要度权重为 0.014~0.044，依次为：公司三 0.044，公司九 0.030，公司一 0.025，公司二 0.023，公司六 0.022，公司五 0.019，公司四 0.017，公司八 0.015，公司七 0.014。

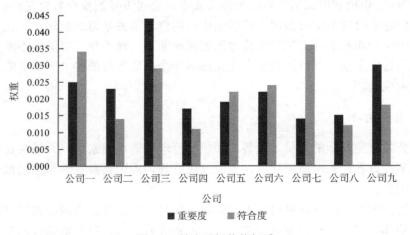

图 8-4 符合兴趣价值权重

符合兴趣在各航空公司飞行员公共航空安全价值观中的符合度权重为 0.011~0.036，依次为：公司七 0.036，公司一 0.034，公司三 0.029，公司六 0.024，公司五 0.022，公司九 0.018，公司二 0.014，公司八 0.012，公司四 0.011。

在影视节目里，飞行员往往被加上航空报国、立志献身蓝天的光环。但是对飞行学院师生的焦点小组访谈和录音资料分析表明，一些飞行学生当初学习飞行专业是误打误撞进来的，他们并不像文学作品里描写的那样，从小就有翱翔蓝天的梦想。在他们中间，一些人是得知飞行学院招考的消息后才来试试看的，他们开始按飞行员标准检查身体时并没有抱多大希望，但是随着体检顺利进行，他们想当飞行员的兴趣和冲动也变得越来越强烈，最后居然如愿以偿。还有一些人当初只是陪着其他同学来体检的，自己觉得体检很难通过，所以并没有什么要当飞行员的雄心壮志，只是到了体检现场才萌生几分好奇的兴趣临时决定试一试，结果被陪同的同学体检不合格，自己却误打误撞地当上了飞行员。

当然，大多数飞行学生并不是这样误打误撞进航校的。在目的明确进航校的飞行学生中间，受家庭影响热爱飞行事业而继承父志当上飞行员的不乏其例，因为感觉当飞行员帅气而学飞行的有之，因为羡慕飞行员收入高而学飞行的有之，因为当飞行员可以走南闯北甚至漂洋过海而学飞行的有之，因为想发挥体格优势避开高考竞争锋芒而学飞行的有之，不一而足。分析这些形形色色的入学动机，绝大多数飞行学生当初进航校都有一个共同的起点，那就是想当一名公共航空运输飞行员的强烈兴趣，是共同的兴趣使他们爱上了同一片蓝天。

2. 兴趣之恒

爱上蓝天容易，当一名合格的公共航空运输飞行员难。如何进了航校而不被淘汰，把如梦如幻的飞行兴趣变成现实版的天之骄子，是每一个公共航空运输飞行员无可回避的化蝶之路。焦点小组访谈和录音资料分析表明，由于普通人对天空十分陌生和好奇，而当飞行员有很多限制条件，所以能够满足兴趣上飞行学校的男女青年个个都会感到很自豪。在之后几十年的职业生涯中，公共航空运输飞行员热爱蓝天的从业兴趣是他们不断进取的重要动力，而职业发展中一步步坚实的足迹又使他们对飞行的从业兴趣越来越持之以恒。存在于公共航空运输飞行员从业兴趣和职业发展之间的这种长期互动关系是一种普遍的心理现象，有明确的心理学基础。

心理学认为兴趣是人们优先认识某种事物或从事某种活动的心理倾向，是人们由于获得这种知识或参与这种活动而感到愉悦和满足的情绪体验。兴趣以各种精神需要和物质需要为基础，人们对某件事物或某项活动感到需要，就会产生浓厚兴趣，表现出心驰神往，就会自觉地多加关注、深入探索而印象深刻；对某项活动感到需要，就会产生浓厚兴趣，并且会发展为爱好甚至立即展开实际行动，十分投入地积极从事这项活动。在公共航空运输飞行员起初选择飞行职业和后来从事飞行职业的过程中，无论是继承父业献身蓝天的精神需要，辛勤工作增加收入的物质需要，还是精神和物质二者兼有的自我发展和实现需要，都会作为一种基础性的需要促使他们不断明确、坚定和强化他们从事飞行职业的兴趣，促使他们越来越热爱他们感兴趣的飞行职业，越来越积极主动地从事他们热爱的飞行职业。

心理学又认为兴趣与认识和情感相互联系，人们如果对某件事物或某项活动没有认识，就不会对它有情感，因而也就不会对它有兴趣；反之，对该事物或活动的认识越深刻，情感越炽烈，兴趣也就会越浓厚。在日积月累的长期从业经历中，公共航空运输飞行员不断深化对飞行职业的认识，对飞行职业的各个方面，包括飞行的安全责任、社会地位、经济贡献、技能素质、价值观念等诸多方面的认识必然会越来越深刻，由此他们会越来越热爱飞行职业，对飞行职业产生前所未有的炽烈感情，表现出业外人士难以理解的执着。

心理学还认为兴趣是一种无形的精神动力，会对人的认识和活动产生积极影响，这有利于改进工作的质量和效果。基于兴趣，人们可以受到激励而刻苦学习工作中需要的相关知识，可以潜心工作甚至废寝忘食，可以运用创造性的思维在工作中取得惊人突破。我国的公共航空运输飞行员们正是这样，他们把对飞行的浓厚兴趣化作巨大动力，融汇到职业生涯的日日夜夜，自觉克服各种艰难困苦，刻苦学习飞行理论知识和飞机操作技能；他们把每一个航班都作为第一个航班来飞，认真准备，一丝不苟；他们认真执行每一个飞行操作，把旅客的舒适和安全作为航班飞行的永恒目标和最高职责；他们不放过飞行过程中每一个细小的异常，冷静分析，果断处置，关键时刻显示出超人的胆略和能力。

在公共航空运输飞行员身上，飞行兴趣已经和飞行志向结合在一起，或者说飞行兴趣已经升华为飞行志向。当一个人的兴趣和他的志向结合起来时，那么他离成功就已经不远了。我国民航许多飞行员的职业生涯正是这样，他们用几十年持之以恒的努力实现了飞行兴趣与飞行志向的完美统一，实现了飞行职业生涯的"平安着陆"。

8.1.5　拓宽职业视野

海阔凭鱼跃，天高任鸟飞。在这个世界上，物理视野比公共航空运输飞行员视野更宽的大概只有航天员了，论及公共航空运输飞行员职业上的心理视野，还应该作更深层次的思考。

1. 宽狭高下之间

心理视野是观念之所出的思维空间，视野的大小决定人们世界观、人生观、价值观境界的高下。视野大小和境界高下的关系是永恒的励志话题，历来颇为人们津津乐道，近年来更成为激励年轻人的热门话题。有人主张视野决定高度，也有人主张高度决定视野，两种主张各成其理。

主张视野决定高度的人强调视野决定人们理想的高度，进而决定人生的高度，视野宽阔与否决定人们认识世界的高度，影响人们的胸怀与志向，支配人们的命运。这种主张从立志出发，强调君子要立志，而且要志存高远，达到高远的境界，而要立高远之志就必须有开阔的视野。要开阔视野就必须广泛接触社会，博采众人之长。独学无友、孤陋寡闻的人不会有开阔的视野，常会妄自尊大、不思进取，没有高远的志向，当然也就不会有大的作为，只能成为庸碌市侩。人们从自己的立志经历中可以体会到，这种视野决定高度的主张颇有道理。

主张高度决定视野的人强调这是生活中的真理，人们只有站到高处视野才能宽广，站得高，望得远，才能胸怀开阔，洞察万事。要让心站在高处，心有多高，视野就有多宽。高度不同，视野不同，价值也就不同，格局也就不同，有了站在高处的开阔视野才能享受到俯视万物的自豪，把天地山峦统统装进胸怀，把一切鸡毛蒜皮的小事都抛到九霄云外。因为眼界开阔之后心中才会有对历史的认识、对现实的反思、对未来的向往，因为有了开阔的眼界、博大的视野才能尽情领略生活的美妙。真正的高度必定有不俗的广阔视野，所以最好站到最高处，"会当凌绝顶，一览众山小"，身在最高层，才能不被浮云遮望眼。真正的高度必须经过坎坷艰难才能到达，而且登高永无止境，没有人能到达心灵最高处。所以人们只能欲穷千里目，更上一层楼，只能坚持不懈地努力，不断进步，争取站得更高，视野更开阔，看得更清、更远、更精彩。伟人之所以是伟人，是因为他们比常人站的高。所以可以把人的一生看作是一次心灵登高的旅程，随着心灵登高的步伐提升，视野就会越来越开阔，人们眼里看到的、心里想到的就越来越不再是蜗角虚名和富贵荣华，而是时间与空间交织，梦想与现实交织的天下大事。人们从自己心灵登高的经历中可以体会到，这种高度决定视野的主张同样颇有道理，而且由于它在相当程度上包容了视野决定高度的题中之意，因而更加系统、全面。

从现实登高到心灵登高，从物理视野到心理视野，人们反复强调的不外乎世界观、人生观、价值观的培养和修炼。在公共航空安全价值观的培养和修炼上，公共航空运输飞行员十分幸运地站到了一个特殊的高度。

2. 无愧的高度

总的来看，我国公共航空运输飞行员具有十分开阔的职业视野。

如图 8-5 所示，问卷调查表明，工作拓宽视野在各航空公司飞行员公共航空安全价值观中的重要度权重为 0.006~0.040，依次为：公司九 0.040，公司四 0.036，公司二 0.032，公司三 0.026，公司八 0.023，公司六 0.021，公司七 0.016，公司五 0.010，公司一 0.006。

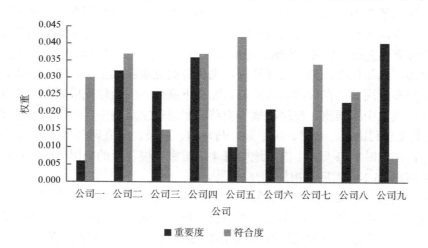

图 8-5 拓宽视野价值权重

工作拓宽视野在各航空公司飞行员公共航空安全价值观中的符合度权重为 0.007~0.042，依次为：公司五 0.042，公司二 0.037，公司四 0.037，公司七 0.034，公司一 0.030，公司八 0.026，公司三 0.015，公司六 0.010，公司九 0.007。

焦点小组访谈和录音资料分析表明，公共航空运输飞行员普遍很爱学习，不断提高自己的心灵高度，扩大自己的职业视野。这种高度和视野既随时体现在日常航班飞行中的一点一滴，更集中地体现在大风大浪面前的关键时刻。在天灾人祸危及国家利益和人民生命财产安全的紧要关头，公共航空运输飞行员总能用惊天动地的英雄行为彰显他们热爱祖国、热爱人民的情怀，以及在大局下行动的心灵高度和职业视野。

抢险救灾的生力军。在一次次国家重大抢险救灾行动中，公共航空运输飞行员都是冲在最前列的突击队。2008 年汶川地震使世人看到了公共航空运输在国家抢险救灾中的特殊作用。之后不到两年，2010 年 4 月 14 日，青海省玉树又发生 7.1 级地震，造成 2698 人遇难，抢险救灾的艰巨任务迫在眉睫。面对竣工不久的玉树机场海拔近 4000 米，而且设备保障能力不足的特殊困难，民航具备高原飞行性能的 39 架运输飞机和具备高原飞行资格的所有飞行员全部集结待命，14 家航空公司承担了抢险救灾运输飞行任务，克服各种困难确保运送抗震救灾人员、物资和伤病员的空中通道安全、畅通，仅在地震发生后第一周内就执行救灾飞行 424 架次，运送人员 7331 人、物资 1052 吨，出色地完成了党和国家部署的抗震救灾任务[191]。公共航空运输飞行员在历次抢险救灾中的出色表现，使灾区人民实实在在地感受到了党和国家的关怀。

我国是一个自然灾害较多的国家。2017 年 8 月 8 日夜晚，四川省阿坝藏族羌族自治州发生了 7.0 级地震；8 月 9 日清晨，新疆博尔塔拉蒙古自治州精河县发生 6.6 级地震。灾情就是命令，各航空公司的飞行员们奋勇当先战斗在抢险救灾第一线，抢运滞留旅客和救灾物资，用他们强烈的爱国敬业精神在蓝天白云间书写大爱无疆。

祖国关怀的传送者。电影《战狼 2》的热映激发了无数中国人的爱国热情，影片中国家出动民航飞机撤侨的场面催人泪下。在现实生活中，这样的动人场景多次出现。2011 年初，在西方国家的强力干预下，利比亚国内形势突变，一时间我国在利比亚工作和侨居的数万同胞陷入水深火热。我国民航按照党中央、国务院领导尽快将我国同胞接运回国的指示迅速做出部署，国航、东航、南航、海航 4 家航空公司执行民航局下达的紧急飞行任务，连夜抽调运力、选派机组、拟订飞行计划，飞行员们克服航线生疏、飞行量大、准备时间短、临时调整多等困难，在保障单位的通力配合下高效、安全地完成紧急运输任务，把祖国的关怀送往战乱中的同胞。在这次规模空前的紧急航空运输中，中国民航的飞行员们在短短 11 天里飞赴利比亚、希腊、突尼斯、马耳他、埃及、阿联酋等 6 个国家，执行了 91 班包机任务，高峰时期每天在中国与地中海 4 个国家穿梭飞行的中国民航飞机达 40 班次，共接运我国同胞 26 240 人回到祖国的怀抱[192]。

公共航空运输飞行员在国家历次撤侨行动中的出色表现，使海外赤子实实在在地感受到了社会主义伟大祖国的温暖和强盛。中国公共航空运输飞行员在国家和人民需要的关键时刻"用得上、靠得住、过得硬"①，就是出自这样的心灵高度和职业视野。

8.1.6 提高职业素质

公共航空运输飞行员要在波诡云谲的万米云端从容自如地驾驶飞机，对职业素质和能力有极高的要求。有人把公共航空运输飞行员比作出租车司机，这显然是调侃，因为他们忽略了公共航空安全对飞行员职业素质和能力的要求有多高。在飞行员公共航空安全价值观培养过程中，提升飞行员的职业素质和能力是一项十分重要的内容。在这里，飞行员优

---

① 这是中央领导同志对民航在汶川地震抢险救灾中的出色表现给予的褒奖。

秀的素质是其各项能力的坚实基础，飞行员出色的能力是其综合素质的集中体现，二者共同贯穿于飞行员职业生涯的全过程。

1. 素质能力要求

公共航空运输飞行员要有高度的思想觉悟和博大的人文关怀。他们要热爱党，热爱祖国，热爱人民，热爱旅客，认真学习和践行国家的大政方针和各项政策，树立正确的世界观、人生观、价值观特别是职业价值观，正确处理国家利益、公司利益、个人利益和旅客权益的关系，对党、对人民、对各国旅客高度负责。

公共航空运输飞行员要有良好的职业素养。他们要有高度的敬业精神，热爱飞行职业，要有严格的守法遵章意识，严密的组织纪律，严谨的飞行作风，严肃的飞行态度。遵章飞行是确保飞行安全、正常、有序的重要条件，要求每一个公共航空运输飞行员必须严格地按规章操作。随着飞行职业生涯的发展，公共航空运输飞行员对国家法律、条例和行业规章会认识得越来越全面，理解得越来越深刻，执行得越来越自觉，显示出更深厚的职业素养。

公共航空运输飞行员要有良好的身体素质和心理素质。飞行员在飞行时要经受天气、机电、噪声、时差、体能等各种因素的考验，要具备良好的健康管理能力，保持强健的体魄和健康的心理。心理素质直接影响到飞行员技术水平的发挥，在飞行中情绪过分紧张或过分放松都会影响思路，出现错、忘、漏从而危及飞行安全。因此飞行员要培养勇敢、冷静、沉着的心理素质，增强心理承受能力，这样才能在遇到复杂天气时不慌不乱，操作自如，在遇到特殊情况时临危不惧，果断处理，给旅客带来安全感和信任感。

最能体现飞行职业特点的是，公共航空运输飞行员要有扎实的飞行基础理论和飞行操作技能。他们要不断提高知识水平，完善知识结构，英语达到规定水平，随时保持所飞航空器类别和飞行级别的驾驶员执照水平，做到飞行程序化、操作规范化、动作标准化，具有高超的基本驾驶技术、熟练的仪表穿云技术和过硬的特殊情况处理能力，面对飞行过程中的任何困难都能以扎实的飞行技术从容应对。

公共航空运输飞行员的素质和能力是一个不断提高的动态系统。现代民航飞机是诸多高新技术的集成，技术越来越先进，性能越来越高，对飞行员技术素质和能力的要求越来越高。公共航空运输日趋大众化，越来越成为公众乐于选择的出行方式，行业规模越来越大，航班密度越来越高，机场和航路的情况越来越复杂，对飞行员身体素质和心理素质的要求越来越高。民航是现代化的交通运输方式，社会公众对航班飞行的舒适度、安全和正点到达的要求越来越高，对民航服务质量的要求越来越高，对公共航空运输飞行员的综合素质特别是职业素养的要求也越来越高。这些都要求公共航空运输飞行员不断提高自己的素质和能力。

飞行职业的特殊性要求公共航空运输飞行员的素质和能力在结构上必须是一个内容广泛、全面的素质和能力系统，要求公共航空运输飞行员具备全面、优秀的人格特质。归纳人们的评论，公共航空运输飞行员理想的人格特质应该包括：大公无私，乐于奉献；胸怀宽广，目标远大；英勇顽强，不怕牺牲；机警敏捷，干练果断；坚定自信，勇于创新；谦虚谨慎，忠厚待人；遵纪守法，严格律己；埋头苦干，技术精湛；性格开朗，风趣幽默；乐观向上，朝气蓬勃；专心致志，办事认真；热爱飞行，忠于职守。显然，人格特质如此全面、高尚的人已经接近完美了。

2. 攀登之路

虽然都说人无完人，但是"世上无难事，只要肯登攀"[1]。

公共航空运输飞行员素质和能力的培养的确是一个长期而艰苦的过程，需要飞行员们长期的艰苦努力。这个过程不仅需要飞行员们的主观努力，也需要良好社会环境、行业环境、学校环境和公司环境的熏陶。公共航空运输飞行员在各种环境的熏陶下自觉努力，在对国家、对社会、对旅客尽职尽责的过程中，不断提高自身人文思想素质、职业道德素质、生理心理素质和技术业务素质，实现和提升职业价值，赢得社会尊重。

如图 8-6 所示，问卷调查表明，提高工作素质和能力在各航空公司飞行员公共航空安全价值观中的重要度权重为 0.006～0.033，依次为：公司九 0.033，公司二 0.025，公司四 0.025，公司八 0.024，公司七 0.019，公司三 0.016，公司五 0.011，公司六 0.009，公司一 0.006。

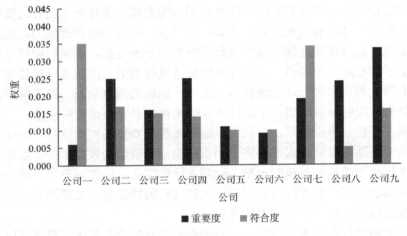

图 8-6　能力素质价值权重

提高工作素质和能力在各航空公司飞行员公共航空安全价值观中的符合度权重为 0.005～0.035，依次为：公司一 0.035，公司七 0.034，公司二 0.017，公司九 0.016，公司三 0.015，公司四 0.014，公司五 0.010，公司六 0.010，公司八 0.005。

多渠道、多方式学习是公共航空运输飞行员提高素质的基本渠道。焦点小组访谈和录音资料分析表明，从飞行员当学生起，飞行院校就十分重视提高他们的思想政治素质，通过严格的马克思主义理论课程和思想政治教育课程等对他们进行政治思想、热爱祖国等方面的教育。每个学期的两课教育和形势与政策教育都由一线有经验的政治工作干部实施，分专题，有教案，确保教育效果。除了专门组织的课堂教育活动外，飞行院校还十分重视通过网络、广播、电视等媒体开展思想政治教育，强化教育效果。

---

① 引自毛泽东词《水调歌头·重上井冈山》。

安全意识是对公共航空运输飞行员特殊的素质要求。飞行院校十分重视抓好学生们的安全教育课程，除此以外在学生的休息时间，还由飞行大队政委为学生们开办云播课堂进行安全教育和安全形势教育，包括飞行安全知识、安全警示教育和空中浩劫纪录片，通过典型案例教育学生们如何在飞行过程中提高安全意识。

飞行学生在学校具备飞行职业必需的基本素质后才能进入航空公司服务。航空公司每个月组织飞行员集中学习 2～4 次，集中学习的内容主要是一些重要文件，包括安全形势中的重大事件和特殊情况。除此以外，学习的主要渠道是定期发放学习手册供飞行员们学习提高。飞行员们普遍都自觉重视通过不同方式完善和提高自己，主动学习各种规章制度，丰富知识结构和文化心理结构。虽然他们很忙、很累，但是他们会自觉地抓紧时间充实自己，在执勤途中较为空闲的时段，他们会抓紧时间聊一聊行业发展形势，在回家后到睡觉前的短暂间隙里，他们会抓紧时间看一看国内外新闻。

公共航空运输飞行员也看手机，不过他们无暇玩游戏、聊八卦，手机在他们手里基本上是学习和工作设备，他们用手机到民航资源网上查看涉及某个飞行相关课题的信息，到"停机坪"等公众号查看业内的安全信息和技术信息，到公司内网以及公司微信群来获取行业信息和公司的管理文件，到新闻网站查看国内外的热点新闻。总的来看，他们关注最多的还是公共航空安全信息，市场信息一般顾不上看，能抽空看看体育信息就已经有些奢侈了。

在公共航空运输飞行员提升综合素质的道路上，上面这样的润物细无声并不容易，需要有持之以恒的意志力。更见真功夫的是他们刻苦钻研飞行理论的韧劲，特别是他们在飞行模拟机上进行高难度练习的拼劲。例如，在海南航空公司，飞行员们反复演练单发飞行技术，他们练习叠加故障的难度比公司内部外国飞行员练习的技术难度大出许多，以至于外国飞行员感到十分惊异，称赞他们练习的难度已经超出了飞机可能发生的故障。中国公共航空运输飞行员们就是这样用自己百折不挠的顽强意志告诉人们，在飞行职业的熔炉中，钢铁是这样炼成的。

8.2　职业发展激励

职业发展是马克思主义关于人的自由全面发展的理念在特定职业领域的具体实现。公共航空运输飞行员的职业发展过程就是其职业价值逐步得到实现的过程。

公共航空运输飞行员职业发展是一个受到全球关注的重要问题。据波音公司 2015 年发布的《飞行员和维修技师展望》报告显示，预计 2015～2034 年，全球公共航空运输需要55.8 万名新飞行员。与 2014 年的展望相比，该报告对公共航空运输飞行员需求的预测增长了 4% 以上。按照地区来看，亚太地区在未来 20 年所需飞行员数量最多，预计需要新增 22.6 万名飞行员，占全球需求量的 40.5%[183]。在我国公共航空运输持续快速发展中，飞行员历来是最紧缺的人力资源，飞行员的职业发展是决定行业发展速度和质量的关键因素。

8.2.1　健全培训体系

21 世纪是人才竞争的世纪。对在职员工进行持续培训是提升人才素质、积蓄人才资源的必由之路，也是各类人才选择职业环境的一项重要条件。各国明智的管理者一个共同的特点是对人才求贤若渴，视在职培训为组织提供给员工的一项重要福利，舍得花钱完善员工的培训体系。在市场竞争十分激烈的公共航空运输业，员工培训尤其重要。公共航空运输飞行员培训体系之严密，培养成本之高，是这一行业区别于其他行业的一个显著特色。

1. 航校的磨砺

公共航空运输飞行员培养成本很高，从他们在飞行学校接受初始培训起就是如此。

目前在我国培养运输航空飞行员的十几所飞行学校里，比较通用的培养模式有三种，分别是养成生、大改驾和执照生。

养成生来自应届高中毕业生。他们需要先参加招飞体检，政审过关，再参加国家统一高考达到民航局和教育部划定的分数线，特别是英语单科成绩必须达到标准，才能进入飞行学校接受飞行员培训。养成生一般由航空公司委托飞行学校培养，所以也叫委培生。

大改驾即大学生改学民用飞机驾驶，分为毕业大学生和未毕业大学生改学两种。前者又简称大毕改，是大学生毕业后经选拔进入飞行学校改学飞机驾驶，经考试合格取得执照。后者是在校大学生中途改学飞机驾驶，学生从大二起经选拔进入飞行学院，先学习飞行理论，然后接受飞行实训取得执照。

执照生的特点不在其来源而在其学费支付方式。身体及政审经招飞选拔合格且英语达到标准的自费飞行学生，与航空公司签署培训协议，然后进入飞行学校自费学习，毕业考试合格取得执照后进入签约航空公司服务。执照生在飞行学校期间的培养费约 70 万元需要自费承担 30%，其余 70%将根据他们与航空公司签署的协议在服务期限内抵扣[183]。

有人说飞行员是用金子堆成的，这话也许有些夸张，但公共航空运输飞行员的培养成本很高却是不争的事实。飞行学生还没进航空公司门槛就要花费几十万元，相比其他大学生的确是高成本培养。不过，看到每年仍然有那么多执照生争先恐后地挤进飞行学校当飞行员，人们还是相信市场经济价值规律的力量。

2. 成长之路

无论是委培生、大改驾还是执照生，从飞行学校毕业并取得执照还只能算是一名准飞行员，成为一位名副其实的公共航空运输飞行员还需要走很长的路。公共航空运输飞行员的培养周期很长，全世界都是如此。

在一些民航发达国家，飞行员取得执照后先进入通用航空公司积累飞行时间，飞满规定时间后才有资格报考运输航空驾驶员。但在我国，由于通用航空和运输航空发展极不平衡，更由于航空公司急缺运输航空飞行员，飞行学生毕业后一般直接进入航空公司接受再培训和机型改装，在运输飞行中积累飞行时间。一个刚出校门的飞行学生从变身航空公司飞行学员做起，到成为一名合格的公共航空运输飞行员，需要经过旷日持久的艰苦磨砺，成长为一名机长需要的时间因人而异，一般需要 5～10 年。就连外国机长了解了我国公共航空运输飞行员的培养方式后也认为，就算一点都不耽误，航空公司的飞行学员要积累够规定的飞行时间，成长为一名合格的机长，花费 10 年也属正常[193]。

如图 8-7 所示，问卷调查表明，培训体系科学合理在各航空公司飞行员公共航空安全价值观中的重要度权重为 0.007～0.031，依次为：公司九 0.031，公司二 0.018，公司三 0.017，公司六 0.015，公司五 0.013，公司四 0.012，公司七 0.011，公司一 0.009，公司八 0.007。

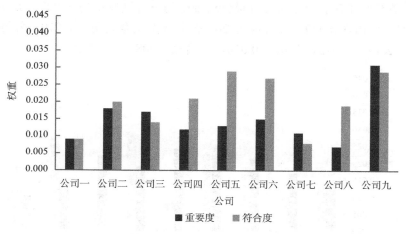

图 8-7　培训成长价值权重

　　培训体系科学合理在各航空公司飞行员公共航空安全价值观中的符合度权重为 0.008～0.029，依次为：公司五 0.029，公司九 0.029，公司六 0.027，公司四 0.021，公司二 0.020，公司八 0.019，公司三 0.014，公司一 0.009，公司七 0.008。

　　焦点小组访谈和录音资料分析表明，为了确保公共航空安全，民航规章对飞行员培训的要求一丝不苟，航空公司也都严格执行。公共航空运输飞行员各个环节的培训，包括机型改装培训和每年需要进行的复训，都是很花钱的事，而为了确保公共航空安全，航空公司也都舍得花钱。

　　由于涉及多个环节，要想把一名飞行学员培养成为公共航空运输机长，即使不考虑各相关环节的人力、物力等成本因素，仅直接培养成本也需要 300 万～500 万元。出于成本考虑，更为了缓解公司发展与飞行员紧缺的尖锐矛盾，近年来国内多家航空公司引进了数以千计的外籍飞行员。例如，在航空旅游市场上经营十分成功的春秋航空公司，外籍机长比例已占该公司机长总人数的 1/3 左右，外籍机长来自 22 个国家和地区，以欧美地区为主。由于外籍机长条件成熟，经验丰富，技术上佳，不易产生劳动合同纠纷，在航空公司颇受欢迎。另外，由于我国公共航空运输快速发展对飞行员的需求量很大，国内飞行员的工资水平高于其他很多国家，较好的待遇和福利对外国机长也有较大吸引力。

8.2.2　拓宽发展通道

　　公共航空运输飞行员的职业发展与行业发展共命运，行业兴则个人成功。总的来看，公共航空运输飞行员在航空公司的职业发展通道有两个，一个是技术通道，另一个是管理通道。两个通道不能截然分开，技术通道也需要管理，如机组资源管理；管理通道也需要技术，飞行技术不过硬也管不好人。在我国民航 70 年的发展历程中，两个通道都有许多堪称英雄的飞行员谱写出了精彩绚丽的职业人生。

　　如图 8-8 所示，问卷调查表明，发展通道畅通在各航空公司飞行员公共航空安全价值观中的重要度权重为 0.010～0.025，依次为：公司四 0.025，公司五 0.024，公司七 0.022，公司三 0.021，公司六 0.019，公司二 0.017，公司一 0.015，公司八 0.015，公司九 0.010。

发展通道畅通在各航空公司飞行员价值观中的符合度权重为 0.008～0.041，依次为：公司八 0.041，公司六 0.029，公司四 0.026，公共航空安全公司三 0.019，公司九 0.019，公司一 0.012，公司五 0.012，公司二 0.010，公司七 0.008。

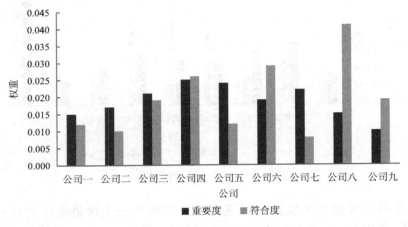

图 8-8　发展通道价值权重

1. 技术通道

焦点小组访谈和录音资料分析表明，公共航空运输飞行员在航空公司的职业发展的技术通道相当开阔，既比较顺畅又比较稳定。

最常见的是全世界通行的公共航空运输飞行员职业发展技术通道，它把飞行员的成长过程划分为几个基本阶段：学员、副驾驶、机长。每个阶段可以看作一个大台阶，每个阶段又包括若干小台阶，每个阶段的超越都离不开飞行员的刻苦学习与相关部门的严格考核。

当学员是公共航空运输飞行员在航空公司职业发展的起点，他们在这一阶段的职业发展目标是当一名合格的副驾驶。新入职的飞行学员先要做观察员跟航班实习，在这期间他无权操作飞机。实习期一般不超过 200 飞行小时，经考核合格后晋升副驾驶。由于实习期间有很多内容需要学员们自己主动学习，他们在飞行学校期间养成的学习习惯和自学能力对其在这一阶段的成长速度十分重要。

不想当机长的副驾驶不是好副驾驶，副驾驶的职业发展目标是晋升机长。副驾驶分为第一阶段副驾驶(F1)、第二阶段副驾驶(F2)、第三阶段副驾驶(F3)、第四阶段副驾驶(F4)以及左座副驾驶(FL)五个阶段。副驾驶又分为 A、B、C 三种类别，仅 C 类又分为 C1、C2、C3。在通过一层层的晋级并飞行满 2700 个小时后，副驾驶要接受航空公司和中国民航局的联合考核，决定其是否具备担任机长的资格，最后由航空公司聘任其为机长。公共航空运输飞行对操作的熟练程度要求很高，副驾驶阶段的飞行员必须刻苦积累自己的能力和经验，熟练操纵飞机并积累到一定程度才能顺利通过晋升机长的考核。经过多年的培养积累，目前一些大航空公司的副驾驶已经不像前些年那样紧缺了，开始出现竞争压力，今后副驾驶晋升机长会更加重视他们在规章、英语等方面的竞争优势。

当上机长是公共航空运输飞行员职业发展趋于成熟的重要标志，也是其在更高层次上继续发展职业生涯的起点，仍然需要不断地学习和提高。同是机长，有中小型飞机机长和大型飞机机长的差别，前者成长为后者需要积累足够的飞行时间和经历。海南航空公司把机长的发展空间分为一级机长到八级机长（F1～F8），每一级机长的待遇不同，八级机长对应的工薪收入最高。在普通机长之上，有担任教员的机长和担任飞行检查员的机长，他们有资格指导和检查其他机长的工作，比普通机长有更高的能力要求和责任压力。教员分为A 类、B 类、C 类，C 类级别最高，级别越高待遇也相应越高。

公共航空运输飞行员的职业发展需要承受较大的考核压力，一路发展一路考核。面对航空公司的一级接一级的理论考试和模拟机考试要求，飞行员们必须毫不懈怠地不断学习，因为公司有规定的淘汰率，通不过考试就要遭到技术淘汰。飞行技术每个航段都要接受评估，强调红线意识和底线意识，不能犯规。飞短航线还是飞长航线，航空公司在排班时对飞行员有资历要求。飞国际航线还是国内航线，航空公司在英语和飞行技术上有选拔标准。例如，在海南航空公司，飞行员飞国际航线需要通过飞行技术和语言能力两方面的考核。技术方面，副驾驶要达到 F5 级以上，机长单飞时间要满 500 小时，责任机长单飞时间要满100 小时才能飞国际航线。语言方面，公司在选拔副驾驶时需要达到英语无线电通信等级 4级（ICAO4）英语条件才能通过，副驾驶要经过国际报务培训，在国际航班上经过报务检查员带飞足够航段数，经报务检查水平合格并取得国际报务资格才能飞国际航线。

为了规范民航飞行员职业发展的技术通道，国家在专业技术职称评聘制度改革中专门设立了民航飞行员专业技术职称系列，共分 4 个级别。公共航空运输飞行员可以从刚进航空公司的飞行学员起逐级晋升，一直升到正高级职称的一级飞行员[①]。多年来，我国民航已经有一大批公共航空运输飞行员获得了一级飞行员专业技术职称，成为民航飞行专业理论研究和技术实践的核心骨干。

为了激励飞行员在技术通道的职业发展，避免一些飞行技术水平高、安全记录好、飞行经历长、对公司贡献大的飞行员遇到管理通道的"天花板"，我国一些航空公司还推出了功勋飞行员等管理创新举措。例如，厦门航空公司设立了突出安全管理的功勋飞行师制度，规定公司 10 年内未发生严重事故征候，5 年内未发生事故征候，3 年内未发生严重差错或一般差错不超过 2 次，本年度未发生一般差错的机长，同时累计实际飞行时间和年度飞行时间达到规定标准，即可经评审聘任为功勋飞行师，后续还可继续积累安全飞行业绩，晋升为高级功勋飞行师和特级功勋飞行师。功勋飞行师制度囊括了公司飞行员的最高荣誉，待遇上超过飞行大队长。这些创新举措在公共航空运输飞行员常规晋升体系的基础上，为飞行员在技术通道的职业发展提供了更加广阔的空间。

2. 管理通道

公共航空运输是一个由众多专业构成的行业。在众多专业中，飞行无疑是最核心的专

---

① 据人力资源社会保障部网站 2019 年 3 月 27 日报道，人力资源社会保障部、中国民航局近日印发《关于深化民用航空飞行技术人员职称制度改革的指导意见》，明确民航飞行技术人员增设正高级职称，名称为正高级飞行员。

业，其他各专业围绕飞行专业展开，为飞行专业服务，这种专业格局是由公共航空安全体系的内在本质必然决定的。由于飞行安全第一的必然要求，公共航空运输飞行员在管理方面的职业发展比其他专业人员具有明显优势。在他们的职业发展的管理通道上，存在一个从基层到顶层的长长的发展阶梯。在基层从事管理工作的公共航空运输飞行员数以千计，他们为公共航空安全管理体系铺就了坚实牢固的基础。在管理发展阶梯的顶端，是一串国内外知名的"大"飞行员名单，包括现任中国民航局副局长李健，原中国民航总局局长杨元元，以及原中国民航(总)局副局长张瑞霭、闫志祥、徐柏龄、王立安、刘绍勇、卞少斌等。他们为公共航空安全管理做出的卓越贡献早已超越了国界，推动了世界公共航空安全管理的发展进程。

公共航空运输飞行员在管理通道上的发展有一个显著特点，他们都不是单纯从事管理的"官"。无论是管理基层的飞行中队长、大队长，还是管理整个航空公司的总经理，即使官至局长之职，他们也从不脱离飞行职业。从这个意义上说，公共航空运输飞行员在管理通道上的发展都是身兼二职从事管理的，他们既是管理者，又是飞行员。实际上也是如此，在基层做管理工作的飞行员自不待言，即使是在民航局担任高级领导职务的飞行员，除了完成繁重的行政事务外，也要抽时间特别是牺牲很多休息时间去飞航班，这既是管理工作本身的需要，也是他们保持飞行执照资格的需要。

焦点小组访谈和录音资料分析表明，同技术通道的单通道发展相比，管理通道的发展是双通道发展，实现职业价值的机会当然会更多一些。因此，只要有机会，公共航空运输飞行员想走上管理岗位一展身手的大有人在。不过由于航空公司的管理岗位比飞行技术岗位少得多，飞行员们认为管理通道比技术通道窄得多，在管理通道发展的机会可遇而不可求，要看公司的发展需要而定，即所谓天时、地利与人和。为了使飞行员增长管理才干，厦门航空公司在行业通常的管理晋升通道之外推出了两个特别的做法。一是设置中队长助理岗位，挑选飞行技术过硬、思想进步、安全业绩好、飞行作风严谨端正的年轻飞行员，赋予他们一定的管理职权和业务职能，协助飞行中队长开展安全、运行、训练和队伍建设等管理工作。二是在公司安全、训练等职能管理部门中设置高级飞行专员岗位，配置若干飞行理论扎实、技术过硬的飞行员作为兼职从事管理工作的安全监察员和训练业务专员。虽然这些兼职管理岗位既不是公司正式的管理岗位，也没有相应的岗位报酬，但是在公司管理岗位较少的情况下为年轻飞行员提供了管理锻炼机会，为厦航管理干部队伍建设提供了人才储备。

8.2.3　规划职业生涯

职业规划，即职业生涯规划，是对从业者的职业生涯进行持续、系统规划的过程。职业规划由从业者的价值观特别是其职业价值观决定，受个体所处家庭环境、组织环境以及社会环境的影响。一般而言，职业生涯是人生最基本的内容，职业发展目标是人生目标的核心，职业成功则人生成功，所以职业规划和人生规划密不可分。在人的一生中，价值观和环境条件一直在动态变化，所以职业规划必然是一个动态过程。

完整的职业规划过程包括职业定位、职业发展通道设计和职业发展目标设定等内容，需要在分析个人条件和环境因素的基础上，确定个人的人生发展目标，选择实现人生发展目标的职业及岗位，制订从业必需的教育培训及行动计划，合理安排每一次行动步骤的时间、项目和实施措施。公共航空运输飞行员的职业定位在其选择飞行员职业时已经明确，所以对他们来说，职业规划主要是职业发展通道设计和职业发展目标设定，如上文所述，是走技术通道还是管理通道，在选定的发展通道上计划达到什么目标，用多长时间达到目标，怎样达到目标。

1. 双赢的规划

公共航空运输飞行员职业规划是实现航空公司和飞行员的双赢管理活动，它既是飞行员个人职业发展的需要，也是航空公司飞行员资源管理的重要内容。飞行员通过职业规划过程可以更明确地认识自己的优势和劣势，能力和潜力，机遇和挑战，目标和途径，从而能够更自觉地控制、完善和提升自己，克服短期行为，充分利用公司提供的职业发展通道，坚定不移地向着既定的职业发展目标不懈努力。航空公司通过管理、协调和促进飞行员的职业规划过程可以更充分地了解飞行员职业发展的愿望、动机和价值取向，从而适应他们的职业发展要求进而来建设公司文化，改进飞行员绩效考核和薪酬管理，改善飞行员的人际关系环境和人岗匹配度，拓宽飞行员职业发展通道，提升飞行员对公司的忠诚度和工作热情。

有研究表明，在一些行业的员工离职原因中，职业发展前景已成为仅次于薪酬水平的重要因素。对薪酬水平较高的公共航空运输飞行员来说，职业发展前景更为重要。犹如飞机在空中航行需要有明确的航向，职业规划是公共航空运输飞行员职业生涯取得成功，实现人生职业价值的战略保障。我国公共航空运输持续安全发展需要成千上万名飞行员，加强飞行员职业规划管理是民航人力资源管理中既有利于飞行员成长又有利于行业和企业发展的一项紧迫任务。

2. 终身学习

飞行是一个对理论知识和操作技能要求都很高的职业。无论公共航空运输飞行员怎样规划自己的职业生涯，计划从技术通道还是管理通道发展，要取得成功都必须有扎实的飞行理论功底和高超的飞行操作技能，都必须坚持不懈地保持终身学习。

如图 8-9 所示，问卷调查表明，职业规划受重视在各航空公司飞行员公共航空安全价值观中的重要度权重为 0.010～0.030，依次为：公司四 0.030，公司一 0.021，公司二 0.021，公司五 0.021，公司七 0.021，公司三 0.015，公司九 0.015，公司八 0.012，公司六 0.010。

职业规划受重视在各航空公司飞行员公共航空安全价值观中的符合度权重为 0.005～0.037，依次为：公司七 0.037，公司二 0.031，公司六 0.021，公司八 0.017，公司五 0.012，公司一 0.010，公司三 0.006，公司四 0.005，公司九 0.005。

焦点小组访谈和录音资料分析表明，公共航空运输飞行员对技术通道发展的职业规划考虑较多。这符合预期，因为毕竟从技术通道发展的飞行员占绝大多数。飞行员们一个共同的认识是，飞行职业生涯要想成功必须远离飞行差错。他们都明白，飞行员犯错误很容易酿成危及安全的大错，这会影响甚至中断他们职业生涯的发展进程，而远离差错最有效的捷径就是勤学飞行理论，苦练操作技能。在这个意义上可以说，公共航空运输飞行员职业规划的即是一项勤学苦练的规划。

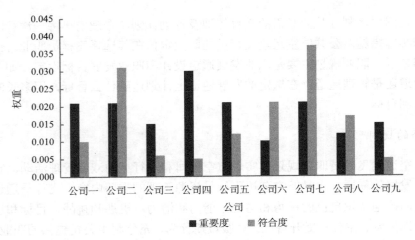

图 8-9　职业规划价值权重

出于强烈的忧患意识，公共航空运输飞行员普遍有很强的终身学习意识，认识到学习必须始终贯穿飞行员的职业生涯。面对持续不断的升级改装、复训和考试，他们普遍表现出很高的学习热情，因为他们十分明白，学习和培训是他的职业生涯的终身需要，作为一名公共航空运输飞行员，要有很强的自学能力，学习方面的自我总结能力非常关键，在学习上做到自律、慎独十分重要。一些飞行员职业生涯发展缓慢甚至遭到技术淘汰，主要原因是他们不爱钻研，对一些飞行基本原理知其然不知其所以然，整体能力上有缺失，更深层的原因是他们的终身学习意识不强，在学习上的自控力太差。

8.2.4　履行最高职责

在漫漫职业生涯中，公共航空运输飞行员肩负着人命关天的安全责任，以自己的担当保护着公众的生命和财产安全。安全责任是公共航空运输飞行员职业价值的核心，公共航空运输飞行员的职业特点决定了他们职业价值观的核心内容只能是安全第一。

1. 职责所系

公共航空运输飞行员的安全责任重于泰山，这一点，每一个见过公共航空运输飞行员工作的人，每一个接受过民航服务的人都会感同身受。每当旅客们在飞机客舱坐定，听到驾驶舱传来飞行员广播"This is your captain speaking"（这里是机长广播）时，每一位旅客都会感受到机长的神圣，感受到公共航空运输飞行员是他们空中旅行安全当之无愧的保护神。

关于公共航空运输飞行员安全责任之大，人们有无数耳熟能详的鲜活例证。正面的例子，人们永远不会忘记中国机长刘传健、梁鹏在风挡玻璃破碎的万米高空挽救飞机，保护机上 119 名旅客生命安全的英雄壮举；机长何超在虹桥机场跑道上果断飞越滑行飞机，拯救两架飞机上 400 多名旅客的英雄壮举；永远不会忘记美国机长萨伦伯格成功迫降哈德逊河面，拯救机上 155 名旅客的英雄壮举。反面的例子，人们永远不会忘记德国之翼航空公司副驾驶鲁比兹蓄意制造的撞山空难。在人们心目中，担当起安全责任的公共航空运输飞行员是能够保佑他们免遭灾难的天使，而亵渎安全责任的公共航空运输飞行员则是会引领他们走向深渊的魔鬼。

在对待安全责任的坚决态度上，航空与航海之间有相似之处。虽然航空比航海晚问世了几百年，但是在对待安全责任的伦理道德和价值观念上，航空和航海一脉相承。在航海安全史上，2014 年 4 月 16 日韩国"世越号"客轮在韩国西南部海域发生的沉船事故造成304 人遇难，在事后的审判中船长获刑 36 年，大副、二副、轮机长各获长短不等的有期徒刑，人们永远不会原谅的是他们在客轮失事的关键时刻放弃职业操守，弃船而逃的不负责任行径。人们更永远不会忘记 1912 年 4 月 14 日泰坦尼克号冰海失事时，老船长 Edward John Smith 视死如归，与全船旅客依依惜别的动人场景，人们永远怀念的是老船长和他的团队视旅客生命高于一切的负责精神。和在航海中一样，航空旅客面对任何风险，都会把满怀希望的目光投向他们的安全天使，他们的 captain（机长）、pilot（驾驶员）、co-pilot（副驾驶员）和客舱乘务员。

2. 忠于职守

公共航空运输飞行员是值得公众信赖的安全天使。

如图 8-10 所示，问卷调查表明，体现职业责任感和使命感在各航空公司飞行员公共航空安全价值观中的重要度权重为 0.014～0.032，依次为：公司五 0.032，公司四 0.031，公司二 0.030，公司六 0.029，公司七 0.022，公司三 0.019，公司九 0.018，公司一 0.016，公司八 0.014。

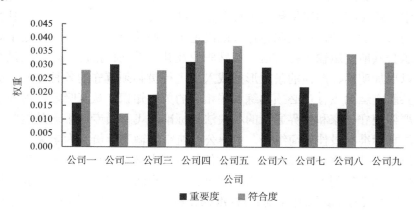

图 8-10　职业责任价值权重

体现职业责任感和使命感在各航空公司飞行员公共航空安全价值观中的符合度权重为0.012～0.039，依次为：公司四 0.039，公司五 0.037，公司八 0.034，公司九 0.031，公司一0.028，公司三 0.028，公司七 0.016，公司六 0.015，公司二 0.012。

焦点小组访谈和录音资料分析表明，我国公共航空运输飞行员普遍怀有高度的安全责任感，普遍认为责任心是保证飞行安全的首要问题。他们认为，牢固树立了保证安全的责任心，就能在飞行中自觉做到事事遵循标准程序，把安全规章尊为不可逾越的红线；就能自觉做到一切为了安全，一切服从安全，从"要我安全"提高到"我要安全"；就能自觉督促自己提高自身素质，从飞行技能和复杂情况处置能力等方面从难、从严勤学苦练，不断提高自己的职业素养；就能自觉严格要求自己，自觉接受必要的职业约束，做到有责任、有约束、有担当；就会把保证飞行安全看作自己职业生涯的终身成就，用全部精力去追求职业生涯的平安着陆；就会从职业价值观的高度上强化自我管理，刻苦修炼，把平时飞行训练中的一杆一舵，航班飞行中的一起一落自觉汇入全行业创造世界一流安全业绩的集体努力，用自己辛勤努力的心血和汗水去履行保证飞行安全第一的责任和使命。

3. 手册飞行员

手册飞行员在公共航空安全管理中是一句行话，意思是飞行员在执行飞行任务时必须严格按手册行事，决不容许各行其是。有人给这句话加了一个注脚，说是按手册做，做错了也是对的；不按手册做，做对了也是错的。这个看似戏谑的注脚其实很有道理，因为载入手册的内容都经过实践检验和反复推敲，是经得起时间考验的，而违背手册的操作即使没出问题也是侥幸。

岗位职责管理是人力资源管理的重要内容。在人力资源管理活动中，特定岗位的职责明确记载在岗位说明书里。为了编制特定岗位的说明书，人力资源管理者需要收集、分析及归纳岗位信息，准确而详细地描述岗位整体概况，包括岗位基本信息、岗位设置目的、岗位职权范围、岗位主要职责、岗位工作关系以及岗位任职资格等。岗位职责管理作用广泛，它有助于各类组织高效配置工作岗位，避免岗位职责重叠和交叉扯皮，改进岗位招聘调配和技能培训，优化岗位绩效考核和薪酬管理，规范员工操作行为，促进员工职业发展。

公共航空运输飞行员的岗位包括机长和副驾驶两大类，副驾驶包括不同级别的副驾驶，机长包括不同机型的机长，这些职务称谓既决定了他们的岗位性质，也规定了对他们的职责要求。对于公共航空运输飞行员这一特殊职业及其一系列特定岗位，岗位说明书的上述原则和内容以更加明确、严谨的条款形式载入了飞行员必须遵守的各种专业手册。操作现代飞机的公共航空运输飞行员必须熟练掌握相关的关键知识，认真吸取国内外宝贵的历史经验教训，严格遵守国家和业界通行的相关法规标准。飞行员专业手册是这些关键知识、经验教训、法规标准的最佳精简组合，值得公共航空运输飞行员奉为圭臬。

专业手册是公共航空运输飞行员在执行任务过程中必须熟练运用的关键知识精粹。曾任航空公司安全总监的刘清贵机长专门推荐过公共航空运输飞行员从副驾驶到机长必须吃透的7本书，即《飞行机组操作手册》《标准操作程序》《飞行机组训练手册》《最低设备清单》《快速检查单》《运行手册》《机组资源管理》[194]，强调的就是飞行员必须熟练掌握的各类专业手册。这些手册集公共航空运输飞行员在履行岗位职责时必须了然于心的各种关键知识之大成，对飞行员的不同岗位、需要操作的不同机型和需要处置的不同情况做了十分简明而实用的规定，反映了当前人类在相关问题认识上的最高水平，值得公共航空运输飞行员学懂吃透。

专业手册是世界民航业和航空制造业用大量心血甚至生命代价换来的经验教训总结。公共航空运输飞行员诸手册中的条款有的是千百次环境试验取得的宝贵数据，有的是已被百年航空史反复证明的宝贵经验，还有的是从飞行事故和其他不安全事件得出的惨痛教训。这些手册是在相关问题上最具客观真理性、最有利于安全飞行的规则集成。一些安全飞行几十年的老飞行员从未出过飞行事故征候，甚至就连小差错都没出现过，他们的一条重要经验就是老老实实当一名手册飞行员，在地面训练时认真学透手册，做飞行准备时按手册要求把各种情况考虑周到，做好应对各种复杂情况的周密预案。这样的安全意识就是安全关口前置，按手册要求学在前面、想在前面、练在前面。这样做虽然看起来前期准备复杂一些，但是一旦在空中遇到复杂情况就比较容易基于预案做出正确决策和果断处理。

专业手册是公共航空运输飞行员履行岗位职责的法规标准依据。公共航空运输飞行员诸手册中有许多必须执行的规定性条款和标准程序，其制定依据有的是相关的国际法律和国际标准，有的是国内相关法律、条例、规章和标准，是这些法规标准在民航飞行中的具体运用。对于这些规定条款和标准程序，只能严格遵照执行，不能违背和偏离。如果飞行员对这些规定条款和标准程序一知半解，执行起来稀里糊涂，甚至按照自己的偏好简化省略、变形走样、随意变通，这本身就是一种重大的安全风险，极易酿成事故。由这些规定条款和标准程序的渊源决定，从违背手册到违章，从违章到违法，往往只有一步之遥。在这个意义上说，违背手册就是违背规章进而是违背法律的开始，对手册的敬畏就是对生命的尊重和对法律规章的敬畏。2010 年 8 月 24 日伊春客机失事发生后，人民法院依据《中华人民共和国刑法》第 131 条，以重大飞行事故罪判处事故责任机长有期徒刑 3 年。这次事故之所以发生，该罪名之所以成立，与事故责任机长未遵守相关法规标准，未按照手册要求操作飞机有很大关系。这一案例再次清楚地警示人们，岗位安全职责重于泰山，在责任事故面前，责任人必须承担法律责任。

严格按手册履行飞行职责不是机械照搬，无数案例证明，按手册飞才是最聪明的用脑袋飞。现代民航飞机是综合应用多种高新技术的复杂系统，只有严格按照手册执行标准飞行操作，才能确保履行好飞行员的岗位职责，与系统外部环境的各个环节、各个流程、各个接口顺畅衔接，以最好的运行状态和最大的安全裕度降低风险保证安全。一名优秀的公共航空运输飞行员，其重要标志就是要认知不离手册，行为不违手册，知和行不异于手册，能够从一点一滴做起执行手册规定的标准操作程序，把手册的每一项要求做好、做到位。

4. 最高职责

如图 8-11 所示，问卷调查表明，岗位职责清晰在各航空公司飞行员公共航空安全价值观中的重要度权重为 0.004～0.034，依次为：公司五 0.034，公司八 0.029，公司四 0.025，公司九 0.021，公司二 0.013，公司一 0.010，公司七 0.009，公司三 0.005，公司六 0.004。

岗位职责清晰在各航空公司飞行员公共航空安全价值观中的符合度权重为 0.005～0.047，依次为：公司八 0.047，公司四 0.030，公司五 0.026，公司九 0.022，公司二 0.013，公司六 0.012，公司三 0.010，公司七 0.008，公司一 0.005。

焦点小组访谈和录音资料分析表明，我国公共航空运输飞行员对自己的岗位职责普遍有明确的认识。

我国公共航空运输飞行员深深懂得，在飞行中保证安全第一是他们的最高职责。每天执行航班飞行任务时看到飞机上众多中外旅客把生命和财产安全托付给他们，他们为自己肩上承担着巨大社会责任而充满职业自豪感，深知保证飞行安全是公共航空运输飞行员至高无上的岗位职责和职业价值。

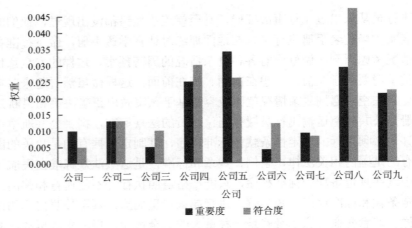

图 8-11　岗位职责价值权重

　　我国公共航空运输飞行员深深懂得，保证安全第一是中国民航全行业永恒的不懈追求。为了保证安全第一，他们长期坚持刻苦学习训练，不断地提高职业素质；自觉规范职业行为方式，不断提高航班飞行的安全水平和服务质量；随时准备在面临重大风险的危急关头挺身而出，用生命承担起保护公众生命财产安全的最高职责。

　　我国公共航空运输飞行员深深懂得，刘传健机长、梁鹏机长、何超机长和萨伦伯格机长们能在危急时刻做出英雄壮举不是偶然的。英雄机长能在关键时刻临危不乱、力挽狂澜，其深厚的精神底蕴在于他们始终把保证旅客生命财产安全视为最高职责。安全第一是航空运输飞行员公共航空安全价值观的核心内涵，是他们爱岗敬业，认真做好每一个飞行操作，完成好每一次航班飞行的精神动力。

　　我国公共航空运输飞行员深深懂得，飞行员的职业特点要求他们必须有责任、有担当、有约束。作为职业飞行员，要时刻把安全责任放在第一位，做到安全第一。为了履行安全第一的最高职责，他们甘愿牺牲个人利益，包括和家人一起享受天伦之乐的时间，和朋友一起畅叙人间真情的社交生活，有时甚至要牺牲自己的休息时间、健康。

　　日复一日，年复一年，我国 3 万多名公共航空运输飞行员就是这样肩负着安全第一的最高职责，在蓝天白云间用勤劳敬业的心血和汗水书写着他们高尚而纯粹的职业价值，用精益求精的职业飞行技术为亿万中外旅客奉献着他们安全舒适的公共航空运输服务，用坚持不懈的逐梦追求张扬着公共航空安全价值观的核心理念——保证安全第一。

第9章　公共航空安全价值观的建设路径

　　本书研究公共航空安全价值观问题的目的是促进公共航空安全价值观建设，在公共航空运输从业人员特别是飞行员队伍中牢固树立以保证安全第一为核心价值理念的公共航空安全价值观。本书多次强调公共航空运输从业人员特别是飞行员职业价值观与其公共航空安全价值观的一致性，这是提高公共航空安全水平和质量的必然要求。公共航空运输从业人员特别是飞行员必须时刻保持和加强其职业价值观与以保证安全第一为核心价值的公共航空安全价值观的一致性，这本身就说明二者的一致性不是天然存在的，需要他们积极推进公共航空安全价值观建设进程。在公共航空安全管理实践中，推进公共航空安全价值观建设就是要不断提升公共航空运输从业人员特别是飞行员所秉持的职业价值观，使他们在从业活动中更加自觉地践行以保证安全第一为核心价值理念的公共航空安全价值观，更加自觉地提高其职业价值观与公共航空安全价值观的一致性。

　　按照党的十九大报告和我国宪法要求，在新时代中国特色社会主义建设中，要把培育和践行社会主义核心价值观融入社会发展的各个方面。在公共航空运输从业人员特别是飞行员队伍中推进公共航空安全价值观建设，是用社会主义核心价值观指导公共航空运输发展，把社会主义核心价值观融入公共航空安全管理的具体实践。

　　公共航空运输是国际性很强的现代服务行业，公共航空安全是世界各国普遍重视的国家公共安全事务，各国行之有效的公共航空安全管理经验对世界其他国家具有普遍借鉴意义。在改革开放以来40年间，特别是进入21世纪以来的近20年间，我国公共航空运输得到了长足发展，曾经在人员因素管理研究、安全管理体系建设和国家安全纲要推进等方面为世界公共航空安全管理贡献了许多行之有效的中国经验。今天在新时代建设民航强国的进程中，在社会主义核心价值观指导下建设具有鲜明时代特点和民族特色的公共航空安全价值观，是一个值得向世界公共航空运输业讲述的中国故事，是又一个值得向世界公共航空安全管理界贡献的中国经验。

　　文化自信是我国公共航空运输发展和公共航空安全管理中深沉而持久的力量源泉，值得在建设民航强国的进程中始终坚持。建设公共航空安全价值观，是在公共航空安全管理中自信中国文化的具体实践。作为自2004年来一直担任国际民航组织一类理事国，自2005年以来航空运输业务量一直居世界第二位的公共航空运输大国，作为安全水平长期居于世界前列的公共航空安全管理大国，中国应当对于人类有较大的贡献。在社会主义核心价值观指引下建设新时代公共航空安全价值观，对于今后持续提升我国公共航空安全的水平和质量，持续守牢公共航空安全底线，增强我国在世界公共航空运输和公共航空安全管理领域的话语权，将产生深远的积极影响。

　　在公共航空运输从业人员特别是飞行员队伍中建设公共航空安全价值观，是在我国公共航空运输发展中培育和践行社会主义核心价值观的实际行动，是对我国公共航空安全管理经验的继承和发展。在新时代建设公共航空安全价值观，需要以培养担当民航强国建设大任的新一代员工为着眼点，强化教育引导、实践养成、制度保障，把社会主义核心价值观指引下的公共航空安全价值观转化为全体从业人员特别是飞行员的价值认同和行为习惯；需要认真总结和挖掘我国公共航空安全管理经验中蕴含的思想观念、人文精神和道德规范，在结合民航强国建设要求的基础上继承和创新，使这些宝贵经验在我国公共航空运输发展和公共航空安全管理中展现出长久活力和时代风采。

本书在第 1 章绪论中曾经指出，在理解和运用职业价值观概念时应该全面考虑从业者的个体性与群体性。公共航空安全价值观既是一种群体性社会现象，又是一种个体性心理现象，两种现象在本质上是一致的，都不能离开保证安全第一这个核心内容。由此看出，在公共航空运输从业人员特别是在飞行员队伍中，建设以保证安全第一为核心内容的公共航空安全价值观，是一个在群体塑造和个体修炼两条基本路径同时进行的长期过程。这个建设过程的一条基本路径是在各航空公司全体飞行员中普遍进行的群体塑造，另一条基本路径是发生于每一位飞行员内心深处的个体修炼。两条路径在本质上是统一的，统一于全行业提升安全能力，提高安全水平的永恒追求。两条路径是相辅相成、互相促进的，每一个飞行员在修炼个人公共航空安全价值观的同时，也把自己融入了群体公共航空安全价值观的塑造过程，为塑造群体公共航空安全价值观贡献了自己的一份力量。

9.1　群　体　塑　造

强调公共航空运输飞行员树立以保证安全第一为核心价值的公共航空安全价值观是一个群体塑造路径，是因为我国 3 万多名公共航空运输飞行员是一个以保证公共航空运输安全为最高职业价值的特殊群体。在公共航空运输中，飞行员个体不能脱离群体而独立存在，个体脱离群体就失去了价值存在的依托。公共航空运输飞行员个体存在于群体，个体的价值存在于群体价值，个体价值的实现依赖于群体价值实现。公共航空运输飞行员不可能成为单打独斗的个体职业者，其职业需求的产生，职业内容的确定，职业行为方式的选择，职业报酬的取得，职业价值的实现，甚至其职业本身的获得和存在，都与其赖以存身的公共航空运输、航空公司和飞行员群体存在着不可割舍的联系。"保证安全第一，争取飞行正常，改善服务工作"既是每一个公共航空运输飞行员个体的最高职业价值，也是公共航空运输飞行员群体共同的最高职业价值。公共航空运输飞行员的职业价值观，即其公共航空安全价值观的群体性是这个特殊群体职业价值观的本质规定性，是在公共航空运输飞行员群体中塑造以保证安全第一为核心的公共航空安全价值观的客观依据。

9.1.1　塑造的必要性

公共航空运输飞行员是肩负公众航空出行安全责任的特殊群体，牢固树立以保证安全第一为核心价值的公共航空安全价值观是对这个群体从事公共航空运输飞行职业的基本要求。近年来中国民航局反复强调守牢安全底线，实现这一目标的关键就是在全体从业人员特别是公共航空运输飞行员队伍中牢固树立以保证安全第一为核心价值的公共航空安全价值观。

1. 公众安全要求

安全第一是社会公众接受航空运输服务的基本预期，这一点在世界公共航空运输百年发展史的大时空尺度上表现得十分清晰。在这百年的前几十年里，许多公众对搭乘飞机出行表现得很迟疑，最根本的原因就是尚未认可公共航空运输飞行的安全性。在这百年的后几十年里，公众越来越认可公共航空运输飞行，最根本的原因就是对公共航空运输安全水平的认可。世界各国公共航空运输发展的实践证明，没有安全就没有公共航空运输和航空公司的发展。公众搭乘航班就是为了安全、快捷、舒适地出行。只要公众对公共航空运输安全的要求没有终结——这种终结是永远不可能的，承担安全运送航空旅客和货物职责的公共航空运输飞行员群体就必须继续提升以安全第一为核心价值的公共航空安全价值观。

不仅如此，公众对公共航空运输安全的要求还在不断提高。世界公共航空运输安全史表明，虽然公共航空运输安全水平已经很高，在发展中已经提高了几个量级，但是公众对公共航空运输安全的要求却越来越高，丝毫没有放松，这推动着世界各国对提高公共航空运输安全水平的追求越来越向零事故率逼近。我国公共航空安全史也表明，虽然我国公共航空运输的安全水平已经得到公众普遍认可，已经在领跑世界公共航空运输安全管理，但是公共航空运输从业者和管理者却依旧感到压力很大，不仅丝毫不敢懈怠，而且每天都从实实在在发现和排除的安全隐患中真真切切地体会到安全风险的存在。这意味着，公众对公共航空运输安全水平的期望仍在不断提高，要求公共航空运输飞行员要把塑造以保证安全第一为核心价值的公共航空安全价值观作为永恒的追求。

2. 国家发展要求

国家和行业发展对公共航空运输安全的要求在不断提高。经过 60 多年的发展，我国公共航空运输已经形成了不容小觑的行业规模。在国内，公共航空运输作为国民经济体系中重要的基础性、先导性行业，在国家改革开放和经济社会发展中的地位和与作用越来越凸显。在世界上，我国公共航空运输系统自 2005 年以来一直居于世界第二位，并且在逐年缩小着同居于第一位的美国的公共航空运输的差距。实现中华民族伟大复兴的"中国梦"，推进"一带一路"倡议，我国将以更加积极、更加负责任的姿态走向世界，这要求我国公共航空运输的地位有更大的提升，进一步发挥为国家大局服务的作用。在这一进程中，我国公共航空运输面对的主要挑战将不再是经济资源不足，而是安全风险约束。认识和控制无处不在的安全风险，是我国公共航空运输发展进程中永无止境的任务，必然对公共航空运输飞行员群体塑造以保证安全第一为核心价值的公共航空安全价值观提出越来越高的要求。

3. 市场竞争要求

公共航空运输安全是行业和企业提高市场竞争实力的必然要求。公共航空运输飞行员所处的运输服务市场供给替代性很强、充满激烈竞争。在国内公共航空运输市场上，国内各航空公司之间存在激烈竞争。国内旅客乘坐哪一家航空公司出行，在参考票价和航班时刻等基本因素上，航空公司的安全记录是旅客做出选择的首要因素。在国内综合交通运输市场上，高速公路运输，现代水路运输，特别是近年来得到很大发展的高速铁路运输，已经在与公共航空运输共同发展的同时，对公共航空运输形成了颇具压力的竞争，安全性已成为公众选择航空运输出行的一项重要因素。在国际公共航空运输市场上，各国航空公司之间存在激烈竞争。由于航程一般更远和选择范围一般更大等因素，国际航空旅客乘坐哪一家航空公司的飞机，在确定选择时会更加慎重地考虑安全因素。面对激烈的市场竞争，航空公司无一不在运用安全管理的法宝来提升公司的竞争实力。在这种形势下，塑造以保证安全第一为核心价值的公共航空安全价值观是各航空公司公共航空运输飞行员群体一刻也不能放松的从业内功。

9.1.2 塑造的对象性

在公共航空运输飞行员群体中塑造以保证安全第一为核心价值的公共航空安全价值观，目的是不断提升安全在他们心目中的地位，统一他们对飞行职业的价值取向，激励和约束他们更加爱岗敬业，自觉地以保证公共航空运输安全为最高职责，向社会公众提供更安全的航空运输服务。为了这一目的，需要思考公共航空运输飞行员群体安全价值观塑造过程中谁塑造谁等基本的对象性问题。

1. 对象群体的二元角色

公共航空运输飞行员的职业价值观，即其公共航空安全价值观的群体塑造过程始于他们正式步入职业生涯之前的航校，在那里，一群群飞行学生胸怀飞行职业梦想，接受从业基本训练。在4年的航校生活里，他们除了学习理论知识和飞行技能以外，一项十分重要的训练内容就是树立正确的价值观，特别是树立以保证安全第一为核心价值的公共航空安全价值观。在此期间，航校的一切设施都是为完成这些基本训练和塑造价值观服务的，这时飞行学生公共航空安全价值观群体塑造的对象性问题比较单一，他们的角色基本上是一元的，即接受训练和塑造的对象。但是在他们离开航校成为供职航空公司的正式在役飞行员之后，伴随着其岗位和职务的变动，公共航空安全价值观塑造过程在他们几十年职业生涯中越来越深入，以保证安全第一为核心价值的公共航空安全价值观在他们心中树立得越来越牢固，航空运输飞行员在公共航空安全价值观群体塑造过程中的角色地位逐渐发生着二元化转变，即不仅要接受别人塑造，而且也要塑造别人。在这个转变过程中，他们越来越从接受塑造的单纯对象转变为同时参与塑造过程的主人公，转变为在接受塑造的同时以不同的方式和力度塑造其他飞行员公共航空安全价值观的塑造主体。这一转变过程虽然是潜移默化的，似乎并不为当事人明显自觉，但是其转变的现象和效果却是十分确定的。它表明随着职业生涯的展开，航空运输飞行员在公共航空安全价值观群体塑造过程中经历了一场趋向二元化的角色升华，实现了公共航空安全价值观群体塑造主体性与对象性的统一。由于这种统一，原本作为公共航空安全价值观群体塑造对象的航空运输飞行员同时成为塑造过程中的主体。在这个意义上可以说，所谓航空运输飞行员公共航空安全价值观群体塑造的对象性问题实际上也是主体性问题。

由于塑造群体职业价值观的目的在于激励群体，而员工激励在公共航空运输行业和企业管理中普遍存在，所以公共航空运输飞行员的职业价值观，即其公共航空安全价值观群体塑造中的角色二元化是一个普遍现象。一方面，一个公共航空运输飞行员，即使他任职民航局长、航空公司老总等，只要他在执行公共航空运输飞行任务，就必须自觉置身于公共航空运输飞行员群体中，接受以保证安全第一为核心价值的公共航空安全价值观塑造，这无一例外，也不允许有例外。另一方面，一个公共航空运输飞行员，即使他只是一名普通机组成员，只要他在执行航班任务，就必须忠实地履行航班安全管理的主体责任，以主体身份尽职尽责任地管理机组资源，在机组群体中塑造以安全第一为核心价值的公共航空安全价值观，这同样无一例外，也不允许有例外。实际上，在公共航空安全管理中，任何飞行员都有自己的分内职责。一个飞行员，即使他只是一名刚刚走上岗位的副驾驶，一名刚刚离开航校就职于航空公司的飞行学员，只要他参与公共航空运输飞行活动，就必须在接受以保证安全第一为核心价值的公共航空安全价值观塑造的同时，认真履行自己在公共航空运输安全中分内的主体责任，就在一定程度上成为航空运输飞行员公共航空安全价值观群体塑造中的主体。

公共航空安全价值观群体塑造过程中角色地位主体性和对象性的统一普遍存在于公共航空运输飞行员的职业生涯中，它可以从根本上解释为什么在日常生活中，航空运输飞行员公共航空安全价值观群体塑造的过程能够在没有外部干预的条件下得到持续；为什么在分散执行航班任务时，航空运输飞行员公共航空安全价值观群体塑造的成效能够在只有机组人员参与的情况下得到发挥；为什么在面对特殊情况的紧急关头，航空运输飞行员公共航空安全价值观群体塑造的成果能够不需要任何外部指令而迸发出转危为安的强大力量。

2. 对象群体的职业特点

我国航空运输飞行员在公共航空安全价值观群体塑造过程中表现出一些明显的职业特点，这些特点有的是由其职业决定的，有些带有鲜明的时代特征，不过它们在一般情况下表现为二者的叠加，而且它们之间也往往会相互影响。关于公共航空运输飞行员的职业特点，本书 8.1 节在研究激励约束策略时已有过论述，这里结合群体价值观塑造问题做一些强调。航空运输飞行员作为公共航空安全价值观塑造对象群体的这些主要特点需要得到行业和相关航空公司的充分重视，从而使航空运输飞行员公共航空安全价值观群体塑造更加有的放矢。作为公共航空安全价值观群体塑造的主体，航空运输飞行员则需要充分正视这些职业特点，不断提高投身于公共航空安全价值观群体塑造的自觉性。

1) 安全责任重大

安全责任重大是公共航空运输飞行员最突出的职业特点。航空旅客一登上航班飞机，数以百计旅客的生命财产安全就全部托付给了飞行机组。执行航班任务的飞行员一杆一舵都关系到旅客的安全，寄托着旅客家人的牵挂。正因为如此，本书反复强调在公共航空安全价值观塑造中，必须把保证安全第一作为核心价值。

安全责任大是公共航空运输与生俱来的行业特点，没有安全就没有公共航空运输的生存和发展。安全责任大是航空公司与生俱来的企业特点，没有安全就没有航空公司的生存和发展。这决定着，安全责任是公共航空运输飞行员头等重要的职责，没有安全就没有公共航空运输飞行员的职业发展。公共航空运输安全是人命关天的头等大事，一次由安全责任造成的不安全事件，不用说飞行事故，即使是比较严重的事故征候，也会在社会上造成巨大的不良影响，给公共航空运输和相关航空公司造成巨大冲击，当然也会给负有直接安全责任的飞行员带来严重处罚，直接危及其从事飞行职业的资格。因此，在公共航空安全价值观群体修炼中，对安全责任这一最高职责无论怎么强调都不过分。

2）健康特别重要

人们往往认为公共航空运输飞行员个个都是身强力壮的小伙儿，因为他们是经过十分严格的飞行员体检，千里挑一选拔出来的。他们刚开始学飞行时的确是这样，那时他们个个身强力壮。但是，在航空公司飞行三五年下来，他们英俊的脸庞上就往往隐约藏了一丝倦意，10 年、20 年、30 年飞行下来，他们中一些人的健康状况越来越差，体检表上记载的种种生理和心理疾患使他们心生忧虑，因为这些疾患控制不好，他们就可能面临无情的体格淘汰，被迫中断他们的飞行之梦。

常年的空中飞行使公共航空运输飞行员极易陷入睡眠不足、过度疲劳、功能紊乱等飞行员特有的亚健康状态，这在公共航空运输飞行员队伍中已经给许多人带来痛苦。时有发生的飞行员空中失能事件警告我们，一些公共航空运输飞行员健康状况欠佳已经成为不容忽视的安全隐患，改善公共航空运输飞行员健康状况已经刻不容缓。由于国内成立新航空公司的热度一直没有减退，国内外公共航空运输市场的竞争压力持续不减，一些航空公司飞行员的健康状况甚至有进一步下降的势头，对公共航空运输安全构成了新的严峻威胁。公共航空运输飞行员的健康状况既是一个关系到从业者的职业健康问题，更是一个关系到公众生命安全的大问题，来不得丝毫马虎。

3）家庭生活分散

嫁给公共航空运输飞行员曾经是多少妙龄少女梦想的婚姻归宿。在婚后的日子里，虽然飞行员家庭的生活富足令人羡慕，但是和别人一样不能回避的家庭生活琐事慢慢地成为苦恼。最难接受的苦恼是夫妻之间的作息时间总对不上，他们要么是夜航结束归巢时妻子早已进入梦乡，要么是清晨匆匆披挂整齐去做早航班准备时留下妻子独自带着孩子，即使是到了周末和节假日，他们也往往要牺牲宝贵的团聚时间去飞航班。

在家庭生活方面，公共航空运输飞行员和终年漂洋过海的海员们十分相似，只是飞行员和家庭分离的时间较短但频率高得多。许多公共航空运输飞行员克服家庭困难献身飞行职业，表现出可贵的奉献精神，特别是一些献身公共航空运输的夫妻飞行员更值得关注。

4）收入公平感差

目前我国各航空公司飞行员工薪收入和福利水平相差悬殊，因公司、资历、级别等因素而异，月薪在两三万元到十多万元不等。按目前我国一般劳动者月收入数千元的平均水平，公共航空运输飞行员收入水平并不算低。问题在于，目前我国许多公共航空运输飞行员在收入上的抱怨不是嫌收入低，而是认为不公平，这已成为一个直接影响公共航空运输飞行员工作积极性的问题。

公共航空运输飞行员对工薪收入的不公平感表现在不同层面上，有对公司内部的，有对公司外部的，也有对社会的。虽然他们的比较方法和公平标准并不都那么正确，但是一些飞行员对航空公司利润分配和社会财富分配不公平的抱怨情绪的确不容忽视。

5）社交朋友圈小

我国公共航空运输飞行员的来源比较单纯，绝大多数公共航空运输飞行员都是从应届高中毕业生或在校大学生中选拔到航校培养出来的。千里挑一的严格选拔让他们原来的同学十分羡慕，所以每逢同学聚会、假日出游等重要的集体活动，大家总喜欢叫上当飞行员的同学，公共航空运输飞行员们也乐意参加这样的活动。但是他们往往会无奈地推辞掉，理由有时是需要陪一陪家人，有时是太累了需要休息。这样的推辞并不总是能得到大家的理解，结果是他们的朋友圈越来越小。

6）工作流动困难

我国公共航空运输人力资源全面紧张，缺口最大的一直是飞行员。究其原因，初期主要是航校培养能力不足，近几年则主要是由于飞行员知识技能要求太高而成长周期太长。为了缓解需求压力，各航空公司想方设法从部队和国外吸收了一些飞行员，但是迄今为止公共航空运输飞行员人力资源市场上依然是供给不足，特别是能担当机长重任的成熟飞行员依然十分紧缺。这种状况给公共航空运输飞行员合理流动带来了很多困难。

地区间流动困难。我国公共航空运输市场的地区分布明显地向沿海地区集中。因此，虽然西部地区需要大批公共航空运输飞行员，但是沿海地区公共航空运输飞行员人力资源也很紧张，没有余力调剂飞行员去支援西部公共航空运输发展。许多飞行员当初是从沿海地区来西部工作的，他们的妻儿老小留在原籍，他们要想调回沿海地区困难更大，公司规定的流动指标很少，等轮到他们预计要 10 年以后了。

公司间流动困难。一些航空公司为了留住飞行员或者为了从别的航空公司抢飞行员，把本公司飞行员的工资福利水平抬得很高，造成各航空公司之间工资福利差别很大。特别是一些新成立的航空公司为了达到民航局规定的人机比例，不惜花重金从别的航空公司挖飞行员。这些飞行员的原单位好不容易把他们培养出来，当然也不会轻易放人，于是开出天价培养费卡住不放。各方僵持不下使飞行员迟迟流动不了，两边航空公司也都很被动，民航局规定和劳动仲裁无法执行，甚至出现不少轰动性新闻事件，造成不良社会影响。

即使在公司内部流动也有困难。2002 年我国航空公司改革之后，三大航空公司形成鼎足之势，国航以北京、成都、香港，东航以上海、西安、昆明，南航以广州、沈阳、乌鲁木齐为主要基地统一运行，这在提高运行效率的同时也带来了飞行员流动的新问题。由于各地的户籍政策不同，飞行员培养渠道不同，同一航空公司的飞行员在这么大的空间跨度上有序流动也并非轻而易举。

9.1.3 塑造的艰巨性

现阶段我国公共航空运输持续安全发展面对的基本矛盾是社会公众不断提高的安全出行需求与公共航空运输实际安全能力的矛盾。解决这一基本矛盾，在由员工、设施、环境和管理构成的公共航空运输安全系统中，迫切需要改善和提升员工队伍的公共航空安全价值观，以正确的公共航空安全价值观激励员工，以人员因素为重点全面提升系统的安全能力。在这个系统中，对航空运输飞行员群体进行公共航空安全价值观塑造，最根本的就是在这个特殊群体中塑造以保证安全第一为核心价值的公共航空安全价值观。由于公共航空运输飞行员上述种种职业特点有时会带来困扰，由于这些特点所产生的复杂的外部环境，公共航空安全价值观群体塑造必然是一个长期的过程。

影响公共航空安全价值观群体塑造的经济社会环境条件很复杂，从已经显现的效果来看，市场经济和全球化的影响最为显著，知识文明的影响最为久远。

1. 市场经济

改革开放是 40 年来我国经济社会发展的基本轨迹，它深刻影响了全中国人民的价值观，当然也深刻地影响了我国航空运输飞行员，特别是年轻一代飞行员的公共航空安全价值观。

我国的改革是一场以市场经济为导向的经济社会变革，其涉及范围之广泛，思想影响之深刻，面临的任务之艰巨，不啻是一场伟大的革命。我国的改革在理论争鸣和实践探索中不断深化，中国特色社会主义市场经济体制在我国得到全面实行，市场在国家各类资源包括人力资源配置中发挥了决定性作用，各行各业的价值观念普遍打上了市场经济的厚重烙印。我国公共航空运输乘国家改革的东风持续快速发展，实现了跻身世界公共航空运输大国的历史性跨越，跃升到为国家改革开放和经济社会发展服务的基础性、先导性行业地位。在这场深刻的经济社会变革中，市场经济对我国航空运输飞行员群体的公共航空安全价值观产生了根本性的影响。亲身经历这场改革使公共航空运输飞行员深刻体验到市场经济是公共航空运输持续快速发展的必由之路，把自己的职业价值纳入市场经济价值体系是适应市场经济条件下生产力发展和生产关系调整的必然要求。国家改革越来越深化，公共航空运输市场经济持续发展，凸显了公共航空运输飞行员的经济地位，使他们深深感受到人才是第一资源、尊重劳动、尊重知识、尊重人才、尊重创造等已成为国家意志的思想观念是他们职业发展的根本保证。他们深刻了解自己的人生价值和职业价值，深刻认识到自己热爱从事的飞行职业具有十分重要的经济价值、社会价值和公共安全价值，认识到自己每一次飞行都是在以实际行动为公司发展贡献力量，为国家富强贡献力量，为公众生命财产安全贡献力量，这使他们比以往任何时候都为自己从事的飞行职业而深感自豪。另外，亲身经历公共航空运输市场经济现实也使他们深刻体验到市场竞争的巨大压力和经济利益的现实张力。在市场经济环境条件下，他们与航空公司的关系成为受法律规章保护和约束的劳动合同关系，需要接受绩效考核等激励和约束。他们在工作报酬和其他经济及非经济利益问题上表现得更加理性，更加关心自己的工资、奖金、住房、福利、职级评定和职务晋升之类的待遇问题。面对物价波动、房价上涨、股市起伏等惹人心动的市场经济现象，面对各航空公司在人才竞争中为争夺和留住飞行员而采取的种种招数，公共航空运输飞行员更加认识到自己在人才市场上的资源价值，也感受到社会财富分配中存在的不公平，他们既有对拼得丰厚收入的欣慰，也有对照顾家庭不周的愧疚，对身体状况下降的担心，对昔日朋友疏远的忧虑。这些都对公共航空运输行业和航空公司塑造飞行员群体的公共航空安全价值观提出了新的挑战。

2. 全球化

在我国改革开放进程中，对外开放与深化改革是对应的两翼，自觉融入全球化进程是中华民族伟大复兴的必由之路。十几年前，不少人还在担心这场发轫于西方发达国家的世界潮流会沦为它们盘剥中国人民的工具，我国作为新兴经济体的金砖国家（BRICS）之一，会在同欧美老牌资本主义国家的较量中吃大亏。但是历史已经给出答案，证明这种担心是多余的。我国提出的"一带一路"倡议迅速得到众多国家包括不少发达国家的响应，亚洲基础设施投资银行(Asian Infrastructure Investment Bank，简称亚投行)顺利投入运行，人民币成功纳入国际货币基金组织(International Monetary Fund，IMF)特别提款权(special drawing right，SDR)的货币篮子。而美国提出的 TPP(Trans-Pacific Partnership Agreement，跨太平洋伙伴关系协定，也称"经济北约")却响应者寥寥，到头来不乏戏剧性的是，作为 TPP 领头羊的美国突然宣布退出该协定，还留在 TPP 的其他国家反倒纷纷呼吁它们原来视为对手的中国加盟。我国成功顶住了种种遏制、干扰和阻挠，在全球化大潮中高歌猛进，勇立潮头，赢得世界各国一片赞誉。

全球化空前地加速了各国之间的经济、技术和社会交流，对我国公共航空运输的发展产生了十分深远的影响。公共航空运输原本就是具有强烈国际化特征的行业，我国公共航空运输本来就是在周恩来总理亲自关怀下开辟国际航线飞向世界的。在国家对外开放政策的推动下，我国公共航空运输在国家政治、外交和外贸的大局环境下行动，昂首挺进世界公共航空运输国际化、联盟化潮流，利用外资购租外国飞机扩大运力，推进国外上市，吸引外国资本，广泛借鉴国外航空公司经济、技术和安全管理的先进经验，与国外大航空公司结成战略合作联盟，积极参与国际民航组织多边合作，不断提升我国在国际公共航空运输事务中的话语权，在公共航空运输全球化大潮的激烈竞争中取得了长足的发展。

全球化加剧了世界各国不同文化、不同价值观的碰撞和激荡，对我国航空运输飞行员的公共航空安全价值观产生了复杂的影响。全球化空前地开阔了我国公共航空运输飞行员的眼界，使他们见识了发达国家在公共航空运输经济、管理、安全等领域的先进水平，有机会与国外公共航空运输飞行员及空管等地面服务保障人员交流合作，有机会在国际公共航空运输中展示中国公共航空运输飞行员的职业水准，这一切把他们的职业生涯同全球公共航空运输发展的步伐连在一起。国家对外开放政策使他们真正做到了胸怀祖国、放眼世界，使他们深深感受到自己的人生价值和职业价值得到了充分实现。另一方面，全球化也使他们的职业价值观出现了空前活跃的变化。文化冲击使他们中的一些人认为，传统价值观中的一些神话破灭了，一些曾经看来是坚不可摧的信念动摇了，从不同国度涌来的光怪陆离的经济社会现象使他们有时陷入困惑。在西方国家的经济、社会和文化冲击面前，他们的职业价值观在经受着严峻考验，经历着裂变、扭曲、升华和整合等复杂的变化过程。在这个过程中，他们中多数人走向坚定和成熟，但也有少数人变得世故和功利，有不少人随波逐流。面对这种复杂形势，引导他们树立和巩固正确的世界观、人生观、价值观，加强对他们职业价值观的引导和整合，是航空运输飞行员公共航空安全价值观群体塑造中长期而艰巨的任务。

3. 知识文明

当今世界科学技术日新月异，知识和信息急剧增加，这些深刻影响地着人类的生产方式、生活方式和思维方式，从根本上改变着 21 世纪人类社会的发展进程，加快知识文明的到来。知识文明是继工业文明之后构筑于当代高度发达的科技教育基础上的新型人类文明，在这个新的文明形态中，创新是发展的主要动力，知识资源是引领发展的主要因素，个性化创造和全球规模化组织有机结合是主要的生产方式，社会和谐是发展追求的主要目标。知识文明的基础是 20 世纪后期以来在全世界范围内迅速发展的知识经济。在知识经济中，知识作为一种非物质生产资料的地位空前提高，在生产力发展中越来越超越物质生产资料并占据支配地位。知识文明的到来使知识在社会价值体系中的地位空前提高，人们的价值观念迅速发生着以知识为中心的深刻变化；使拥有专门知识并运用知识进行生产劳动的知识员工在生产关系中的地位空前提高，取得了比其他劳动者更具优势的经济和社会地位；尊重知识、尊重人才的观念越来越成为社会伦理的一部分，成为人们从价值观出发的自觉认识。

同生产力、生产关系变革形影不离的是管理变革。在知识经济和知识文明条件下，人们把组织中管理数据信息、网络设备、技能诀窍、知识产权等知识资源及其拥有者的管理活动称为知识管理[1]。公共航空运输飞行员是掌握最先进航空知识和飞行技能的知识员工，他们拥有的航空知识和飞行技能是航空公司知识资源的核心内容。在知识管理的意义上说，公共航空安全价值观群体塑造是一种专门的知识管理，是以尊重飞行员专门技能的知识价值为基本价值观念，以塑造飞行员公共航空安全价值观为基本实现途径，激励飞行员保证公共航空运输飞行持续安全的知识管理。在继续建设民航大国的进程中，塑造公共航空运输飞行员群体以保证安全第一为核心价值的公共航空安全价值观需要管理活动有量的扩张，因为公共航空运输规模在扩张，公共航空运输飞行员队伍在扩张。在创造性地建设新时代民航强国的进程中，塑造公共航空运输飞行员群体以保证安全第一为核心价值的公共航空安全价值观更需要管理活动有质的升华，因为公共航空运输生产力和生产关系已经在发生着以知识文明为特征的质的变革。这样的塑造必然是长期的、艰苦的，但只有经历这样的塑造，才能使航空运输飞行员群体的公共航空安全价值观适应知识文明时代公共航空运输发展的需要。

9.1.4　塑造中的人文教化

在公共航空运输飞行员群体中塑造以保证安全第一为核心价值的公共航空安全价值观是一个在特定价值文化环境内进行的长期的人文教化过程。按照文化决定论[2]的观点，文化因素在公共航空安全价值观群体塑造过程中具有决定性作用。中国民航局在总结航空安全管理经验时曾提出，航空安全管理下一步的努力方向应当是人文式管理，即伴随着社会进步，通过安全理念的创新，提高人的整体素质，促进人的全面发展，建设良好的安全文化，实现由"要我安全"向"我要安全"的更高的安全管理层次转变，使安全管理变为我国民航的人文需求与人文自觉。从根本上说，公共航空安全的人文式管理最重要的就是价值观管理，就是要在全体公共航空运输从业人员特别是在飞行员群体中塑造以保证安全第一为核心价值的公共航空安全价值观。

关于价值观与价值文化，江畅教授认为价值观是一种与现实的价值体系相对应的观念

---

① 知识管理（knowledge management，KM）：在组织中构建知识系统，通过知识的获得、创造、分享、整合、记录、存取、更新、创新等过程使组织中的知识和信息不断循环回馈到知识系统，将个人与组织的知识积累成组织的智慧资本，以支持组织做出正确决策，应对市场变化。

② 文化决定论是文化人类学的著名概念。主张文化决定论的学者们认为：人类社会出现不同的族群和不同的行为模式是由各族群独特的文化背景决定的；区别人类的不同行为，应该首先考虑文化因素；文化因素在人的成长过程中，特别是在儿童时期的人格塑造方面具有无可替代的重要性；在人-文化-环境三者关系中，文化具有决定性作用。

的价值体系，价值文化是那些根本的、总体的作为观念的价值体系，即价值观现实化为现实的价值体系，现实化为社会制度、行为方式和物质实体，并渗透到社会心理和社会生活中。在历史上存在过的三种基本的价值文化形态，即大一统的价值文化、各自为政的价值文化和主流-非主流的价值文化中，主流-非主流价值文化是近代出现的一种新的价值文化形态，它的出现是对大一统价值文化的否定，其突出特点是社会存在着多种价值观，其中一种是占主导地位的，其他的价值观服从于它、服务于它，占主导地位的价值观允许不同的价值观存在并尊重它们，与它们共存共荣。主流价值文化与非主流价值文化的区别是不同价值观之间的区别，主流价值文化是其价值观占据主导地位并普遍流行的价值文化，而非主流价值文化则是其价值观不占主导地位并只为部分公众接受的价值文化。在主流-非主流价值文化形态中，主流价值文化之所以能成为主流，是因为它代表了大多数社会成员的利益而不只是统治者的利益，反映了社会成员的普遍愿望。在这种价值文化中，占主导地位的价值观从根本上说是合理的，在理论上得到了合法性论证，并进行了精心的顶层设计。这种价值文化是开放的，它能不断地从非主流价值文化中吸收合理的成分，使自己的实力不断强大，使非主流价值文化不足以与之抗衡[195]。在公共航空运输飞行员群体中塑造以保证安全第一为核心价值的公共航空安全价值观，是要在全行业和各航空公司全体飞行员中建立以保证飞行安全为核心和最高职业价值的主流文化。这样的塑造需要在尊重公共航空运输飞行员职业价值观多样性的基础上进行耐心细致的雕琢和整合，需要润物细无声的艰苦磨炼，包括推人及己的思想交流和心理咨询。在这里，由于公共航空运输飞行员群体中不同个体所持的职业价值观在存在个体差异的同时具有更多共性内容，公共航空运输飞行员个体职业价值观的复合性和群体职业价值观的多样性是组织、雕琢和整合群体职业价值观的内在依据，是把公共航空安全价值观作为激励公共航空运输飞行员的文化和心理基础的内在依据。

塑造就意味着改变。在公共航空安全价值观群体塑造过程中，需要改变的不是飞行员们日常穿衣戴帽的生活习惯，不是他们日常言谈举止的行为方式，不是他们在日常生活中谈古论今的非主流价值观，甚至也不是他们可以自由发挥的种种非主流职业价值观，需要改变的是他们心中与安全第一存在矛盾，因而不利于飞行安全的非主流职业价值观，这样的非主流职业价值观往往只能在小范围内议论，因其见不得大庭广众而难以公开抵制。改变这类非主流职业价值观的过程必然是触及公共航空运输飞行员灵魂的深刻过程而不是花拳绣腿，不是肤浅的表面文章而是带根本性的职业价值观改造过程，这当然不可能是可以一蹴而就的朝夕之功。

9.2　个体修炼

强调树立公共航空安全价值观是一个个体修炼过程，是因为归根结底，职业价值观是个体的职业价值观。公共航空运输飞行员职业价值观的最终持有者不是抽象的人群而是一个个活生生的飞行员个体，在一般情况下，公共航空运输飞行员群体中的不同个体持有大同而小异的职业价值观。一方面，公共航空运输飞行员的职业价值观在不同个体之间，在个体和群体之间必须是大同的，这就是公共航空运输飞行员职业价值观中保证安全第一的核心价值观念，这种大同是公共航空运输飞行员职业价值观的本质和核心，失去了这种大同就失去了公共航空运输飞行员个体存在的自身价值。另一方面，每一个飞行员个体所持的职业价值观并非以单调的形式存在，而是因人而异、独具特色的观念体系，是一个个由形形色色的价值观念组成的复合体。公共航空运输飞行员职业价值观在不同个体之间，在个体和群体之间必然存在许多或大或小的差异，这些差异是每一个飞行员之所以独自存在的个体特色。这些个体特色有的与以保证安全第一为核心价值的群体公共航空安全价值观完全一致或相辅相成，应该大力保持和发扬；有的不符合甚至违背以保证安全第一为核心价值的群体公共航空安全价值观，必须自觉摒弃，这是对公共航空运输飞行员从事这个人命关天的神圣职业的必然要求。每一个公共航空运输飞行员在保持职业价值观个体特色相对独立性的同时，都必须自觉地不断进行职业价值观修炼，自觉地使自己所持的职业价值观与以保证安全第一为核心价值的群体公共航空安全价值观趋于大同。

9.2.1　修炼的必要性

如本书第 3 章所述，学界对职业价值观的理解一般是由从业者个体出发的，认为职业价值观是从业者个体价值观的重要组成部分，是从业者个体关于其职业行为及其从职业环境中获得的结果的价值判断，是一种直接影响个体职业行为的观念体系，是包括个体职业倾向性和职业需求的一系列思想观念。依据这样的理解，对于从事公共航空运输飞行这一特殊职业的飞行员来说，他们的职业价值观是其价值观体系的重要组成部分，是飞行员个体关于其从事飞行职业的行为方式及其从飞行职业生涯中获得的结果的价值判断，是包括飞行员个体的工作需求及其选择从业岗位的职业倾向性的一系列观念在内，直接影响飞行员个体职业行为方式的观念体系。公共航空运输飞行员职业价值观的这种特殊内涵是由飞行职业的特殊性规定的，它决定了公共航空运输飞行员的职业价值观不能像自由职业者那样随心所欲，必须按照从事公共航空运输飞行职业的特殊要求来进行贯穿职业生涯始终的艰苦修炼。

公共航空安全价值观个体修炼是公共航空安全价值观群体塑造任务在个体层面的基础建设和具体实现。由于公共航空运输飞行员常年在国内外航线上分散执行航班任务，他们树立正确的公共航空安全价值观需要慎独，需要更多自觉的个体修炼。国内外公共航空安全管理中许多严酷的实例证明，在航空公司，航空运输飞行员公共航空安全价值观没有个体层面的艰苦修炼，群体层面的塑造就会流于空泛，一个飞行员的公共航空安全价值观出现决口，就会使全公司上下多年苦心经营的安全防线出现断裂。保证飞行安全是公共航空运输行业和航空公司的核心价值理念，要求每一个飞行员都必须刻苦修炼以保证安全第一为核心价值的公共航空安全价值观，这一点从公共航空运输飞行员职业生涯的企业、行业和社会环境来看是这样，从公共航空运输飞行员个体实现职业价值的追求来看更是这样。

1. 安全第一的要求

一般而言，员工的职业价值观是一个多维度的观念体系，航空运输飞行员的公共航空安全价值观也不例外。作为国家公共航空运输业和供职航空公司中的一员，航空运输飞行员的公共航空安全价值观个体修炼涉及其职业生涯的方方面面，包括不断提升对国家、行业和公司的忠诚，对各类规章制度的自觉遵守，对公司管理的自觉服从和积极参与，对飞行职业的热爱和勤勉，对飞行技术的精益求精，对旅客和其他客户的热情服务，对机组成员和各类服务保障人员的理解、尊重和沟通，等等。如此丰富的修炼内容都十分重要又互相关联，而其中对飞行安全的不懈追求无疑居于第一位，是在公共航空安全价值观个体修炼中必须摆在突出地位的核心观念。安全第一的核心价值观念树立牢固了，公共航空安全价值观的其他内容就能得到相应的自觉修炼，整个公共航空安全价值观体系就能得到系统全面的构建。

2. 爱岗敬业的要求

公共航空运输飞行是综合运用各种现代技术和管理知识的复杂职业，对这一复杂职业的胜任力来自于精湛的飞行技术和高度负责的工作态度，来自于爱岗敬业的职业精神。爱岗敬业是任何从业者在职业生涯中获得成功的基本条件。对公共航空运输飞行员来说，爱岗就是热爱以安全运送航空旅客和货物为职责的飞行职业，敬业就是勤勉从事以安全运送航空旅客和货物为职责的飞行职业。公共航空运输飞行员的爱岗与敬业互为表里，相辅相成，没有对飞行职业的由衷认同和执着热爱，公共航空运输飞行员从事飞行职业就必然会缺少足够的敬业精神和职业责任感；而没有对飞行职业尽职尽责的勤勉力行，所谓热爱飞行职业也就会在很大程度上陷入空谈。公共航空运输飞行职业的特殊性要求从业者必须是爱岗敬业的称职的飞行员，而一个爱岗敬业的称职的公共航空运输飞行员必然对安全运送航空旅客和货物具有高度的职业责任感，必然会自觉地把修炼以保证安全第一为核心价值的公共航空安全价值观看作是爱岗敬业的内在要求。

3. 职业价值的要求

公共航空运输飞行员的职业生涯是一个为公众出行和货物运输提供几十年飞行服务的长期过程。无论其从事公共航空运输飞行职业前的经历如何，从其步入公共航空运输飞行职业生涯的第一天起就必须明确，他们即将从事的公共航空运输飞行是一项关乎公众生命财产安全的极其重要的职业，因此必须始终牢固树立以保证安全第一为核心价值的公共航空安全价值观。在其接受航校初始飞行训练的几年间，以保证安全第一为核心价值的公共航空安全价值观必须坚定地确立起来，否则就不具备完成飞行学生培养计划的基本条件。在其供职于航空公司的全过程，以保证安全第一为核心价值的公共航空安全价值观必须始终不断地持续修炼，必须时刻不忘安全第一的从业初心。对他们来说，几十年的公共航空运输飞行职业生涯，既是为公众提供安全飞行服务的过程，也是修炼和巩固以保证安全第一为核心价值的公共航空安全价值观的过程，是把安全第一的价值理念完全彻底融入飞行职业的过程。对公共航空运输飞行员群体来说，这个过程是没有终点的永续过程，老一代飞行员退役了，新一代飞行员要把安全第一的从业价值理念继承下去继续修炼。对于公共航空运输飞行员个体来说，这个过程是贯彻其飞行职业生涯始终的全过程，只要他们还没有从飞行职业退役，对以保证安全第一为核心价值的公共航空安全价值观的修炼就一天也不能停止。

9.2.2 修炼的有利条件

公共航空运输飞行员在长期的职业生涯中持续修炼以保证安全第一为核心价值的公共航空安全价值观不仅是十分必要的，而且在各方面具有十分现实的有利条件。

1. 行业发展形势

我国公共航空运输的持续快速安全发展为公共航空运输飞行员修炼以保证安全第一为核心价值的公共航空安全价值观提供了坚实的物质基础和广阔的践行空间。职业发展离不开行业发展，修炼公共航空安全价值观离不开践行公共航空安全价值观的行业基础和发展空间。我国公共航空运输持续稳居世界第二，有望在不久的将来跃居世界第一的行业位次，公共航空运输在国家改革开放和经济社会发展中越来越突出的地位和作用，是每一个公共航空运输飞行员职业发展的坚实基础，证明了公共航空运输飞行越来越得到人们认可和尊重的职业价值。公共航空运输飞行员的职业梦紧紧连着公共航空运输的兴业梦和国家的强国梦。随着公共航空运输在中国梦国家大战略中的地位不断提升，随着我国从民航大国向民航强国迈进的步伐不断加快，公共航空运输安全的质量和水平需要有更大的提升。公共航空运输飞行员在职业发展中实现职业价值的人生梦想正面临着百年等一回的难得机遇，也面临着从来没有过的严峻考验。公共航空运输飞行员在职业发展中修炼以保证安全第一为核心价值的公共航空安全价值观大有可为，只要持之以恒，认真践行，就一定能修炼出良好成效。

2. 行业安全文化

国家和行业长期坚持安全文化建设为公共航空运输飞行员修炼以保证安全第一为核心价值的公共航空安全价值观营造了良好的安全文化氛围。在行业发展的长期实践中，我国在努力保持公共航空运输快速健康发展，持续提高飞行安全水平的同时，十分重视积累有关安全生产的价值观念、行业准则、道德规范、管理制度、经验总结等精神因素和保证安全所需的各类设备、设施等物质条件，形成了具有鲜明中国特色、富有活力的航空安全文化。我国公共航空运输之所以能在快速发展的同时较好地保证了安全，使我国在跨入世界公共航空运输大国行列的同时取得了骄人的安全成就，重视安全文化建设是一条重要经验。"安全第一，预防为主，综合治理"的国家安全生产工作总方针，就是一项由我国民航在周总理批示启发下初创的重要经验。安全文化是安全管理和文化积淀的交融，是在长期生产活动中逐渐形成，在国家、行业或企业层次上得到普遍认同、接受和遵循，具有国际、行业或企业特色的安全生产思想、观念、精神、行为及物态的总和，是各级组织和员工对待安全的素质和态度的综合。安全文化通过对人的价值观念、伦理道德、情感态度、行为方式等深层次人文因素的强化，利用引导、教育、宣传、奖惩、创建群体氛围等手段，不断提高人的安全素质，改进人的安全意识和行为，从而使人们从被动地服从安全管理制度转变到自觉主动地按安全制度要求行事的境界，这是以人为本思想在安全生产中的具体体现。经过多年的大力建设，安全第一的文化观念在我国、在全行业已经深入人心。我国公共航空运输飞行员在这样的文化氛围中修炼以保证安全第一为核心价值的公共航空安全价值观占尽天时、地利、人和的优势，顺风顺水，易见成效。

3. 国家价值文化

国家大力弘扬社会主义核心价值观的价值文化和政治环境，为公共航空运输飞行员修炼以保证安全第一为核心价值的公共航空安全价值观提供了明确的指导方针和强大的精神动力。职业价值观是价值观的重要内容，修炼公共航空安全价值观必然受到所处社会环境中主导价值观的显著影响。在当今中国，社会主义核心价值观是占主导地位的主流价值观，航空运输飞行员修炼公共航空安全价值观必须在社会主义核心价值观的原则指导下进行，从社会主义核心价值观中汲取精神动力。离开社会主义核心价值观的原则指导和精神驱动，航空运输飞行员修炼公共航空安全价值观就成为无源之水、无本之木，不会取得理想的效果。本书前面各章多次联系相关内容引用社会主义核心价值体系中的相应观念，凸显社会主义核心价值观对公共航空安全价值观塑造和修炼全面而深刻的巨大影响。在社会主义核心价值体系 3 个层面 12 个价值观念中，个人层面的 4 个价值观念，特别是其中的敬业观念对航空运输飞行员修炼公共航空安全价值观具有更直接的指导和驱动作用。大力弘扬和践行社会主义核心价值观是当今中国主流的价值文化和政治环境，每一个公民，无论其社会层次和自觉程度如何，都必然会以一定方式置身社会主义核心价值观的弘扬和践行潮流。敬业是社会主义核心价值体系中专门聚焦于职业价值观的重要价值观念，是航空运输飞行员修炼公共航空安全价值观的基本依据。航空运输飞行员修炼以保证安全第一为核心价值的公共航空安全价值观与社会主义核心价值观的文化取向完全一致，必然会在社会主义核心价值观的指导和驱动下取得良好的修炼效果。

9.2.3　修炼的自觉性

与公共航空安全价值观群体塑造过程的他动性不同，公共航空安全价值观的个体修炼过程必须是自觉进行的，是每一个飞行员个体自觉进行的自我修炼。在公共航空运输飞行员从事航班飞行几十年的职业生涯中，以保证安全第一为核心价值的公共航空安全价值观修炼过程必须始终进行，一刻也不能停止，不能放松。只有这样，才能使每一个公共航空运输飞行员从自身做起，确保公共航空运输安全的千里长堤不至毁于蝼蚁之穴。

1. 知与行

公共航空安全价值观的个体修炼贯穿于职业生涯的知行之间。公共航空安全价值观的修炼过程始于每一个飞行员穿上飞行学生制服，进入飞行学院，接受飞行员专门训练的第一天。从那一天起，公共航空运输飞行员对公共航空安全价值的认识需要在几十年职业生涯中不断地提高和深化，任何时候都不能忘记保证安全第一的初心。在飞行学院的勤学苦练中，每一堂理论课，每一次实飞训练，都是构建公共航空安全价值大厦的一块砖瓦。在航空公司的从业实践中，每一次执行航班任务，每一次接受技术复训，都是铺砌公共航空安全大道的一粒石子，是实现公共航空安全价值目标的坚实一步。许多功勋飞行员的职业生涯证明，对于公共航空安全价值的认识，即使已经十分明确了，也需要在飞行过程中一丝不苟地继续落实。对于公共航空安全价值的实践，即使已经坚持了几十年，积累了上万安全飞行小时，也需要从零做起，认识上不能有一丝一毫的放松。对于公共航空安全价值观这种知行统一的个体修炼，无论怎样强调都不为过。

2. 得与失

公共航空安全价值观的个体修炼贯穿于职业生涯的得失之间。毋庸讳言，在公共航空运输飞行员令社会上很多人羡慕的工薪收入背后，他们也有许多不被人们了解的失落。为了实现公共航空安全的职业价值，他们经常在运送旅客与家人团聚的时候牺牲自己的时间，经常在送达一批夜归人之后重回驾驶舱执行下一个航班任务，牺牲自己的休息换取广大旅客的平安。说句心里话，公共航空运输飞行员也有家，他们也有爱，他们也知道累，但是为了公司，为了公众，为了国家，为了社会，他们无数次地放弃个人的利益，放弃小家的欢乐，放弃眼前的享受。从公众、国家和社会利益的大局出发，从公司发展的长远利益出发来看待个人得失，在放眼长远、顾全大局的视野上实现公共航空安全的职业价值，这是公共航空运输飞行员在得失问题上的不二选择。这些得失之间的选择，彰显了他们公共航空安全价值观的高尚，而这种高尚境界的到达和坚守离不开他们在从业几十年的漫漫征程上对公共航空安全价值观的不懈修炼。

3. 苦与乐

公共航空安全价值观的个体修炼贯穿于公共航空运输飞行员职业生涯的苦乐之间。牺牲个人的利益、享乐乃至健康，这无疑是一种痛苦，一种并非所有人都能理解的痛苦。然而在公共航空运输飞行员的心目中，苦和乐有特定的职业含义。在看似平凡的日常航班飞行中，公共航空运输飞行员以自己日复一日、年复一年的辛苦换来万千旅客的平安出行，把自己实现公共航空安全职业价值的壮志豪情书写在五洲四海的万米云端，这种沁入心头的甘甜和欢乐是公共航空运输飞行员独特的享受。在恶劣天气、航班延误甚至非法干扰等特殊情况面前，他们无数次以自己平时历尽千辛万苦练就的娴熟技术、坚强意志、大智大勇和协同配合化险为夷，那种终于战胜艰难困苦而使玉汝于成的成功愉悦，那种排除重重生理和心理压力而使轻舟终过万重山的舒缓之乐是只有他们自己才能体悟得到的至高之乐。这种体悟是一种职业素质，它源自公共航空运输飞行员在从业生涯中的千锤百炼，源自他们对公共航空安全价值观的自觉修炼。

公共航空安全价值观个体修炼是一项高尚的职业理想修炼，其高尚如我国古代伟大诗人屈原2300多年前所言，"路漫漫其修远兮，吾将上下而求索"。这个修炼过程是他们在公共航空安全价值观方面追寻真知和真理的过程，前方的道路还很漫长，值得每一个公共航空运输飞行员不遗余力地去追求和探索。

公共航空安全价值观个体修炼是一项高尚的职业道德修炼，其高尚如德国伟大哲学家康德200多年前所言，"这个世界唯有两样东西让我们的心灵感到深深的震撼，一是我们头顶上灿烂的星空，一是我们内心崇高的道德法则"。这个修炼过程十分崇高，值得每一个公共航空运输飞行员心怀对保证安全第一这一核心职业价值理念的敬畏之心，对保证公众生命财产安全这一最高职责的敬畏之心。

公共航空安全价值观个体修炼是一项高尚的职业精神修炼，其高尚如中国人民的伟大领袖毛泽东同志在革命圣地延安发表《纪念白求恩》著名演讲时所言，"白求恩同志毫不利己专门利人的精神，表现在他对工作的极端的负责任，对同志对人民的极端的热忱"；"我们大家要学习他毫无自私自利之心的精神。从这点出发，就可以变为大有利于人民的人。一个人能力有大小，但只要有这点精神，就是一个高尚的人，一个纯粹的人，一个有道德的人，一个脱离了低级趣味的人，一个有益于人民的人"。毛泽东同志当年赞扬的白求恩同志毫不利己专门利人的精神，毫无自私自利之心的精神，体现了一个国际共产主义战士、职业医生高尚而纯粹的职业价值观，至今仍像人们职业生涯中的灯塔一样照耀着各行各业的从业者，仍足以作为我国每一个航空运输飞行员修炼公共航空安全价值观的人生坐标。

参 考 文 献

[1] 罗国杰. 马克思主义价值观研究[M]. 北京: 人民出版社, 2013

[2] 李家祥. 把安全发展作为系统工程精心谋划——三论在民航工作中树立持续安全理念[N]. 中国民航报, 2009-01-12: (1)

[3] 魏源. 价值观的概念、特点及其结构特征[J]. 中医临床康复杂志, 2006(5): 161-163

[4] Rokeach M. The nature of human values[M]. New York: Free Press, 1973

[5] 吴向东. 论价值观的形成与选择[J]. 哲学研究, 2008(5): 22-57

[6] 塞缪尔·亨廷顿, 劳伦斯·哈里森. 文化的重要作用——价值观如何影响人类进步[M]. 陈克雄, 译. 北京: 新华出版社, 2010

[7] 朱贻庭. 伦理学大辞典[M]. 上海: 上海辞书出版社, 2002

[8] 王玉樑. 价值论与马克思主义哲学的新形态[J]. 山东社会科学, 2001(1): 11-14

[9] 周国平. 马克思主义哲学和价值观[J]. 国内哲学动态, 1982(08): 20-23

[10] 李德顺. 马克思主义价值论的特点[J]. 哲学动态, 1993(1): 33

[11] 李德顺, 孙美堂. 马克思主义价值论发展探析[J]. 中国特色社会主义研究, 2013, 14(06): 5-11

[12] 李永华. 从马克思主义哲学的起点看其与价值观的内在统一[J]. 广州大学学报(综合版), 2000(6): 54-57

[13] 李世仿. 马克思主义哲学对当代人价值观的指导意义[J]. 西南交通大学学报(社会科学版), 2004(2): 85-88

[14] 白萍. 马克思主义哲学中国化与中国传统价值观[J]. 求实, 2005(5): 11-13

[15] 王廷龙. 当代价值观重构的哲学思考[D]. 四川师范大学硕士学位论文, 2008

[16] 杨根龙. 和谐社会视野下马克思主义价值观的新友展[J]. 学习月刊, 2011, 8(下): 4-5

[17] 王程. 基于马克思主义哲学价值论的和谐价值观探究[J]. 商场现代化, 2012(27): 195-196

[18] 石文超. 马克思主义哲学大众化面临的价值认同问题研究[D]. 昆明理工大学硕士学位论文, 2013

[19] 方舟. 社会主义核心价值观的哲学思考[D]. 山东师范大学硕士学位论文, 2014

[20] 孙舒景, 吴倬. 马克思主义意识形态观对培育社会主义核心价值观的启示[J]. 思想理论教育, 2014(6): 41-45

[21] 张伟. 马克思主义哲学视域下的社会主义核心价值观与中国梦内在逻辑研究[J]. 前沿, 2015(10): 3-5, 12

[22] 何萍. 论社会主义核心价值观的哲学基础——基于中国化马克思主义哲学的视角[J]. 马克思主义哲学研究, 2015(2): 180-191

[23] 卢瑶. 社会主义核心价值观的马克思主义哲学根据研究[D]. 沈阳师范大学硕士学位论文, 2016

[24] 沈丹萍. 论社会主义核心价值观的哲学基础——基于中国化马克思主义哲学的视角[J]. 法制博览, 2017(14): 282-283

[25] 邱仁富. 社会主义核心价值观的根基问题探讨[J]. 中共山西省委党校学报, 2017, 40(2): 3-7

[26] 杨明. 在马克思主义哲学视域下, 如何理解社会主义核心价值观[J]. 红旗文稿, 2017(12): 39-40

[27] 陶富源. 价值论及马克思主义价值论[J]. 理论建设, 2015(3): 71-85

[28] 张军. 马克思主义价值哲学的三大整体论原则[J]. 理论建设, 2016(4): 90-93

[29] 王玉樑. 论价值哲学发展的规律——从理论价值哲学到实践价值哲学[J]. 当代中国价值观研究, 2017, 2(1): 5-11

[30] 国际民用航空组织. ICAO. Doc 9859-AN/460, 安全管理手册(SMM). Montreal, 2006

[31] 国家发展和改革委员会. 关于在一定期限内适当限制特定严重失信人乘坐民用航空器, 推动社会信用体系建设的意见(发改财金〔2018〕385 号)[OL]. http://www.ndrc.gov.cn/gzdt/201803/t20180316_879653.html[2018-05-10]

[32] 民航资源网. IATA 发布 2016 航空安全报告[OL]. http://news.carnoc.com/list/395/395737.html[2017-03-16]

[33] 吴丹. "十三五"期间中国民航安全水平将进一步提高——访民航局航空安全办公室主任唐伟斌[N]. 中国民航报, 2016-2-3(1)

[34] 民航资源网. 中国民航十年重大事故率是同期世界水平 1/12[OL]. http://news.carnoc.com/list/385/385071.html [2017-03-15]

[35] Super D E. Manual of Work Values Inventory[M]. Chicago: River-Side Publishing Company, 1970

[36] Elizur D. Work Values and Commitment[J]. International Journal of Manpower, 1996, 17: 25-30

[37] 陈莹, 郑涌. 价值观与行为的一致性争议[J]. 心理科学进展, 2010, 18(10): 1612-1619

[38] Caprara G V, Schwartz S H, Capanna C, et al. Personality and politics: values, traits, and political choice[J]. Political Psychology, 2006, 27: 1-28

[39] 宁维卫. 中国城市青年职业价值观研究[J]. 成都大学学报, 1996, (4): 10-12

[40] 凌文辁, 方俐洛. 心理与行为测量[M]. 北京: 机械工业出版社, 2003

[41] 金盛华. 社会心理学[M]. 北京: 高等教育出版社, 2005

[42] 黄希庭, 郑涌. 当代中国青年价值观研究[M]. 北京: 人民教育出版社, 2005

[43] Miller C H. Career development theory in perspective[M]//Herr E L. Vocational guidance and humandevelopment[M]. Boston Honglton: Mifflin Co. 1974: 235-262

[44] 陈红雷, 周帆. 工作价值观结构研究的进展和趋势[J]. 心理科学进展, 2003(6): 700-703

[45] Ros M, Schwartz S H, Surkiss S. Basic individual values, work values, and the meaning of work[J]. AppliedPsychology: an International Review, 1999, 48: 49-71

[46] Wollack S, Goodale J G, Wijting J P, et al. Development of the survey of work values[J]. Journal of AppliedPsychology, 1971, 55: 331-338

[47] 陈英豪, 汪荣才, 刘佑星, 等. 工作价值观量表修订报告[J]. 台南师专学报, 1987(20): 1-33

[48] 余朝权. 管理人员工作价值与其前项变因之研究——采生涯观点[J]. 东吴经济商学学报, 1995(16): 1-30

[49] 洪瑞斌, 刘兆明. 工作价值观研究之回顾与前瞻[J]. 应用心理研究, 2003(19): 211-248

[50] 马剑宏, 倪陈明. 企业职工的工作价值观特征分析[J]. 应用心理学. 1998 (4): 10-14

[51] 倪陈明, 马剑宏. 企业职工的工作价值观与组织行为关系分析[J]. 人类工效学, 2000, (4):24-28

[52] 凌文辁, 方俐洛. 心理与行为测量[M]. 北京: 机械工业出版社, 2003

[53] 楚云. 一次航空史上最严重的事故[J]. 航空知识, 1977(5): 46-48

[54] 徐柏龄. 前车之鉴[M]. 北京: 中国民航出版社, 1999

[55] 刘汉辉. 民用航空安全之道[M]. 北京: 中国民航出版社, 2008

[56] 格雷格·阿尔斯通. 怎样才算安全. 刘洪波, 译. 北京: 中国民航出版社, 2007

[57] Mcintyre G R. 安全思想综述[M]. 王永刚, 译. 北京: 中国民航出版社, 2007

[58] 李家祥. 大道相通[M]. 北京: 机械工业出版社, 2008

[59] 李岚. 人力资源应用心理学[M]. 北京: 高等教育出版社, 2007

[60] 张维迎. 博弈论与信息经济学[M]. 上海: 格致出版社, 上海三联书店, 上海人民出版社, 2011

[61] 张军. 合作团队的经济学: 一个文献综述[M]. 上海: 上海财经大学出版社, 1998

[62] 刘正周. 管理激励[M]. 上海: 上海财经大学出版社, 1999

[63] 李红霞. 科研团队激励机制研究[D]. 西安科技大学硕士论文, 2006

[64] 侯光明, 李存金. 现代管理激励与约束机制[M]. 北京: 高等教育出版社, 2003

[65] 王吉鹏. 知识型员工人力资源管理[M]. 北京: 中国劳动社会保障出版社, 2008

[66] 韩大鹏. 知识型员工激励策略[M]. 北京: 中国经济出版社, 2007

[67] 于龙飞. 论知识型员工激励[J]. 合作经济与科技, 2005(14): 4-6

[68] 张望军, 彭剑锋. 中国企业知识型员工激励机制实证分析[J]. 科研管理, 2001, 11: 90-97

[69] Forno A D, Merlone U. Incentives and individual motivation in supervised work groups[J]. European Journal of Operational Research .2010, 207(2): 878-885

[70] Randolph S C, Van Praag M. The effect of noise in a performance measure on work motivation: a real effort laboratory experiment[J]. Labor Economics, 2010, 17(5): 751-765

[71] Meglino B M, Ravlin E C, Adkins C L. A work values approach to corporate culture: a field test of the valuecongruence process and its relationship to individual outcomes [J]. Journal of Applied Psychology, 1989, 74: 424-432

[72] Akhtar S. Influences of cultural origin and sex on work values [J]. Psychological Reports, 2000, 86: 1037-1049

[73] Super D E. A life-span, life-space approach to career development[J]. Journal of Occupational Psychology, 1980, 52: 129-148

[74] Shapira Z, Griffith T L. Comparing the work values of engineers with managers, production, and clericalworkers: a multivariate analysis [J]. Journal of Organizational Behavior, 1990, 11: 281-292

[75] Cheung C, Scherling S A. Job satisfaction, work values, and sex differences in Taiwan's Organizations[J]. Journal of Psychology, 1999, 133: 563-575

[76] Gagne M, Deci E L. Self-determination theory and work motivation[J]. Journal of Organizational Behavior, 2005, 26: 331-362

[77] Jai G, Jim L, Gangaram S. Work values and preferences for employee involvement in the management oforganizations[J]. Employee Responsibilities and Rights Journal, 2001, 13(4): 191-203

[78] Wei S. Institutional impact on work-related values in Chinese organizations[J]. Journal of Business Ethics,2008, 83: 297-306

[79] Kuchinke K P, Kang H S, Oh S Y. The influence of work values on job and career satisfaction, andorganizational commitment among Korean professional level employees[J]. Asia Pacific EducationReview, 2008, 9(4): 552-564

[80] Duysal A, Ela U O, Olcay B A. Understanding managerial work values in turkey[J]. Journal of BusinessEthics. 2010, 93: 103-114

[81] Ryan J J. Work values and organizational citizenship behaviors: values that work for employees andorganizations[J]. Journal of Business and Psychology, 2002, 17(1): 123-132

[82] Frieze I H, Olson J E, Murrlell A J, et al. Work values and their effect on work behavior and work outcomesin female and male managers[J]. Sex Roles, 2006, 54(1/2): 83-93

[83] Loughlin C, Barling J. Younger workers's work values, attitudes, and behaviours[J]. Journal of Occupationaland Organizational Psychology, 2001, 74: 543-558

[84] Raile A N W. An initial exploration of the effects of expectations about work values and work valueattainment on organizational communication satisfaction [D]. Michigan State University, 2005: 27-40

[85] Maarten V, Bart N, Christopher P N, et al. On the relations among work value orientations, psychologicalneed satisfaction and job outcomes: a self-determination theory approach[J]. Journal of Occupational and Organizational Psychology, 2010, 80 (2): 251-271

[86] Adrian F. Dark side traits at work: bright and dark side traits and job value preferences[J]. Psychology, 2016, 7 (5): 721-732

[87] Kirsti S A, Siw T I. The predictive value of job demands and resources on the meaning of work andorganizational commitment across different age groups in the higher education sector[J]. Journal of HigherEducation Policy and Management, 2016, 38 (1): 53-67

[88] Dickin K L, Dollahite J S, Habicht J P. Job satisfaction and retention of community nutrition educators: theimportance of perceived value of the program, consultative supervision, and work relationships[J]. Journal ofNutrition Education and Behavior, 2010, 42 (5): 337-344

[89] Loes M, Hans V D. The perceived value of team players: a longitudinal study of how group identificationaffects status in work groups[J]. European Journal of Work and Organizational Psychology, 2016, 25 (2): 200-211

[90] David S. When Teams Won't Do: Understanding the Value of Working Groups.Information Strategy[J]: The Executive's Journal, 1998, 14 (3): 41-43

[91] Roderick D I, Christopher D Z. The effects of downsizing on labor productivity: the value of showingconsideration for employees' morale and welfare in high-performance work systems[J]. Human ResourceManagement, 2011, 50 (1): 29-44

[92] Anja V B, Maarten V, Willy L, et al. Unemployed individuals' work values and job flexibility: an explanation from expectancy-value theory and self-determination theory[J]. Applied Psychology, 2010, 59 (2): 296-317

[93] Erlandsson L K, Eklund M, Persson D. Occupational value and relationships to meaning and health: elaborations of the ValMO-model[J]. Scandinavian Journal of Occupational Therapy, 2010, 18 (1): 72-80

[94] Eakman A M, Eklund M. Reliability and structural validity of an assessment of occupational value[J]. Scandinavian Journal of Occupational Therapy, 2010, 18 (3): 231-240

[95] Elisa A H. Working passions: emotions and creative engagement with value[J]. The Southern Journal ofPhilosophy, 2010, 45 (1): 79-104

[96] Craig C, Menon C V, Klein M I. A positive relationship between nature appreciation, emotional functioning, and perception of work value[C]. Proceedings of the Human Factors and Ergonomics Society AnnualMeeting, 2015, 59 (1): 1061-1065

[97] Bradley S, Drapeau M, Destefano J. The relationship between continuing education and perceivedcompetence, professional support, and professional value among clinical psychologists[J]. Journal of Continuing Education in the Health Professions, 2012, 32 (1): 31-38

[98] Mona E, Elisabeth A, Carina T. Occupational value and associated factors among people attendingpsychiatric day centres[J]. Journal of Occupational Science, 2015, 22 (4): 434-445

[99] Tim J, Prashant P. Measuring value dimensions of IT occupational culture: an exploratory analysis[J]. Information Technology and Management, 2014, 15 (1): 19-35

[100] 陈坚, 连榕. 内隐工作价值观的代际差异研究[J]. 人力资源管理, 2016, 7: 297-299

[101] 胡诗琪. 他为什么频繁换工作——职业价值观构建的个案研究[D]. 华东师范大学硕士学位论文, 2014

[102] 常伟, 王美萃, 刘娜. 员工工作价值观的实证研究[J]. 内蒙古财经学院学报, 2012, 3: 44-49

[103] 胡坚, 王剑俊. 工作价值观的类型与职工收入公平感的关系[J]. 学理论, 2013, 2: 83-84

[104] 张宏如. 职业价值观的隐性激励研究[J]. 江西社会科学, 2011, 10: 245-249

[105] 王斌. 基层领导者的工作价值观、内外动机与高绩效行政行为的关系[J]. 领导科学, 2011 (35): 22-25

[106] 孙玲辉. 工作价值观、家庭——工作冲突与工作投入的关系研究[D]. 吉林大学硕士学位论文, 2012

[107] 阮才忠. 工作价值观对员工忠诚度管理的影响[J]. 经营管理者, 2013, 10(下): 101

[108] 任华亮, 杨东涛, 李群. 工作价值观和工作投入的关系——基于工作监督的调节效应[J]. 经济管理, 2014, 6: 75-85

[109] 黄秋风, 唐宁玉. 工作价值观与员工职责内绩效关系研究: 工作投入的中介作用[J]. 上海管理科学, 2015, 5: 66-70

[110] 王凡. 知识型员工职业价值观与幸福感关系研究——以烟台 YT 集团为例[D]. 鲁东大学硕士学位论文, 2013

[111] 张晓路, 高金金. 职业价值观对组织公民行为和工作倦怠的影响研究: 成就动机的中介作用[J]. 人类工效学, 2014,20(1): 11-14

[112] 聂婷, 张伶, 连智华. 工作适配度与组织公民行为关系: 工作预期对职业价值观的中介调节效应检验[J]. 商业经济与管理, 2012, 6: 42-51

[113] 秦晓蕾, 杨东涛. 职业价值观与绩效: 薪酬与晋升政治知觉的中介作用研究——国有企业员工在改革中的思想变迁与利益较量[J]. 经济管理, 2011, 1: 57-62

[114] 单彬. 心理契约在决定员工工作价值观和组织公民行为中的作用——针对西部地区某制药企业的实证研究[J]. 当代经济, 2014, 13: 32-37

[115] 彭征安, 杨东涛, 刘鑫. 德行领导与知识员工离职倾向关系: 工作价值观的调节效应[J]. 江苏社会科学, 2015, 4: 72-77

[116] 邓渝, 范莉莉. 感知工作价值观差异: 多元化氛围与员工职业认同的跨层次实证研究[J]. 广西社会科学, 2013, 5: 56-60

[117] 冉霞, 徐济超, 杨倩. 工作价值观在付出-回报失衡影响中的调节作用[J]. 西安工业大学学报, 2012, 7: 578-589

[118] 奚玉芹, 戴昌钧, 杨慧辉. 人-组织价值观匹配、工作满意和离职倾向[J]. 南京师大学报(社会科学版), 2014, 1: 38-47

[119] 卫云, 许芳. 组织文化、工作价值观与员工创新行为关系研究[J]. 企业人力资源管理, 2016, 3: 65-70

[120] 陈礼林, 杨东涛. 组织政治认知与工作疏离感: 职业价值观的调节作用[J]. 现代管理科学, 2013, 7: 6-8

[121] 刘晖, 卢帅, 李鹏飞, 等. 交易型领导对新生代员工离职倾向影响研究——基于工作价值观的调节作用[J]. 沈阳航空航天大学学报, 2014, 10: 87-96

[122] 邵春云. 知识型员工的职业价值观、组织支持感和职业成功关系研究[D]. 浙江工商大学硕士学位论文, 2011

[123] 李怡然. 心理契约破坏、工作价值观与职场偏差行为之间的关系[D]. 河南大学硕士学位论文, 2010

[124] 汪方涵, 黄同圳. 员工内控人格特质、工作价值观对个人环境适配的影响[J]. 人力资源管理, 2011, 8: 18-21

[125] 刘艳艳, 申去非. 从职业价值观看80后企业员工的离职问题[J]. 教育理论与实践, 2011, 31(4): 33-34

[126] Chiu S K, Chen W C, Liu C F, et al. The linkage of job performance to goal setting, work motivation, team building, and organizational commitment in the high-tech industry in Taiwan[J]. The Journal of HumanResource and Adult Learning, 2006, 5: 130-140

[127] Wang B, Huang L. Study on relationship between individual work value and work performance ofcivil servants—based on the research in china[J]. Canadian Social Science, 2013, 9 (2): 68-72

[128] Marina B V, Hans W, Leentje V. Trade-offs in the value capture of architectural firms: the significance of professional value[J]. Construction Management and Economics, 2016, 34 (1): 21-34

[129] Schertzer, Susan M B, Clinton B, et al. Value in professional service relationships[J]. The Journal of Business & Industrial Marketing, 2013, 28 (8): 607-619

[130] 李路路, 范文. "保守的世俗主义"——当代中国人的职业(工作)价值观[J]. 江苏社会科学, 2014, 6: 1-13

[131] 秦晓蕾, 杨东涛. "80 后"员工工作价值观差异性对人际促进影响比较研究[J]. 现代管理科学, 2010, 10: 14-16

[132] 张玥, 张光旭. 90 后知识型员工工作价值观与离职倾向的关系研究: 心理承受力的调节作用[J]. 中国市场, 2016, 22: 112-113

[133] 杨晶. 80 后员工工作价值观、工作满意度与离职倾向的关系研究及管理实践[D]. 南京大学硕士学位论文, 2015

[134] 马志强, 刘敏, 朱永跃. 80 后员工职业价值观与忠诚度关系研究[J]. 技术经济与管理研究, 2014, 1: 54-58

[135] 贡柏芳. 我国企业 80 后员工的工作价值观与工作满意度相关性的实证研究[D]. 苏州大学硕士学位论文, 2010

[136] 王玲玲. 工作价值观对 90 后员工离职倾向的影响研究[D]. 华东理工大学硕士学位论文, 2014

[137] 路冬英. 企业 90 后员工工作价值观现状及管理策略研究[D]. 广西师范大学硕士学位论文, 2015

[138] 陈坚, 连榕. 员工工作价值观对幸福感及心理健康的影响——代际比较研究[J]. 中国临床心理学杂志, 2014, 22(4): 658-662

[139] 陈坚. 代际工作价值观发展研究[D]. 福建师范大学博士学位论文, 2012

[140] 张建人. 过去、现在和将来: 时间视角下的工作价值观[D]. 西南大学博士学位论文, 2014

[141] 刘凤香. 员工工作价值观代际差异研究[D]. 南开大学博士学位论文, 2011

[142] 张丽梅. 我国员工的代际工作价值观研究[J]. 商业经济评论, 2012, 5: 52-53

[143] 王玉峰. 工作价值观代际差异: "ZRF 框架"及其突破[J]. 贵州社会科学, 2015, 7: 129-135

[144] 侯烜方, 李太. 新生代员工工作价值观内涵与情境化特征[J]. 商业文化, 2016, 11: 214-217

[145] 侯烜方, 李燕萍, 涂乙冬. 新生代工作价值观结构、测量及对绩效影响[J]. 心理学报, 2014, 46(6): 823-840

[146] 胡翔, 李燕萍, 李泓锦. 新生代员工: 心态积极还是怨怨难平——基于工作价值观的满意感产生机制研究[J]. 经济管理, 2014, 7: 69-79

[147] 李燕萍, 侯烜方. 新生代员工工作价值观结构及其对工作行为的影响机理[J]. 经济管理, 2012, 5: 77-86

[148] 李燕萍, 沈晨, 侯煊方. 新生代女性工作价值观与利他行为分析[N]. 中国妇女报, 2014-04-22(B01)

[149] 陈星. 新生代员工工作价值观、组织支持感与工作绩效关系研究[J]. 价值工程, 2014, 7: 182-183

[150] 尤佳, 孙遇春, 雷辉. 中国新生代员工工作价值观代际差异实证研究[J]. 软科学, 2013, 27(6): 83-93

[151] 陈艳辉. 新生代员工工作价值观、工作满意度和组织承诺关系研究[D]. 华东理工大学硕士学位论文, 2013

[152] 洪克森. 新生代员工工作价值观、组织认同对其产出的作用机制研究[D]. 武汉大学博士学位论文, 2012

[153] 孟冉. 新生代知识型员工的工作价值观与敬业度的关系研究[D]. 山东大学硕士学位论文, 2015

[154] 蒋阳飞. 当代大学生的职业价值观研究[D]. 华中师范大学硕士学位论文, 2004

[155] 陈浩, 李天然, 马华维. 当代大学生职业价值观现状研究[J]. 心理学探新, 2012, 32(6): 553-559

[156] 肖璐, 白光林, 王俊. 演化变迁视阈下新生代大学生职业价值观研究[J]. 技术经济与管理研究, 2015, 6: 29-33

[157] 周锋. 当代大学生职业价值观研究——以河北高校为例[D]. 河北师范大学博士学位论文, 2015

[158] 李海滨, 陆卫平. 社会主义核心价值观对职业价值观的塑造[J]. 人民论坛, 2014, 4(中): 161-163

[159] 夏朝丰. 以社会主义核心价值观引领大学生职业价值观培育[J]. 浙江工业大学学报(社会科学版), 2015, 14(1): 60-64

[160] 郑晶晶. 问卷调查法研究综述[J]. 理论观察, 2014, (10): 102-103

[161] 孙瑞山. 航空安全自愿报告系统[J]. 中国民用航空, 2002, 8: 42-44

[162] 质化研究. 问卷设计不简单[OL]. https://www.sohu.com/a/111287150_172492 [2016-08-18]

[163] SPSS 公司概要. SPSS 中国 | Home | -统计分析与数据挖掘应用的领先软件服务商. [2012-09-22]

[164] 斯丹纳·苟费尔, 斯文·布林克曼. 质性研究访谈[M]. 范丽恒, 译. 北京: 世界图书出版公司, 2013

[165] 胡浩. 焦点小组访谈理论及其应用[J]. 现代商业, 2010, 26: 282

[166] 方蒸蒸, 程晋宽. "焦点小组访谈"的比较教育方法意义[J]. 外国教育研究, 2012, 9: 19-25

[167] 叶浩生. 量化研究与质化研究: 对立及其超越[J]. 自然辩证法研究, 2008, 9: 7-11

[168] 翁乃群. 重新认识质性研究在当下中国研究中的重要性[J]. 民族研究, 2007, 6: 60-70

[169] 赵琪. 定性研究需要更高专业水平和掌控力[N]. 中国社会科学报, 2014-09-15, A03

[170] 韩晶. 大数据服务若干关键技术研究[D]. 北京邮电大学博士学位论文, 2013

[171] 孙忠法. 大数据能为人才工作带来什么? [N]. 中国组织人事报, 2016-08-1

[172] 李欣. 民航局公布虹桥机场"10. 11"事件处理结果 13 名领导干部被处分[OL] http://china.huanqiu.com/hot/2016-10/9584563.html [2016-10-21]

[173] 腾讯新闻. 中国首次公布空域利用情况[OL]. https://news.qq.com/a/20110610/001307.htm [2018-05-22]

[174] 中国经济网. 民航局: 我国航路增长远落后于航运周转量[OL]. http://www.ce.cn/cysc/jtys/hangkong/201301/10/t20130110_21316908.shtml.[2018-05-22]

[175] HELLOAIR. 民航法律法规体系简介[OL]. https://mp.weixin.qq.com/s?biz=MzIwMDA0NzczOQ==&mid=2650090657&idx=1&s [2016-10-04]

[176] 国家安全生产监督管理总局政策法规司. 安全文化新论[M]. 北京: 煤炭工业出版社, 2002: 68-76

[177] 许立群. 国际航空运输协会: 2016 年航空业利润预计创新纪录[OL]. http://world.people.com.cn/n1/2016/1214/c1002-28948796.html [2016-12-14]

[178] 付敏, 李凯. 台湾第三大航空公司复兴航空停航解散[OL]. http://news.xinhua08.com/a/20161123/1671646.shtml[2016-11-23]

[179] 中共中央纪委, 中共中央组织部, 中华全国总工会, 等. 企业民主管理规定[OL]. http://acftu.people.com.cn/GB/17577111.html[2012-04-05]

[180] 孙新波, 樊治平, 秦尔东, 等. 知识员工激励理论与实务[M]. 北京: 经济管理出版社, 2006

[181] 应届毕业生网. 2016 中国民航飞行员机长月薪多少钱[OL]. http://www.yjbys.com/wage/242480.html[2016-10-12]

[182] 民航资源网. 197 万! 你永远不知道飞行员工资待遇有多高! [OL]. http://news.carnoc.com/list/362/362267.html [2018-05-22]

[183] 搜狐网. 中国航空公司高薪招外籍飞行员: 来多少人要多少人[OL]. http://www.sohu.com/a/111231539_381463 [2018-05-22]

[184] Kühnel J, Sonnentag S. How long do you benefit from vacation? A closer look at the fade-out of vacation effects[J]. Journal of Organizational Behavior, 2011, 32(1), 125-143

[185] 包航. 飞行员疗养在飞行中的重要性[J]. 中国科技博览, 2012, 26: 72

[186] 阮亚, 吴蕾聆, 史峰. 民航飞行员健康体检外科情况分析[J]. 航空航天医学杂志, 2011, 22(5): 548-549

[187] 雷方, 成首艳, 邓明钊. 民航飞行员慢性病患病情况调查及干预对策[J]. 现代诊断与治疗, 2016, 27(16) : 2974-2975

[188] 相旭东. 心理疏导技术和运用[M]. 上海: 上海社会科学院出版社, 2016

[189] 王永刚, 徐超. 机组资源管理与安全绩效关系研究[J]. 中国安全科学学报, 2015, 25(4): 133-138

[190] 澎湃网. 中国 42 家航空公司限制飞行员跳槽: 流出幅度原则上不超 1%[OL]. https://www.thepaper.cn/newsDetail_forward_1281235[2018-05-22]

[191] 民航资源网. 玉树地震, 民航紧急驰援 [OL]. http://news.carnoc.com/hotztlist/more/20_1.html [2010-07-14]

[192] 民航资源网. 我国航空公司包机赴利比亚执行撤侨任务纪实 [OL].http://news.carnoc.com/list/

184/184076.html[2018-05-22]

[193] 私人飞机网. 飞行员成为大型飞机的机长需要多长时间？[OL]. http://www.sirenji.com/article/201703/89154.html [2017-03-01]

[194] 民航资源网. 了不起的手册飞行员[OL]. http://news.carnoc.com/list/284/284255.html[2014-06-09]

[195] 江畅. 论价值观与价值文化[M]. 北京: 科学出版社, 2017

附　　录

附录 1　飞行员职业价值观调查问卷

尊敬的飞行员:

非常感谢您参与本次问卷调查。

本次调查旨在了解飞行员职业价值观的主要因素,以便设计更有效的飞行员激励政策,提高公共航空安全水平。对问卷中的问题,每个人都会有不同的看法,故选择的答案无所谓对错,如实回答就是最好的答案。我们保证您的答案仅用于了解飞行员群体对职业的价值判断,请您根据本人情况填写问卷,无需署名。本调查的顺利完成十分需要您的支持与合作,谨此表示衷心的感谢。

恳请您: (1)凭直觉回答;

(2)每个问题只选一个答案;

(3)尽量不选中间项一般;

(4)对不熟悉的问题,也尽可能做出倾向性选择,不要遗漏。

第一部分: 背景资料

请在符合您个人情况的选项上画 ✓。

(1)性别: A.男　B.女

(2)年龄: A.27 岁及以下　B.28~35 岁　C.36~45 岁　D.46~60 岁　E.61 岁及以上

(3)学历: A.专科及以下　B.本科　C.硕士及以上

(4)培养性质: A.公费　B.自费　C.半自费

(5)公司性质: A.国有控股　B.民营

(6)岗位:

管理岗位: A.基层管理　B.中层管理　C.高层管理

技术岗位: A.第二副驾驶　B.第一副驾驶　C.资深副驾驶　D.机长　E.机长教员

(7)已服务过的航空公司: A.1 家　B.2 家　C.3 家以上

(8)持照机型: A.1 种　B.2 种　C.3 种及以上

(9)飞行时间: _____小时

(10)飞行经历时间: _____小时

(11)年薪: A.30 万元及以下　B.31 万~50 万元　C.51 万~80 万元　D.81 万元及以上

第二部分: 职业价值观因素

请根据下面陈述符合您个人情况的程度,在给出的答案中选择(附表 1-1)。

重要度: 您认为下列因素对您职业发展的重要程度如何?请在给出的 5 种答案中进行选择,并在题后相应的数字上画 ✓,5 种答案如下:

A. 很不重要　B. 不太重要　C. 一般　D. 比较重要　E. 很重要

符合度：您认为下列因素与实际情况的符合程度如何？请在给出的 5 种答案中选择，并在题后相应的数字上画 √，5 种答案如下：

A. 很不符合　B. 不太符合　C. 一般　D. 比较符合　E. 很符合

附表 1-1　职业价值观因素

	调查项目	重要度					符合度				
1	国家战略重视行业发展	1	2	3	4	5	1	2	3	4	5
2	国家空中交通管理体制适应行业发展	1	2	3	4	5	1	2	3	4	5
3	基础设施建设适应行业发展	1	2	3	4	5	1	2	3	4	5
4	行业服务保障满足航班运行需要	1	2	3	4	5	1	2	3	4	5
5	行业政策重视飞行员职业发展	1	2	3	4	5	1	2	3	4	5
6	行业管理规章重视飞行员职业发展	1	2	3	4	5	1	2	3	4	5
7	您所在公司在行业内有良好的声望	1	2	3	4	5	1	2	3	4	5
8	您所在公司有良好的发展前景	1	2	3	4	5	1	2	3	4	5
9	您所在公司重视安全文化建设	1	2	3	4	5	1	2	3	4	5
10	您所在公司有公平、公正、公开的制度体系	1	2	3	4	5	1	2	3	4	5
11	您所在公司倡导员工参与管理的民主氛围	1	2	3	4	5	1	2	3	4	5
12	您所在公司重视飞行员职业规划	1	2	3	4	5	1	2	3	4	5
13	您所在公司有科学合理的绩效考核体系	1	2	3	4	5	1	2	3	4	5
14	您所在公司有科学合理的激励机制	1	2	3	4	5	1	2	3	4	5
15	您所在公司有科学合理的培训体系	1	2	3	4	5	1	2	3	4	5
16	您所在公司有通畅的晋升通道	1	2	3	4	5	1	2	3	4	5
17	您所在公司有清晰的岗位职责	1	2	3	4	5	1	2	3	4	5
18	您所在公司重视飞行员的休息质量	1	2	3	4	5	1	2	3	4	5
19	您有满意的工资收入	1	2	3	4	5	1	2	3	4	5
20	您有满意的公司福利	1	2	3	4	5	1	2	3	4	5
21	您有满意的飞行奖励和补贴	1	2	3	4	5	1	2	3	4	5
22	您有满意的停飞保障和工龄工资	1	2	3	4	5	1	2	3	4	5
23	您有满意的休假制度	1	2	3	4	5	1	2	3	4	5
24	您有满意的飞行餐食	1	2	3	4	5	1	2	3	4	5
25	您有合理的疗养安排	1	2	3	4	5	1	2	3	4	5
26	飞行职业能体现责任感和使命感	1	2	3	4	5	1	2	3	4	5
27	飞行职业能获得尊重	1	2	3	4	5	1	2	3	4	5
28	飞行工作能激发主动性	1	2	3	4	5	1	2	3	4	5
29	飞行工作符合您的兴趣	1	2	3	4	5	1	2	3	4	5
30	飞行工作能拓宽视野	1	2	3	4	5	1	2	3	4	5
31	飞行工作能提高素质和能力	1	2	3	4	5	1	2	3	4	5
32	飞行职业工作稳定	1	2	3	4	5	1	2	3	4	5
33	您的工作压力可以承受	1	2	3	4	5	1	2	3	4	5

续表

调查项目		重要度					符合度				
34	您的飞行疲劳度可以接受	1	2	3	4	5	1	2	3	4	5
35	您在飞行中的情绪稳定	1	2	3	4	5	1	2	3	4	5
36	您有良好的驾驶舱资源管理环境	1	2	3	4	5	1	2	3	4	5
37	您与领导关系融洽	1	2	3	4	5	1	2	3	4	5
38	您与同事关系融洽	1	2	3	4	5	1	2	3	4	5
39	您与工作外其他人关系融洽	1	2	3	4	5	1	2	3	4	5
40	您有舒适的通勤班车	1	2	3	4	5	1	2	3	4	5
41	您有良好的家庭氛围	1	2	3	4	5	1	2	3	4	5
42	您有和谐的夫妻生活	1	2	3	4	5	1	2	3	4	5
43	您有正常的社交生活	1	2	3	4	5	1	2	3	4	5
44	您能得到及时的身体检查	1	2	3	4	5	1	2	3	4	5
45	您能得到及时的心理疏导	1	2	3	4	5	1	2	3	4	5

除了上列因素外，您认为还有哪些因素属于您的职业价值观（附表 1-2），其重要度和符合度如何？请您列出。

附表 1-2 其他因素

补充项目		重要度					符合度				
1		1	2	3	4	5	1	2	3	4	5
2		1	2	3	4	5	1	2	3	4	5
3		1	2	3	4	5	1	2	3	4	5
4		1	2	3	4	5	1	2	3	4	5
5		1	2	3	4	5	1	2	3	4	5

附录 2 飞行学生职业价值观调查问卷

尊敬的飞行学生：

非常感谢您参与本次问卷调查。

本次调查旨在了解飞行学生职业价值观的主要因素，以便提高飞行员培养质量和公共航空安全水平。对问卷中的问题，每个人都会有不同的看法，故选择的答案无所谓对错，如实回答就是最好的答案。我们保证您的答案仅用于了解飞行学生群体的职业价值判断，请您根据本人的情况填写问卷，无需署名。本调查的顺利完成十分需要您的支持与合作，谨此表示衷心的感谢。

恳请您：（1）凭直觉回答；

（2）每个问题只选一个答案；

（3）尽量不选中间项一般；

(4)对不熟悉的问题，也尽可能做出倾向性选择，不要遗漏。

第一部分：背景资料

请在符合您个人情况的选项上画√。

(1)性别：A.男　B.女

(2)培养性质：A.公费　B.自费　C.半自费

(3)委培公司性质：A.国有控股　B.民营

(4)培养阶段：A.理论课程学习阶段　B.实际飞行训练阶段

(5)实训航校：＿＿＿＿＿＿，所在国家：＿＿＿＿＿＿

(6)现处实训阶段：A.私照阶段　B.仪表阶段　C.商照阶段　D.高性能阶段　E.ATPL 考试阶段

(7)飞行小时数：＿＿＿＿小时(不包括模拟机训练时间)

第二部分：职业价值观因素

请根据下面陈述符合您个人情况的程度，在给出的答案中选择(附表 2-1)。

重要度：您认为下列因素对您职业发展的重要程度如何？请在给出的 5 种答案中进行选择，并在题后相应的数字上画√，5 种答案如下：

A. 很不重要　B. 不太重要　C. 一般　D. 比较重要　E. 很重要

符合度：您认为下列因素与实际情况的符合程度如何？请在给出的 5 种答案中选择，并在题后相应的数字上画√，5 种答案如下：

A. 很不符合　B. 不太符合　C. 一般　D. 比较符合　E. 很符合

附表 2-1　职业价值观因素

	调查项目	重要度					符合度				
1	国家战略重视行业发展	1	2	3	4	5	1	2	3	4	5
2	国家空中交通管理体制适应行业发展	1	2	3	4	5	1	2	3	4	5
3	基础设施建设适应行业发展	1	2	3	4	5	1	2	3	4	5
4	行业政策重视飞行员培训	1	2	3	4	5	1	2	3	4	5
5	行业管理规章重视飞行员培训	1	2	3	4	5	1	2	3	4	5
6	您所在飞行学院有良好的声望	1	2	3	4	5	1	2	3	4	5
7	您所在飞行学院重视安全文化建设	1	2	3	4	5	1	2	3	4	5
8	您所在飞行学院重视飞行员培养质量	1	2	3	4	5	1	2	3	4	5
9	您所在飞行学院有高水平的师资队伍	1	2	3	4	5	1	2	3	4	5
10	您所在飞行学院有科学的理论课程体系	1	2	3	4	5	1	2	3	4	5
11	您所在飞行学院重视学生的职业规划教育	1	2	3	4	5	1	2	3	4	5
12	您所在飞行学院重视学生的行业认知	1	2	3	4	5	1	2	3	4	5
13	您所在飞行学院有严格的学生行为规范	1	2	3	4	5	1	2	3	4	5
14	您所在飞行学院有满意的生活保障	1	2	3	4	5	1	2	3	4	5
15	您所在实训基地有良好的训练设施	1	2	3	4	5	1	2	3	4	5
16	您所在实训基地有科学的实训体系	1	2	3	4	5	1	2	3	4	5
17	您所在实训基地的带飞教员敬业负责	1	2	3	4	5	1	2	3	4	5

续表

调查项目		重要度					符合度				
18	您所在实训基地的教辅人员业务熟练	1	2	3	4	5	1	2	3	4	5
19	您所在实训基地训练排班合理	1	2	3	4	5	1	2	3	4	5
20	您所在实训基地有严格的规章教育	1	2	3	4	5	1	2	3	4	5
21	您的委培公司关注委培生的学习成长	1	2	3	4	5	1	2	3	4	5
22	您的委培公司重视委培生的公司认同	1	2	3	4	5	1	2	3	4	5
23	飞行职业体现责任感和使命感	1	2	3	4	5	1	2	3	4	5
24	飞行职业受人尊重	1	2	3	4	5	1	2	3	4	5
25	飞行职业激发人的主动性	1	2	3	4	5	1	2	3	4	5
26	飞行职业符合个人兴趣	1	2	3	4	5	1	2	3	4	5
27	飞行职业拓宽人的视野	1	2	3	4	5	1	2	3	4	5
28	飞行职业提高人的素质和能力	1	2	3	4	5	1	2	3	4	5
29	飞行职业工作稳定	1	2	3	4	5	1	2	3	4	5
30	飞行职业的工作压力可以承受	1	2	3	4	5	1	2	3	4	5
31	飞行职业的疲劳度可以接受	1	2	3	4	5	1	2	3	4	5
32	与教师/教员关系融洽	1	2	3	4	5	1	2	3	4	5
33	与同学关系融洽	1	2	3	4	5	1	2	3	4	5
34	与其他人关系融洽	1	2	3	4	5	1	2	3	4	5
35	有良好的家庭环境	1	2	3	4	5	1	2	3	4	5
36	有正常的社交生活	1	2	3	4	5	1	2	3	4	5
37	能得到及时的身体检查	1	2	3	4	5	1	2	3	4	5
38	能得到及时的心理疏导	1	2	3	4	5	1	2	3	4	5

除了上列因素外，您认为还有哪些因素属于您的职业价值观（附表 2-2），其重要度和符合度如何？请您列出。

附表 2-2　其他因素

补充项目	重要度					符合度				
1	1	2	3	4	5	1	2	3	4	5
2	1	2	3	4	5	1	2	3	4	5
3	1	2	3	4	5	1	2	3	4	5
4	1	2	3	4	5	1	2	3	4	5
5	1	2	3	4	5	1	2	3	4	5

附录 3　飞行员职业价值观访谈提纲

(1) 飞行员如何关心国内外大事和行业发展形势？比如，信息渠道、学习时间、学习方式、言论氛围。

(2)飞行员如何看待职业发展前景？比如，公司效益、内部公平、民主管理、绩效激励、晋升机会、人际关系。

(3)飞行员如何重视安全飞行？比如，增强规章意识、增强责任心、提高飞行技术。

(4)飞行安全的保障条件如何？比如，空管、机场、维修、油料。

(5)飞行员如何看待公司福利？比如，住房条件、休假疗养、飞行食宿。

(6)飞行员的职业自豪感和工作热情如何？比如，社会地位、敬业精神、工作兴趣。

(7)飞行员如何学习提高？比如，开阔视野、社会交往、知识结构、终身学习。

(8)飞行员的家庭生活如何？比如，代际关系、夫妻关系、子女教育。

(9)飞行员的身心健康如何？比如，锻炼设施、医疗体检、心理疏导。

(10)飞行员的社会联系如何？比如，朋友圈、闲暇时间。

附录4　空中交通管制员访谈提纲

(1)你认为飞行员对职业生涯发展自信吗？乐观吗？

(2)你认为飞行员应该从哪些方面提高职业素质？例如，职业道德、团队精神、飞行技术、心理素质、特情处置能力等。

(3)你认为飞行员对工作的物质报酬满意吗？包括工资收入、飞行小时费、福利、保险、假期和退休待遇等。

(4)你认为飞行员的精神生活丰富、充实吗？心理健康吗？

(5)你认为飞行员的工作压力如何？工作疲劳程度如何？存在工作倦怠的情况吗？

(6)你认为航空公司存在隐性超飞吗？

(7)你怎样看待飞行员在工作中与管制员发生的或潜在的冲突？双方应该怎样和谐共事，共同克服困难，协调解决矛盾？

(8)你认为机场、油料、机务、信息等相关部门应该如何配合机组保障飞行安全和航班正常？目前主要存在什么问题？

(9)你认为目前与飞行员有关的安全规章制度有哪些可以改进的方面？

(10)你的飞行员朋友怎样看待国家、行业、所在公司的环境条件、文化建设、发展形势等？

后　记

本书是中国民用航空局安全能力建设项目"民航飞行人员安全风险控制机制研究"(项目编号：AS-SA2015/21)的子课题"民航飞行员公共航空安全价值观激励约束研究"的研究成果之一，本书集成了南京航空航天大学课题组就航空运输飞行员公共航空安全价值观激励约束问题进行理论思考和对 9 家航空公司、两所飞行学校及两个空管单位进行实证研究的基本情况及研究成果。

本书主要内容由冯绍红撰写，高小泽参加了部分章节撰写，全书由杨英宝策划和审定。课题组全体成员对本书的撰写做出了积极贡献。其中，宋凯收集了表 3-1 飞行员失误风险源简谱的主要资料，朱志航设计了附录 1 和附录 2 的飞行员和飞行学生职业价值观调查问卷，贾萌和宋维雯处理调查数据、整理访谈实录、撰写 4.1.4 节并制作了书中多数图表，袁伟伟分析访谈录音资料并撰写了 4.3 节，宫淑丽多次安排调研行程，以上同志和孙益祥、姬志伟、凌锁贵、白杨敏等参加了问卷调查和焦点小组访谈活动。

调查和访谈过程得到了各受访单位的大力支持。

科学出版社热情支持本书出版，余江、张丽花等编辑付出了辛勤劳动。

在此谨向以上单位和朋友表示衷心的感谢。

杨英宝

2019 年 1 月于南京航空航天大学